令和6年版
男女共同参画白書

　内閣府

男女共同参画白書の刊行に当たって

内閣府特命担当大臣
（男女共同参画）

加藤 鮎子

　男女共同参画社会の実現・女性活躍の推進は、全ての人が生きがいを感じられる、個性と多様性が尊重される社会を実現するために極めて重要であり、我が国の揺るぎない方針です。

　こうした認識の下、岸田内閣においては、目玉政策である「新しい資本主義」の中核に「女性の経済的自立」を位置付け、企業における女性登用の加速化、仕事と家庭の両立支援策の一層の充実、男女間の賃金格差の是正などの課題に一丸となって取り組んでいます。企業における女性の参画拡大は、多様性の向上を通じてイノベーションを喚起するとともに事業変革を促し、企業価値を高めることにつながることから、今後の日本経済の成長にとって極めて重要です。

　また、女性活躍の更なる推進のためには、男女が共にライフイベントとキャリア形成を両立できる環境づくりが必要であり、育児等による時間的制約や長時間労働の改善は急務です。女性特有のライフイベントや健康課題に起因する望まない離職等を防ぎ、女性が活躍し、健やかで充実した毎日を送り、安心して安全に働けるような環境整備を進めること、団塊の世代が後期高齢者に差し掛かりつつあり、今後、働きながら介護をしているワーキングケアラーの更なる増加が予測されるところ、介護を社会全体で支えることが必要です。

　このような問題意識の下、今回の白書では、「仕事と健康の両立～全ての人が希望に応じて活躍できる社会の実現に向けて～」を特集テーマとしました。全ての人が希望に応じて、家庭でも仕事でも活躍できる社会である「令和モデル」の実現に向けて、「健康」はその基盤となります。キャリア形成において重要な時期に健康課題を抱えやすい女性のキャリア継続・キャリアアップのためには、仕事と家事・育児の両立支援に加えて、女性特有の症状を踏まえた健康への理解・支援等が必要であること、男女共に自らの健康課題に上手く付き合っていくこと、さらに、家族等周囲の健康・介護は個人のみで抱えるべき課題ではなく、社会全体で支える必要があることを指摘しています。これらの指摘に続き、男女共に職業生活における「健康」の維持・増進は、「ウェルビーイング」を高め、企業における生産性を向上させることが期待できること、社会全体で健康課題に取り組むことは、全ての人が持続可能な形で自らの理想とする生き方と仕事の両立を可能にする社会の形成、ひいては日本経済の成長や地域を含めた社会全体の活力向上につながることを示しています。

　この白書が、国民の皆様に広く参照され、我が国の男女共同参画の現状とその促進に向けた取組の理解を深める一助となるとともに、自らの望む生き方や働き方について改めて考えるきっかけとなり、男女共同参画の更なる推進につながることを願っております。

令和6年6月

第68回国連女性の地位委員会（CSW68）

　米国・ニューヨークで、第68回国連女性の地位委員会（CSW68）が開催され、加藤鮎子内閣府特命担当大臣（男女共同参画）が、一般討論においてビデオメッセージ形式でステートメントを述べ、男女共同参画社会の実現・女性活躍の推進に向けた日本の取組について紹介した。

（令和6年3月13日）

国際女性の日

　「国際女性の日」に寄せて、岸田文雄内閣総理大臣及び加藤鮎子内閣府特命担当大臣（男女共同参画）がメッセージを発出し、政府として女性の活躍を全力で後押しする決意を述べた。

（令和6年3月8日）
写真提供：内閣広報室

令和6年能登半島地震の被災地視察

　加藤鮎子内閣府特命担当大臣（男女共同参画）は令和6年能登半島地震で被害を受けた石川県の避難所等を視察し、被災した女性や子供たちへの支援に取り組む方々と意見交換を行い、男女共同参画の視点に立った災害対応の重要性について発信した。

（令和6年2月10日）

一般社団法人日本経済団体連合会
ダイバーシティ推進委員会との懇談

　加藤鮎子内閣府特命担当大臣（男女共同参画）は一般社団法人日本経済団体連合会ダイバーシティ推進委員会に出席し、男女共同参画の現状と企業における女性登用の加速化に向けた取組について講演を行うとともに、様々な分野における女性の参画・登用に向けた課題について出席者と幅広く意見交換を行った。

（令和6年1月17日）

男女共同参画会議

　第5次男女共同参画基本計画の中間年フォローアップを行い、岸田文雄内閣総理大臣は、関係閣僚に3つの重要事項（①企業等における女性の経済的自立・活躍推進、②地域における女性活躍、③男女が共に生涯を通じてその尊厳が損なわれることなく安全・安心に暮らせる社会の実現）に沿って施策の具体化に取り組むよう指示した。

（令和5年12月25日）

パープル・ライトアップ

　内閣府では、「女性に対する暴力をなくす運動」の一環として、女性に対する暴力の根絶を呼びかけるパープル・ライトアップを毎年実施しており、令和5年度は、迎賓館をはじめ、全国47都道府県・約420か所以上の施設でパープル・ライトアップを実施した。

（令和5年11月12日〜25日）

女性に対する暴力に関する専門調査会

　民間有識者からなる女性に対する暴力に関する専門調査会において、改正配偶者暴力防止法の施行に向けた取組や第5次男女共同参画基本計画中、第5分野の成果目標に係る中間年フォローアップ等について、議論した。

（令和5年11月8日ほか）

G20女性活躍担当大臣会合

　インド・ガンディナガルで、3回目となるG20女性活躍担当大臣会合が開催され、小倉將信内閣府特命担当大臣（男女共同参画）が出席し、「世代間変革を先導する女性主導の包摂的な開発」のテーマに関して、日本の男女共同参画の現状や取組等を各国に紹介した。

（令和5年8月2日〜4日）

男女共同参画社会づくりに向けての全国会議

　内閣府では、毎年、男女共同参画週間の中央行事として「男女共同参画社会づくりに向けての全国会議」を開催している。令和5年度は、「G7栃木県・日光男女共同参画・女性活躍担当大臣会合」のサイドイベントとして本会議を開催し、G7の主な議題の一つであるジェンダー平等について理解を深める機会となった。

（令和5年6月24日）

夏のリコチャレ2023
〜理工系のお仕事を体感しよう！〜

　女子生徒等の理工系分野への進路選択を応援する取組の一つとして、夏休み期間中、主に女子小中高生を対象として、企業、大学、学術団体等が職場体験、工場見学、実験教室、先輩女子社員との交流等、多彩なイベントを実施した。内閣府では、ＢＯＴ（ボット）をプログラミングする体験教室を開催した。

（令和5年6月〜9月）

目次

1 令和5年度男女共同参画社会の形成の状況

2 男女共同参画社会の形成の促進に関する施策

第2部　令和6年度に講じようとする男女共同参画社会の形成の促進に関する施策

〈図 表 目 次〉

1　令和5年度男女共同参画社会の形成の状況

**本白書で引用している統計及び調査結果については、
原則として令和6（2024）年3月31日公表までのデータに基づいています。**

「1　令和5年度男女共同参画社会の形成の状況」の本文及び図表中の数値は、表章単位未満で四捨五入している。
なお、増減数や構成比などについては、単位未満を含んだ数値を用いて算出している場合がある。

1 令和5年度
男女共同参画社会の形成の状況

特集　仕事と健康の両立
～全ての人が希望に応じて活躍できる社会の実現に向けて～

　社会全体で女性活躍の機運を醸成し、多様性を確保していくことは、男女ともに自らの個性と能力を最大限に発揮できる社会の実現のために不可欠である。昨今の男女を取り巻く状況の変化を的確に捉え、女性活躍・男女共同参画の実現に向けた取組を一層推進していく必要がある。

　我が国では、令和4（2022）年時点で、平均寿命は女性87.09歳、男性81.05歳、死亡最頻値は女性93歳、男性88歳[1]と、まさに人生100年時代を迎えている。健康寿命[2]も年々延伸し、令和元（2019）年時点で、女性75.38歳、男性72.68歳となっているが、平均寿命との差でみると、健康ではない期間が、女性は約12年、男性は約9年存在する[3]。

　他方、団塊の世代[4]が現役で、家庭のことは妻に任せ、夫は長時間働いていた、いわゆる「昭和モデル」の社会と比べ、現在は、生産年齢人口が減少し、高齢化が進展するとともに、家族の姿も変化し、人生は多様化するなど、社会が大きく変化している。昭和60（1985）年には全世帯の4割を占めていた「夫婦と子供の世帯」は、令和2（2020）年時点では25%となり、「単独（単身）世帯」と「ひとり親と子供の世帯」が約半数を占めるようになった。また、令和5（2023）年時点で、共働き世帯数は専業主婦世帯数の3倍となっている。未婚女性の理想も、未婚男性の将来のパートナーに対する期待も、家庭と仕事の両立を望む人の割合が上昇するなど、若い世代の理想とする生き方、働き方は変わってきている[5]。

　令和5年版男女共同参画白書では、このように職業観・家庭観が変化する中において、「男性は仕事」「女性は家庭」の「昭和モデル」から、全ての人が希望に応じて、家庭でも仕事でも活躍できる社会、「令和モデル」に切り替えるときであると指摘した。男女ともに、一人一人が希望に応じて、自らの個性と能力を最大限に発揮し、持続的に活躍していくためには、まずは健康であること、健康課題と上手に付き合っていくことが必要であろう。言い換えれば、「健康」は、この「令和モデル」の実現に向けた基盤となる。

　平均寿命が延伸した今日、生涯を健康に過ごすことは理想であるが、男女が直面する健康上の課題は異なっている。特に女性の場合、生涯を通じて、月ごと、年齢ごと、ライフステージごとに、女性ホルモンの急激な変化などにより、その心身に男性に比べて大きな変化が起きており、変化に伴う不調を抱えながら、日常生活を送っていることが多い。

　働く女性は、キャリア形成において重要な時期である20代から40代前半にかけては妊娠・出産・子育て等の時期を迎え、仕事で責任を負う立場になる40代後半から50代にかけて更年期を迎える。しかし、女性の就業者数が増加し、女性の登用拡大を目指しているにもかかわらず、労働環境及び職場における健康支援について、依然として労働者が男性中心であった時代のままとなっている場合、女性のキャリア継続の障壁の1つとなっている可能性がある。

　また、自身の健康のみならず、家族等周囲の身近な人々の健康にも目を向ける必要がある。前述のとおり、平均寿命は、男性と比べ女性の方が長いが、70代以上の認知症の患者数も女性の方

1　厚生労働省「令和4年簡易生命表の概況」
2　健康寿命とは、「健康上の問題で日常生活が制限されることなく生活できる期間」をいう（厚生労働省「国民の健康の増進の総合的な推進を図るための基本的な方針」令和5（2023）年5月改正）。
3　令和元（2019）年時点での我が国の平均寿命は女性87.45歳、男性81.41歳（厚生労働省「令和元年簡易生命表の概況」）。
4　団塊の世代とは、昭和22（1947）年から昭和24（1949）年生まれの世代のことをいう（内閣府「平成27年版少子化社会対策白書」）。
5　若い世代における意識の変化については、「令和5年版男女共同参画白書　特集－新たな生活様式・働き方を全ての人の活躍につなげるために～職業観・家庭観が大きく変化する中、「令和モデル」の実現に向けて～」で分析している。

が多い。今後、更なる高齢化の進展により、家族の介護をする者の増加が予測されるが、平均寿命の延伸により、要介護の期間も長期化する可能性がある。働きながら介護をしているワーキングケアラーが増加している中、介護は個人のみで抱えるべき課題ではなく、社会全体で支えることが必要である。

　女性がキャリアを中断しないことは、男女間賃金格差の是正及び女性の経済的自立にもつながる。女性が不本意に離職することなく、キャリアを形成していくためには、仕事と家事・育児等の両立支援に加えて、女性特有の症状を踏まえた健康への理解・支援等の「健康との両立」も求められる。一方、男性についても、生活習慣病のリスクが高いことや、女性に比べて認知度は低いものの更年期障害がみられるほか、長時間労働による健康への影響や根強い固定的な性別役割分担意識等から孤立のリスクを抱えるおそれもある。男女ともに、双方の健康課題に対する理解及びそれぞれの特性に応じた支援体制が求められている。

　そして、男女ともに職業生活における「健康」の維持・増進は、従業員の「ウェルビーイング」を高め、企業における生産性を向上させることが期待できる。社会全体で健康課題に取り組むことで、人々の労働参画や地域活動などへの参画が拡大し、日本経済の成長や地域を含めた社会全体の活力向上につながるであろう。

　第1節では、社会構造の変化と男女で異なる健康課題について、政府統計を中心とした各種データ等で確認した上で、第2節では、内閣府で実施した意識調査等を用い、健康課題の仕事、家事・育児等への影響やこれからの働き方等について深掘りし、第3節では、今後の両立支援の在り方について考察する。

家族の姿の変化

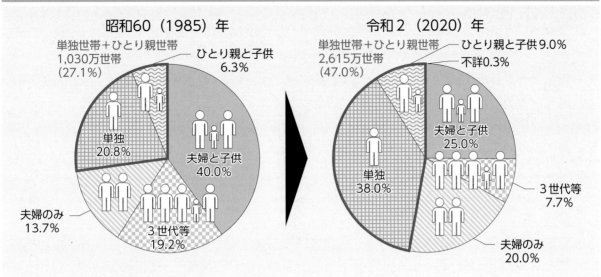

昭和60（1985）年

単独世帯＋ひとり親世帯
1,030万世帯
（27.1%）

ひとり親と子供
6.3%

単独
20.8%

夫婦と子供
40.0%

夫婦のみ
13.7%

3世代等
19.2%

令和2（2020）年

単独世帯＋ひとり親世帯
2,615万世帯
（47.0%）

ひとり親と子供9.0%

不詳0.3%

夫婦と子供
25.0%

単独
38.0%

3世代等
7.7%

夫婦のみ
20.0%

（備考）1．総務省「国勢調査」より作成。
2．一般世帯に占める比率。施設等に入っている者は含まれない。「3世代等」は、親族のみの世帯のうちの核家族以外の世帯と、非親族を含む世帯の合算。
3．「子」とは親族内の最も若い「夫婦」からみた「子」にあたる続柄の世帯員であり、成人を含む。

共働き世帯数と専業主婦世帯数の推移（妻が64歳以下の世帯）

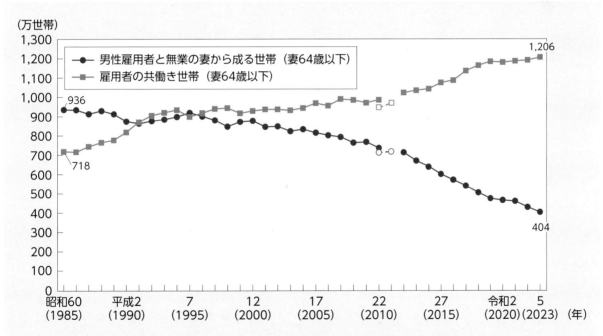

（万世帯）

- 男性雇用者と無業の妻から成る世帯（妻64歳以下）
- 雇用者の共働き世帯（妻64歳以下）

936

718

1,206

404

昭和60（1985）　平成2（1990）　7（1995）　12（2000）　17（2005）　22（2010）　27（2015）　令和2（2020）　5（2023）（年）

（備考）1．昭和60（1985）年から平成13（2001）年までは総務庁「労働力調査特別調査」（各年2月）、平成14（2002）年以降は総務省「労働力調査（詳細集計）」より作成。「労働力調査特別調査」と「労働力調査（詳細集計）」とでは、調査方法、調査月等が相違することから、時系列比較には注意を要する。
2．「男性雇用者と無業の妻から成る世帯（妻64歳以下）」とは、平成29（2017）年までは、夫が非農林業雇用者で、妻が非就業者（非労働力人口及び完全失業者）かつ妻が64歳以下世帯。平成30（2018）年以降は、就業状態の分類区分の変更に伴い、夫が非農林業雇用者で、妻が非就業者（非労働力人口及び失業者）かつ妻が64歳以下の世帯。
3．「雇用者の共働き世帯（妻64歳以下）」とは、夫婦ともに非農林業雇用者（非正規の職員・従業員を含む）かつ妻が64歳以下の世帯。
4．平成22（2010）年及び23（2011）年の値（白抜き表示）は、岩手県、宮城県及び福島県を除く全国の結果。
5．平成23（2011）年、25（2013）年から28（2016）年、30（2018）年から令和3（2021）年は、労働力調査の時系列接続用数値を用いている。

特集のポイント

第1節　社会構造の変化と男女で異なる健康課題

● 現在の社会保障制度・日本型雇用慣行が形作られた昭和時代と現在とでは、社会の人口構造及び就業者の構成が大きく変化している。

● 近年は出産・育児によるとみられる女性の正規雇用比率の低下幅は小さくなっており、今後も女性の正規雇用比率の高まりが期待される。

● 働きながら介護するというワーキングケアラーの時代が到来し、未就学児の育児と家族の介護というダブルケアを担う者もいる中、依然として女性への育児・介護等の偏りが存在している。

● 女性と男性では、健康課題の内容も課題を抱えやすい時期も異なる。男女共同参画の一層の推進のためには、男女ともに自分自身及び互いの身体の特性・健康課題に対する正しい理解とそれぞれの特性に応じた健康支援が必要となる。

第2節　仕事、家事・育児等と健康課題の両立

● 男女ともに、健康課題を抱えていても、「仕事」の生産性は何とか維持し、「家事・育児・介護」で調整していることがうかがえる。ただし、小学生以下の子供と同居している有業の女性は、「仕事」にも「家事・育児・介護」にも同程度の影響が出ているものと推測される。

● 体調が悪いときの「仕事」のプレゼンティーイズム損失割合については、男女であまり差がないが、女性は、毎月の月経に伴う不調や更年期の症状などの健康課題により、体調が悪い日の頻度が男性よりも高いため、体調不良による仕事のプレゼンティーイズム年間損失日数は、女性の方が多い。

● 企業規模にかかわらず、勤務先が健康経営®に取り組んでいるとする者は、取り組んでいないとする者に比べ、体調不良による仕事のプレゼンティーイズム年間損失日数が4〜7日程度少なく、その差は女性の方が大きい。

● 勤め先の企業が健康経営に取り組んでいると考える者の割合は、女性の方が低く、今後はより多くの企業において、女性の視点を踏まえた健康経営の推進が望まれる。

第3節　両立支援は新たなステージへ

● 団塊の世代が後期高齢者に差し掛かりつつある現在、仕事と育児の両立支援に加え、仕事と介護の両立支援も重要な課題。また、介護を個人のみで抱えるべき課題とするのではなく、社会全体で支えていくことが必要。

● 女性が健康課題を抱えながらも働きやすい社会は、男性も含めた全ての人々にとっても働きやすい社会になることが期待される。柔軟な働き方など、両立を実現できるような働き方への変革が重要。

● 仕事か家庭かなどの二者択一を迫られることなく、自らの理想とする生き方と仕事を両立することが可能となれば、キャリア継続、キャリアアップのモチベーションとなる。

● 仕事と健康の両立のために、職場では、女性と男性それぞれの健康課題に関する研修・啓発等の実施、健康診断等の受診に対する支援、健康に関する相談先の確保などが重要。

● 両立支援制度は整いつつある今、いかに制度を有効に活用するかが問われている。

※「健康経営」はNPO法人健康経営研究会の登録商標です。

第1節　社会構造の変化と男女で異なる健康課題

この節では、昭和の時代から現在における人口構造の変化や就業状況の変化を、男女、年代別に整理するとともに、ライフイベント時の年齢の変化を確認した上で、男女の健康及びその差異について概観する。

1．人口構造の変化、就業状況の変化

⑴　我が国の人口構造の変化

現在の社会保障制度・日本型雇用慣行が形作られた昭和時代[6]と現在とでは、社会の人口構造が大きく変化している。我が国の総人口は、平成20（2008）年をピークに減少が始まっているが、生産年齢人口（15～64歳の人口）は平成7（1995）年をピークに減少しており[7]、今後は更に大きく減少していくことが予測されている[8]。

就業者の構成も大きく変化し、就業者数における男女差は小さくなっている。また、昭和55（1980）年時点では女性は20代前半、男性は30代前半にあった就業者数のピークが、令和2（2020）年時点では、男女ともに40代後半となるなど、就業者の年齢構成も変化している（特－1図）。

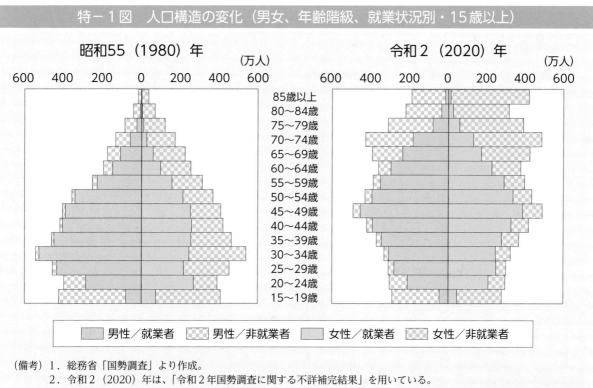

特－1図　人口構造の変化（男女、年齢階級、就業状況別・15歳以上）

昭和55（1980）年　　　　　　　　令和2（2020）年

（万人）　　　　　　　　　　　（万人）

600　400　200　0　200　400　600　　　600　400　200　0　200　400　600

85歳以上
80～84歳
75～79歳
70～74歳
65～69歳
60～64歳
55～59歳
50～54歳
45～49歳
40～44歳
35～39歳
30～34歳
25～29歳
20～24歳
15～19歳

■男性／就業者　▨男性／非就業者　■女性／就業者　▨女性／非就業者

（備考）1．総務省「国勢調査」より作成。
　　　　2．令和2（2020）年は、「令和2年国勢調査に関する不詳補完結果」を用いている。
　　　　3．非就業者＝当該年齢階級別人口－就業者。なお、昭和55（1980）年の「非就業者」には、労働力状態「不詳」が含まれている。

6　ここでいう、昭和時代とは、1960年代の高度経済成長期以降を指す。
7　我が国の総人口は、平成20（2008）年時点では1億2,808万4千人、令和5（2023）年時点では1億2,435万2千人と、15年間で373万2千人減少している。一方、生産年齢人口は、平成7（1995）年時点で8,726万人、令和5（2023）年時点では7,395万2千人と、28年間で1,330万8千人減少している（総務省「人口推計」。各年10月1日現在の人口）。
8　国立社会保障・人口問題研究所「日本の将来推計人口（令和5年推計）出生中位（死亡中位）推計」

⑵　就業状況の変化

（労働力人口比率と正規雇用比率）

かつて、我が国の女性の年齢階級別労働力人口比率は、結婚・出産期に当たる25～29歳及び30～34歳を底とするM字カーブを描いていたが、令和5（2023）年時点では、M字はほぼ解消し、20代から50代まで台形に近い形を描いている。

一方、正規雇用比率[9]をみると、女性は男性と比べて正規雇用比率が低く、男性は20代後半から50代まで7～8割で台形を描いている一方、女性は25～29歳の59.4％をピークとし、年代が上がるとともに低下する、L字カーブを描いている（特－2図）。

女性の正規雇用比率の推移を年齢階級別にみると、平成の前半までは、正規雇用比率のピークが20～24歳にあり、平成4（1992）年時点で59.3％となっていた。その後、就職氷河期[10]にピークが低下するとともに、大学進学率の上昇などを背景に25～29歳に移動した。25～29歳の正規雇用比率は平成14

（2002）年時点では41.8％となっており、その後、しばらく40％台で推移していたが、平成24（2012）年以降、20代から40代を中心に正規雇用比率が上昇し、令和4（2022）年時点では61.1％となっている。

一方、男性は、就職氷河期に正規雇用比率のピークが若干低下したものの、その後大きな変化はなく78～79％台で推移し、年齢階級別にみても、台形を描いている（特－3図）。

一方、出生コーホート別に、世代による変化をみると、近年は出産・育児によるとみられる女性の正規雇用比率の低下幅は小さくなっており、ほぼ全ての年代で、以前に比べ、高水準で推移している。この状況が続けば、今後も女性の正規雇用比率の高まりが期待される（特－4図）。

このことは、今後、社会における更なる女性の活躍が期待されると同時に、後述する仕事と健康の両立の観点においても、これまでとは大きく状況が異なってくることを示唆している。

9　本特集では、当該年齢階級人口に占める「役員」と「正規の職員・従業員」の割合を「正規雇用比率」としている。
10　就職氷河期とは、いわゆる就職氷河期世代が就職活動を行った時期を指す。「第5回就職氷河期世代支援の推進に向けた全国プラットフォーム（令和5（2023）年5月18日開催）」資料1－1では、「『就職氷河期世代』については、明確な定義が存在するわけではないが、概ね1993年～2004年に学校卒業期を迎えた者を念頭に置いており、浪人・留年等を経験していない場合、2023年4月現在、大卒で概ね41歳～52歳、高卒で概ね37歳～48歳である。」とされている。

特－2図　就業状況別人口割合（男女、年齢階級別・令和5（2023）年）

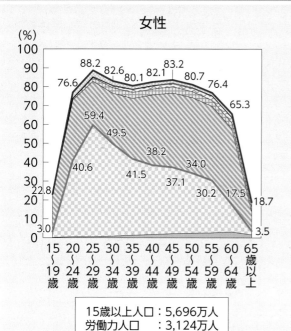

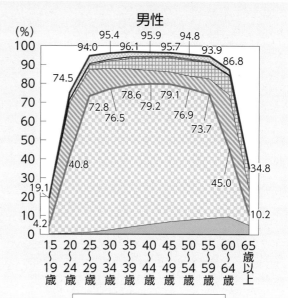

女性

15歳以上人口：5,696万人
労働力人口　：3,124万人

男性

15歳以上人口：5,321万人
労働力人口　：3,801万人

凡例：役員　正規の職員・従業員　非正規の職員・従業員　自営業主　家族従業者　従業上の地位不詳　完全失業者　労働力人口比率　正規雇用比率

（備考）1．総務省「労働力調査（基本集計）」より作成。
　　　　2．労働力人口比率は、当該年齢階級人口に占める労働力人口（就業者＋完全失業者）の割合。
　　　　3．正規雇用比率は、当該年齢階級人口に占める「役員」及び「正規の職員・従業員」の割合。

特－3図　正規雇用比率の推移（男女、年齢階級別）

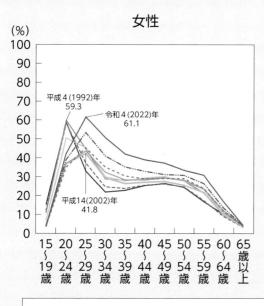

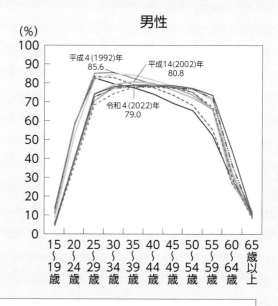

女性

平成4（1992）年 59.3
令和4（2022）年 61.1
平成14（2002）年 41.8

男性

平成4（1992）年 85.6
平成14（2002）年 80.8
令和4（2022）年 79.0

凡例：— 昭和57（1982）年　⋯ 昭和62（1987）年　— 平成4（1992）年　— 平成9（1997）年
— 平成14（2002）年　— 平成19（2007）年　⋯ 平成24（2012）年　— 平成29（2017）年
— 令和4（2022）年

（備考）1．総務省「就業構造基本調査」より作成。
　　　　2．正規雇用比率は、当該年齢階級人口に占める「役員」及び「正規の職員・従業員」の割合。

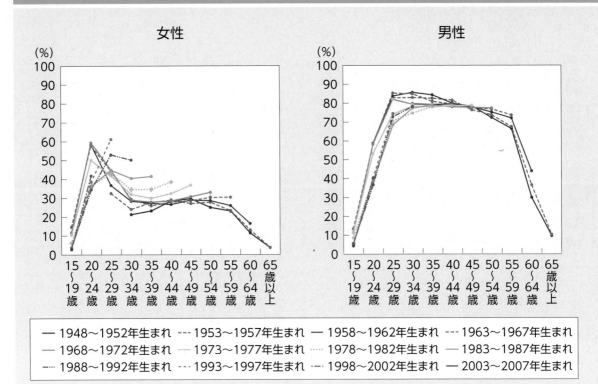

特－4図　正規雇用比率の推移（男女、出生コーホート別）

女性

男性

凡例：
― 1948～1952年生まれ　··· 1953～1957年生まれ　― 1958～1962年生まれ　··· 1963～1967年生まれ
― 1968～1972年生まれ　― 1973～1977年生まれ　···· 1978～1982年生まれ　― 1983～1987年生まれ
―· 1988～1992年生まれ　··· 1993～1997年生まれ　―· 1998～2002年生まれ　― 2003～2007年生まれ

（備考）1．総務省「就業構造基本調査」より作成（昭和57（1982）年調査以降のデータで作成）。
　　　　2．正規雇用比率は、当該年齢階級人口に占める「役員」及び「正規の職員・従業員」の割合。
　　　　3．各年10月1日現在の年齢で調査しているため、生まれ年には実際には3か月のずれがある。
　　　　　（例：2003～2007年生まれには、実際には2002年10月～2007年9月生まれの人が含まれている。）
　　　　4．「65歳以上」は該当年以前に生まれた人も含む値。

⑶　育児・介護の担い手の変化
（未就学児の育児）

　小学校入学前の未就学児の育児をしている者は、令和4（2022）年時点で965万人で、10年前の平成24（2012）年時点（1,000万人）と比べ、35万人減少している。

　就業状況別にみると、未就学児の育児をしている無業者は10年間で146万人減少しており、特に、女性無業者は283万人から138万人に半減している。

　一方で、未就学児の育児をしている有業者は111万人（女性72万人、男性39万人）増加しており、未就学児の育児をしている者に占める有業者の割合は71.1％から85.2％に上昇している。

　なお、年代別にみると、未就学児の育児をしている者は、30代及び40代前半の男女が大宗を占めている（**特－5図**）（**特－6図**）。

特－5図　未就学児の育児をしている者の推移
（男女、就業状況別）

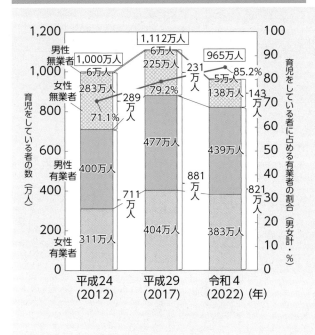

特－6図　未就学児の育児をしている者の数
及び割合（男女、年齢階級別・令和4（2022）年）

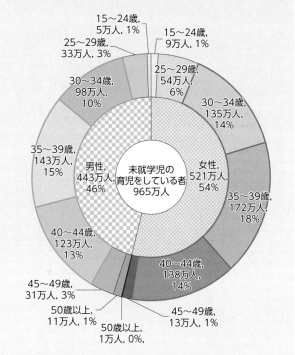

（備考）1.　総務省「就業構造基本調査」より作成。
　　　　2.　「育児をしている」とは、小学校入学前の未就学児を対象とした育児（乳幼児の世話や見守りなど）をいい、孫、おい・めい、弟妹の世話などは含まない。

（家族の介護）

　家族の介護をしている者は、令和4（2022）年時点で629万人で、10年前の平成24（2012）年時点（557万人）と比べ、71万人増加している。

　就業状況別にみると、家族の介護をしている無業者が10年間で2万人減少している一方、有業者は74万人（女性48万人、男性26万人）増加しており、男女ともに介護をしな

がら働く者が増加している。

　年代別にみると、男女ともに50代以上が多いが、特に50代以上の女性が家族の介護をしている者の半数を占めている。

　団塊の世代が75歳以上の後期高齢者に差し掛かりつつあることから、夫や妻、親の介護をする者が増えてきているものと推測される（**特－7図**）（**特－8図**）。

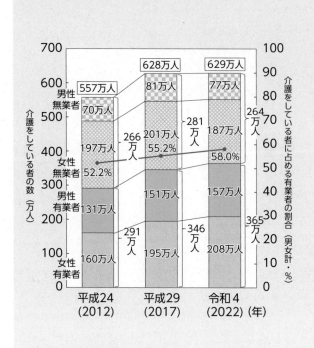

特－7図　家族の介護をしている者の推移（男女、就業状況別）

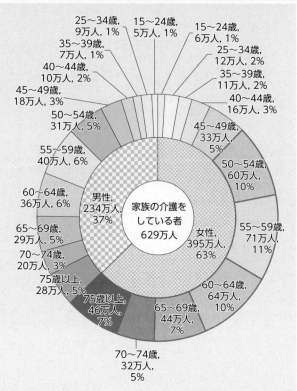

特－8図　家族の介護をしている者の数及び割合（男女、年齢階級別・令和4（2022）年）

（備考）1．総務省「就業構造基本調査」より作成。
　　　　2．「家族の介護をしている」には、介護保険制度で要介護認定を受けていない者や、自宅外にいる家族の介護も含まれる。ただし、病気などで一時的に寝ている者に対する介護は含まない。

（ダブルケア）

　未就学児の育児をしながら、家族の介護をしている者（ダブルケアをしている者）は、令和4（2022）年時点で20.1万人となっている。

　就業状況別にみると、有業者が16万人、無業者が4万人となっている。また、男女別にみると、女性が6割、年代別では30代後半及び40代前半の者が多くなっている（**特－9図**）。

就業状況別

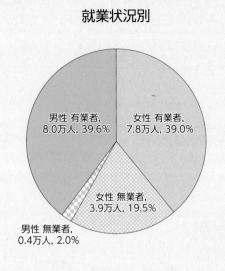

年齢階級別

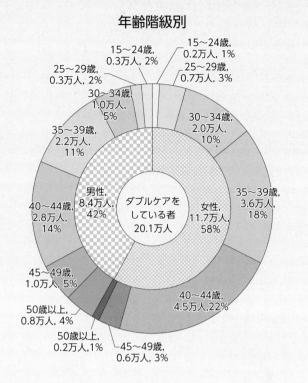

（備考）1. 総務省「令和4年就業構造基本調査」より作成。
2.「育児をしている」とは、小学校入学前の未就学児を対象とした育児（乳幼児の世話や見守りなど）をいい、孫、おい・めい、弟妹の世話などは含まない。
3.「家族の介護をしている」には、介護保険制度で要介護認定を受けていない者や、自宅外にいる家族の介護も含まれる。ただし、病気などで一時的に寝ている者に対する介護は含まない。

（出産・育児、介護による離職）

過去1年間（令和3（2021）年10月～令和4（2022）年9月）に前職を辞めた者について、離職理由別にみると、「出産・育児のため」とする者は、女性14.1万人（女性離職者のうち4.6％）、男性0.7万人（男性離職者のうち0.3％）、「介護・看護のため」とする者は、女性で8万人（女性離職者のうち2.6％）、男性で2.6万人（男性離職者のうち1.1％）となっている[11]。

離職理由別の過去1年間の離職者の推移をみると、「出産・育児のため」とする離職者は減少している一方、「介護・看護のため」とする離職者は横ばいから増加傾向にある（特-10図）。

働きながら介護をするというワーキングケアラーの時代が到来している。今後の更なる高齢化や生産年齢人口の急減予測を踏まえると、介護離職は大きな問題である。また、介護離職は企業にとっても大きな損失であるため、仕事と介護が両立できるように取り組んでいく必要がある。そのためには、介護をしながらも、介護だけにとらわれず、自らの希望する生き方を実現できる環境や支援体制の整備が極めて重要である。ここでも柔軟な働き方への支援が求められる。

一方、「出産・育児のため」、「介護・看護のため」を理由とする離職者は、いずれも女性の割合が高く、今後、高齢化が進展していく中で、就業継続のために更なるサポートが望まれる。

前述のとおり、我が国の現状は、いわゆる

11 総務省「令和4年就業構造基本調査」

特集

仕事と健康の両立～全ての人が希望に応じて活躍できる社会の実現に向けて～

「M字カーブ」の問題は解消に向かっているものの、「L字カーブ」の存在に象徴されるように、様々なライフイベントに際し、キャリア形成との二者択一を迫られるのは、依然として多くが女性であり、その背景には、長時間労働を前提とした雇用慣行や女性への家事・育児等の無償労働時間の偏り、それらの根底にある固定的な性別役割分担意識などの構造的な課題が存在している。

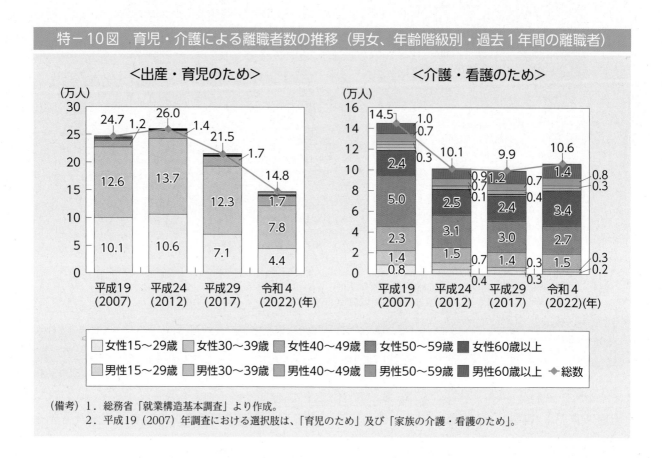

特－10図　育児・介護による離職者数の推移（男女、年齢階級別・過去１年間の離職者）

<出産・育児のため>

<介護・看護のため>

（備考）１．総務省「就業構造基本調査」より作成。
　　　　２．平成19（2007）年調査における選択肢は、「育児のため」及び「家族の介護・看護のため」。

２．ライフイベント時年齢の変化

　令和４（2022）年時点と約40年前の昭和55（1980）年時点を比較すると、平均寿命は、男女とも８年延び、女性は87.09歳、男性は81.05歳、高齢化率は、男女ともに３倍となっている。また、平均初婚年齢[12]は、女性29.7歳、男性31.1歳、第１子出生時平均年齢は、女性30.9歳、男性32.9歳と、40年前に比べて男女ともにおおむね３～４歳上昇している。

　結婚・出産年齢等が以前と比べて高くなっている背景の１つとして、大学進学率の上昇が考えられ、令和４（2022）年時点では、大学（学部）への進学率が男女ともに50％を超えている（特－11図）。

　このように、女性のライフイベント時の年齢は変化し、人生も多様化している。それぞれのライフイベント時の年齢に応じた、健康への支援も重要となってくる。

12　令和４（2022）年時点での初婚年齢の最頻値は、男女ともに27歳（昭和55（1980）年時点では女性24歳、男性27歳）と、平均値よりも若いことに留意が必要である。平均値、最頻値、中央値等についての詳細は、「令和４年版男女共同参画白書」コラム１を参照。

特－11図　ライフイベント時年齢の変化

女性

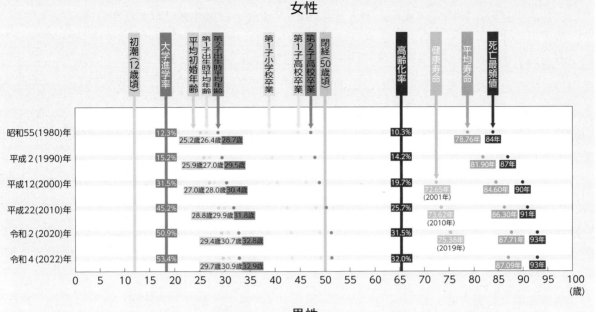

男性

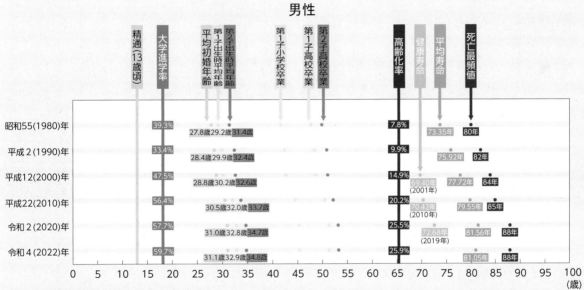

（備考）1．大学進学率は、文部科学省「学校基本統計」より作成。大学（学部）への進学率で、過年度高卒者等を含むが、短期大学への進学は含まない。
2．平均初婚年齢、第1子・第2子出生時平均年齢は、厚生労働省「人口動態統計（確定数）」より作成。
3．高齢化率は、総務省「国勢調査」及び「人口推計」より作成。総人口に占める65歳以上人口の割合。各年10月1日現在。令和2（2020）年は、「令和2年国勢調査に関する不詳補完結果」を用いている。
4．健康寿命は、厚生労働省資料より作成。
5．平均寿命及び死亡最頻値は、厚生労働省「完全生命表」及び「令和4年簡易生命表の概況」より作成。

3．男女の健康課題

　前述のとおり、我が国では、平均寿命が延伸し、社会全体の年齢構成が変化するとともに、個人のライフイベント時の年齢及び職業観・家庭観も大きく変化している。このような中で、男女ともに、希望する誰もが生き生きと活躍できる社会を実現するためには、健康維持・増進はより重要視すべき課題となっている。

　この項では、健康課題とその影響、定期健診・がん検診の受診状況、生活時間と健康への影響について、政府統計を中心とした各種データで確認していく。

⑴　健康課題と影響

　健康課題については、内容も健康課題を抱えやすい時期も男女で違いがある。

　例えば、婦人科系疾患など女性特有の健康課題は、働く世代で多い。また、病気やけがなどで体の具合の悪いところがあるとする者の割合や、こころの状態で要注意とされる者の割合、悩みやストレスがある者の割合のいずれも、男性と比べて女性の方が高い。

　一方で、自殺者数をみると、男性が女性の2倍程度となっている。

　平均寿命の延伸により、男女ともに要介護の期間も長期化する可能性がある。女性は、70代以上の認知症の患者数が男性と比べて多い。

　通院しながら働く者の割合は、男女で同程度となっているが、その割合は男女ともに年々上昇しており、何らかの疾病を抱えながら働いている者が増えている。

（病気やけがなどの状況）

　病気やけがなどで体の具合の悪いところ（自覚症状）がある者の割合は、男女ともに年齢とともに上昇するが、総じて女性の方が割合が高く、特に20代から50代で男女差が大きくなっている（**特－12図**）。

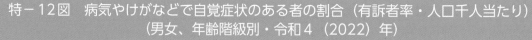

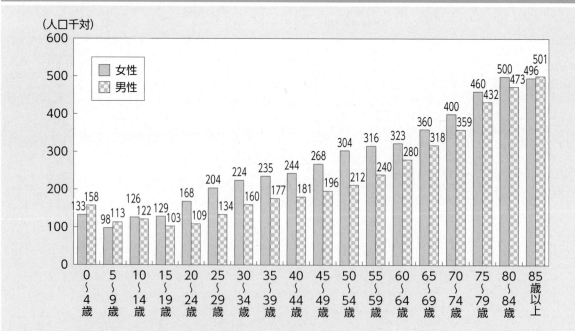

特－12図　病気やけがなどで自覚症状のある者の割合（有訴者率・人口千人当たり）（男女、年齢階級別・令和4（2022）年）

（備考）1．厚生労働省「令和4年国民生活基礎調査」より作成。
　　　　2．「あなたはここ数日、病気やけがなどで体の具合の悪いところ（自覚症状）がありますか。」と質問。
　　　　3．有訴者率＝自覚症状がある者（入院者を除く。）／当該年齢階級世帯人員（入院者を含む。）×1,000

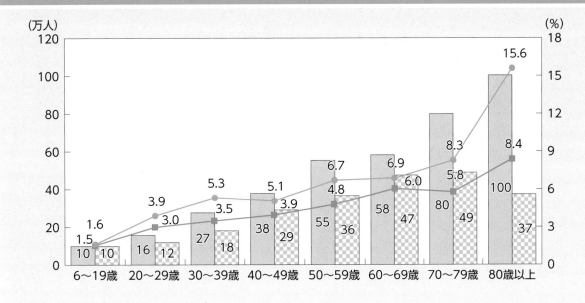

特－13図　健康上の問題で仕事、家事等への影響がある者の数及び割合
（男女、年齢階級別・令和4（2022）年）

(備考) 1. 厚生労働省「令和4年国民生活基礎調査」より作成。
　　　 2. 「健康上の問題で仕事、家事等への影響がある者」とは、「現在、健康上の問題で日常生活に何か影響がある」と回答した者のうち、影響の事柄として、「仕事、家事、学業（時間や作業量などが制限される）」を挙げた者。
　　　 3. 入院者は含まない。

　一方、健康上の問題で仕事、家事等への影響がある者は、令和4（2022）年時点で621万人となっており、このうち女性が384万人（61.8%）となっている。

　年代別にみると、30代、50代及び70代以上で男女差が大きくなっている。なお、高齢者層の男女差については、男女の寿命の違いのほか、固定的な性別役割分担意識により、家事等の分担が女性に偏っていることも影響している可能性がある（特－13図）。

（男女で異なる健康課題）

　女性及び男性それぞれに特有の病気の患者数を年代別にみると、男性特有の病気は、50代以降で多くなる傾向にあるが、女性特有の病気[13]である月経障害や女性不妊症は20代から40代前半、子宮内膜症や子宮平滑筋腫

は30代及び40代、乳がんや閉経期及びその他の閉経周辺期障害（いわゆる更年期障害）、甲状腺中毒症（バセドウ病等）は40代及び50代などの働く世代に多い（特－14図）。

　がんの罹患率（上位5部位）を年代別にみると、男性は60代以降で急激に増加しているのに対し、女性の「乳がん」及び「子宮がん」は30代から増加している（特－15図）。

　がん以外の傷病別の通院者率（人口千人当たり）をみると、女性と男性でかかりやすい傷病が異なっており、糖尿病や狭心症・心筋梗塞、痛風、脳卒中（脳出血、脳梗塞等）等は男性の方が通院者率が高く、脂質異常症（高コレステロール血症等）や骨粗しょう症、肩こり症、関節症等は女性の方が高くなっている（特－16図）。

13　女性に多い病気も含む。「乳房の悪性新生物」及び「甲状腺中毒症」は、男性も罹患する病気だが、患者は女性に多い。

特集

仕事と健康の両立〜全ての人が希望に応じて活躍できる社会の実現に向けて〜

17

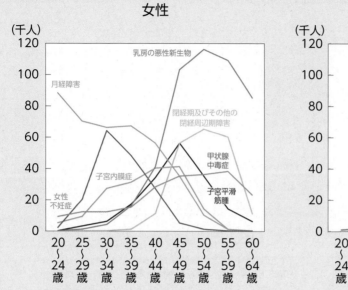

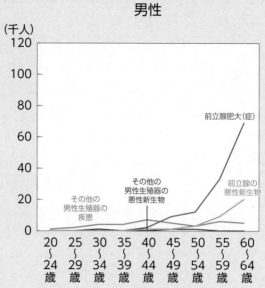

（備考）1．厚生労働省「令和2年患者調査」より作成。
　　　　2．総患者数は、ある傷病における外来患者が一定期間ごとに再来するという仮定に加え、医療施設の稼働日を考慮した調整を行うことにより、調査日現在において、継続的に医療を受けている者（調査日には医療施設で受療していない者を含む。）の数を次の算式により推計したものである。
　　　　　　　総患者数＝推計入院患者数＋推計初診外来患者数＋（推計再来外来患者数×平均診療間隔×調整係数（6/7））
　　　　　　　推計に用いる平均診療間隔は99日以上を除外して算出。
　　　　3．「乳房の悪性新生物」及び「甲状腺中毒症」は男性も罹患するが、女性に多い病気である。

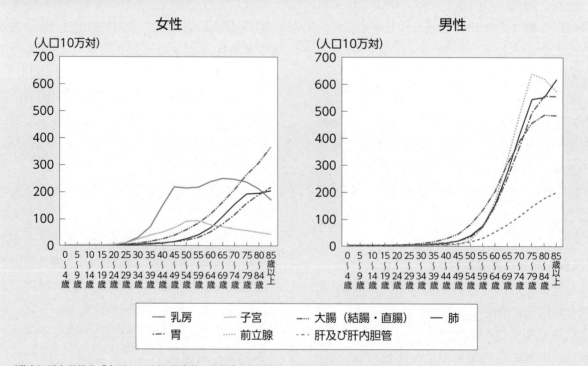

（備考）厚生労働省「全国がん登録 罹患数・率報告 2020年」より作成。

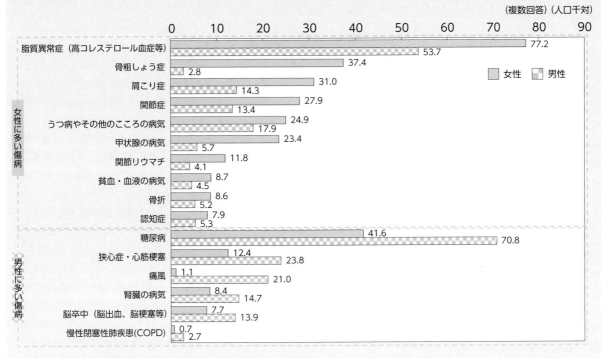

特－16図　通院者率（人口千人当たり）の男女差が大きい傷病（令和4（2022）年）

（複数回答）（人口千対）

女性に多い傷病

傷病	女性	男性
脂質異常症（高コレステロール血症等）	77.2	53.7
骨粗しょう症	37.4	2.8
肩こり症	31.0	14.3
関節症	27.9	13.4
うつ病やその他のこころの病気	24.9	17.9
甲状腺の病気	23.4	5.7
関節リウマチ	11.8	4.1
貧血・血液の病気	8.7	4.5
骨折	8.6	5.2
認知症	7.9	5.3

男性に多い傷病

傷病	女性	男性
糖尿病	41.6	70.8
狭心症・心筋梗塞	12.4	23.8
痛風	1.1	21.0
腎臓の病気	8.4	14.7
脳卒中（脳出血、脳梗塞等）	7.7	13.9
慢性閉塞性肺疾患(COPD)	0.7	2.7

（備考）1．厚生労働省「令和4年国民生活基礎調査」より作成。
　　　　2．男女差がおおむね1.4倍以上ある傷病を掲載。
　　　　3．通院者率＝通院者（入院者を除く。）／男女別世帯人員（入院者を含む。）×1,000
　　　　4．慢性閉塞性肺疾患（COPD）は、主に長年の喫煙習慣や肺の成長障害が原因となって、徐々に呼吸機能が低下していく肺の病気（厚生労働省「スマート・ライフ・プロジェクト」ホームページ）。

（認知症）

　前述のとおり、健康寿命と平均寿命の差をみると、男女ともに健康ではない期間が10年ほどあり、徐々にその期間が長くなってきている（**特－11図**再掲）。平均寿命の延伸と同時に、要介護となる期間も長くなってきていると推測される。

　女性は、70歳を超えると認知症（アルツハイマー病等を含む。）の患者数が増加し、男性と比べて多くなっている（**特－17図**）。

　令和4（2022）年時点で、女性の死亡最頻値は93歳であり、女性の半数は90歳まで生きる。認知症になってからも、本人もその家族等も自分らしくいられるような社会の実現が重要である。

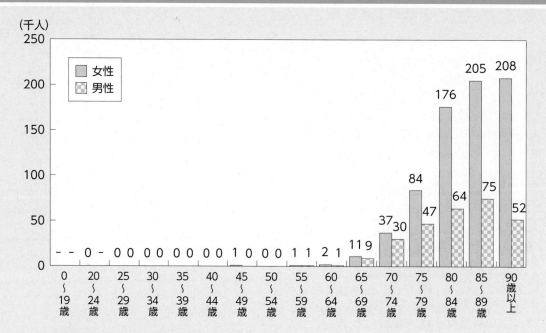

特－17図　認知症総患者数（男女、年齢階級別・令和2（2020）年）

（千人）

年齢階級	女性	男性
0～19歳	-	-
20～24歳	0	-
25～29歳	0	0
30～34歳	0	0
35～39歳	0	0
40～44歳	0	0
45～49歳	1	0
50～54歳	0	0
55～59歳	1	1
60～64歳	2	1
65～69歳	11	9
70～74歳	37	30
75～79歳	84	47
80～84歳	176	64
85～89歳	205	75
90歳以上	208	52

（備考）1．厚生労働省「令和2年患者調査」より作成。
　　　　2．総患者数は、ある傷病における外来患者が一定期間ごとに再来するという仮定に加え、医療施設の稼働日を考慮した調整を行うことにより、調査日現在において、継続的に医療を受けている者（調査日には医療施設で受療していない者を含む。）の数を次の算式により推計したものである。
　　　　　　総患者数＝推計入院患者数＋推計初診外来患者数＋（推計再来外来患者数×平均診療間隔×調整係数（6/7））
　　　　　　推計に用いる平均診療間隔は99日以上を除外して算出。
　　　　3．「血管性及び詳細不明の認知症」及び「アルツハイマー病」の計。

（こころの状態）

　こころの状態を点数階級別にみると、全ての年代で、女性に比べ男性の方が「0～4点」の者の割合が高く、要注意とされる「10～14点」、「15点以上」の者の割合は女性の方が高くなっている。

　年代別に10点以上の者の割合をみると、女性は20代及び30代で15％と高く、男性は、30代で13％と最も高くなっている（**特－18図**）。

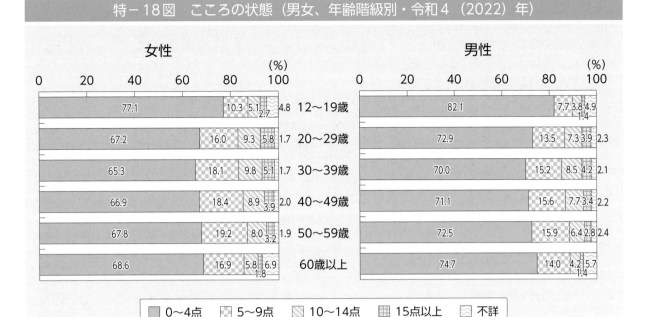

（備考）1．厚生労働省「令和4年国民生活基礎調査」より作成。
　　　　2．こころの状態の点数とは、過去1か月間のこころの状態について、6つの質問の回答を5段階（0〜4点）で点数化して合計したものである。こころの状態には、K6という尺度を用いている。K6は米国のKesslerらによって、うつ病・不安障害などの精神疾患をスクリーニングすることを目的として開発され、一般住民を対象とした調査で心理的ストレスを含む何らかの精神的な問題の程度を表す指標として広く利用されている。「神経過敏に感じましたか」、「絶望的だと感じましたか」、「そわそわ、落ち着かなく感じましたか」、「気分が沈み込んで、何が起こっても気が晴れないように感じましたか」、「何をするのも骨折りだと感じましたか」、「自分は価値のない人間だと感じましたか」の6つの質問について5段階（「まったくない」（0点）、「少しだけ」（1点）、「ときどき」（2点）、「たいてい」（3点）、「いつも」（4点））で点数化する。合計点数が高いほど、精神的な問題がより重い可能性があるとされている。
　　　　3．入院者は含まない。

（悩みやストレス）

　「日常生活で悩みやストレスがある」とする者の割合は、全ての年代で男性よりも女性の方が高く、20代から70代では、女性の方がおおむね10％ポイント程度高くなっている[14]。

　悩みやストレスの原因（上位5項目）についてみると、全年代では、男女ともに「自分の仕事」、「収入・家計・借金等」、「自分の病気や介護」の順で割合が高くなっている。

　年代別にみると、20代から50代までは男女ともに「自分の仕事」を挙げる者の割合が最も高いが、30代から50代では男性の方が高くなっている。一方、30代及び40代の「育児」、「子どもの教育」、50代から70代の「家族の病気や介護」を挙げる者の割合は、女性の方が高くなっている（特－19図）。

14　厚生労働省「令和4年国民生活基礎調査」

特集

仕事と健康の両立〜全ての人が希望に応じて活躍できる社会の実現に向けて〜

女性全年代 (%)
- 自分の仕事　28.0
- 収入・家計・借金等　26.3
- 自分の病気や介護　24.8
- 家族との人間関係　18.9
- 家族の病気や介護　18.4

男性全年代 (%)
- 自分の仕事　42.2
- 収入・家計・借金等　28.7
- 自分の病気や介護　23.5
- 家族以外との人間関係　15.2
- 家族の病気や介護　14.0

女性12～19歳 (%)
- 自分の学業・受験・進学　63.7
- 家族以外との人間関係　35.3
- 家族との人間関係　13.2
- 自由にできる時間がないこと　8.5
- 生きがいに関すること　8.4

男性12～19歳 (%)
- 自分の学業・受験・進学　62.8
- 家族以外との人間関係　21.8
- 家族との人間関係　11.7
- 生きがいに関すること　7.6
- 自由にできる時間がないこと　7.0

女性20～29歳 (%)
- 自分の仕事　57.5
- 収入・家計・借金等　31.6
- 家族以外との人間関係　24.4
- 生きがいに関すること　16.2
- 家族との人間関係　14.1

男性20～29歳 (%)
- 自分の仕事　56.0
- 収入・家計・借金等　31.5
- 家族以外との人間関係　18.9
- 生きがいに関すること　18.3
- 恋愛・性に関すること　12.7

女性30～39歳 (%)
- 自分の仕事　50.1
- 収入・家計・借金等　35.7
- 育児　28.2
- 家族以外との人間関係　20.7
- 子どもの教育　19.9

男性30～39歳 (%)
- 自分の仕事　66.2
- 収入・家計・借金等　35.4
- 家族以外との人間関係　19.1
- 生きがいに関すること　14.8
- 家族との人間関係　13.1

女性40～49歳 (%)
- 自分の仕事　45.2
- 収入・家計・借金等　36.0
- 子どもの教育　28.3
- 家族との人間関係　21.0
- 家族以外との人間関係　20.1

男性40～49歳 (%)
- 自分の仕事　65.7
- 収入・家計・借金等　34.4
- 家族以外との人間関係　18.4
- 家族との人間関係　13.8
- 子どもの教育　12.5

女性50～59歳 (%)
- 自分の仕事 38.8
- 収入・家計・借金等 33.6
- 家族の病気や介護 27.7
- 家族との人間関係 21.6
- 自分の病気や介護 20.2

男性50～59歳 (%)
- 自分の仕事 59.3
- 収入・家計・借金等 33.6
- 自分の病気や介護 17.8
- 家族の病気や介護 17.8
- 家族以外との人間関係 16.8

女性60～69歳 (%)
- 家族の病気や介護 28.4
- 自分の病気や介護 27.0
- 収入・家計・借金等 26.5
- 家族との人間関係 21.6
- 自分の仕事 19.4

男性60～69歳 (%)
- 自分の仕事 37.1
- 収入・家計・借金等 33.9
- 自分の病気や介護 29.7
- 家族の病気や介護 19.8
- 家族以外との人間関係 13.6

女性70～79歳 (%)
- 自分の病気や介護 35.9
- 家族の病気や介護 21.5
- 家族との人間関係 18.2
- 収入・家計・借金等 18.2
- 生きがいに関すること 11.4

男性70～79歳 (%)
- 自分の病気や介護 42.8
- 収入・家計・借金等 24.4
- 家族の病気や介護 18.5
- 家族との人間関係 13.2
- 自分の仕事 12.0

女性80歳以上 (%)
- 自分の病気や介護 55.8
- 家族の病気や介護 16.3
- 家族との人間関係 15.5
- 生きがいに関すること 11.0
- 収入・家計・借金等 9.9

男性80歳以上 (%)
- 自分の病気や介護 53.8
- 家族の病気や介護 22.1
- 家族との人間関係 13.4
- 収入・家計・借金等 12.0
- 生きがいに関すること 9.9

（備考）1．厚生労働省「令和4年国民生活基礎調査」より作成。
2．「あなたは現在、日常生活で悩みやストレスがありますか。」という質問に「ある」と回答した者に対し、その原因を複数回答で質問。
3．入院者は含まない。

（自殺者の状況）

　男性の自殺者数は女性の2倍程度となっている。年代別にみると、全ての年代で男性の方が多いが、特に40代及び50代の男性が多くなっている（**特-20図**）。

　自殺の原因・動機についてみると、男女ともに「健康問題」が最も多くなっている。また、男性は女性に比べ「経済・生活問題」、「勤務問題」が多くなっている（**特-21図**）。

特-20図　自殺者数（男女、年齢階級別・令和5（2023）年）

（備考）厚生労働省及び警察庁「令和5年中における自殺の状況」より作成。

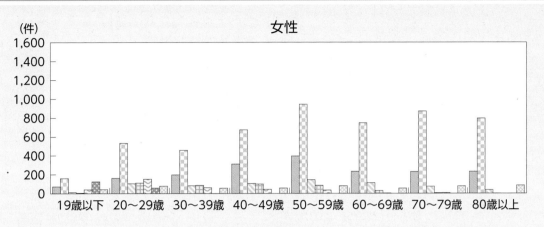

女性

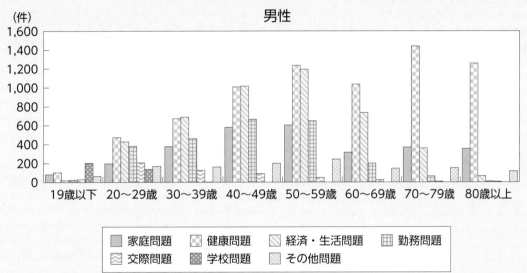

男性

凡例：家庭問題／健康問題／経済・生活問題／勤務問題／交際問題／学校問題／その他問題

（備考）1．厚生労働省及び警察庁「令和5年中における自殺の状況」より作成。
2．自殺の多くは多様かつ複合的な原因及び背景を有しており、様々な要因が連鎖する中で起きている。
3．自殺の原因・動機は、遺書等の生前の言動を裏付ける資料がある場合に加え、家族等の証言から考え得る場合も含め、自殺者一人につき4つまで計上可能である。このため、原因・動機特定者数と原因・動機の件数の和は一致するとは限らない。

これまで述べてきたとおり、健康課題については男女で違いがあるが、通院しながら働いている者の割合をみると、令和4（2022）年時点で、女性40.7％、男性40.6％と同程度となっている。

また、働く者の年齢構成の変化等から、通院しながら働いている者の割合は、男女ともに年々上昇しており、男女ともに何らかの疾病を抱えながら働く者が増えている（特－22図）。

女性の就業継続、キャリアアップの阻害要因として、長時間労働や転勤を前提とする雇用慣行があり、職場における健康支援についても、女性に対して配慮したものになっていない可能性がある。女性と男性は身体のつくりが異なっており、年代によって直面する健康課題も異なっている。

男女共同参画の一層の推進のためには、男女ともに、自分自身及び互いの身体の特性・健康課題に関する正しい理解が求められる。また、希望する全ての人が生き生きと働き、キャリアアップを目指すためには、それぞれの特性に応じた健康支援が必要となる。

特集

仕事と健康の両立〜全ての人が希望に応じて活躍できる社会の実現に向けて〜

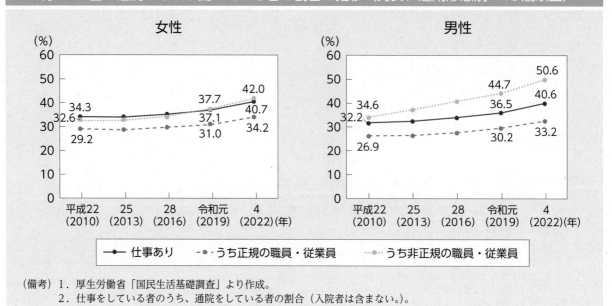

特－22図　通院しながら働いている者の割合の推移（男女、雇用形態別・15歳以上）

（備考）1．厚生労働省「国民生活基礎調査」より作成。
　　　　2．仕事をしている者のうち、通院をしている者の割合（入院者は含まない）。

⑵　定期健診やがん検診等
（定期健診等の受診状況）

　健康の維持・増進のためには、健康診断（一般健診）等を毎年定期的に受診し、自らの健康状態を定期的に確認することが重要である。

　令和4（2022）年時点での健診等（健康診断、健康診査及び人間ドック）の受診状況を年代別にみると、いずれの年代でも女性の方が受診率が低くなっている。特に、30代では女性の方が14.3％ポイント低く、最も男女差が大きいが、40代から60代でも女性の方が8％ポイント程度低くなっている（**特－23図**）。

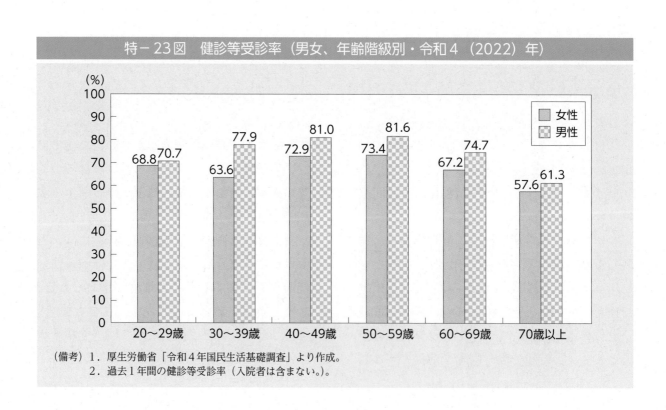

特－23図　健診等受診率（男女、年齢階級別・令和4（2022）年）

（備考）1．厚生労働省「令和4年国民生活基礎調査」より作成。
　　　　2．過去1年間の健診等受診率（入院者は含まない）。

就業状況別にみると、男女ともに、正規雇用労働者の場合、いずれの年代でも9割が健診等を受診しているのに対し、非正規雇用労働者では、男女ともに20代及び30代で6割、40代で7割、50代で8割と、正規雇用労働者に比べて受診率が低くなっている。

また、仕事をしていない者では、女性は、30代で3割、40代及び50代では5割、男性は30代で2割、40代で3割、50代で4割となっており、働いていないことにより、健診等を受診する機会が少なくなっている状況がうかがえる（特－24図）。

仕事と健康の両立～全ての人が希望に応じて活躍できる社会の実現に向けて～

特－24図　健診等受診率（男女、年齢階級、就業状況別・令和4（2022）年）

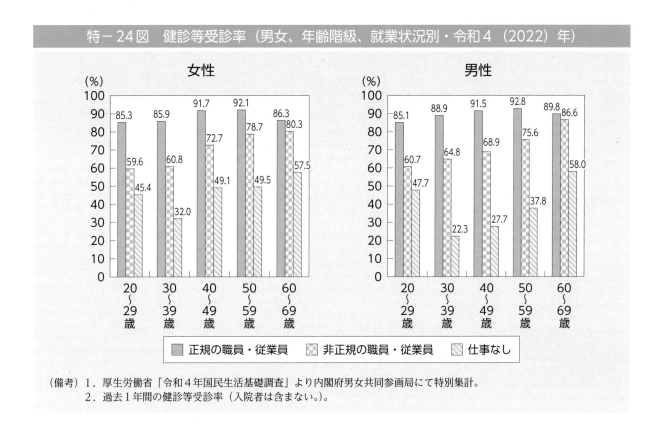

（備考）　1．厚生労働省「令和4年国民生活基礎調査」より内閣府男女共同参画局にて特別集計。
　　　　　2．過去1年間の健診等受診率（入院者は含まない。）。

（女性のがんの検診の受診状況）

女性のがんの検診受診率（過去2年間）をみると、子宮頸がん検診の受診率は43.6%（20～69歳）、乳がん検診の受診率は47.4%（40～69歳）となっており、年代によって受診率に差がある[15]（特－25図）。

15　「がん対策推進基本計画」（第4期）（令和5（2023）年3月28日閣議決定）では、それぞれのがん検診について、受診率を60%とすることを目標としている。

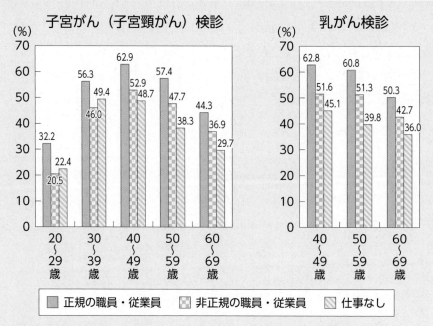

特－25図　女性のがんの検診受診率（年齢階級、就業状況別・令和4（2022）年）

子宮がん（子宮頸がん）検診

乳がん検診

正規の職員・従業員　　非正規の職員・従業員　　仕事なし

（備考）1．厚生労働省「令和4年国民生活基礎調査」より内閣府男女共同参画局にて特別集計。
　　　　2．過去2年間の受診率（入院者は含まない。）。
　　　　3．厚生労働省は、子宮がん検診は20歳以上、乳がん検診は40歳以上の受診を推奨している。

⑶　生活時間と健康への影響

　平日の生活時間をみると、単独世帯の世帯主である有業者においては、男女に大きな違いはないものの、末子の年齢が6歳未満の共働き夫婦の妻と夫の平日の生活時間をみると、家事関連時間が女性に、仕事時間は男性に大きく偏っている（特－26図）。

　また、就業者の週間就業時間をみると、令和5（2023）年時点で、男性では、約2割が週間就業時間49時間以上、約1割が60時間以上となっている。年代別にみると、男性の場合、30代後半から50代前半で、週間就業時間49時間以上及び60時間以上の就業者の割合が他の年代と比べ高くなっているのに対し、女性の場合は、子育て期と重なることもあり、下の年代と比べて低くなっている（特－27図）。

　1週間当たりの実労働時間別うつ傾向・不安をみると、労働時間が長くなるにつれて、「うつ病・不安障害の疑い」がある者及び「重度のうつ病・不安障害の疑い」がある者を合わせた割合が上昇する傾向にあり、1週間の実労働時間が60時間以上の者では、26.8％となっている（特－28図）。

＜単独世帯の世帯主（有業者）＞

女性

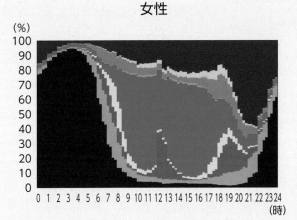

男性

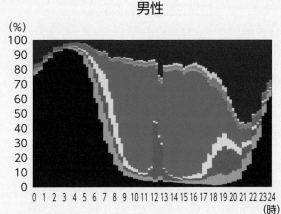

＜末子の年齢が6歳未満の共働き夫婦の妻と夫＞

妻

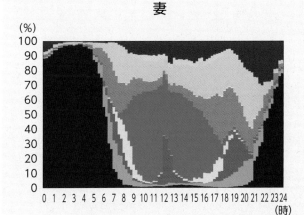

夫

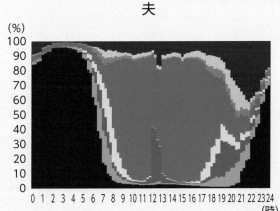

■ 睡眠　　■ 身の回りの用事　　■ 食事　　□ 通勤・通学　　■ 仕事
■ 学業　　■ 家事　　□ 介護・看護　　■ 育児　　■ 買い物　　■ 3次活動

（備考）1．総務省「令和3年社会生活基本調査」より作成。
　　　　2．行動者率は、行動者数／属性別の人口×100（％）。
　　　　3．「3次活動」とは、睡眠、食事など生理的に必要な活動（1次活動）、仕事、家事など社会生活を営む上で義務的な性格の強い活動（2次活動）以外の、各人が自由に使える時間における活動を指し、「移動（通勤・通学を除く）」、「テレビ・ラジオ・新聞・雑誌」、「休養・くつろぎ」、「学習・自己啓発・訓練（学業以外）」、「趣味・娯楽」、「スポーツ」、「ボランティア活動・社会参加活動」、「交際・付き合い」、「受診・療養」、「その他」が含まれる。

特集

仕事と健康の両立～全ての人が希望に応じて活躍できる社会の実現に向けて～

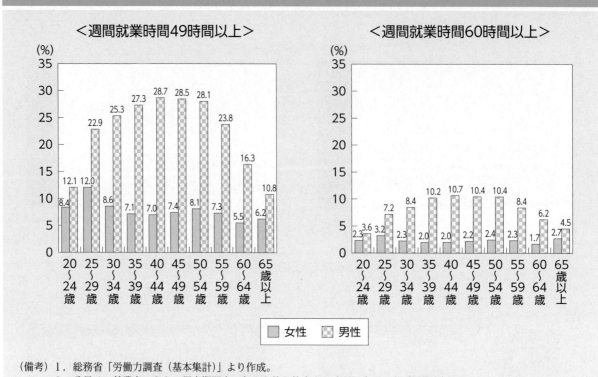

特－27図　週間就業時間49時間以上、60時間以上の就業者の割合
（男女、年齢階級別・令和5（2023）年）

＜週間就業時間49時間以上＞

＜週間就業時間60時間以上＞

凡例: 女性　男性

（備考）1．総務省「労働力調査（基本集計）」より作成。
　　　　2．分母は、就業者のうち、調査期間中に収入を伴う仕事を1時間以上した者（従業者）。

特－28図　1週間当たりの実労働時間別うつ傾向・不安（就業者調査）（令和4（2022）年）

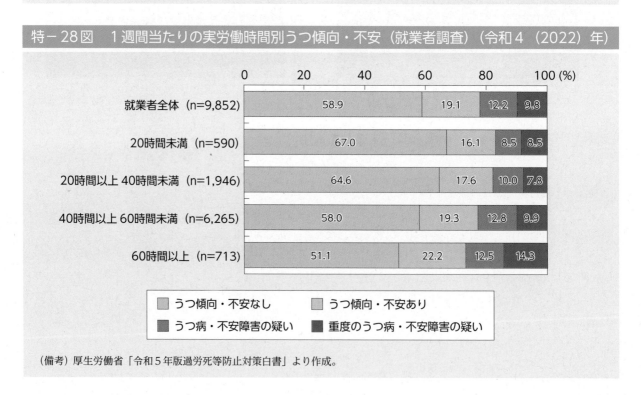

	うつ傾向・不安なし	うつ傾向・不安あり	うつ病・不安障害の疑い	重度のうつ病・不安障害の疑い
就業者全体（n=9,852）	58.9	19.1	12.2	9.8
20時間未満（n=590）	67.0	16.1	8.5	8.5
20時間以上40時間未満（n=1,946）	64.6	17.6	10.0	7.8
40時間以上60時間未満（n=6,265）	58.0	19.3	12.8	9.9
60時間以上（n=713）	51.1	22.2	12.5	14.3

（備考）厚生労働省「令和5年版過労死等防止対策白書」より作成。

（睡眠時間と健康）

厚生労働省がまとめた「健康づくりのための睡眠ガイド2023」では、「睡眠は、健康増進・維持に不可欠な休養活動であり、睡眠が悪化することで、さまざまな疾患の発症リスクが増加し、寿命短縮リスクが高まることが指摘されている」とし、成人では「適正な睡眠時間には個人差があるが、6時間以上を目安として必要な睡眠時間を確保する」ことが推奨されている。

睡眠不足はメンタル面に影響を与えやすく、理想の睡眠時間と実際の睡眠時間との乖離が大きくなるにつれて、「うつ病・不安障害の疑い」及び「重度のうつ病・不安障害の疑い」がある者の割合が上昇する傾向にある（**特−29図**）。

また、国際的にみると、我が国の男女の睡眠時間は短くなっている（**特−30図**）。

働く女性が増加し、共働き世帯数が専業主婦世帯数の3倍となっている中で、家事・育児等が女性に偏ったままの現在、女性は睡眠時間を減らすことで対応している可能性がある。一方、男性は、依然として長時間労働も多い状態の中で、睡眠時間の確保及び家事・育児等との両立に苦慮していることがうかがえる。

特−29図　理想の睡眠時間と実際の睡眠時間の乖離時間別うつ傾向・不安（就業者調査）（令和4（2022）年）

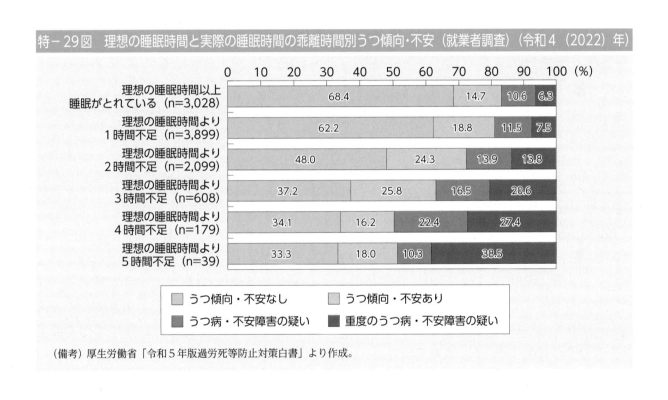

（備考）厚生労働省「令和5年版過労死等防止対策白書」より作成。

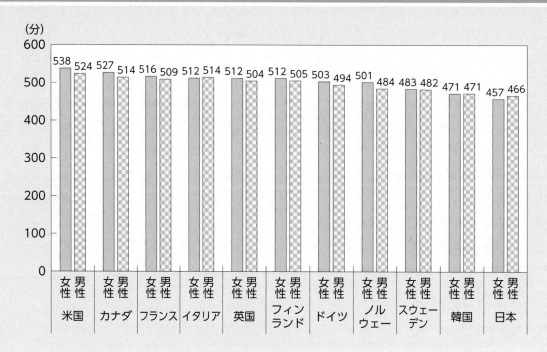

(備考) 1. 日本は、総務省「令和3年社会生活基本調査」、それ以外の国は、ＯＥＣＤ "Gender data portal 2021 Time use across the world" より作成。
　　　 2. 睡眠時間は、「sleeping」に該当する生活時間。
　　　 3. 日本は令和3（2021）年、米国は令和元（2019）年、カナダは平成27（2015）年、英国及び韓国は平成26（2014）年、イタリアは平成25（2013）年、ドイツは平成24（2012）年、ノルウェー及びスウェーデンは平成22（2010）年、フランス及びフィンランドは平成21（2009）年の数値。

（テレワーク）

　新型コロナウイルス感染症（以下「コロナ」という。）下でテレワークの導入が進んだことにより、働く場所にこだわらない多様な働き方が社会全体に浸透した[16]。コロナ前の令和元（2019）年時点では、テレワークを「導入している」企業は約2割にとどまっていた

が、コロナ下の令和2（2020）年に急増し、約5割となった。しかし、令和3（2021）年以降「導入している」企業の割合は横ばいとなっているほか、令和4（2022）年時点で「導入していないが、今後導入予定がある」企業の割合は、令和3（2021）年に比べて低下している（特－31図）。

16　テレワークの導入状況は企業規模や産業等によっても異なり、全ての者がテレワークの恩恵を受けているわけでないことには留意が必要である（従業者規模別、産業分類別等のテレワーク導入状況については総務省「令和4年通信利用動向調査報告書（企業編）」参照。）。

特−31図　テレワークの導入状況の推移

凡例：
■ 導入している　□ 導入していないが、今後導入予定がある
□ 導入していないし、具体的な導入予定もない　□ 無回答

年	導入している	導入していないが、今後導入予定がある
平成11 (1999) 年	0.8	1.9
12 (2000) 年	2.0	1.4
13 (2001) 年	7.7	4.7
14 (2002) 年	8.4	5.7
15 (2003) 年	9.4	4.2
16 (2004) 年	8.5	3.0
17 (2005) 年	7.1	3.2
18 (2006) 年	7.6	2.2
19 (2007) 年	10.8	3.5
20 (2008) 年	15.7	5.2
21 (2009) 年	19.0	4.0
22 (2010) 年	12.1	3.5
23 (2011) 年	9.6	3.9
24 (2012) 年	11.4	2.9
25 (2013) 年	9.1	3.3
26 (2014) 年	11.3	3.5
27 (2015) 年	16.1	3.4
28 (2016) 年	13.2	3.3
29 (2017) 年	13.8	4.2
30 (2018) 年	19.0	7.1
令和元 (2019) 年	20.1	9.4
2 (2020) 年	47.4	10.6
3 (2021) 年	51.8	5.5
4 (2022) 年	51.7	3.5

（備考）総務省「通信利用動向調査」より作成。

また、雇用者のうちテレワークを実施した者の割合も、令和2（2020）年度から2年連続で上昇していたが、令和4（2022）年度以降2年連続で低下しており、コロナが落ち着いたことで、テレワークの実施率が若干低下している可能性が考えられる（**特−32図**）。

有業者で、平日にテレワーク（在宅勤務）をした者とそれ以外の者の生活時間の差（テレワークをした者の生活時間から、それ以外の者の生活時間を引いた差）をみると、テレワークをした男性は65歳未満の全ての年齢階級で仕事時間が減少し、家事時間が増加している。また、育児時間についても15〜24歳を除いて増加している。一方、テレワークをした女性は、35〜44歳では育児時間が顕著に増加し、25〜34歳、45〜54歳及び55〜64歳では仕事時間が増加している（**特−33図**）。

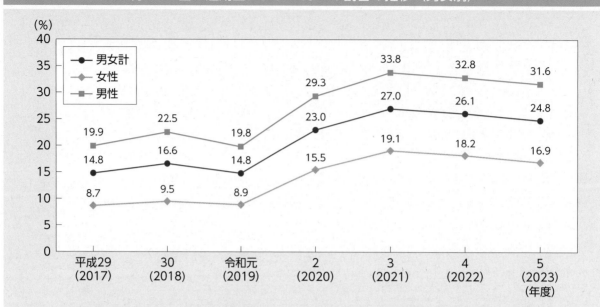

特－32図　雇用型テレワーカーの割合の推移（男女別）

- 男女計
- 女性
- 男性

	平成29 (2017)	30 (2018)	令和元 (2019)	2 (2020)	3 (2021)	4 (2022)	5 (2023) （年度）
男性	19.9	22.5	19.8	29.3	33.8	32.8	31.6
男女計	14.8	16.6	14.8	23.0	27.0	26.1	24.8
女性	8.7	9.5	8.9	15.5	19.1	18.2	16.9

（備考）1．国土交通省「テレワーク人口実態調査」より作成。
　　　　2．「雇用型テレワーカー」とは、雇用型就業者のうち、これまでテレワークを実施したことがある者を指す。
　　　　3．雇用型就業者の「テレワーク」の定義は、ＩＣＴ（情報通信技術）等を活用して、普段出勤して仕事を行う勤務先とは違う場所で仕事をすること、又は、勤務先に出勤せず自宅その他の場所で仕事をすること。

　テレワークの実施は、主に男性の労働時間を減らし、家事・育児時間を増やす効果があることに加え、ほぼ全ての年齢階級で3次活動や睡眠の時間が長くなっていることから示唆されるように、通勤時間を短縮した時間を余暇や睡眠時間に充てることで、心身の負担の軽減につながる可能性がある[17]。また、フレックスタイム制なども含めた柔軟な働き方を推進することにより、短時間勤務を選択していた女性がフルタイムで勤務することが可能となり、このことが女性のキャリア形成に寄与することも期待できる。さらに、テレワークの普及に伴い、転勤制度を見直す企業も一部出てきており、長時間労働や転勤を前提とする働き方を見直すきっかけにもなると考えられることから、コロナが収束した現在でも、テレワークの維持・一層の推進が求められる。

17　厚生労働省「令和5年版過労死等防止対策白書」においても、テレワーク実施による心身への好影響が報告されている一方で、「仕事と生活の時間の区別が曖昧となり労働者の生活時間帯の確保に支障が生じるおそれがあること、労働者が上司等とコミュニケーションを取りにくい、上司等が労働者の心身の変調に気付きにくいという状況となる場合もあることや、ハラスメントが発生するおそれがあることにも留意する必要がある。」と指摘されている。

特−33図　テレワーク（在宅勤務）をした者とそれ以外の者の生活時間の差（男女別・平日、令和3（2021）年）

	女性		男性	
	推定人口（千人）	実施率（％）	推定人口（千人）	実施率（％）
総数	1,248	5.6	2,294	7.5
15〜24歳	37	2.1	72	4.0
25〜34歳	328	9.0	519	10.5
35〜44歳	352	7.5	613	9.8
45〜54歳	341	5.8	497	6.5
55〜64歳	135	3.5	429	7.6

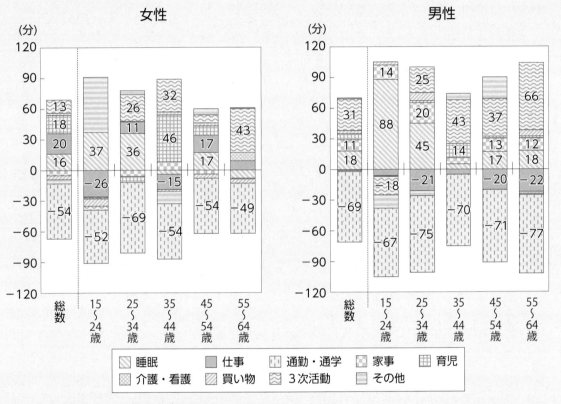

（備考）1．総務省「令和3年社会生活基本調査」より作成。
　　　　2．「その他」には、「身の回りの用事」、「食事」、「学業」が含まれる。
　　　　3．「3次活動」とは、睡眠、食事など生理的に必要な活動（1次活動）、仕事、家事など社会生活を営む上で義務的な性格の強い活動（2次活動）以外の、各人が自由に使える時間における活動を指し、「移動（通勤・通学を除く）」、「テレビ・ラジオ・新聞・雑誌」、「休養・くつろぎ」、「学習・自己啓発・訓練（学業以外）」、「趣味・娯楽」、「スポーツ」、「ボランティア活動・社会参加活動」、「交際・付き合い」、「受診・療養」、「その他」が含まれる。

コラム 1 働き方・休み方に関する制度のイロハ～勤務先の制度について知ろう～

育児・介護休業、生理休暇、テレワーク制度、等々。誰もが安心、快適に働くことができ、そして誰もがその能力を十分に発揮し、仕事と家庭を両立させながら働くことができる環境づくりのために、企業には働く上での様々な働き方・休み方に関する制度が整備されている。しかし、労働者側は、自分の勤務先の制度について、どの程度把握しているだろうか。制度名は聞いたことがあるが詳細が分からない、そもそも導入されているのだろうか、といった疑問を持っている者もいるのではないか。ここでは、主な制度に関する基本について紹介する。

＜育児・介護等との両立に関する制度＞

○ 産前産後休業

働く女性の母性保護のために、女性が出産前後に取得することができる、法律で定められた休業。産前は、出産予定日の6週間前（多胎妊娠の場合は14週間前）から女性が請求した場合に取得可能。産後は、女性が請求せずとも8週間就業することができない（ただし、6週間を経過した女性が請求した場合、医師が支障がないと認めた業務に就くことは可能。）。

○ 育児休業

原則1歳未満（最長2歳まで）の子を養育するための、法律で定められた休業。男女を問わず、子を養育するために希望する期間について休業することができ、1人の子に対して原則2回に分割して取得可能。子が1歳以降、保育所等に入れないなどの一定の要件を満たす場合は、1歳6か月まで（最長2歳まで）延長することができる。休業中の経済的支援として、雇用保険の被保険者で一定要件を満たす場合は、育児休業給付金が支給される。

○ 産後パパ育休（出生時育児休業） ※令和4（2022）年10月新設

育児休業とは別に、原則として子の出生後8週間のうち4週間まで、2回に分割して取得できる、法律で定められた休業。育児休業と産後パパ育休を合わせれば計4回の休業が可能。休業中の経済的支援として、雇用保険の被保険者で一定要件を満たす場合は、出生時育児休業給付金が支給される（出産した女性の場合、産後8週間は産後休業期間となるため、本制度は主に男性が対象となるが、養子を養育しているなどの場合は女性であっても対象となる。）。

○ 介護休業

要介護状態（負傷、疾病又は身体上若しくは精神上の障害により、2週間以上の期間にわたり常時介護を必要とする状態）にある対象家族を介護するための、法律で定められた休業。対象家族1人につき3回まで、通算93日まで取得可能。休業中の経済的支援として、雇用保険の被保険者で一定要件を満たす場合は、介護休業給付金が支給される。

○ 子の看護休暇

小学校就学前の子を養育する場合において、病気・けがをした子の看護又は子に予防接種・健康診断を受けさせるための、法律で定められた休暇。1年度に5日まで（対象となる子が2人以上の場合は10日まで）、年次有給休暇とは別に、休暇を取得することができる。時間単位での取得も可能。有給か無給かは、事業者の規定による。

※ 取得事由の拡大（感染症に伴う学級閉鎖等や子の行事参加）及び利用可能期間の延長（小学校3年生修了時まで）等を内容とする、育児休業、介護休業等育児又は家族介護を行う労働者の福祉に関する法律及び次世代育成支援対策推進法の一部を改正する法律（令和6年法律第42号）が第213回国会（令和6（2024）年）において成立した。

○ 介護休暇

　要介護状態（定義は介護休業と同様）にある対象家族の介護やその他の世話を行うための、法律で定められた休暇。1年度に5日まで（対象家族が2人以上の場合は10日まで）、年次有給休暇とは別に、休暇を取得することができる。時間単位での取得も可能。有給か無給かは、事業者の規定による。

＜休暇に関する制度＞

○ 時間単位の年次有給休暇（時間単位年休）

　年次有給休暇について、5日の範囲内で、時間を単位として取得することのできる休暇。労使協定（使用者と事業場の労働者の過半数で組織する労働組合（当該労働組合が無い場合には労働者の過半数代表）との書面による協定）の締結及び就業規則等への定めが必要。

　※　半日単位の年次有給休暇は、時間単位年休と異なるものであり、労働者が希望し使用者が同意した場合であれば、労使協定が締結されていない場合でも、取得することが可能。

○ 生理休暇

　月経（生理）によって下腹痛、腰痛、頭痛等により就業が困難な女性が取得することのできる、法律で定められた休暇。半日単位、時間単位での取得も可能。有給か無給かは、事業者の規定による。月経の期間や支障の程度は個人によって異なるため、就業規則等において休暇日数を限定することはできない（生理休暇自体の日数には制限をかけず、有給となる日数のみを限定することは可能。）。

＜働き方、労働時間に関する制度＞

○ テレワーク制度

　情報通信技術（ICT＝Information and Communication Technology）を活用した、時間や場所を有効に活用できる柔軟な働き方を指す。テレワークを、働く場所という観点から分類した場合、自宅で働く「在宅勤務」、本拠地以外の施設で働く「サテライトオフィス勤務」、移動中や出先で働く「モバイル勤務」などがある。就業形態でみると、企業に勤務する被雇用者が行うテレワーク（雇用型テレワーク）や、個人事業者等が行うテレワーク（自営型テレワーク）などがある。制度の詳細は、各事業者の規定等によって定められている。

○ フレックスタイム制

　労働者が始業及び終業時刻を自主的に決定して働く制度。労使協定（使用者と事業場の労働者の過半数で組織する労働組合（当該労働組合が無い場合には労働者の過半数代表）との書面による協定）の締結及び就業規則等への定めが必要。あらかじめ定められた総労働時間の範囲内で、始業及び終業時刻について労働者の決定に委ねることで、労働者が自身の生活と業務の調和を図りながら効率的に働くことができるものである。なお、1日の労働時間帯を、必ず勤務すべき時間帯（コアタイム）と、その時間帯の中であればいつ出社又は退社してもよい時間帯（フレキシブルタイム）とに分けることも可能であるが、コアタイムもフレキシブルタイムも必ず設けなければならないものではない。

○ 勤務間インターバル制度

終業時刻から次の始業時刻の間に一定時間以上の休息時間（インターバル時間）を確保する仕組み。法律で制度の導入を事業者の努力義務と定めており、労働者の十分な生活時間や睡眠時間を確保しようとするもの。制度の導入に当たっては就業規則等への定めが必要。

		制度名	根拠となる法律	設置義務
育児・介護等との両立に関する制度		産前産後休業	労働基準法（昭和22年法律第49号。以下「労働基準法」という。）第65条第1～2項	○
		育児休業	育児休業、介護休業等育児又は家族介護を行う労働者の福祉に関する法律（平成3年法律第76号。以下「育児・介護休業法」という。）第5～10条	○
		産後パパ育休（出生時育児休業）		○
		介護休業	育児・介護休業法 第11～16条	○
		子の看護休暇	育児・介護休業法 第16条の2～4	○
		介護休暇	育児・介護休業法 第16条の5～7	○
休暇に関する制度		時間単位の年次有給休暇（時間単位年休）	労働基準法 第39条第4項	※労使協定の締結及び就業規則への定めによる
		生理休暇	労働基準法 第68条	○
働き方、労働時間に関する制度		テレワーク制度	―	※各事業者の規定等による
		フレックスタイム制	労働基準法 第32条の3	※労使協定の締結及び就業規則への定めによる
		勤務間インターバル制度	労働時間等の設定の改善に関する特別措置法（平成4年法律第90号）第2条第1項	※努力義務

（表）働き方・休み方に関する制度と根拠法

それぞれ制度には、事業者の義務として法律で定められているもの、事業者の努力義務として定められているもの、労使協定の締結等が必要なもの、各事業者に委ねられているもの等があり（表）、義務として法律で定められている制度については、働く者の権利として請求することが可能である。また、契約期間の定めのある労働者（有期雇用労働者）であっても、要件を満たせば利用することができる制度が多々存在する。仕事との両立に困難を感じた際には、制度を利用することで乗り越えられることがあるかもしれない。

企業にとっては、適切な制度を整備することにより、従業員の権利を保護して健全な労働環境を提供することができ、さらにはその適切な運用が、従業員のモチベーションやエンゲージメント[1]を高めることや生産性の向上に寄与し、ひいては企業全体の成長や企業価値の向上につながるとも考えられる。先駆的企業においては、法定を超える様々な制度を整備し、従業員の働き方をサポートしているケースもみられる。働き方が大きく変化し、価値観が多様化している現代において、時代に合わせた制度の見直しが求められるであろう。

働く全ての人が自らの能力を最大限に発揮し、生き生きと生産性高く働き続けていくためには、企業による制度の整備・見直しに加え、従業員自らが勤務先の制度を知り、それぞれのライフステージに応じて上手に活用していくことが重要だと考えられる。

---

1 エンゲージメントとは、人事領域においては、「個人と組織の成長の方向性が連動していて、互いに貢献し合える関係」といった意味で用いられる（経済産業省「未来人材ビジョン」（令和4(2022)年5月））。

第2節 仕事、家事・育児等と健康課題の両立

この節では、内閣府で実施した調査[18]及び個別インタビュー調査[19]等の結果を基に、女性特有の健康課題である「月経」及び近年は男性についても注目されている「更年期障害」も含めた健康課題の仕事、家事・育児等への影響度やこれからの働き方等について深掘りする。

1．健康課題の現状

⑴ 健康への関心・認識と健康状態

（関心）

第1節で確認したとおり、男女でそれぞれ

の健康課題は異なるが、「医療のかかり方・女性の健康に関する世論調査」によると、自分自身の健康については、男女ともに、9割以上が「関心がある」又は「どちらかといえば関心がある」としている。年代別にみても、男女ともに全ての年代で「関心がある」又は「どちらかといえば関心がある」とする者が9割となっているが、「関心がある」とする者の割合は、上の年代ほど高くなっており、18〜29歳では4〜5割であるのに対し、70歳以上では7〜8割となっている（特−34図）。

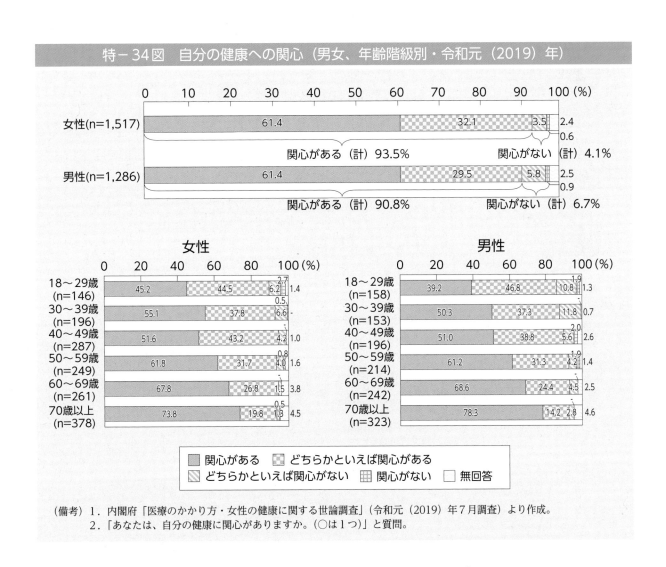

特−34図　自分の健康への関心（男女、年齢階級別・令和元（2019）年）

（備考）1．内閣府「医療のかかり方・女性の健康に関する世論調査」（令和元（2019）年7月調査）より作成。
　　　　2．「あなたは、自分の健康に関心がありますか。（○は1つ）」と質問。

---

18 「令和5年度　男女の健康意識に関する調査」（令和5年度内閣府委託調査）。以下、本文中に具体的な調査名がなく、「調査」と記載してあるものは、全て同調査の結果を引用。
19 「令和5年度　男女の健康意識に関する個別インタビュー調査」（令和5年度内閣府委託調査）。以下、本文中で「個別インタビュー」と記載してあるものは、全て同インタビューの結果を引用。

第1節で、「令和4年国民生活基礎調査」によって、体の具合が悪いところ（自覚症状）がある者の割合を確認している（**特－12図再掲**）が、内閣府の調査で過去1か月の間で気になる症状の有無についてみても、男性よりも、女性の方が気になる症状がある者の割合が高くなっている。

症状別にみると、男女ともに「肩こり、関節痛（腰、膝、手足）」を挙げる者の割合が最も高く、次いで、女性は「だるい、疲れや

すい、動悸・息切れ」、「頭痛、めまい、耳鳴り」の順、男性は「だるい、疲れやすい、動悸・息切れ」、「不眠、いらいら」の順となっている。

年代別にみると、「記憶力の低下」、「頻尿、尿失禁」は男女ともに上の年代ほど割合が高い傾向にあり、女性は「口腔内の不調」も同様の傾向となっている。

また、女性は「のぼせ、顔のほてり、異常な発汗」が50代で高くなっており、更年期障害に関わる症状と推測される（**特－35図**）。

特－35図　気になる症状（男女、年齢階級別）

（備考）1.「令和5年度　男女の健康意識に関する調査」（令和5年度内閣府委託調査）より作成。
　　　　2.「ここ1か月の間で気になる（気になっていた）症状はありますか。あてはまるもの（いくつでも）をお選びください。」と質問。

（最も気になる症状）

気になる症状のうち、最も気になる症状についてみると、男女ともに「肩こり、関節痛（腰、膝、手足）」を挙げる者の割合が最も高く、次いで、女性は「頭痛、めまい、耳鳴り」、「だるい、疲れやすい、動悸・息切れ」の順、男性は「だるい、疲れやすい、動悸・息切れ」、「胃腸の不調（胸やけ、下痢、便秘など）」の順となっている。

年代別にみると、「記憶力の低下」、「頻尿、尿失禁」は男女ともに上の年代ほど割合が高い傾向となっている（特－36図）。

特－36図　最も気になる症状（男女、年齢階級別）

症状	女性全体	男性全体
肩こり、関節痛（腰、膝、手足）	26.3%	24.8%
頭痛、めまい、耳鳴り	12.9%	9.7%
だるい、疲れやすい、動悸・息切れ	12.8%	14.7%
胃腸の不調（胸やけ、下痢、便秘など）	9.6%	10.0%
不眠、いらいら	9.2%	9.5%
手足の冷え、むくみ、だるさ	8.7%	2.9%
のぼせ、顔のほてり、異常な発汗	4.2%	4.6%
発疹・かゆみ	3.5%	4.5%
記憶力の低下	3.3%	4.3%
頻尿、尿失禁	2.7%	4.6%
興味や意欲の低下	1.9%	3.2%
口腔内の不調	1.7%	1.8%
胸部の痛み	0.4%	0.9%
その他	2.6%	4.4%

女性　20～29歳（n=933）、30～39歳（n=1,202）、40～49歳（n=1,757）、50～59歳（n=1,709）、60～69歳（n=1,572）

男性　20～29歳（n=753）、30～39歳（n=938）、40～49歳（n=1,337）、50～59歳（n=1,319）、60～69歳（n=1,269）

（備考）1．「令和5年度　男女の健康意識に関する調査」（令和5年度内閣府委託調査）より作成。
2．「ここ1か月の間で気になる（気になっていた）症状はありますか。最も気になる（気になっていた）もの（1つ）をお選びください。」と質問。
3．最も気になる症状があると回答した者に占める割合。

(2) 就業状況別の状況

(健康認識、症状への対処、心理的なストレスの状況)

「健康認識」、「最も気になる症状に十分に対処できているか」、「心理的なストレスの状況」について、就業状況別にみると、「健康認識」については、男女ともに、「健康だと思う」とする者の割合は、正規雇用労働者[20]、非正規雇用労働者、無業者の順に高くなっている。

「最も気になる症状に十分に対処できているか」、「心理的なストレスの状況」は、男女で傾向が異なる。男性は、正規雇用労働者、非正規雇用労働者、無業者の順に、最も気になる症状に「十分に対処できている（計）」とする者の割合が高く、非正規雇用労働者、正規雇用労働者、無業者の順に心理的なストレスの状況で「0～4点（問題なし）」の者の割合が高くなっている。

一方、女性は、無業者、非正規雇用労働者、正規雇用労働者の順に、「十分に対処できている（計）」とする者及び心理的なストレスの状況で「0～4点（問題なし）」の者の割合が高くなっている。

なお、最も気になる症状に「十分に対処できている（計）」とする者の割合については、女性は、就業状況による差が男性ほど大きくなく、就業状況にかかわらず、気になる症状に十分に対処できていない状況が表れているが、加えて、正規雇用労働者の女性は何らかの理由で、心理的な負荷がかかっていることが推測される（特－37図）。

---

20 本節の「正規雇用労働者」には、特段の注記がない限り「会社などの役員」を含む。

特－37図 健康認識、最も気になる症状に十分に対処できているか、心理的なストレスの状況（男女、就業状況別）

＜健康認識＞

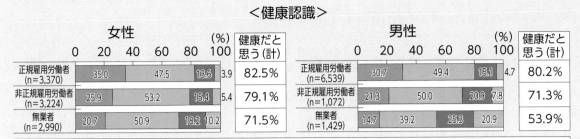

	女性	健康だと思う(計)	男性	健康だと思う(計)
正規雇用労働者	(n=3,370) 35.0 / 47.5 / 13.6 / 3.9	82.5%	(n=6,539) 30.7 / 49.4 / 15.1 / 4.7	80.2%
非正規雇用労働者	(n=3,224) 25.9 / 53.2 / 15.4 / 5.4	79.1%	(n=1,072) 21.3 / 50.0 / 20.9 / 7.8	71.3%
無業者	(n=2,990) 20.7 / 50.9 / 18.2 / 10.2	71.5%	(n=1,429) 14.7 / 39.2 / 25.3 / 20.9	53.9%

■ 健康だと思う　■ どちらかといえば健康だと思う　■ どちらかといえば健康でないと思う　□ 健康でないと思う

＜最も気になる症状に十分に対処できているか＞

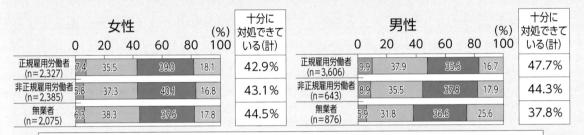

	女性	十分に対処できている(計)	男性	十分に対処できている(計)
正規雇用労働者	(n=2,327) 7.4 / 35.5 / 39.0 / 18.1	42.9%	(n=3,606) 9.9 / 37.9 / 35.6 / 16.7	47.7%
非正規雇用労働者	(n=2,385) 5.8 / 37.3 / 40.1 / 16.8	43.1%	(n=643) 8.9 / 35.5 / 37.8 / 17.9	44.3%
無業者	(n=2,075) 6.3 / 38.3 / 37.6 / 17.8	44.5%	(n=876) 5.9 / 31.8 / 36.6 / 25.6	37.8%

■ 十分に対処できている　　　　　　■ どちらかといえば十分に対処できている
■ どちらかといえば十分に対処できていない　□ 十分に対処できていない

＜心理的なストレスの状況＞

	女性	0～4点(問題なし)	男性	0～4点(問題なし)
正規雇用労働者	(n=3,370) 51.8 / 21.8 / 26.5	51.8%	(n=6,539) 55.8 / 18.9 / 25.3	55.8%
非正規雇用労働者	(n=3,224) 54.8 / 21.7 / 23.4	54.8%	(n=1,072) 56.1 / 18.3 / 25.7	56.1%
無業者	(n=2,990) 57.7 / 19.7 / 22.6	57.7%	(n=1,429) 49.5 / 18.8 / 31.7	49.5%

▨ 0～4点（問題なし）　▦ 5～9点（要観察）　■ 10点以上（要注意）

（備考）1.「令和5年度　男女の健康意識に関する調査」（令和5年度内閣府委託調査）より作成。
　　　　2. 健康認識…全員に対して、「あなたは自分が健康だと思いますか。（1つ）」と質問。
　　　　　　最も気になる症状に十分に対処できているか…過去1か月の間で最も気になる症状があると回答した者に対して、「最も気になる症状について、十分に対処できていますか。（1つ）」と質問。
　　　　　　心理的なストレスの状況…全員に対して、「あなたはここ1か月の間に、どれくらいの頻度で次のことがありましたか。（各々1つずつ）」と質問。
　　　　　　「神経過敏に感じましたか」、「絶望的だと感じましたか」、「そわそわ、落ち着かなく感じましたか」、「気分が沈んで、何が起きても気が晴れないように感じましたか」、「何をするのも骨折りだと感じましたか」、「自分は価値がない人間だと感じましたか」の6つの項目について5段階（「全くない」（0点）、「少しだけ」（1点）、「ときどき」（2点）、「たいてい」（3点）、「いつも」（4点））で回答してもらい点数化した。合計点数が高いほど、精神的な問題がより重い可能性があるとされている。
　　　　3.「健康だと思う（計）」は、「健康だと思う」及び「どちらかといえば健康だと思う」の累計値。「十分に対処できている（計）」は、「十分に対処できている」及び「どちらかといえば十分に対処できている」の累計値。

(最も気になる症状への対処法)

過去1か月の間の最も気になる症状への対処法を、年代、就業状況別にみると、20～39歳女性については、いずれの就業状況でも「市販の薬や漢方、サプリメントを飲んでいる」を挙げる者の割合が最も高く、次いで「ひどい時は休暇をとっている・休んでいる」の順となっている。ただし、正規雇用労働者で「ひどい時は休暇をとっている・休んでいる」を挙げる者の割合は、非正規雇用労働者や無業者に比べて特に低くなっている。

20～39歳男性については、正規雇用労働者では「市販の薬や漢方、サプリメントを飲んでいる」を挙げる者の割合が最も高く、次いで「仕事の量や時間、働き方（在宅勤務など）を調整している」の順となっている。非正規雇用労働者では「ひどい時は休暇をとっている・休んでいる」、無業者では「市販の薬や漢方、サプリメントを飲んでいる」を挙げる者の割合が最も高くなっている。

40～69歳女性については、いずれの就業状況でも、「市販の薬や漢方、サプリメントを飲んでいる」、「病院や診療所に行っている」を挙げる者の割合が高くなっている。

40～69歳男性については、正規雇用労働者では、「市販の薬や漢方、サプリメントを飲んでいる」を挙げる者の割合が最も高く、次いで「病院や診療所に行っている」の順となっている。非正規雇用労働者及び無業者では「病院や診療所に行っている」を挙げる者の割合が最も高く、次いで「市販の薬や漢方、サプリメントを飲んでいる」の順となっている。

男女ともに20～39歳よりも、40～69歳の方が「病院や診療所に行っている」を挙げる者の割合が高くなっている。また、いずれの年代でも「特に上記のようなことはしていない」とする者の割合も3～4割となっている。

なお、「家事・育児・介護などの時間や量を調整している」を挙げる者の割合に注目すると、女性では、20～39歳、40～69歳ともに、正規雇用労働者と非正規雇用労働者ではあまり差がなく、無業者で高くなっている。一方、20～39歳男性では、正規雇用労働者の方が、非正規雇用労働者及び無業者に比べて高く、40～69歳男性では、正規雇用労働者、無業者、非正規雇用労働者の順となっている。

「家事・育児・介護などの時間や量を調整している」を挙げる者の割合は、女性に比べて男性で低くなっている。もともと男性の家事・育児等への参画が少ないことが要因の1つと推測されるが、その中でも20～39歳の正規雇用労働者では男性の9.8％が「家事・育児・介護などの時間や量を調整している」を挙げており、女性（11.2％）との差が縮まっていることは、男性の家事・育児等への参画が進んでいることの裏返しであると推測される（特－38図）。

特－38図　最も気になる症状への対処法（男女、年齢階級、就業状況別）

女性　　　男性

20～39歳

（複数回答）（%）

対処法	女性 正規雇用労働者	女性 非正規雇用労働者	女性 無業者	男性 正規雇用労働者	男性 非正規雇用労働者	男性 無業者
仕事の量や時間、働き方（在宅勤務など）を調整している	15.2	14.9	-	25.2	15.9	-
仕事を辞めた・別の仕事に転職した	2.9	3.9	9.0	5.1	5.1	4.9
家事・育児・介護などの時間や量を調整している	11.2	12.0	18.8	9.8	4.2	5.3
ひどい時は休暇をとっている・休んでいる	19.3	26.6	28.0	23.5	22.0	20.4
市販の薬や漢方、サプリメントを飲んでいる	26.5	28.4	29.0	26.1	20.6	23.0
病院や診療所に行っている	12.6	17.6	20.0	14.3	17.3	19.5
それ以外の治療・対処をしている	7.2	6.7	9.0	6.3	11.2	9.7
特に上記のようなことはしていない	34.5	30.7	27.1	27.9	36.0	36.3

女性：正規雇用労働者（n=981）、非正規雇用労働者（n=609）、無業者（n=479）

男性：正規雇用労働者（n=1,178）、非正規雇用労働者（n=214）、無業者（n=226）

40～69歳

（複数回答）（%）

対処法	女性 正規雇用労働者	女性 非正規雇用労働者	女性 無業者	男性 正規雇用労働者	男性 非正規雇用労働者	男性 無業者
仕事の量や時間、働き方（在宅勤務など）を調整している	14.6	11.2	-	18.4	13.5	-
仕事を辞めた・別の仕事に転職した	1.3	1.7	4.1	1.9	2.1	8.8
家事・育児・介護などの時間や量を調整している	6.2	7.4	14.5	3.4	0.9	3.1
ひどい時は休暇をとっている・休んでいる	13.9	14.4	17.3	14.0	9.3	9.2
市販の薬や漢方、サプリメントを飲んでいる	28.4	28.4	25.3	24.2	23.3	19.8
病院や診療所に行っている	19.1	19.8	25.3	20.6	27.3	37.7
それ以外の治療・対処をしている	8.7	10.2	10.8	8.1	9.3	10.0
特に上記のようなことはしていない	36.4	35.7	31.8	37.6	36.4	35.1

女性：正規雇用労働者（n=1,346）、非正規雇用労働者（n=1,776）、無業者（n=1,596）

男性：正規雇用労働者（n=2,428）、非正規雇用労働者（n=429）、無業者（n=650）

（備考）1．「令和5年度　男女の健康意識に関する調査」（令和5年度内閣府委託調査）より作成。
　　　　2．過去1か月の間で最も気になる症状があると回答した者に対して、「最も気になる症状について、どのように対処していますか。（いくつでも）」と質問。

（仕事と家事・育児・介護のプレゼンティーイズム損失割合）

有業者について、最も気になる症状があったときの「仕事」と「家事・育児・介護」のプレゼンティーイズム損失割合をみると、男女ともに、いずれの就業状況・役職であっても、「仕事」よりも「家事・育児・介護」のプレゼンティーイズム損失割合の方が高く

なっており、健康課題を抱えていても、「仕事」の生産性は何とか維持し、「家事・育児・介護」で調整していることがうかがえる[21]。

一方、女性無業者の「家事・育児・介護」のプレゼンティーイズム損失割合は、他の就業状況・役職における「仕事」のプレゼンティーイズム損失割合と同程度となっている（特－39図）。

特－39図　最も気になる症状があったときの「仕事」と「家事・育児・介護」の
プレゼンティーイズム損失割合（男女、就業状況・役職別）

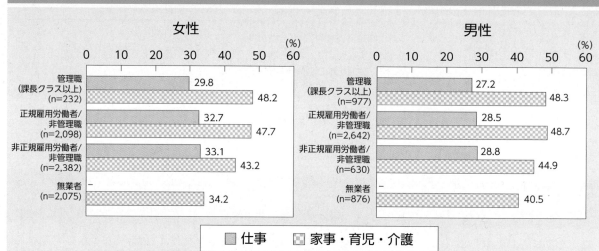

（備考）1．「令和５年度　男女の健康意識に関する調査」（令和５年度内閣府委託調査）より作成。
　　　　2．「通常時（気になる症状がない時）の仕事や家事・育児・介護の出来を100％として、ここ１か月の間で最も気になる症状があった時の、自身の仕事や家事・育児・介護の出来を評価してください。」と質問。
　　　　　　例えば、不調があるために通常時と比べて出来が20％下がるといった場合は、「80％」と回答する。
　　　　　　なお、仕事については有業者のみに質問。
　　　　3．プレゼンティーイズム損失割合＝100％－２．の質問から算出した数値の平均値。
　　　　4．管理職（課長クラス以上）は、会社などの役員及び雇用されている者のうち、課長クラス以上の者。

「プレゼンティーイズム」とは

WHO（世界保健機関）によって提唱された健康問題に起因したパフォーマンスの損失を表す指標で、プレゼンティーイズムとは、欠勤には至っておらず勤怠管理上は表に出てこないが、健康問題が理由で生産性が低下している状態を意味する（経済産業省「健康経営オフィスレポート」から引用。）。プレゼンティーイズムにはいくつかの評価手法があるが、例えば、「病気やけががないときに発揮できる仕事の出来を100％とした場合の過去４週間の自身の仕事を評価してください」というアンケートによりデータを取得する方法がある。100％から当該数値を減算したものがプレゼンティーイズム損失割合となり、この数値が大きいほど生産性が低いといえる。

21　個別インタビューによると、不調時であっても、仕事は責任があるため、あるいは周囲に迷惑がかかってしまうため手を抜けないが、家事については、最低限のことのみを行い、掃除や片付けは後回しにして調整しているという声があった。一方、子供のいる女性からは、「家事（育児）の方が代替が効かない」、「しんどくても自分の代わりはいないのでやらなければならない」という声もあった。

（小学生以下の子供と同居している者の状況）

　小学生以下の子供と同居しており、最も気になる症状に十分に対処できていないとする者について、その理由をみると、女性正規雇用労働者では「仕事や家事・育児・介護で忙しく病院等に行く時間がない」、「病院の空いている時間に行けない・予約できない」を挙げる者の割合が、非正規雇用労働者及び無業者と比べて、10％ポイント程度高くなっている。

　一方、女性無業者では「金銭的な余裕がない」、「我慢すればいいと思っている」、「どこの病院に行けばよいのかわからない」が有業者と比べて高くなっている。

　また、正規雇用労働者について、男女別にみると、「仕事や家事・育児・介護で忙しく病院等に行く時間がない」は、男女差が大きくなっている（女性40.0％、男性24.6％）。

　小学生以下の子供と同居している正規雇用労働者の女性は、仕事と家事・育児等に追われて、自分の身体のメンテナンスを後回しにしている傾向が高いことがうかがえる（特－40図）。

　「仕事」と「家事・育児・介護」のプレゼンティーイズム損失割合について、小学生以下の子供との同居の有無別にみると、「小学生以下の子供と同居していない」有業の女性と男性は、「仕事」よりも「家事・育児・介護」の損失割合の方が10〜20％ポイント程度高くなっているが、「小学生以下の子供と同居している」有業の女性は、「仕事」と「家事・育児・介護」の損失割合が同程度となっている。

　前述のとおり、体調が悪いときでも「仕事」は手を抜けないため、「家事・育児・介護」を減らして調整することが多いが、小学生以下の子供のケアは手を抜けないため、「仕事」と「家事・育児・介護」の損失割合の差が小さくなっており、「仕事」にも「家事・育児・介護」にも影響が出ているものと推測される（特－41図）。

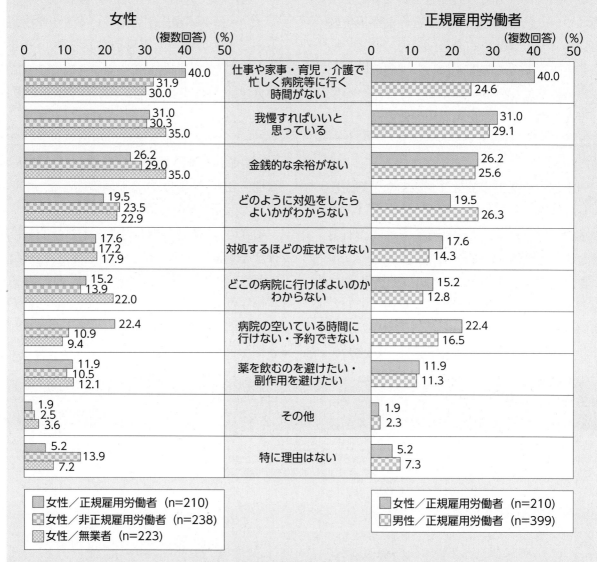

（備考）1.「令和5年度　男女の健康意識に関する調査」（令和5年度内閣府委託調査）より作成。
　　　　2.過去1か月の間で最も気になる症状があり、症状に「十分に対処できていない」又は「どちらかといえば十分に対
　　　　　処できていない」と回答した者に対して、「最も気になる症状について、十分に対処できていない理由は何ですか。（い
　　　　　くつでも）」と質問。
　　　　3.男性の非正規雇用労働者及び無業者は、nが少ないため非掲載。

特－41図　最も気になる症状があったときの「仕事」と「家事・育児・介護」のプレゼンティーイズム損失割合（男女、小学生以下の子供との同居の有無別）

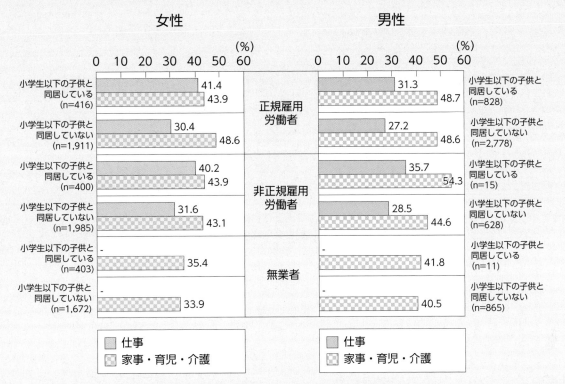

（備考）1.「令和5年度　男女の健康意識に関する調査」（令和5年度内閣府委託調査）より作成。
　　　　2.「通常時（気になる症状がない時）の仕事や家事・育児・介護の出来を100%として、ここ1か月の間で最も気になる症状があった時の、自身の仕事や家事・育児・介護の出来を評価してください。」と質問。
　　　　　例えば、不調があるために通常時と比べて出来が20%下がるといった場合は、「80%」と回答する。
　　　　　なお、仕事については有業者のみに質問。
　　　　3.プレゼンティーイズム損失割合＝100%－2.の質問から算出した数値の平均値。
　　　　4.男性の非正規雇用労働者及び無業者はサンプルが僅少のため、結果の読み取りに留意が必要。

(3)　健康課題と仕事
（体調が悪い日の頻度）

　正規雇用労働者について、体調が悪い日の頻度を男女別にみると、「月に3～4日以上（計）」とする者の割合は女性の方が高くなっている。

　年代別にみると、女性では40代で34.1%と最も高く、次いで30代で32.1%、20代で31.8%、50代で28.6%となっている。一方、男性では、40代及び50代で25.5%、30代で24.7%となっている（特－42図）。

　女性は、毎月の月経に伴う不調及び更年期の症状などから、男性に比べて体調が悪い日の頻度が高くなっているものと推測される。

特-42図　体調が悪い日の頻度（男女、年齢階級別・正規雇用労働者）

女性

	体調が悪い日は基本的にない	2〜3か月に1回程度	月に1〜2日程度	月に3〜4日程度	月に2〜3割程度以上	月に3〜4日以上（計）
20〜29歳 (n=752)	24.6	22.1	21.5	13.3	18.5	31.8%
30〜39歳 (n=750)	22.7	21.6	23.6	11.6	20.5	32.1%
40〜49歳 (n=870)	25.9	18.3	21.7	11.8	22.3	34.1%
50〜59歳 (n=720)	31.5	21.7	18.2	8.6	20.0	28.6%
60〜69歳 (n=278)	41.7	24.1	16.2	6.8	11.2	18.0%

男性

	体調が悪い日は基本的にない	2〜3か月に1回程度	月に1〜2日程度	月に3〜4日程度	月に2〜3割程度以上	月に3〜4日以上（計）
20〜29歳 (n=889)	35.0	25.2	19.9	8.2	11.7	19.9%
30〜39歳 (n=1,377)	31.3	23.5	20.5	10.6	14.1	24.7%
40〜49歳 (n=1,844)	33.3	23.1	18.1	9.2	16.3	25.5%
50〜59歳 (n=1,641)	38.7	19.1	16.8	9.4	16.1	25.5%
60〜69歳 (n=788)	45.8	18.8	15.9	8.4	11.2	19.5%

凡例：
- 体調が悪い日は基本的にない
- 2〜3か月に1回程度
- 月に1〜2日程度
- 月に3〜4日程度
- 月に2〜3割程度以上

（備考）1.「令和5年度　男女の健康意識に関する調査」（令和5年度内閣府委託調査）より作成。
　　　　2.「体調が悪い日（身体、心含む）は、どれぐらいの割合でありますか。最も近いものをお選びください。（1つ）」と質問。
　　　　3.「月に3〜4日以上（計）」は、「月に3〜4日程度」及び「月に2〜3割程度以上」の累計値。

（仕事のプレゼンティーイズム損失割合）

体調が悪いときの「仕事」のプレゼンティーイズム損失割合[22]をみると、20代、30代及び50代では男女であまり差はないが、40代及び60代では男性の方が損失割合が高くなっている。

しかしながら、体調が悪い日の頻度及び体調が悪いときのプレゼンティーイズム損失割合から、体調不良による仕事のプレゼンティーイズム年間損失日数（年間勤務日数245日と仮定。体調不良による休暇や欠勤は含まない。）を、男女、年代別に算出すると、女性の方が体調が悪い日の頻度が高いことから、年間損失日数も多くなっており、特に40代女性で15.6日と最も多くなっている（特-43図）。

22　プレゼンティーイズムの考え方については46ページを参照。プレゼンティーイズム年間損失日数は、年間勤務日数に体調が悪い日の頻度を乗じて、年間の体調が悪い勤務日数を算出し、さらに、体調が悪いときの「仕事」のプレゼンティーイズム損失割合を乗じて算出している。なお、正規雇用労働者の年間勤務日数は245日（一律）と仮定して算出している。

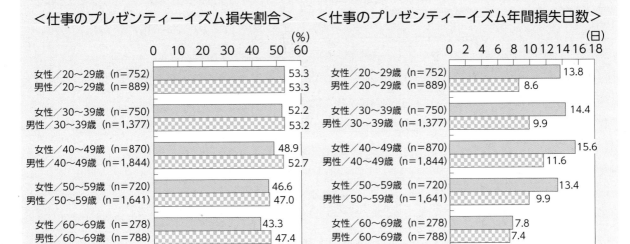

特－43図　体調が悪いときの「仕事」のプレゼンティーイズム損失割合と年間損失日数
（男女、年齢階級別・正規雇用労働者）

（備考）　1．「令和5年度　男女の健康意識に関する調査」（令和5年度内閣府委託調査）より作成。
　　　　　2．「通常の状態の仕事の出来を100％として、体調が悪いときの仕事の出来はどれぐらいだと思いますか。」と質問。
　　　　　　　例えば、不調があるために通常時と比べて出来が20％下がるといった場合は、「80％」と回答する。
　　　　　3．プレゼンティーイズム損失割合＝100％－2．の質問から算出した数値の平均値。
　　　　　4．体調不良による仕事のプレゼンティーイズム年間損失日数は、年間勤務日数（一律245日と仮定）に、体調が悪い
　　　　　　　日の頻度及び体調が悪いときのプレゼンティーイズム損失割合を乗じて算出した。

（健康課題による仕事への影響・支障）

　心身の健康課題による仕事への影響・支障について、男女、健康認識別にみると、男女ともに「健康でない」と思っている者は、「健康だ」と思っている者に比べて、「人間関係がスムーズにいかなくなった」、「就いていた仕事を自ら辞めた（転職含む）」等様々な影響・支障の割合が高くなっており、健康課題が就業継続にも大きな影響を与えていることが表れている（特－44図）。

　また、現在働いている者の働く上での困りごとについて、役職・雇用形態別にみると、管理職の女性では、非管理職の女性と比べて、「自分が休もうとしても代わりに任せられ

る人がいない」、「働きながら治療のために通院しづらい・時間がとれない」、「役職者ほど、労働時間や健康状態に気を配れなくなる」を挙げる者の割合が高くなっている。一方、管理職の男性では、「自分が休もうとしても代わりに任せられる人がいない」、「役職者ほど、労働時間や健康状態に気を配れなくなる」を挙げる者の割合が高くなっている。

　また、正規雇用労働者／非管理職の女性では、他の区分と比べて「月経（生理）の不調など女性ならではの悩みが言い出しにくい」を挙げる者の割合が高くなっている（特－45図）。

特集

仕事と健康の両立〜全ての人が希望に応じて活躍できる社会の実現に向けて〜

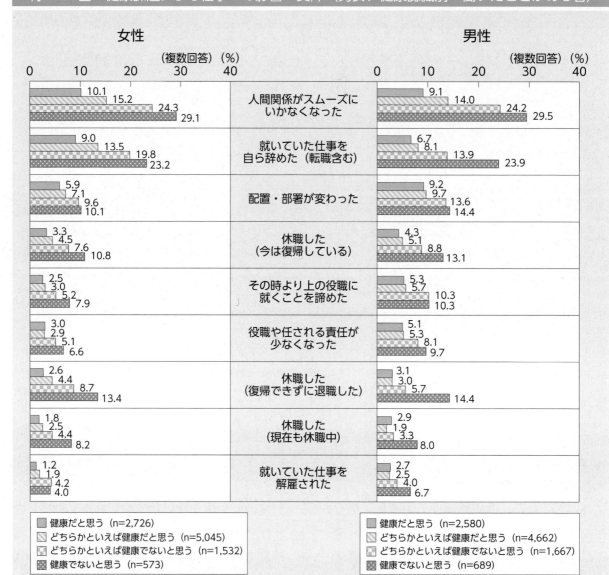

女性

（複数回答）（%）

男性

（複数回答）（%）

項目	女性	男性
人間関係がスムーズにいかなくなった	10.1 / 15.2 / 24.3 / 29.1	9.1 / 14.0 / 24.2 / 29.5
就いていた仕事を自ら辞めた（転職含む）	9.0 / 13.5 / 19.8 / 23.2	6.7 / 8.1 / 13.9 / 23.9
配置・部署が変わった	5.9 / 7.1 / 9.6 / 10.1	9.2 / 9.7 / 13.6 / 14.4
休職した（今は復帰している）	3.3 / 4.5 / 7.6 / 10.8	4.3 / 5.1 / 8.8 / 13.1
その時より上の役職に就くことを諦めた	2.5 / 3.0 / 5.2 / 7.9	5.3 / 5.7 / 10.3 / 10.3
役職や任される責任が少なくなった	3.0 / 2.9 / 5.1 / 6.6	5.1 / 5.3 / 8.1 / 9.7
休職した（復帰できずに退職した）	2.6 / 4.4 / 8.7 / 13.4	3.1 / 3.0 / 5.7 / 14.4
休職した（現在も休職中）	1.8 / 2.5 / 4.4 / 8.2	2.9 / 1.9 / 3.3 / 8.0
就いていた仕事を解雇された	1.2 / 1.9 / 4.2 / 4.0	2.7 / 2.5 / 4.0 / 6.7

■ 健康だと思う（n=2,726）
▨ どちらかといえば健康だと思う（n=5,045）
▨ どちらかといえば健康でないと思う（n=1,532）
▨ 健康でないと思う（n=573）

■ 健康だと思う（n=2,580）
▨ どちらかといえば健康だと思う（n=4,662）
▨ どちらかといえば健康でないと思う（n=1,667）
▨ 健康でないと思う（n=689）

（備考）1．「令和5年度　男女の健康意識に関する調査」（令和5年度内閣府委託調査）より作成。
　　　　2．現在働いている者及び現在は働いていないが、働いたことがある者に対し、「過去～現在含めて、身体や心の不調、健康問題が理由で、下記のような仕事への影響・支障はありましたか。」と質問。

女性

（複数回答）（%）

項目	管理職	正規雇用	非正規雇用
ストレスなどメンタルに関わる悩みが言い出しにくい	20.9	21.3	22.8
自分が休もうとしても代わりに任せられる人がいない	26.0	19.5	18.1
不調や体調不良について相談できる人がいない・相談しづらい	12.1	13.4	13.6
働きながら治療のために通院しづらい・時間がとれない	16.2	13.4	11.8
有給休暇が取りにくい雰囲気がある	12.7	14.3	10.9
従業員の体調管理（メンタルを含む）・気配りがされていない	11.8	13.2	11.0
長時間働く人が評価される風潮がある	7.1	9.0	8.2
月経（生理）の不調など女性ならではの悩みが言い出しにくい	9.7	14.2	11.8
役職者ほど、労働時間や健康状態に気を配れなくなる	14.7	4.7	2.8
その他	3.2	2.0	2.9

男性

（複数回答）（%）

項目	管理職	正規雇用	非正規雇用
ストレスなどメンタルに関わる悩みが言い出しにくい	16.0	18.7	20.1
自分が休もうとしても代わりに任せられる人がいない	17.5	15.6	11.9
不調や体調不良について相談できる人がいない・相談しづらい	10.3	11.7	12.8
働きながら治療のために通院しづらい・時間がとれない	10.0	11.0	10.0
有給休暇が取りにくい雰囲気がある	9.9	11.8	10.4
従業員の体調管理（メンタルを含む）・気配りがされていない	9.1	10.8	9.7
長時間働く人が評価される風潮がある	9.1	9.2	7.1
月経（生理）の不調など女性ならではの悩みが言い出しにくい	-	-	-
役職者ほど、労働時間や健康状態に気を配れなくなる	14.2	6.0	4.4
その他	1.1	1.8	3.5

■ 管理職（課長クラス以上）（n=339）
■ 正規雇用労働者／非管理職（n=3,037）
▨ 非正規雇用労働者／非管理職（n=3,218）

■ 管理職（課長クラス以上）（n=1,666）
■ 正規雇用労働者／非管理職（n=4,893）
▨ 非正規雇用労働者／非管理職（n=1,052）

（備考）1．「令和5年度　男女の健康意識に関する調査」（令和5年度内閣府委託調査）より作成。
　　　　2．「過去～現在含めて、働く上で身体や心の不調、健康問題に関して、どんな困りごとがありましたか。（いくつでも）」と質問。
　　　　3．管理職（課長クラス以上）は、会社などの役員及び雇用されている者のうち、課長クラス以上の者。

特集

仕事と健康の両立～全ての人が希望に応じて活躍できる社会の実現に向けて～

（改善に向けて）

　働く上での健康課題に関する困りごとへの改善策について、男女別にみると、男女ともに「待遇・給与の改善」、「仕事の量・仕事時間の改善」、「職場・働く場所の環境・快適さ向上」がおおむね上位となっている。

　一方、「女性の健康問題への理解」、「育児・介護との両立支援」については、女性の方が割合が高く、男女差が大きくなっている。また、「男性の健康問題への理解」については、男性の方が割合が高くなっているものの、「女性の健康問題への理解」に比べると男女差が小さくなっている。

　役職・雇用形態別にみると、全ての区分で、女性は「女性の健康問題への理解」、「育児・介護との両立支援」、「人手不足解消・従業員の離職防止」を挙げる者の割合が男性よりも高く、男性は「男性の健康問題への理解」を挙げる者の割合が女性よりも高くなっ

ている。

　上記以外の項目についてみると、管理職では、女性は「仕事の責任・プレッシャーの緩和」、「仕事の量・仕事時間の改善」、「勤務先のメンタルヘルス不調への理解」等を挙げる者の割合が男性より高く、男性は「管理職のマネジメント力向上」等を挙げる者の割合が女性より高くなっている。

　非管理職の正規雇用労働者では、女性は「職場内コミュニケーション全般の改善」を挙げる者の割合が男性よりも高く、男性は「肉体的な疲労度の軽減」を挙げる者の割合が女性よりも高くなっている。

　非管理職の非正規雇用労働者では、女性は、「職場内コミュニケーション全般の改善」、「職場・働く場所の環境・快適さ向上」等を挙げる者の割合が男性より高くなっている（特－46図）。

管理職（課長クラス以上）

（複数回答）（％）

正規雇用労働者／非管理職

（複数回答）（％）

項目	管理職 女性	管理職 男性	非管理職 女性	非管理職 男性
待遇・給与の改善	20.9	19.9	25.0	25.0
仕事の量・仕事時間の改善	23.9	20.0	21.8	22.2
職場・働く場所の環境・快適さ向上	16.8	15.5	19.1	17.7
人手不足解消・従業員の離職防止	19.8	15.2	20.1	17.1
仕事の責任・プレッシャーの緩和	23.6	18.5	16.4	17.4
職場内コミュニケーション全般の改善	15.6	16.3	16.6	14.2
上司・同僚・部下との人間関係全般の改善	15.6	13.0	15.3	14.9
肉体的な疲労度の軽減	11.8	11.5	11.3	14.6
ハラスメント全般の防止	10.9	11.7	12.1	10.8
公正な人事評価	13.6	12.8	13.6	13.4
勤務先のメンタルヘルス不調への理解	13.9	10.1	12.8	11.4
経営陣・トップの考え方の改善・理解	16.5	14.7	11.2	11.0
勤務先の身体的な健康問題への理解	11.5	9.3	9.7	9.6
病気の治療との両立支援	10.3	9.2	8.7	7.6
女性の健康問題への理解	13.9	3.8	14.7	3.6
育児・介護との両立支援	13.0	5.8	10.7	5.2
管理職のマネジメント力向上	12.1	15.7	8.3	8.5
男性の健康問題への理解	4.7	6.9	3.0	5.9
ダイバーシティ（多様性）への配慮	8.0	5.3	3.8	3.4
その他	3.2	3.1	1.9	2.4

管理職:
- 女性（n＝339）
- 男性（n＝1,666）

非管理職:
- 女性（n＝3,037）
- 男性（n＝4,893）

仕事と健康の両立～全ての人が希望に応じて活躍できる社会の実現に向けて～

非正規雇用労働者／非管理職

(複数回答) (%)

項目	女性	男性
待遇・給与の改善	22.3	21.5
仕事の量・仕事時間の改善	19.2	17.5
職場・働く場所の環境・快適さ向上	20.8	17.1
人手不足解消・従業員の離職防止	22.4	14.4
仕事の責任・プレッシャーの緩和	14.6	14.5
職場内コミュニケーション全般の改善	17.6	13.2
上司・同僚・部下との人間関係全般の改善	15.6	14.0
肉体的な疲労度の軽減	15.8	14.9
ハラスメント全般の防止	11.5	12.1
公正な人事評価	10.5	8.7
勤務先のメンタルヘルス不調への理解	11.9	10.6
経営陣・トップの考え方の改善・理解	10.3	9.5
勤務先の身体的な健康問題への理解	10.5	9.9
病気の治療との両立支援	10.9	8.9
女性の健康問題への理解	13.5	2.8
育児・介護との両立支援	9.3	2.8
管理職のマネジメント力向上	5.3	6.7
男性の健康問題への理解	2.4	6.7
ダイバーシティ（多様性）への配慮	2.6	4.9
その他	3.1	4.2

女性（n＝3,218）
男性（n＝1,052）

（備考）1．「令和５年度　男女の健康意識に関する調査」（令和５年度内閣府委託調査）より作成。
　　　　2．「どんなことがあれば、働く上での身体や心の不調、健康問題や、それに関する困りごとについて、改善される方向に向かうと思われますか。（いくつでも）」と質問。
　　　　3．管理職（課長クラス以上）は、会社などの役員及び雇用されている者のうち、課長クラス以上の者。

２．女性特有の健康課題等

⑴ 健康課題への関心・認識

（関心）

「医療のかかり方・女性の健康に関する世論調査」によると、女性の健康課題[23]については、女性の９割が「関心がある」又は「どちらかといえば関心がある」としている一方、男性は、６割が「関心がある」又は「どちら

かといえば関心がある」、２割が「どちらかといえば関心がない」又は「関心がない」、１割が「わからない」としている。

「関心がある」とする者の割合を年代別にみると、女性は30代が８割と最も高く、他のいずれの年代でも６～７割が「関心がある」としている。一方、男性は、いずれの年代でも２～４割となっている（特−47図）。

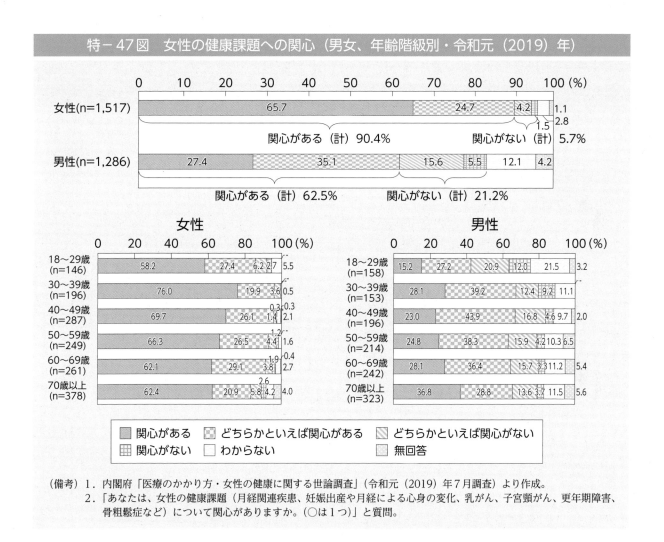

特−47図　女性の健康課題への関心（男女、年齢階級別・令和元（2019）年）

（備考）　1．内閣府「医療のかかり方・女性の健康に関する世論調査」（令和元（2019）年７月調査）より作成。
　　　　　2．「あなたは、女性の健康課題（月経関連疾患、妊娠出産や月経による心身の変化、乳がん、子宮頸がん、更年期障害、骨粗鬆症など）について関心がありますか。（○は１つ）」と質問。

---

23 女性の健康課題とは、ここでは、月経関連疾患、妊娠出産や月経による心身の変化、乳がん、子宮頸がん、更年期障害、骨粗しょう症等のことを指す。

（認知度）

　女性の健康課題の認知度についてみると、「更年期には、いらいら、不安感、発汗、頭痛などの症状が見られることがある」については、女性9割、男性7割となっているが、その他の項目では、女性でも7割以下、男性は5割以下となっており、男性だけでなく、女性自身の女性の健康課題への認知度も必ずしも高くない。

　男女間で認知度の差が大きい項目は、「症状の重い月経痛は、子宮内膜症や子宮筋腫などの病気が原因である可能性がある」（女性60.4％、男性16.1％）、「女性ホルモンは1ヶ月の間に変動し、体調や気分の変化の原因になる」（女性57.4％、男性34.6％）、「クラミジアなどの性感染症、子宮内膜症、子宮筋腫などの病気が不妊の原因になることがある」（女性44.6％、男性22.6％）等となっている（特－48図）。

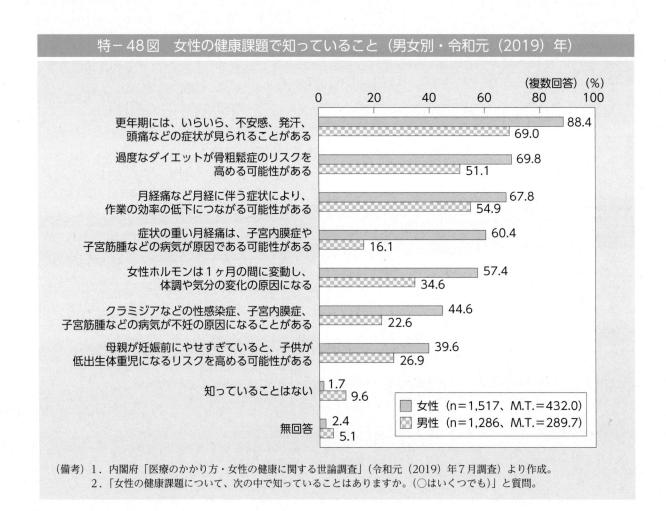

特－48図　女性の健康課題で知っていること（男女別・令和元（2019）年）

（複数回答）（％）

項目	女性	男性
更年期には、いらいら、不安感、発汗、頭痛などの症状が見られることがある	88.4	69.0
過度なダイエットが骨粗鬆症のリスクを高める可能性がある	69.8	51.1
月経痛など月経に伴う症状により、作業の効率の低下につながる可能性がある	67.8	54.9
症状の重い月経痛は、子宮内膜症や子宮筋腫などの病気が原因である可能性がある	60.4	16.1
女性ホルモンは1ヶ月の間に変動し、体調や気分の変化の原因になる	57.4	34.6
クラミジアなどの性感染症、子宮内膜症、子宮筋腫などの病気が不妊の原因になることがある	44.6	22.6
母親が妊娠前にやせすぎていると、子供が低出生体重児になるリスクを高める可能性がある	39.6	26.9
知っていることはない	1.7	9.6
無回答	2.4	5.1

女性（n＝1,517、M.T.＝432.0）
男性（n＝1,286、M.T.＝289.7）

（備考）1．内閣府「医療のかかり方・女性の健康に関する世論調査」（令和元（2019）年7月調査）より作成。
　　　　2．「女性の健康課題について、次の中で知っていることはありますか。（○はいくつでも）」と質問。

⑵ 月経（生理）
（月経（生理）に関するイメージ）

　内閣府の調査によると、月経（生理）（以下「月経」という。）に関する理解度は男女差が大きく、女性の半数近くが「生理痛は多くの女性が感じている症状である」、4割が「月経に関する知識は、男性も知っておく必要がある」、「月経に関する精神的な不調は多くの女性が感じている」と考えているのに対し、同様に考えている男性は2〜3割となっている（特−49図）。

特−49図　月経に関するイメージ（男女、年齢階級別）

女性（複数回答）（％）

	女性全体
生理痛は多くの女性が感じている症状である 45.4 / 48.7 / 48.0 / 46.4 / 46.8	47.1%
月経に関する知識は、男性も知っておく必要がある 40.6 / 45.3 / 46.0 / 43.0 / 44.1	44.0%
月経に関する精神的な不調は多くの女性が感じている 37.3 / 44.3 / 45.1 / 43.0 / 44.8	43.3%
月経に関して産婦人科に行くのは、特別な場合だけではない 25.4 / 29.9 / 28.7 / 26.9 / 26.1	27.4%

男性（複数回答）（％）

	男性全体
24.5 / 27.4 / 28.0 / 26.6 / 28.2	27.1%
28.4 / 29.2 / 28.6 / 29.6 / 34.4	30.1%
20.3 / 20.2 / 21.7 / 21.3 / 24.7	21.8%
13.5 / 12.6 / 11.7 / 12.0 / 13.3	12.6%

■ 20〜29歳（n=1,486）
■ 30〜39歳（n=1,755）
■ 40〜49歳（n=2,366）
■ 50〜59歳（n=2,258）
■ 60〜69歳（n=2,256）

■ 20〜29歳（n=1,501）
■ 30〜39歳（n=1,751）
■ 40〜49歳（n=2,343）
■ 50〜59歳（n=2,175）
■ 60〜69歳（n=2,109）

（備考）1．「令和5年度　男女の健康意識に関する調査」（令和5年度内閣府委託調査）より作成。
　　　　2．「月経（生理）に関してイメージするものを全てお選びください。（いくつでも）」と質問。

（月経に関わる不調の生活への支障の程度の
イメージ）

　月経に関わる不調（以下「月経不調」とい
う。）の生活（仕事や家事・育児・介護）へ
の支障の程度のイメージ（女性は自分以外の
女性を想定）についてみると、女性の8割が
「支障があると思う」としているのに対し、男
性の「支障があると思う」は5割となっている。
なお、男性では「よくわからない」、「月経（生
理）自体がどのようなものかよくわからない」
がそれぞれ2割となっている。

　また、女性においても「よくわからない」
が14.5％となっているが、月経不調は個人差
が大きいこと、女性同士であっても、月経不
調についてあまり話をしない場合が多いこと
も影響していると推測される（特－50図）。

　月経のある女性について、自分自身の月経
不調の生活（仕事や家事・育児・介護）への
支障の程度をみると、月経のある女性全体で
は「支障がある」とする者の割合が8割となっ
ており、特に20代及び30代では「支障がある」
とする者の割合が9割となっている。

　また、支障の程度も若い年代の方が高く、
20代及び30代では、「かなり支障がある」と
する者の割合が4割となっており、多くの女
性が月経不調による支障を抱えながら生活し
ている状況が明らかになっている（特－51
図）。

　次に、月経不調の症状別に生活（仕事や家
事・育児・介護）への支障の程度をみると、「月
経痛（下腹部の痛み、腰痛、頭痛等）」で「支
障がある」とする者の割合が最も高く、次い
で、「月経中の体調不良（だるさ、下痢、立
ちくらみなど、痛み以外）」、「月経前の不調（月
経前症候群（PMS[24]）等）」、「月経中のメン
タルの不調」の順となっており、月経のある
女性の6～7割が、上記の症状について生活
への支障があるとしている[25]（特－52図）。

　月経不調がつらいときの仕事のプレゼン
ティーイズム損失割合のイメージ（月経の不
調がない者は「もしあったらどれくらいにな
るか」を考えて回答）について、男女、年代
別にみると、女性はおおむね50～55％程度
であるのに対し、男性はおおむね65～70％
程度となっている。なお、女性は20代から
40代の月経のある世代では、若い年代の方
が損失割合が高くなっている。

　月経不調は仕事のパフォーマンスに影響し
ている一方で、女性は月経不調にうまく対処
しながら仕事のパフォーマンスを上げようと
しているが、月経及び月経不調への理解不足
により、月経不調時の女性の仕事のパフォー
マンスについて、男性側が過小評価している
可能性も推察される。男性にも月経及び月経
不調について、正しい知識と理解が必要であ
る。

　なお、月経不調には個人差があることから、
一律で評価せず、それぞれの人の支障の程度
に応じた対応が重要であることにも留意する
必要がある（特－53図）。

24　月経前症候群（PMS）とは、月経開始の3～10日前から始まる様々な心身の不快症状で、月経が始まると症状が軽快、消失する。
25　個別インタビューでも、「月経の2週間前からPMSとみられる頭痛、腹痛、眠気や倦怠感等の症状があり、月の約半分は不調
　　である」、「月経期間中は月経痛の痛みに気を取られ業務のスピードが落ちてしまう」、「吐き気、食欲不振などが重なると全く集
　　中できず、頑張ってもほとんど仕事にならない」という声があった。

特-50図　月経不調の生活（仕事や家事・育児・介護）への支障の程度のイメージ（男女別）

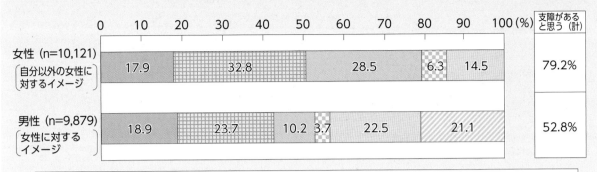

（備考）1．「令和5年度　男女の健康意識に関する調査」（令和5年度内閣府委託調査）より作成。
　　　　2．「多くの女性の月経（生理）に関わる不調について、仕事や家事・育児・介護をするにあたって、どの程度支障があると思いますか。（1つ）」と質問。女性は、「『自分以外の女性のこと』を考えてお選びください。」とした。
　　　　3．「月経（生理）自体がどのようなものかよくわからない」は男性にのみ選択肢として提示した。
　　　　4．「支障があると思う（計）」は、「かなり支障があると思う」、「ある程度支障はあると思う」及び「少し支障はあると思う」の累計値。

特-51図　月経不調の生活（仕事や家事・育児・介護）への支障の程度
（年齢階級別・月経のある女性）

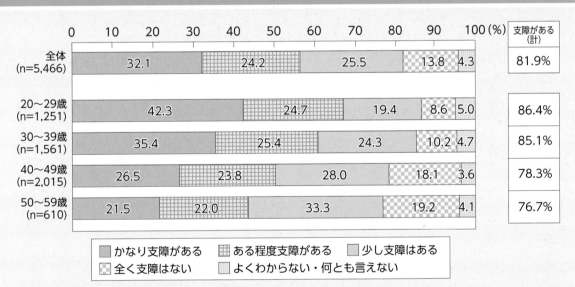

（備考）1．「令和5年度　男女の健康意識に関する調査」（令和5年度内閣府委託調査）より作成。
　　　　2．過去1年の間の月経（生理）の状況について「定期的に月経がある」、「定期的ではないが月経はある」、「妊娠中又は出産後のため月経がとまっている」、「低用量ピル等で月経をコントロールしている」と回答した者に対し、以下の具体的な月経不調（8項目）について、「あなたは、ここ1年の間で、月経（生理）に関わる不調は、仕事や家事・育児・介護をするにあたって、どの程度支障がありましたか。（各々1つずつ）」と質問。
　　　　「月経前の不調（月経前症候群（PMS）等）」、「月経痛（下腹部の痛み、腰痛、頭痛等）」、「月経中の体調不良（だるさ、下痢、立ちくらみなど、痛み以外）」、「月経中のメンタルの不調」、「月経量が多い」、「月経で出血が長い期間続く」、「月経不順（周期が定まっていない）」、「その他の月経による不調」。
　　　　選択肢は「かなり支障がある」、「ある程度支障がある」、「少し支障はある」、「全く支障はない」、「よくわからない・何とも言えない」。
　　　　3．2．の8項目のうち、1項目でも「かなり支障がある」と回答した者は「かなり支障がある」、左記以外で1項目でも「ある程度支障がある」と回答した者は「ある程度支障がある」、左記以外で1項目でも「少し支障はある」と回答した者は「少し支障はある」、左記以外で1項目でも「全く支障はない」と回答した者は「全く支障はない」、全項目について「よくわからない・何とも言えない」と回答した者は、「よくわからない・何とも言えない」に該当する者として集計。
　　　　4．「支障がある（計）」は、「かなり支障がある」、「ある程度支障がある」及び「少し支障はある」の累計値。
　　　　5．60代はnが少ないため非掲載。

特－52図　月経不調の生活（仕事や家事・育児・介護）への支障の程度（症状別・月経のある女性）

(n=5,466)

症状	かなり支障がある	ある程度支障がある	少し支障はある	全く支障はない	よくわからない・何とも言えない	支障がある（計）
月経痛（下腹部の痛み、腰痛、頭痛等）	15.3	23.9	33.8	21.4	5.6	72.9%
月経中の体調不良（だるさ、下痢、立ちくらみなど、痛み以外）	15.7	23.4	30.6	24.1	6.1	69.7%
月経前の不調（月経前症候群（PMS）等）	13.7	20.5	32.1	26.5	7.3	66.3%
月経中のメンタルの不調	15.8	20.9	27.4	28.9	7.0	64.1%
月経量が多い	12.8	19.4	24.8	35.6	7.4	57.0%
月経で出血が長い期間続く	9.7	16.3	23.6	43.1	7.4	49.5%
月経不順（周期が定まっていない）	9.2	15.8	21.5	45.6	8.0	46.4%
その他の月経による不調	7.7	14.9	17.5	49.3	10.6	40.1%

凡例：
■ かなり支障がある　　■ ある程度支障がある　　□ 少し支障はある
■ 全く支障はない　　■ よくわからない・何とも言えない

（備考）1.「令和5年度　男女の健康意識に関する調査」（令和5年度内閣府委託調査）より作成。
　　　　2. 過去1年の間の月経の状況について「定期的に月経がある」、「定期的ではないが月経はある」、「妊娠中又は出産後のため月経がとまっている」、「低用量ピル等で月経をコントロールしている」と回答した者に対し、具体的な月経不調（8項目）について、「あなたは、ここ1年の間で、月経（生理）に関わる不調は、仕事や家事・育児・介護をするにあたって、どの程度支障がありましたか。（各々1つずつ）」と質問。
　　　　3.「支障がある（計）」は、「かなり支障がある」、「ある程度支障がある」及び「少し支障はある」の累計値。

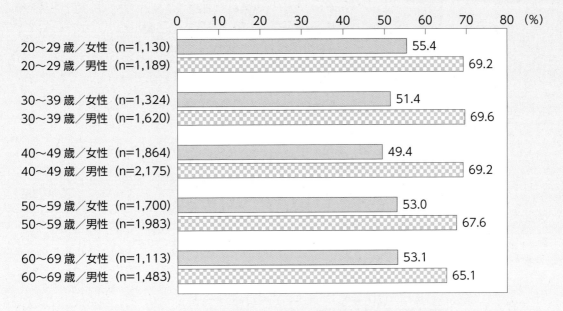

特－53図　月経不調がつらいときの仕事のプレゼンティーイズム損失割合のイメージ
（男女、年齢階級別・有業者）

20～29歳／女性 (n=1,130)	55.4
20～29歳／男性 (n=1,189)	69.2
30～39歳／女性 (n=1,324)	51.4
30～39歳／男性 (n=1,620)	69.6
40～49歳／女性 (n=1,864)	49.4
40～49歳／男性 (n=2,175)	69.2
50～59歳／女性 (n=1,700)	53.0
50～59歳／男性 (n=1,983)	67.6
60～69歳／女性 (n=1,113)	53.1
60～69歳／男性 (n=1,483)	65.1

（備考）1．「令和5年度　男女の健康意識に関する調査」（令和5年度内閣府委託調査）より作成。
　　　　2．「通常の状態の仕事の出来を100%として、月経（生理）による不調がつらい時の仕事の出来はどれぐらいだと思い
　　　　　ますか。月経の不調がない人は、『もしあったとしたら、どのぐらいの出来になるのか？』を考えてお答えください。」
　　　　　と質問。例えば、不調があるために通常時と比べて出来が20%下がるといった場合は、「80%」と回答する。
　　　　3．プレゼンティーイズム損失割合＝100%－2．の質問から算出した数値の平均値。

（職場において月経に関して困った経験）

　職場において、月経に関することで困った経験についてみると、「経血の漏れが心配で業務に集中できない」を挙げる者の割合が最も高く、次いで、「生理用品を交換するタイミングを作りにくい（長時間の会議や窓口業務等）」、「立ち仕事や体を動かす業務で困難を感じる」、「生理休暇を利用しにくい」の順となっている。

　年代別にみると、20代及び30代では、上の世代に比べて「立ち仕事や体を動かす業務で困難を感じる」、「生理休暇を利用しにくい」、「職場のトイレにナプキンなど必要なも

のが常備されていない」、「生理用品を持っていない場合に気軽に買いに行けない」、「月経に関する不調は我慢できるという雰囲気がある」等を挙げる者の割合が高くなっており、女性の社会進出が進み、女性の意識が変わる中で、依然として職場環境がその変化に対応していない可能性が示唆されている。

　例えば、長時間の会議や窓口業務に際しては、定期的なトイレ休憩時間があるだけで、女性が働きやすくなる可能性があり、また、経血の漏れや生理用品に関する心配は、テレワークでは軽減され、より業務に集中できる可能性を示唆している（**特－54図**）。

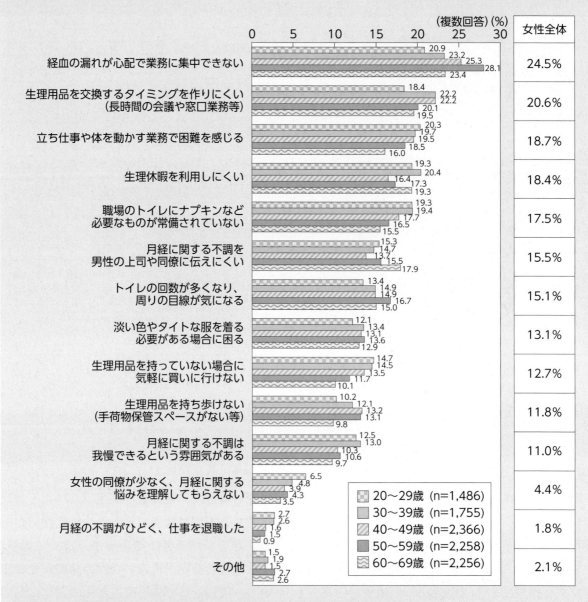

特－54図　職場において月経に関して困った経験（年齢階級別・女性）

（複数回答）(%)

凡例:
- 20～29歳 (n=1,486)
- 30～39歳 (n=1,755)
- 40～49歳 (n=2,366)
- 50～59歳 (n=2,258)
- 60～69歳 (n=2,256)

項目	20～29歳	30～39歳	40～49歳	50～59歳	60～69歳	女性全体
経血の漏れが心配で業務に集中できない	20.9	23.2	25.3	28.1	23.4	24.5%
生理用品を交換するタイミングを作りにくい（長時間の会議や窓口業務等）	18.4	22.2	22.2	20.1	19.5	20.6%
立ち仕事や体を動かす業務で困難を感じる	20.3	19.7	19.5	18.5	16.0	18.7%
生理休暇を利用しにくい	19.3	20.4	16.4	17.3	19.3	18.4%
職場のトイレにナプキンなど必要なものが常備されていない	19.3	19.4	17.7	16.5	15.5	17.5%
月経に関する不調を男性の上司や同僚に伝えにくい	15.3	14.7	13.7	15.5	17.9	15.5%
トイレの回数が多くなり、周りの目線が気になる	13.4	14.9	14.9	16.7	15.0	15.1%
淡い色やタイトな服を着る必要がある場合に困る	12.1	13.4	13.1	13.6	12.9	13.1%
生理用品を持っていない場合に気軽に買いに行けない	14.7	14.5	13.5	11.7	10.1	12.7%
生理用品を持ち歩けない（手荷物保管スペースがない等）	10.2	12.1	13.2	13.1	9.8	11.8%
月経に関する不調は我慢できるという雰囲気がある	12.5	13.0	10.3	10.6	9.7	11.0%
女性の同僚が少なく、月経に関する悩みを理解してもらえない	6.5	4.8	3.9	4.3	3.5	4.4%
月経の不調がひどく、仕事を退職した	2.7	2.6	1.6	1.5	0.9	1.8%
その他	1.5	1.9	1.5	2.7	2.6	2.1%

（備考）1.「令和5年度　男女の健康意識に関する調査」（令和5年度内閣府委託調査）より作成。
2.「職場において、月経（生理）に関して、困った経験はありますか。（いくつでも）」と質問。「閉経した方は、閉経前に働いていたときのこと（月経（生理）があった時の事）全体を思い出してお選びください。」と聞いている。

（3）不妊治療

　婚姻年齢の上昇や晩婚化に伴い、不妊に悩む者や不妊治療を受ける者の数は増加傾向にある。「第16回出生動向基本調査」によれば、令和3（2021）年時点で、不妊の心配をしたことのある夫婦の割合は39.2%（約2.5組に1組）、実際に検査や治療を受けたことのある夫婦は22.7%（約5組に1組）となっている（特－55図）。

　不妊治療は、治療時間の確保等の観点からも負担が大きく、不妊治療と仕事との両立をサポートする取組が一層重要となる。

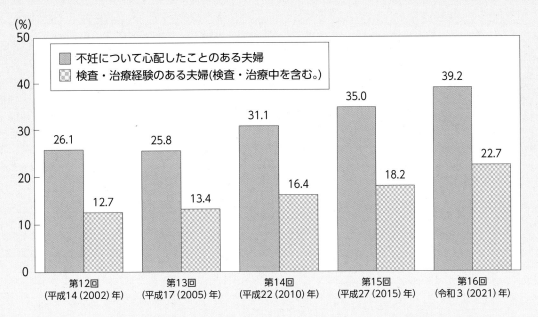

特－55図　不妊に悩む夫婦の割合の推移

(%)

- 不妊について心配したことのある夫婦
- 検査・治療経験のある夫婦(検査・治療中を含む。)

第12回 (平成14 (2002) 年): 26.1 / 12.7
第13回 (平成17 (2005) 年): 25.8 / 13.4
第14回 (平成22 (2010) 年): 31.1 / 16.4
第15回 (平成27 (2015) 年): 35.0 / 18.2
第16回 (令和3 (2021) 年): 39.2 / 22.7

(備考) 国立社会保障・人口問題研究所「第16回出生動向基本調査 (結婚と出産に関する全国調査)」より作成。

3．加齢による健康課題 (更年期障害)

　更年期障害とは、卵巣あるいは精巣の機能の低下により現れる様々な心身の不調で、日常生活に支障を来す状態であり、女性は閉経の前後5年間くらい、おおむね45~55歳くらいが更年期の対象年齢と言われているが、早い人は、40代前半から更年期の症状が現れ、更年期の時期を過ぎても症状が残る場合もあるとされている。

　更年期障害は女性特有の症状というイメージが大きいが、近年は、男性の更年期障害も注目されてきている。更年期障害は多くの女性に現れる症状であり、働く女性が増加する中で、社会として向き合うべき課題である。更年期障害への理解を深めることが、女性及び更年期障害に関わる症状に悩む男性が働きやすい環境の整備へとつながる。

(更年期障害に関するイメージ)

　更年期障害に関する理解度は、男女及び年代で差がある。

　女性の4割が「更年期障害は多くの女性にあらわれる症状である」、「更年期障害が起こりやすい年齢はあるが、個人差があり、若くてもなる可能性がある」、「更年期障害に関する知識は、男性も知っておく必要がある」と考えているのに対し、同様に考えている男性は2~3割となっている。

　また、加齢とともに現れる症状であるため、上の年代ほど理解度が高くなっているが、若い世代の女性及び男性全体においては、更年期障害に関する理解が進んでいないことがうかがえる (特－56図)。

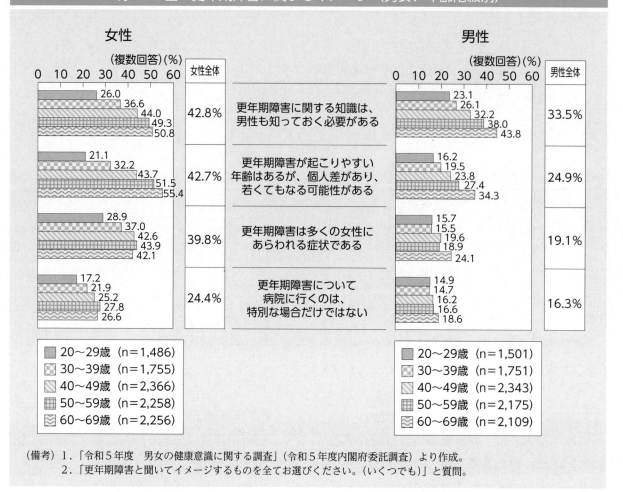

特－56図　更年期障害に関するイメージ（男女、年齢階級別）

女性

（複数回答）(%)

項目	女性全体
更年期障害に関する知識は、男性も知っておく必要がある	42.8%
更年期障害が起こりやすい年齢はあるが、個人差があり、若くてもなる可能性がある	42.7%
更年期障害は多くの女性にあらわれる症状である	39.8%
更年期障害について病院に行くのは、特別な場合だけではない	24.4%

更年期障害に関する知識は、男性も知っておく必要がある
26.0 / 36.6 / 44.0 / 49.3 / 50.8

更年期障害が起こりやすい年齢はあるが、個人差があり、若くてもなる可能性がある
21.1 / 32.2 / 43.7 / 51.5 / 55.4

更年期障害は多くの女性にあらわれる症状である
28.9 / 37.0 / 42.6 / 43.9 / 42.1

更年期障害について病院に行くのは、特別な場合だけではない
17.2 / 21.9 / 25.2 / 27.8 / 26.6

- 20～29歳（n＝1,486）
- 30～39歳（n＝1,755）
- 40～49歳（n＝2,366）
- 50～59歳（n＝2,258）
- 60～69歳（n＝2,256）

男性

（複数回答）(%)

男性全体
33.5%
24.9%
19.1%
16.3%

更年期障害に関する知識は、男性も知っておく必要がある
23.1 / 26.1 / 32.2 / 38.0 / 43.8

更年期障害が起こりやすい年齢はあるが、個人差があり、若くてもなる可能性がある
16.2 / 19.5 / 23.8 / 27.4 / 34.3

更年期障害は多くの女性にあらわれる症状である
15.7 / 15.5 / 19.6 / 18.9 / 24.1

更年期障害について病院に行くのは、特別な場合だけではない
14.9 / 14.7 / 16.2 / 16.6 / 18.6

- 20～29歳（n＝1,501）
- 30～39歳（n＝1,751）
- 40～49歳（n＝2,343）
- 50～59歳（n＝2,175）
- 60～69歳（n＝2,109）

（備考）1．「令和5年度　男女の健康意識に関する調査」（令和5年度内閣府委託調査）より作成。
　　　　2．「更年期障害と聞いてイメージするものを全てお選びください。（いくつでも）」と質問。

（更年期障害に関わる症状の有無）

　更年期障害に関わる症状（更年期障害以外の原因による症状も含む。）の有無について、年代別にみると、男女ともに50代で症状がある者の割合が高く、特に50代女性で「症状があり、更年期障害だと思う」、「症状はあ
るが、更年期障害かどうかよくわからない」とする者の割合が56％となっている。また、50代男性も「症状があり、更年期障害だと思う」とする者が1割、「症状はあるが、更年期障害かどうかよくわからない」とする者が2割となっている（特－57図）。

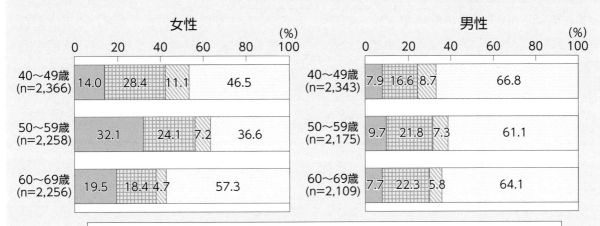

特－57図　更年期障害に関わる症状の有無と認識（男女、年齢階級別）

女性

40～49歳 (n=2,366)	14.0	28.4	11.1	46.5
50～59歳 (n=2,258)	32.1	24.1	7.2	36.6
60～69歳 (n=2,256)	19.5	18.4	4.7	57.3

男性

40～49歳 (n=2,343)	7.9	16.6	8.7	66.8
50～59歳 (n=2,175)	9.7	21.8	7.3	61.1
60～69歳 (n=2,109)	7.7	22.3	5.8	64.1

凡例：
■ 症状があり、更年期障害だと思う　▨ 症状はあるが、更年期障害かどうかよくわからない
▨ 症状はあるが、もともとの体質だと思う　□ 症状はない

（備考）1.「令和5年度　男女の健康意識に関する調査」（令和5年度内閣府委託調査）より作成。
　　　　2.「下記の更年期障害に関する説明を読んでから、お答えください。あなたは更年期障害に関わる症状が見られますか。（1つ）」と質問。
　　　　【更年期障害とは】
　　　　・卵巣あるいは精巣の機能の低下により現れる様々な心身の不調で、日常生活に支障を来す状態。
　　　　　女性：閉経の前後5年間くらい、おおむね45～55歳くらいが更年期の対象年齢と言われているが、早い人は、40歳前半から更年期の症状が現れる。更年期の時期を過ぎても症状が残る場合もある。
　　　　　男性：女性と違って時期は特に決まっていない。40歳以降、どの年齢でも症状が現れ、自然に治まる時期はないと考えられている。
　　　　【女性の代表的な症状】
　　　　　身体的な症状…のぼせ、顔のほてり、動悸、異常な発汗、頭痛、めまい、腰や背中の痛み、目の痛み
　　　　　精神的な症状…イライラ、不安、うつ、不眠、無気力
　　　　　（出典：日本産科婦人科学会／日本産婦人科医会「産婦人科診療ガイドライン婦人科外来編2023」）
　　　　【男性の代表的な症状】
　　　　　身体的な症状…疲れやすい、ほてり、体力の低下、女性化乳房、陰毛減少
　　　　　精神的な症状…イライラ、物悲しい、うつ、不眠、興味の低下、集中力・記憶力の低下
　　　　　性機能…性欲低下、機能不全（ED）
　　　　　（参考：日本内分泌学会／日本メンズヘルス医学会　「男性の性腺機能低下症ガイドライン2022」）
　　　　3.更年期障害の具体的な症状を例示した上で、実際に更年期障害であるか否かにかかわらず、そのような症状がある人を「更年期障害に関わる症状がある」としているため、結果の読み取りの際に注意が必要である。

（更年期障害に関わる症状）

　更年期障害に関わる「症状があり、更年期障害だと思う」40〜59歳の女性及び40〜69歳の男性についてみていく。

　過去1か月の間で気になる症状について、「更年期障害に関わる症状はない」とする者と比べると、「症状があり、更年期障害だと思う」とする者は、いずれの症状も割合が高くなっている。

　40〜59歳女性では「肩こり、関節痛（腰、膝、手足）」を挙げる者の割合が最も高く、次いで、「だるい、疲れやすい、動悸・息切れ」、「頭痛、めまい、耳鳴り」、「不眠、いらいら」、「手足

の冷え、むくみ、だるさ」の順となっているが、「のぼせ、顔のほてり、異常な発汗」の割合は、「更年期障害に関わる症状はない」とする者に比べて顕著に高くなっている。

　一方、40〜69歳男性では、「肩こり、関節痛（腰、膝、手足）」を挙げる者の割合が最も高く、次いで「だるい、疲れやすい、動悸・息切れ」、「不眠、いらいら」の順となっているが、「だるい、疲れやすい、動悸・息切れ」、「不眠、いらいら」を挙げる者の割合は、「更年期障害に関わる症状はない」とする者に比べて特に高くなっている（**特－58図**）。

　更年期障害に関わる「症状があり、更年期

障害だと思う」とする者について、体調の悪い日の頻度をみると、「月に3～4日以上（計）」とする者は、40～59歳の女性で5割、40～69歳の男性で4割となっており、同年代で更年期障害に関わる「症状はない」とする者と比べて2倍以上となっている。

　また、心理的なストレスの状況をみると、更年期障害に関わる「症状があり、更年期障害だと思う」40～69歳男性の4割、40～59歳女性の3割が「10点以上（要注意）」となっており、同年代で更年期障害に関わる「症状はない」とする者と比べて2倍以上となっている（特－59図）。

　更年期障害に関わる症状の生活（仕事や家事・育児・介護）への支障の程度をみると、「症状がみられ、更年期障害だと思う」女性の9割、男性の6割が生活に「支障があると思う」としている。

　なお、更年期障害に関わる「症状がみられ、更年期障害だと思う」男性のうち、3割が支障の程度について「よくわからない・何とも言えない」としており、不調はあるが更年期障害かどうか分からず、対処にもつながっていない可能性がある（特－60図）。

　更年期障害に関わる症状への対処法についてみると、女性では「市販の薬や漢方、サプリメントを飲んでいる」を挙げる者の割合が最も高く、次いで、「ひどい時は休暇をとっている・休んでいる」、「病院や診療所に行っている」の順となっている。

　一方、男性の7割、女性の5割が「特に上記のようなことはしていない」としており、更年期障害に関わる症状に対し、十分に対処できていない可能性がある（特－61図）。

　更年期障害に関わる症状は、男女ともに仕事で大きな責任を負い、介護との両立が課題となる世代で大きく現れる。管理職として働く女性が増加する中で、更年期障害に関する理解や症状との付き合い方についての理解は、今後ますます重要になってくる。また、女性の更年期障害に比べ、男性の更年期障害は注目されることが少ないが、心身の不調を抱えながら、特に何も対処をしていない男性も少なくない点については、見過ごすことのできない論点である。男女両方の更年期障害に目を向け、働きやすい社会にしていく必要がある。

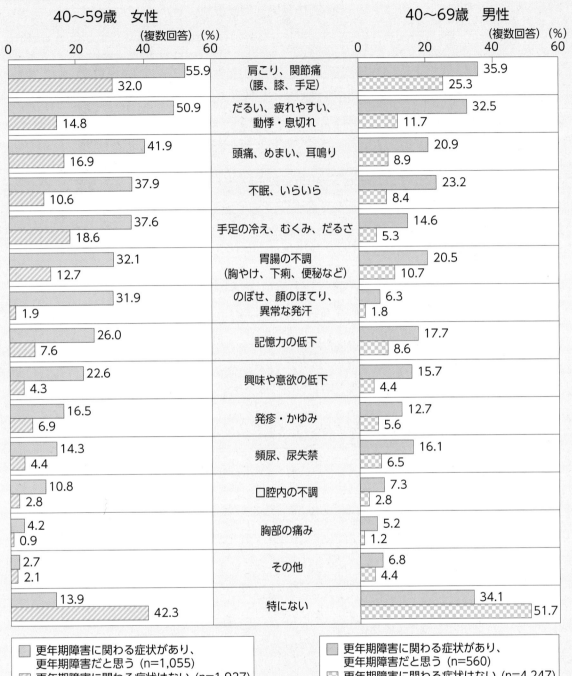

特－58図　気になる症状
（男女、更年期障害に関わる症状の有無別・40～59歳女性、40～69歳男性）

40～59歳　女性（複数回答）（%）

40～69歳　男性（複数回答）（%）

症状	女性（症状あり）	女性（症状なし）	男性（症状あり）	男性（症状なし）
肩こり、関節痛（腰、膝、手足）	55.9	32.0	35.9	25.3
だるい、疲れやすい、動悸・息切れ	50.9	14.8	32.5	11.7
頭痛、めまい、耳鳴り	41.9	16.9	20.9	8.9
不眠、いらいら	37.9	10.6	23.2	8.4
手足の冷え、むくみ、だるさ	37.6	18.6	14.6	5.3
胃腸の不調（胸やけ、下痢、便秘など）	32.1	12.7	20.5	10.7
のぼせ、顔のほてり、異常な発汗	31.9	1.9	6.3	1.8
記憶力の低下	26.0	7.6	17.7	8.6
興味や意欲の低下	22.6	4.3	15.7	4.4
発疹・かゆみ	16.5	6.9	12.7	5.6
頻尿、尿失禁	14.3	4.4	16.1	6.5
口腔内の不調	10.8	2.8	7.3	2.8
胸部の痛み	4.2	0.9	5.2	1.2
その他	2.7	2.1	6.8	4.4
特にない	13.9	42.3	34.1	51.7

■ 更年期障害に関わる症状があり、更年期障害だと思う（n=1,055）
▨ 更年期障害に関わる症状はない（n=1,927）

■ 更年期障害に関わる症状があり、更年期障害だと思う（n=560）
▨ 更年期障害に関わる症状はない（n=4,247）

（備考）1．「令和5年度　男女の健康意識に関する調査」（令和5年度内閣府委託調査）より作成。
　　　　2．「ここ1か月の間で気になる（気になっていた）症状はありますか。あてはまるもの（いくつでも）をお選びください。」と質問。
　　　　3．一般的に、女性は40代及び50代、男性は40代以降で更年期障害に関わる症状が現れることが多いため、その年代を集計対象としている。

特集

仕事と健康の両立～全ての人が希望に応じて活躍できる社会の実現に向けて～

特－59図　体調が悪い日の頻度と心理的なストレスの状況
（男女、更年期障害に関わる症状の有無別・40〜59歳女性、40〜69歳男性）

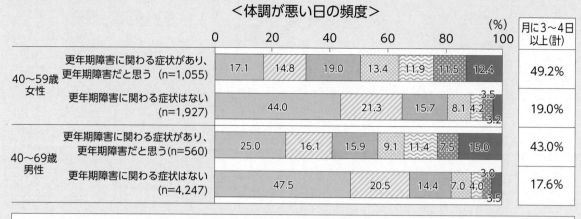

＜体調が悪い日の頻度＞

	体調が悪い日は基本的にない	2〜3か月に1回程度	月に1〜2日程度	月に3〜4日程度	月に2〜3割程度（6〜10日程度）	月の半分程度（15日程度）	月の7割以上（20日以上）	月に3〜4日以上（計）
40〜59歳女性　更年期障害に関わる症状があり、更年期障害だと思う（n=1,055）	17.1	14.8	19.0	13.4	11.9	11.5	12.4	49.2%
40〜59歳女性　更年期障害に関わる症状はない（n=1,927）	44.0	21.3	15.7	8.1	4.2	3.5	3.2	19.0%
40〜69歳男性　更年期障害に関わる症状があり、更年期障害だと思う（n=560）	25.0	16.1	15.9	9.1	11.4	7.5	15.0	43.0%
40〜69歳男性　更年期障害に関わる症状はない（n=4,247）	47.5	20.5	14.4	7.0	4.0	3.0	3.5	17.6%

（備考）　1．「令和5年度　男女の健康意識に関する調査」（令和5年度内閣府委託調査）より作成。
　　　　　2．「体調が悪い日（身体、心含む）は、どれぐらいの割合でありますか。最も近いものをお選びください。（1つ）」と質問。
　　　　　3．一般的に、女性は40代及び50代、男性は40代以降で更年期障害に関わる症状が現れることが多いため、その年代を集計対象としている。
　　　　　4．「月に3〜4日以上（計）」は、「月に3〜4日程度」、「月に2〜3割程度（6〜10日程度）」、「月の半分程度（15日程度）」及び「月の7割以上（20日以上）」の累計値。

＜心理的なストレスの状況＞

	0〜4点（問題なし）	5〜9点（要観察）	10点以上（要注意）
40〜59歳女性　更年期障害に関わる症状があり、更年期障害だと思う（n=1,055）	43.6	26.3	30.1
40〜59歳女性　更年期障害に関わる症状はない（n=1,927）	72.4	15.6	12.0
40〜69歳男性　更年期障害に関わる症状があり、更年期障害だと思う（n=560）	41.6	18.4	40.0
40〜69歳男性　更年期障害に関わる症状はない（n=4,247）	72.3	13.8	14.0

（備考）　1．「令和5年度　男女の健康意識に関する調査」（令和5年度内閣府委託調査）より作成。
　　　　　2．「あなたはここ1か月の間に、どれくらいの頻度で次のことがありましたか。（各々1つずつ）」と質問。
　　　　　「神経過敏に感じましたか」、「絶望的だと感じましたか」、「そわそわ、落ち着かなく感じましたか」、「気分が沈んで、何が起きても気が晴れないように感じましたか」、「何をするのも骨折りだと感じましたか」、「自分は価値がない人間だと感じましたか」の6つの項目について5段階（「全くない」（0点）、「少しだけ」（1点）、「ときどき」（2点）、「たいてい」（3点）、「いつも」（4点））で回答してもらい点数化した。合計点数が高いほど、精神的な問題がより重い可能性があるとされている。
　　　　　3．一般的に、女性は40代及び50代、男性は40代以降で更年期障害に関わる症状が現れることが多いため、その年代を集計対象としている。

特－60図　更年期障害に関わる症状の生活への支障の程度
（男女別・更年期障害に関わる症状がみられ、更年期障害だと思う40～59歳女性、40～69歳男性）

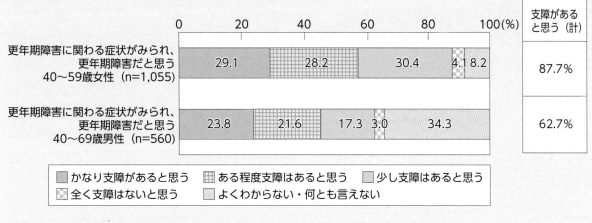

	支障があると思う（計）
更年期障害に関わる症状がみられ、更年期障害だと思う40～59歳女性（n=1,055）	87.7%
更年期障害に関わる症状がみられ、更年期障害だと思う40～69歳男性（n=560）	62.7%

かなり支障があると思う　ある程度支障はあると思う　少し支障はあると思う
全く支障はないと思う　よくわからない・何とも言えない

（備考）1．「令和5年度　男女の健康意識に関する調査」（令和5年度内閣府委託調査）より作成。
　　　　2．「更年期障害に関わる症状は、仕事や家事・育児・介護をするにあたって、どの程度支障がありますか。（1つ）」と質問。
　　　　3．一般的に、女性は40代及び50代、男性は40代以降で更年期障害に関わる症状が現れることが多いため、その年代を集計対象としている。
　　　　4．「支障があると思う（計）」は、「かなり支障があると思う」、「ある程度支障はあると思う」及び「少し支障はあると思う」の累計値。

特－61図　更年期障害に関わる症状への対処法
（男女別・更年期障害に関わる症状がみられ、更年期障害だと思う40～59歳女性、40～69歳男性）

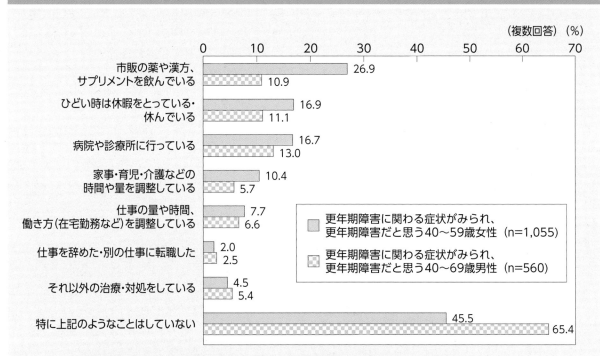

（備考）1．「令和5年度　男女の健康意識に関する調査」（令和5年度内閣府委託調査）より作成。
　　　　2．「更年期障害に関わる症状に対して、この1年の間にやっていることはありますか。（いくつでも）」と質問。
　　　　3．一般的に、女性は40代及び50代、男性は40代以降で更年期障害に関わる症状が現れることが多いため、その年代を集計対象としている。

4．これからの働き方と健康

⑴　健康認識と昇進意欲

　健康認識と昇進意欲の関係をみると、男女ともに20代から40代のどの年代においても、「健康でないと思う」者に比べて、「健康だと思う」者の方が、「現在より上の役職に就きたい」とする者の割合が高くなっている。

　健康認識と昇進意欲の間には相関関係があり、「健康でない」ことで「現在よりも上の役職を目指せない」と考えている人もいることを示唆している[26]（特－62図）。

　また、気になる症状と昇進意欲の関係をみ ても、男女ともに、最も気になる症状について「十分に対処できている」とする者の方が、「十分に対処できていない」とする者よりも昇進意欲が高くなっている（特－63図）。

　前述のとおり、女性は、働く上での健康課題に関する困りごとの改善のために「女性の健康問題への理解」を挙げる割合が高いことから、女性活躍推進、女性の管理職を増やすためには、企業側にも、女性特有の健康課題への対応が必要となっている（特－46図再掲）。

---

26 個別インタビューにおいても、「機会があればキャリアアップしたいという気持ちはあるが、月経による不調があるので躊躇してしまう」という声や、「自分の体調や子供のことを考慮すると、キャリアを求めると様々なものを犠牲にしなければならないため、現実的ではないと思い、諦めてしまった」という声があった。

特－62図　健康認識と昇進意欲（男女、年齢階級別・有業者）

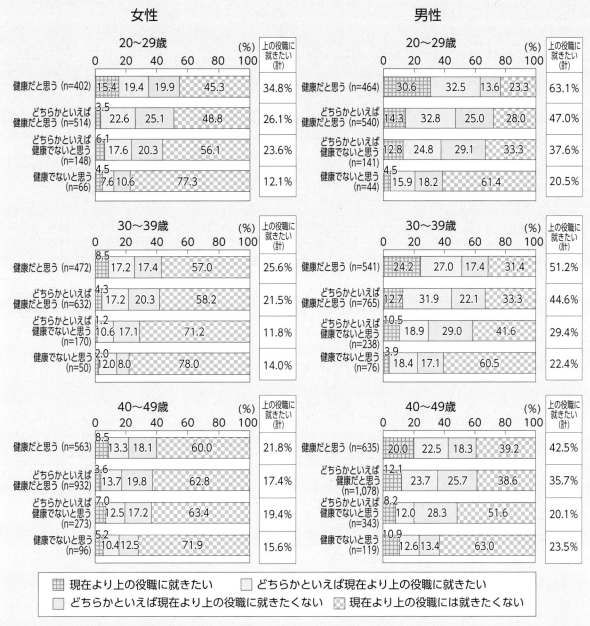

女性

20～29歳

	現在より上の役職に就きたい	どちらかといえば現在より上の役職に就きたい	どちらかといえば現在より上の役職に就きたくない	現在より上の役職には就きたくない	上の役職に就きたい（計）
健康だと思う (n=402)	15.4	19.4	19.9	45.3	34.8%
どちらかといえば健康だと思う (n=514)	3.5	22.6	25.1	48.8	26.1%
どちらかといえば健康でないと思う (n=148)	6.1	17.6	20.3	56.1	23.6%
健康でないと思う (n=66)	4.5	7.6	10.6	77.3	12.1%

30～39歳

					上の役職に就きたい（計）
健康だと思う (n=472)	8.5	17.2	17.4	57.0	25.6%
どちらかといえば健康だと思う (n=632)	4.3	17.2	20.3	58.2	21.5%
どちらかといえば健康でないと思う (n=170)	1.2	10.6	17.1	71.2	11.8%
健康でないと思う (n=50)	2.0	12.0	8.0	78.0	14.0%

40～49歳

					上の役職に就きたい（計）
健康だと思う (n=563)	8.5	13.3	18.1	60.0	21.8%
どちらかといえば健康だと思う (n=932)	3.6	13.7	19.8	62.8	17.4%
どちらかといえば健康でないと思う (n=273)	7.0	12.5	17.2	63.4	19.4%
健康でないと思う (n=96)	5.2	10.4	12.5	71.9	15.6%

男性

20～29歳

	現在より上の役職に就きたい	どちらかといえば現在より上の役職に就きたい	どちらかといえば現在より上の役職に就きたくない	現在より上の役職には就きたくない	上の役職に就きたい（計）
健康だと思う (n=464)	30.6	32.5	13.6	23.3	63.1%
どちらかといえば健康だと思う (n=540)	14.3	32.8	25.0	28.0	47.0%
どちらかといえば健康でないと思う (n=141)	12.8	24.8	29.1	33.3	37.6%
健康でないと思う (n=44)	4.5	15.9	18.2	61.4	20.5%

30～39歳

					上の役職に就きたい（計）
健康だと思う (n=541)	24.2	27.0	17.4	31.4	51.2%
どちらかといえば健康だと思う (n=765)	12.7	31.9	22.1	33.3	44.6%
どちらかといえば健康でないと思う (n=238)	10.5	18.9	29.0	41.6	29.4%
健康でないと思う (n=76)	3.9	18.4	17.1	60.5	22.4%

40～49歳

					上の役職に就きたい（計）
健康だと思う (n=635)	20.0	22.5	18.3	39.2	42.5%
どちらかといえば健康だと思う (n=1,078)	12.1	23.7	25.7	38.6	35.7%
どちらかといえば健康でないと思う (n=343)	8.2	12.0	28.3	51.6	20.1%
健康でないと思う (n=119)	10.9	12.6	13.4	63.0	23.5%

凡例：
- 現在より上の役職に就きたい
- どちらかといえば現在より上の役職に就きたい
- どちらかといえば現在より上の役職に就きたくない
- 現在より上の役職には就きたくない

（備考）1．「令和5年度　男女の健康意識に関する調査」（令和5年度内閣府委託調査）より作成。
2．「あなたは、自分が健康だと思いますか。（1つ）」、「あなたは、現在の立場より、上の役職に就きたいと思いますか。（1つ）」と質問。
3．「上の役職に就きたい（計）」は、「現在より上の役職に就きたい」及び「どちらかといえば現在より上の役職に就きたい」の累計値。

特集

仕事と健康の両立～全ての人が希望に応じて活躍できる社会の実現に向けて～

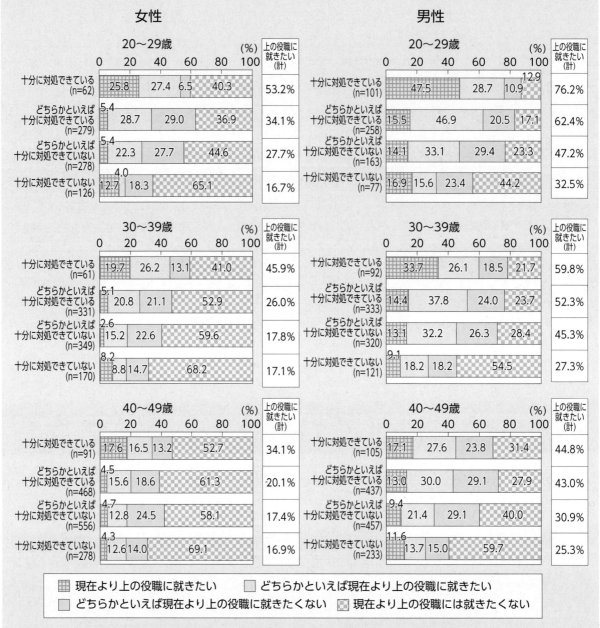

（備考）1.「令和5年度　男女の健康意識に関する調査」（令和5年度内閣府委託調査）より作成。
　　　　2.　過去1か月の間で最も気になる症状があると回答した者に対して、「最も気になる症状について、十分に対処できて
　　　　　　いますか。（1つ）」、「あなたは、現在の立場より、上の役職に就きたいと思いますか。（1つ）」と質問。
　　　　3.「上の役職に就きたい（計）」は、「現在より上の役職に就きたい」及び「どちらかといえば現在より上の役職に就き
　　　　　　たい」の累計値。

(2) 健康経営

近年、大企業を中心に、健康経営の取組が広がりつつある。健康経営とは従業員等の健康管理を経営的な視点で考え、戦略的に実践することである。企業理念に基づき、従業員等への健康投資を行うことは、従業員の活力向上や生産性の向上等の組織活性化をもたらし、結果的に業績向上や株価向上につながると期待されている[27]。

（健康経営の取組状況）

勤務先の健康経営への取組状況に関する認識をみると、企業規模が大きいほど健康経営に「取り組んでいる」（「かなり取り組んでいる」と「ある程度取り組んでいる」の累計値。以下同じ。）とする者の割合が高くなっている。

雇用形態別にみると、正規雇用労働者に比べ、非正規雇用労働者の方が、健康経営に「取り組んでいる」とする者の割合が低くなっており、健康経営に取り組んでいるか「わからない」とする者の割合が高くなっている。

非正規雇用労働者には、健康診断等を含む健康支援や健康経営が十分に行き届いておらず、正規雇用労働者に比べ、健康経営の恩恵を受けられていない可能性が考えられる

（特－64図）。

さらに、健康経営の項目ごとに取組状況に関する認識をみると、特－65図に掲載する全ての項目で、男性に比べ、女性の方が「取り組んでいる」とする者の割合が低くなっている。

また、「女性特有の健康課題など、女性の健康保持・増進」に着目してみると、女性では、「健康経営全般」を除いた11項目の中で「取り組んでいる」とする者の割合が最も低く、また、男性の4割が「取り組んでいる」としているのに対し、女性は「取り組んでいる」が3割、「取り組んでいない」（「あまり取り組んでいない」と「全く取り組んでいない」の累計値。）が4割となっている（特－65図）。

女性の方が勤務先が健康経営に「取り組んでいる」とする者の割合が低くなっている背景には、男女の健康課題の差異を踏まえた健康経営を実施している企業が必ずしも多くないことを示している可能性があり、今後は、より多くの企業が女性の視点を踏まえた健康経営を推進することで、女性を含めた多様な人材が、生産性高く働ける職場環境を整えていくことが望まれる。

---

27 経済産業省ホームページ「健康経営」から引用。

特－64図　勤務先の健康経営取組に関する認識
（男女、雇用形態、勤務先の企業規模別・雇用されている者及び会社などの役員）

企業規模1,000名以上

		かなり取り組んでいる	ある程度取り組んでいる	あまり取り組んでいない	全く取り組んでいない	わからない	取り組んでいる（計）
正規雇用労働者	女性 (n=686)	17.1	39.2	14.1	8.2	21.4	56.3%
	男性 (n=1,769)	16.3	42.4	19.0	7.7	14.6	58.7%
非正規雇用労働者	女性 (n=489)	9.4	38.4	16.4	6.7	29.0	47.9%
	男性 (n=205)	12.7	34.6	15.6	7.3	29.8	47.3%

企業規模100〜999名

		かなり取り組んでいる	ある程度取り組んでいる	あまり取り組んでいない	全く取り組んでいない	わからない	取り組んでいる（計）
正規雇用労働者	女性 (n=922)	9.7	31.6	23.6	11.4	23.8	41.2%
	男性 (n=2,048)	9.2	36.7	24.2	10.6	19.3	45.9%
非正規雇用労働者	女性 (n=541)	7.4	28.1	20.5	10.5	33.5	35.5%
	男性 (n=230)	7.8	37.0	15.7	11.3	28.3	44.8%

企業規模99名以下

		かなり取り組んでいる	ある程度取り組んでいる	あまり取り組んでいない	全く取り組んでいない	わからない	取り組んでいる（計）
正規雇用労働者	女性 (n=1,410)	5.7	27.1	23.9	17.2	26.1	32.8%
	男性 (n=2,214)	6.1	28.1	23.7	19.2	22.9	34.2%
非正規雇用労働者	女性 (n=1,313)	4.4	26.3	19.8	16.8	32.7	30.7%
	男性 (n=419)	6.4	26.0	22.2	11.7	33.7	32.5%

凡例：
- かなり取り組んでいる
- ある程度取り組んでいる
- あまり取り組んでいない
- 全く取り組んでいない
- わからない

（備考）1.「令和5年度　男女の健康意識に関する調査」（令和5年度内閣府委託調査）より作成。
2.「あなたの勤務先は、健康経営全般に対して、取り組んでいると思いますか。」と質問。
　※「会社全体ではなく、あなたが働いている周囲のことを考えてお選びください。」と聞いている。
3.「取り組んでいる（計）」は、「かなり取り組んでいる」及び「ある程度取り組んでいる」の累計値。

特－65図　勤務先の健康経営取組に関する認識（男女、健康経営項目別・雇用されている者及び会社などの役員）

女性（n=6,594）、男性（n=7,611）（%）

項目	性別	かなり取り組んでいる	ある程度取り組んでいる	あまり取り組んでいない	全く取り組んでいない	わからない	取り組んでいる（計）
健康経営全般	女性	7.6	28.8	19.2	12.7	31.7	36.4%
	男性	9.7	34.3	21.3	12.3	22.4	43.9%
従業員の感染症予防（コロナ、インフルエンザなど）	女性	16.1	32.2	16.1	10.2	25.4	48.3%
	男性	15.6	34.9	18.6	10.7	20.1	50.6%
労働時間の適正化、ワーク・ライフ・バランス、生活時間の確保	女性	10.1	31.7	18.9	12.5	26.8	41.8%
	男性	12.1	35.8	20.4	12.2	19.5	47.9%
従業員間のコミュニケーションの促進	女性	10.0	28.8	20.7	12.8	27.7	38.8%
	男性	10.9	33.3	22.6	12.3	21.0	44.1%
休職後の職場復帰、就業と治療の両立	女性	9.4	27.9	18.6	13.9	30.3	37.3%
	男性	10.5	31.8	21.1	12.6	24.1	42.2%
従業員の生産性低下防止・事故発生予防	女性	9.5	27.3	19.4	13.6	30.2	36.8%
	男性	11.3	33.8	20.9	12.4	21.5	45.1%
精密検査や任意検診などの受診率向上促進	女性	10.2	25.1	18.8	14.9	30.9	35.4%
	男性	11.5	33.3	19.6	13.2	22.3	44.9%
メンタルヘルス不調などのストレス関連疾患の発生予防	女性	7.8	25.5	21.7	16.2	28.8	33.3%
	男性	10.1	31.4	23.2	14.5	20.9	41.5%
生活習慣病などの疾病の発生予防（健常者に対する）	女性	8.4	23.9	20.6	15.2	31.9	32.3%
	男性	10.3	32.1	21.0	14.2	22.5	42.3%
従業員の喫煙率低下	女性	9.6	21.6	18.8	17.4	32.6	31.2%
	男性	11.0	26.1	21.8	17.8	23.3	37.1%
生活習慣病などの高リスク者に対する重症化予防	女性	7.8	23.4	20.6	15.7	32.5	31.1%
	男性	9.5	31.5	21.9	14.3	22.8	41.0%
女性特有の健康課題など、女性の健康保持・増進	女性	7.8	22.9	22.3	17.4	29.6	30.7%
	男性	9.6	30.8	21.4	13.6	24.6	40.5%

凡例：■ かなり取り組んでいる　▦ ある程度取り組んでいる　▨ あまり取り組んでいない　■ 全く取り組んでいない　□ わからない

（備考）1．「令和5年度　男女の健康意識に関する調査」（令和5年度内閣府委託調査）より作成。
　　　　2．「あなたの勤務先は、『健康経営』に関する各項目に対して、取り組んでいると思いますか。」と質問。
　　　　　※「会社全体ではなく、あなたが働いている周囲のことを考えてお選びください。」と聞いている。
　　　　3．「取り組んでいる（計）」は、「かなり取り組んでいる」及び「ある程度取り組んでいる」の累計値。

次に、企業規模別に健康経営の効果を様々な視点から確認する。

（体調が悪い日の頻度、心理的なストレスの状況）

男女ともに企業規模にかかわらず、勤務先が健康経営に「取り組んでいる」とする者の方が、体調が悪い日の頻度が低い者の割合が高くなっている。また、体調が悪い日の頻度が「月に2〜3割程度以上」とする者の割合についてみると、女性の方が、勤務先が健康経営に取り組んでいると考えているか否かによる差が大きい。心理的なストレスの状況についても同様の傾向となっている。

（体調不良によるプレゼンティーイズム年間損失日数）

体調が悪い日の頻度から算出したプレゼンティーイズム年間損失日数[28]（体調不良による休暇や欠勤は含まない。）は、勤務先が健康経営に取り組んでいると考えているか否かで違いがあり、男性では4〜6日程度、女性では4〜7日程度、健康経営に「取り組んでいる」とする者の方が少なくなっている。健康経営により、年間の従業員の労働損失を4〜7日程度減らすことができ、何よりも、従業員のウェルビーイングの向上にも資する取組であると考えられる。

（健康経営と昇進意欲）

健康経営と昇進意欲の関係についてみると、男性は勤務先が健康経営に取り組んでいると考える者の方が、「現在より上の役職に就きたい」とする者の割合が高いが、女性では男性ほどの効果がみられない。これは、健康経営が女性の視点からみると、いまだ不十分であるということを示唆している可能性もある（特－66図）。

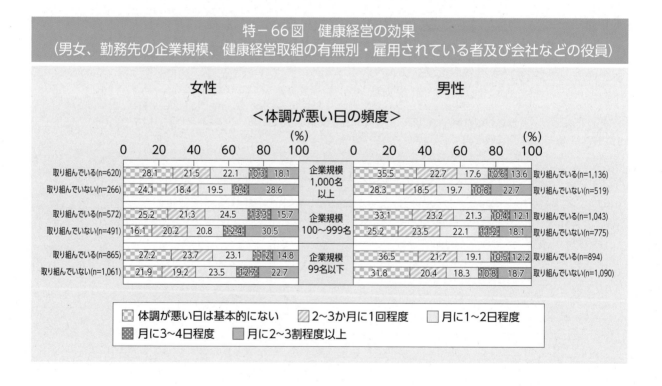

特－66図　健康経営の効果
（男女、勤務先の企業規模、健康経営取組の有無別・雇用されている者及び会社などの役員）

28　プレゼンティーイズムの考え方については46ページを参照。プレゼンティーイズム年間損失日数は、年間勤務日数に体調が悪い日の頻度を乗じて、年間の体調が悪い勤務日数を算出し、さらに、体調が悪いときの「仕事」のプレゼンティーイズム損失割合を乗じて算出している。なお、年間勤務日数については、正規雇用労働者は245日（一律）、非正規雇用労働者は、アンケート回答者の1週間当たりの勤務日数×52週として算出している。

女性　　　　　　　　　　　　　　　　　　　男性

＜心理的なストレスの状況＞

(%)　　　　　　　　　　　　　　　　　　　　　(%)

	企業規模	
取り組んでいる (n=620) 58.2 / 20.5 / 21.3	1,000名以上	取り組んでいる (n=1,136) 61.9 / 16.5 / 21.6
取り組んでいない (n=266) 41.0 / 27.1 / 32.0		取り組んでいない (n=519) 45.5 / 26.6 / 27.9
取り組んでいる (n=572) 53.8 / 22.6 / 23.6	100～999名	取り組んでいる (n=1,043) 55.2 / 19.6 / 25.2
取り組んでいない (n=491) 43.6 / 24.6 / 31.8		取り組んでいない (n=775) 48.6 / 23.4 / 28.0
取り組んでいる (n=865) 56.9 / 20.5 / 22.7	99名以下	取り組んでいる (n=894) 55.0 / 18.3 / 26.6
取り組んでいない (n=1,061) 49.4 / 24.5 / 26.1		取り組んでいない (n=1,090) 53.8 / 20.3 / 26.0

□ 0～4点（問題なし）　▨ 5～9点（要観察）　■ 10点以上（要注意）

＜仕事のプレゼンティーイズム年間損失日数＞

(日)　　　　　　　　　　　　　　　　　　　　(日)

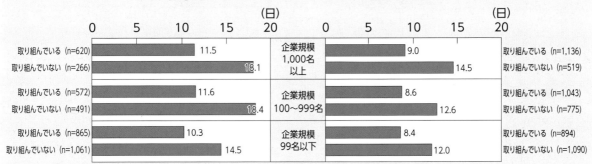

	企業規模	
取り組んでいる (n=620) 11.5	1,000名以上	取り組んでいる (n=1,136) 9.0
取り組んでいない (n=266) 18.1		取り組んでいない (n=519) 14.5
取り組んでいる (n=572) 11.6	100～999名	取り組んでいる (n=1,043) 8.6
取り組んでいない (n=491) 18.4		取り組んでいない (n=775) 12.6
取り組んでいる (n=865) 10.3	99名以下	取り組んでいる (n=894) 8.4
取り組んでいない (n=1,061) 14.5		取り組んでいない (n=1,090) 12.0

＜昇進意欲＞

(%)　　　　　　　　　　　　　　　　　　　　(%)

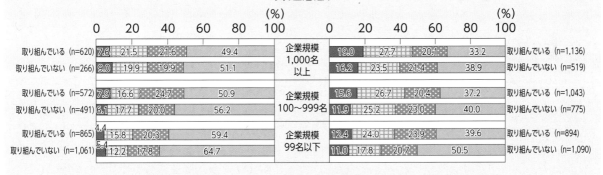

	企業規模	
取り組んでいる (n=620) 7.6 / 21.5 / 21.6 / 49.4	1,000名以上	取り組んでいる (n=1,136) 19.0 / 27.7 / 20.1 / 33.2
取り組んでいない (n=266) 9.0 / 19.9 / 19.9 / 51.1		取り組んでいない (n=519) 16.2 / 23.5 / 21.4 / 38.9
取り組んでいる (n=572) 7.9 / 16.6 / 24.7 / 50.9	100～999名	取り組んでいる (n=1,043) 15.6 / 26.7 / 20.4 / 37.2
取り組んでいない (n=491) 6.1 / 17.7 / 20.0 / 56.2		取り組んでいない (n=775) 11.9 / 25.2 / 23.0 / 40.0
取り組んでいる (n=865) 4.4 / 15.8 / 20.3 / 59.4	99名以下	取り組んでいる (n=894) 12.4 / 24.0 / 23.9 / 39.6
取り組んでいない (n=1,061) 5.4 / 12.2 / 17.8 / 64.7		取り組んでいない (n=1,090) 11.0 / 17.8 / 20.7 / 50.5

■ 現在より上の役職に就きたい　　▨ どちらかといえば現在より上の役職に就きたい
▨ どちらかといえば現在より上の役職に就きたくない　　□ 現在より上の役職には就きたくない

（備考）1．「令和5年度　男女の健康意識に関する調査」（令和5年度内閣府委託調査）より作成。
　　　　2．「取り組んでいる」は、勤務先の健康経営全般の取組に対し「かなり取り組んでいる」又は「ある程度取り組んでいる」
　　　　　と回答した者、「取り組んでいない」は、「あまり取り組んでいない」又は「全く取り組んでいない」と回答した者を集計。
　　　　3．仕事のプレゼンティーイズム年間損失日数は、正規雇用労働者は年間勤務日数を245日と仮定、非正規雇用労働者
　　　　　は実際の1週間の勤務日数×52週を乗じて算出した年間勤務日数に、体調が悪い日の頻度及び体調が悪いときの仕
　　　　　事のプレゼンティーイズム損失割合を乗じて算出した。

（女性特有の健康課題に対して職場に求める配慮）

　女性特有の健康課題に対して、職場にどのような配慮があると働きやすいと思うかについてみると、20～39歳の女性では「生理休暇を取得しやすい環境の整備」を挙げる者の割合が最も高く、次いで「出産・子育てと仕事の両立支援制度」、「女性の社員全体の理解」、「婦人科健診・検診への金銭補助」の順となっている。40～69歳の女性では「病気の治療と仕事の両立支援制度」を挙げる者の割合が最も高く、「更年期障害への支援」、「介護と仕事の両立支援制度」、「経営陣・トップの理解」の順となっている。

　一方、男性では、どちらの年代でも「経営陣・トップの理解」、「男性上司の理解」、「男性の社員全体の理解」が上位となっているが、その割合は、女性と比べ同程度以下となっている。

　女性の上位の項目についてみると、いずれも同年代の男性と比べて割合に大きな差があり、女性が求めている支援と男性が考える配慮に大きな違いがあることが示唆されている。

　また、女性は、「女性上司の理解」、「女性の社員全体の理解」を挙げる者の割合も高く、女性の求める健康支援の充実とともに、男女ともに、自分自身及び性別により異なるお互いの健康課題に関する知識を深め、相互に健康課題について話し合える環境の整備が必要である[29]（特－67図）。

29　個別インタビューでは、「女性の多い職場なので、ほかの人も同じような不調を抱えていて、弱音を吐かずやっていると考えると、相談しても突っぱねられるかもしれないと思い、言い出せない」、「男性の多い職場であるため、女性特有の不調について相談できる環境にはない」、「上司は男性なので、月経のつらさを経験しておらず、絶対に理解出来ないと思い相談もしていない」という声がある一方、男性管理職からは、「女性特有の病気についてはどう声をかけていいか分からないこともあり、健康関連については話しにくい」という声もあった。このほか、「女性特有のつらさについて産業医から社員に向けて定期的に講習が実施されれば女性特有の不調への理解も浸透し、つらさを訴えやすくなったり、休んだりしやすくなるかもしれない」、「女性活躍の推進により、社内の雰囲気や制度が変わり、休暇も取りやすくなったり、周囲の理解も進んできている」、「個人からの発信には限界があるため、経営トップからの発信が非常に効果的だと感じている」などという声もあった。

特－67図　女性特有の健康課題に対して、どのような配慮があると働きやすいと思うか（男女、年齢階級別）

（備考）1．「令和5年度　男女の健康意識に関する調査」（令和5年度内閣府委託調査）より作成。
　　　　2．「女性特有の健康課題に対して、職場にどのような配慮があると働きやすいと思いますか。（いくつでも）」と質問。
　　　　※「現在働いていない人は、『こんな制度があったら女性が働きやすそう』と思うものをお選びください。」と聞いている。

コラム 2 生理休暇の国際比較

　女性特有の健康課題と聞いたときに、月経（生理）に係る不調が頭に浮かぶ人は多いのではないだろうか。

　日本は、昭和22（1947）年に労働基準法が制定された時から、生理休暇に係る規定（同法第68条）が存在しており、早くから法制化を実現していた。諸外国における生理休暇の法制化に関する動きをみると、法制化まで至っている国は少なく、日本以外の国で生理休暇を法制化している国は、約6か国・地域と言われており、その大宗はアジア地域が占めている。

　そのような中、令和5（2023）年2月スペインにおいて、生理休暇の法制化が議会で可決され、ヨーロッパで初めて、生理休暇を法制化した国となった。ヨーロッパとアジアでは生理休暇の内容や受け止めについてどのような違いがあるのだろうか。

　本コラムでは、ＯＥＣＤ加盟国の中で生理休暇の法制化を実現している日本、韓国、スペインの3か国の状況を比較し、生理休暇に係る状況をみていく。

　はじめに、各国において生理休暇がどのように規定されているのかを確認していく。

　日本では、労働基準法第68条において「使用者は、生理日の就業が著しく困難な女性が休暇を請求したときは、その者を生理日に就業させてはならない。」と規定している。生理休暇中の給与の扱いについては事業者に委ねられており、生理休暇取得に際して、医師の診断書等の特別の証明は原則、不要である[1]。

　韓国では、勤労基準法第73条において、「使用者は、女性勤労者が請求するときは月1日の生理休暇を与えなければならない。」と規定している。生理休暇中の給与は無給であり、生理休暇取得に際して、医師の診断書等の特別の証明は、日本と同様、原則、不要である[2]。

　スペインでは、性と生殖に関する健康と中絶に関する法律第3章において、「女性が月経困難症等の症状で仕事を欠勤する場合は、一時的な障害による特別な状況として明確に認識する」と規定されている。スペインの場合は、日本及び韓国とは異なり、生理休暇を取得する際に医師の診断書が必要である。医師の診断書があれば、重い生理痛に苦しむ女性の休暇に係る費用は国が負担することとなっている[3]。

　このように「生理休暇」と一言に言っても規定の内容は各国において大きく分かれていることがうかがえる。

1　厚生労働省「働く女性と生理休暇に関するシンポジウム」（令和5（2023）年9月28日開催）資料から引用。
　https://www.mhlw.go.jp/content/11909000/001150877.pdf
2　独立行政法人日本貿易振興機構「韓国の労働問題マニュアル」（平成27（2015）年3月公表）から引用。
　https://www.jetro.go.jp/ext_images/_Reports/02/2e605cc56ec4d331/report_manu_kr201503.pdf
3　法律名及び当該条文はスペイン政府ホームページ（Agencia Estatal del Boletín Oficial del Estado）に掲載の情報を和訳している。
　https://www.boe.es/buscar/doc.php?id=BOE-A-2023-5364
　有給無給の別等、制度の詳細は、BBC, Spain gives final approval to law making it easier to legally change gender（令和6（2024）年5月27日閲覧）から引用。
　https://www.bbc.com/news/world-europe-64666356

（表）各国の生理休暇制度の概要			
国名	休暇日数の上限	有給・無給の別	事実証明の要否
日本	法律上、制限なし	事業者判断	原則、不要
韓国	1回／月	無給	原則、不要
スペイン	法律上、制限なし	有給	医師の診断書が必要

　各国において実際、どの程度、生理休暇が利用されているのだろうか。

　日本における生理休暇の取得率について、厚生労働省「雇用均等基本調査」によると、女性労働者のうち、生理休暇を請求した者の割合は、平成9（1997）年度に3.3％であったが、令和2（2020）年度においては0.9％に減少している。

　韓国とスペインにおいては、生理休暇の取得率について、公的統計を確認することができず、詳細な取得率は不明であったが、後述するように韓国とスペインにおいても、生理休暇の取得をためらう場面があるようだ。

　日本における取得率が低調であることの要因として、「男性上司に申請しにくい」、「利用している人が少ないので申請しにくい」や「休んで迷惑をかけたくない」が主な理由として挙げられている[4]。

　韓国においても日本と同様の理由で生理休暇の取得が難しいようであり、「男性中心の職場環境では生理休暇の申請がしにくい」や「自分が仕事を休むことにより周りに迷惑をかけたくない」との理由から、生理休暇の取得をためらう女性が多いようである[5]。

　生理休暇の法制化からまだ1年ほどのスペインにおいても、生理休暇の取得をためらう女性の声として、「毎月数日間休みを取る人と同僚からみなされることにより、孤立感が生まれる」や、スペインに限ったケースではあるが、「医師の診断書が必要となり手続が煩雑になるため」等、日本や韓国と同様の声が上っているようである[6]。

　生理休暇制度の内容については、日本、韓国、スペインの3か国において、それぞれ異なる内容である（表）が、生理休暇の取得をためらう要因としては、「職場の同僚への後ろめたさ」や「職場における自身の評価」という、職場環境に関した共通の要因がみられるようである。

　まずは、女性の社会進出の推進とともに、男女それぞれに特有の健康課題についてお互いに理解を深め、仕事と健康の両立を推進していくことが大切である。その理解を深めた上で、限られた労働力の中で、一時的な欠員にも柔軟に対応することができる働き方・組織体制を考えていく必要があるのではないか。

4　日経BP 総合研究所「働く女性1956人の生理の悩みと仕事と生活2021」調査／『ウェルビーイング向上のための女性健康支援とフェムテック』（日経BP刊）より 禁無断転載。
https://special.nikkeibp.co.jp/atclh/DRS/20/seirikaiteki/news_20211213.pdf

5　Asia Society,[KoTEX Issue No.4] Menstrual, Maternity, and Menopause Leave: The Work-Life Balance of Women in South Korea and Worldwide（令和6（2024）年5月27日閲覧）から引用。
https://asiasociety.org/korea/kotex-issue-no4-menstrual-maternity-and-menopause-leave-work-life-balance-women-south-korea-and

6　Sifted, Spain is the first European country to introduce paid period leave - but will women take it? Not everyone is convinced that the new law is without flaws（令和6（2024）年5月27日閲覧）から引用。
https://sifted.eu/articles/spain-paid-period-leave

女性の就業者数は令和5（2023）年時点で3,051万人と、10年前に比べて344万人増加している[30]。第1節で確認したとおり、正規雇用比率も、近年、全体的に上昇してきており、正規雇用労働者として就業を継続する女性が増えてきている。また、若い世代の意識は変化しており、若い年代の女性ほど、就業継続意欲、昇進意欲、管理職になることへの意欲が高く、若い年代の男性ほど、家事・育児等への参画意欲が高くなってきている[31,32]。

これらの変化については、仕事と家事・育児等の両立支援策など、これまでの男女共同参画推進に関する諸施策の成果等が表れてきているものではないかと考えられる。男女ともに、希望に応じて、家事・育児等を担いつつ、これらと仕事やキャリア形成との両立が可能になるようにしていくことが重要な課題であり、現在の若い年代の男女がより上の年代になったときにも、これらの意識を持ち続けられるように後押しする必要がある。

現状では、女性の正規雇用比率は上昇しているものの、依然として25〜29歳をピークとし、年代が上がるとともに低下するL字カーブを描いており、この時期に働き方を変えたり、キャリアを中断・断念していたりする状況が残っていることがうかがえる。

妻に就業継続意欲があり、育児休業制度等を利用した後に、職場復帰を予定していたとしても、夫が長時間労働で帰宅が遅い等の様々な事情から、家事・育児等の多くを妻が一人で負担せざるを得ず、復帰をためらう状況は今なお存在している。

また、現在までに仕事と育児に関する両立支援制度は様々に拡充されてきており、それらの支援制度の活用により、小学校入学までの期間は乗り越えられたとしても、小学校入学と同時に子供を預けられる時間が短くなったり、利用できる両立支援制度が少なくなったりして、仕事と育児の両立が難しくなる、いわゆる「小1の壁」等もあると指摘されている[33]。

一方で、男性が家事・育児等に参画したいと考えたとしても、長時間労働や仕事への責任感、同僚や上司の理解や支援を得られないこと等から、家事・育児等への参画を諦めている可能性もある[34]。今後は、「男女とも仕事と子育てを両立できる職場」を目指す必要がある。

また、男女を問わず仕事と育児の両立支援制度を活用する者のサポートを行う企業や、周囲の同僚に対する支援も重要である。両立支援制度の拡充により、当該制度を活用している者と周囲の同僚との間に、不公平感が発生・拡大すると、仕事と育児の両立に関して周囲の同僚からの理解や支援を得ることが更に難しくなり、育児と両立させようとしている本人のキャリア継続やキャリアアップを阻害し、ひいては「働きながら子供を産み育てる」という選択を諦めざるを得なくなる可能

---

30 総務省「労働力調査（基本集計）」
31 若い世代における意識の変化については、「令和5年版男女共同参画白書　特集−新たな生活様式・働き方を全ての人の活躍につなげるために〜職業観・家庭観が大きく変化する中、「令和モデル」の実現に向けて〜」で分析している。
32 一方で、仕事にまい進していた男性が、家事・育児等に参画することによって感じる焦燥感、取り残された感、社会との隔絶感等のストレスにも留意が必要である。
33 こども家庭庁と文部科学省では、次代を担う人材を育成し、加えて共働き家庭等が直面する「小1の壁」を打破する観点から、放課後児童クラブの待機児童の早期解消、放課後児童クラブと放課後子供教室の一体的な実施の推進等による全ての児童の安全・安心な居場所の確保を図ること等を内容とした、「新・放課後子ども総合プラン」（平成30（2018）年9月策定）等に基づき、放課後児童対策を推し進めてきたが、令和5（2023）年5月時点で、利用できなかった児童（待機児童）が約1.6万人存在している（こども家庭庁「令和5年放課後児童健全育成事業（放課後児童クラブ）の実施状況（令和5年5月1日現在）」）。
34 男性が育児や介護、家事、地域活動に積極的に参加するために必要なことについて、男性では若い年代ほど、「男性による育児・家事などについて、職場における上司や周囲の理解を進めること」、「労働時間の短縮や休暇制度、テレワークなどのICTを利用した多様な働き方を普及することで、仕事以外の時間をより多く持てるようにすること」を挙げる者の割合が高い（内閣府「男女共同参画社会に関する世論調査」（令和4（2022）年11月調査））。

性すらある。一方で、業務負担増による、周囲の同僚の健康やモチベーションへの悪影響は、可能な限り減らす必要がある。

　一般的に、年齢が上がるにつれて、何らかの不調や病気にかかるリスクは上昇する傾向にあるが、少子高齢化の進展によって、働く人の年齢構成は変化しており、雇用側にとっても、雇用者の健康管理が、今後ますます重要になってくる。

　第1節、第2節で確認してきたとおり、女性と男性とでは、健康課題は、その内容も課題を抱えやすい時期も同じではない。

　女性の場合は、個人差は大きいものの、月経周期による月単位の不調のほか、妊娠・出産期、更年期等のライフステージごとに、女性特有の健康課題に直面し、これらの課題は、子育て期や仕事上のキャリア形成・キャリアアップの時期と重なることが多い。一方、男性の場合は、一般的に女性と比べてキャリア形成・キャリアアップの時期において健康課題に直面することは少なく、変化も緩やかである。この男女の差異が、男性が多い職場において、女性の健康課題についての認識が進まない一因となっている可能性がある。

　「昭和モデル[35]」下においては、正規雇用労働者の多くは男性であり、会社に貢献することが美徳とされ、長時間働き、会社の命に従って転勤することは当然であった。「夫は外で働き、妻は家庭を守るべきである」という固定的性別役割分担意識があり、家事・育児等や自身の健康管理を専業主婦である妻に任せ、夫は仕事にまい進すべきという風潮があった。この時代は、男性と同じ立場で働く女性が少なかったため、職場環境自体が、誰もが常に職場に出勤していることが前提となっており、自身の健康も家庭のこともあまり心配しなくてよい男性に合わせたものとなっていたことから、代替要員は必要ないと考えられていた。

　そのような状況下では、個々人は他人の業務までを請け負うことが難しく、一たび誰かが欠けると、同僚に相当な負担が掛かる状況が発生する。あるいは、業務内容の共有や標準化が進んでいないため、休暇を取得した分の業務の遅れを、その後に個人で取り返す必要が生じる。このことが、休暇の取りにくさや、不調を抱えながらも隠して我慢して働くという風潮の根源となっていたと考えられる。また、「自分にしかできない業務がある」、「他人には任せられない業務を担当している」すなわち「代わりがいない」と考えることが、社会における個人としての誇りであり、存在価値となっており、代わりの人でも対応できるようにすることを阻んでいた可能性も考えられる。

　そのような環境下では、働く女性が、業務に支障が出るほどの月経に伴う不調を抱えていたとしても、あるいは、不妊治療と仕事の両立、更年期に伴う健康課題と仕事との両立に困難を感じていたとしても、声を上げにくく、たとえ声を上げたとしても、周囲からの理解を得られにくく、正規雇用労働者としての就業やキャリアアップを諦めざるを得なかった可能性がある[36]。

　また、「女性は弱い」、「頼りにできない」との印象が形成され、キャリアアップの障害となることを恐れ、健康課題や「子供を産み育てたい」という希望を隠しながら働かざるを

35 「令和5年版男女共同参画白書　特集－新たな生活様式・働き方を全ての人の活躍につなげるために～職業観・家庭観が大きく変化する中、「令和モデル」の実現に向けて～」の中で、「『男性は仕事』『女性は家庭』という、いわゆるサラリーマンの夫と専業主婦から成る家庭を前提とした制度、固定的な性別役割分担を前提とした長時間労働や転勤を当然とする雇用慣行等を『昭和モデル』だとすると、職業観・家庭観が大きく変化する中、全ての人が希望に応じて、家庭でも仕事でも活躍できる社会への変革が実現した姿が『令和モデル』であると言える。」としている。
36 調査によると、月経に関わる不調による生活への支障が大きいほど、「健康課題による仕事への影響・支障」として、「就いていた仕事を自ら辞めた（転職含む）」を挙げる者の割合が高いほか、「女性特有の健康課題に対して、職場にどのような配慮があると働きやすいと思うか」について、「生理休暇を取得しやすい環境の整備（有給化や管理職への周知徹底など）」や上司及び社員全体の理解を挙げる者の割合が高くなっている。

得ない状況に置かれていた可能性がある。

　コロナ下を経て、テレワーク等の柔軟な働き方が社会に浸透し、家事・育児・介護と仕事の両立については、周囲の理解や支援を得やすくなってきているが、女性特有の健康課題等については、慣習的にも話題に出すことが半ばタブー視されてきたこともあり、周囲の理解が得られているとは言い難い状況にある。

　また、ライフステージごとに様々な健康課題に直面する女性が多い中、女性を採用・登用しないという安易な選択肢ではなく、柔軟な働き方の取組の推進によって、仕事と健康の両立がしやすい職場づくりが重要であることは論をまたない。

　そして、女性だけでなく、健康や体調に不安を抱えている男性も同様であると考えられる。「男性は弱音を吐いてはいけない」、「弱音を言わず働くべき」[37]等のアンコンシャス・バイアスから、不調を抱えていたとしても、自身の健康課題を認めづらく、周囲にも相談しにくい環境にあると推測される。

　また、団塊の世代が後期高齢者に差し掛かりつつある現在、仕事と介護との両立も重要な課題となっている。現在もなお、家族の介護の担い手の中心は女性だが、近年は男性の介護者も増加しており、働きながら介護をしているワーキングケアラーは、男女ともに特に50代以上で多くなっている。男女ともに、正規雇用労働者として生き生きと働き続けるために、ワーキングケアラーの労働生産性の低下や離職を防止するための仕事と介護の両立支援も極めて重要になってくる。介護を個人のみで抱えるべき課題とするのではなく、

社会全体で支えていくことが必要であろう。

　誰もが、自らが希望する生き方を選択でき、家庭と仕事、自分自身の健康のいずれをも犠牲にすることのない社会へと移行する必要がある。

　そのためにも、依然として根強く残っている長時間労働の是正等、「昭和モデル」の働き方を改め、希望する誰もが、フレックスタイム制や時差出勤、テレワークなどの柔軟な働き方を選択できるようにしていく必要がある。

　また、育児と仕事の両立を希望する者については、個別の意向を踏まえつつ、育児休業・産後パパ育休（出生時育児休業）の取得に加えて、勤務時間帯や勤務地の意向確認、短時間勤務制度や子の看護休暇、さらには、育児休業からの復職支援等により、子育て中も就業を継続できる取組を推進していくことが必要であろう。

　介護についても、仕事と介護の両立支援制度の活用により、介護をしながらも労働生産性を著しく低下させることなく、就業を継続することができるような支援が必要であろう。

　同時に、両立支援制度利用時の業務分担や代替要員の確保、勤務間インターバル制度[38]の導入等による子育て中の者の業務を代替する同僚の心身の健康への配慮、育児休業取得者及びその周囲の同僚に対するマネジメントや評価の見直しにも積極的に取り組む必要がある。

　また、女性役員や管理職への登用を推し進めるためにも、職場における健康支援についても、従来の男性中心のものから、男女それぞれの特性を踏まえた支援に切り替えていくという視点が重要であろう[39]。

37　内閣府「令和４年度　性別による無意識の思い込み（アンコンシャス・バイアス）に関する調査研究」では、約３割の男性が、「男性は人前で泣くべきではない」と回答している。

38　勤務間インターバル制度とは、終業時刻から次の始業時刻の間に、一定時間以上の休息時間（インターバル時間）を設けることで、従業員の生活時間や睡眠時間を確保しようとするものであり、「労働時間等設定改善法」（労働時間等の設定の改善に関する特別措置法（平成４年法律第90号））が改正され、平成31（2019）年４月１日より勤務間インターバル制度の導入が事業主の努力義務となっている。一定のインターバル時間を確保することで、従業員が十分な生活時間や睡眠時間を確保でき、ワーク・ライフ・バランスを保ちながら働き続けることができるとされている（厚生労働省「働き方・休み方改善ポータルサイト」から引用。）。

39　例えば、個別インタビューでは、「体調や月経周期によって、柔軟に勤務時間が変更できるフレックスタイム制や、体調不良時にすぐに横になれる休養室があれば利用したい」という声があった。

従来の仕事と家事・育児等の両立支援を健康の視点で捉え直してみると、仕事と健康の両立が難しい職場環境では、労働生産性の低下や離職[40]といった課題が顕在化しやすく、女性の登用も円滑に進み難い。

本人や職場が一人一人の健康に配慮することは、男女ともに、自らの理想とする生き方を実現し、活躍する上で重要なことである。そのためには、働き方やその背景にある企業文化も職員の健康に配慮したものにシフトしていくことが重要であろう。

（自らの健康維持のために）

これまでみてきたとおり、健康は、自らの理想とする生き方を実現する上で重要な基盤となるものであり、全ての人が、健康課題に対する正しい知識を習得し、自らの健康増進に自発的かつ積極的に取り組めるようにすることが重要である。人生100年時代において、健康でいられる期間をできるだけ延ばすために、若い頃から、自らの健康と向き合い、健康増進に取り組む必要があり、定期的な健康診断等の受診や適切な通院等による疾病の早期発見、早期治療が重要となる。

働いていない人や、パートやアルバイトなどで働いているため、勤務先での定期健康診断の受診機会がない人は、市町村や学校等が実施する健康診断等の機会を活用し、結果を健康管理に生かすことが重要である。

また、若年層においては、自分の将来を考え、妊娠の計画の有無にかかわらず、妊娠・出産の知識を持ち、自分の身体への健康意識を高めること（プレコンセプションケア）も必要である。

さらには、将来の家族の介護に向けて、介護に直面する前の早い段階から、介護に関する知識を習得し、仕事と介護の両立支援制度に関する情報を得ておくことも重要である。家族の介護が必要となった場合、介護の期間は長期間にわたることが多く、また、育児とは異なり、時間の経過とともに、負担が増える状態になる場合が多い。持続可能な介護のためにも、早くからケアマネジャーの役割や利用できる介護サービスを含めた知識の習得が必要となっている。

（仕事と健康の両立のために）

仕事と健康の両立のために、職場では次のことが重要になってこよう。

1つ目は、女性と男性それぞれの健康課題に関する研修・啓発等の実施である。第1節、第2節で確認したとおり、男女ともに様々な健康課題が存在する。健康に関する正しい知識を習得することが、働きやすい職場を構築するための第一歩であり、特に職場のマネジメントを行う管理職にとっては必須である[41]。部下が健康課題を抱え、隠したままで業務を遂行することは、本人の労働生産性の低下は言うまでもなく、周囲にも影響を及ぼす可能性がある[42]ほか、組織としての急な休暇・欠勤リスクを増大させることになる。

また、現在はまだ、管理職が男性であることが多いため、月経に伴う不調や女性に多い更年期障害、働く世代に多い女性特有の病気や不妊治療に関する部下の悩みを理解することは難しい[43]。さらに、女性特有の健康課題は、個人差が大きいため、同じ女性であっても、自身の健康課題が無い又は症状が軽い場合には、周囲の女性の深刻な不調や健康課題に関わる悩みを理解することが難しいケースもある。

---

40 調査によると、働いたことがあり「健康でないと思う」者の中では、女性23.2％、男性23.9％が「就いていた仕事を自ら辞めた（転職含む）」ことがあると回答している（特−44図再掲）。

41 個別インタビューでは、「男性上司の中に、不調を理解してくださる方がいらっしゃり、助かっている」、「男性上司であっても、上司の方から健康に関することなどを話してもらえると、自分からも相談しやすい」という声があった。

42 調査によると、健康課題による仕事への影響・支障については、男女ともに「人間関係がスムーズにいかなくなった」ことがあるとする者の割合が最も高くなっている。

43 個別インタビューでは、「男性上司であっても、上司の方から妻の不調等を話してもらえると、自分からも話しやすい」という声があったが、家族の姿が変化し、未婚率も上昇する中で、独身の男性上司も増えてきていると考えられる。

月経等の女性の健康課題については、概して学校教育の保健体育でのみ扱われ、それ以降の情報のアップデートが行われていない場合が多く、また、女性自身も本人の経験のみに基づく知識に限定されている場合が多い。働く女性が増加した現在、改めて、職場における男女の健康課題に関する研修等の実施と、雇用する側・雇用される側双方の積極的な受講が求められる。また、研修等の際に情報交換の場を設け、悩みを共有することで心の負担が軽減されることもある[44]。

　2つ目は、健康診断等の受診に対する支援である。健康診断等を通じて、自分自身の健康状態について認識し、早めの対処を行うことは、自身のウェルビーイングにもつながる。雇用側には、健康診断等を受診できるよう、積極的なサポート等が求められる。また、第1節で確認したとおり、正規雇用労働者の健康診断等受診率は男女ともに9割となっているが、非正規雇用労働者では6～9割、無業者では2～6割となっており、職場や学校による健康診断等の受診機会の提供が無いケースへの対処が課題となっている[45]。

　3つ目は、健康に関する相談先の確保である。男女ともに自身の健康について認識し、気軽に相談できる相談先が必要である。その

ためにも、産業医に継続的に相談できるなど、産業医等の一層の活用が望まれる。また、働く女性にとって、産婦人科が身近な存在になることは、女性特有の健康課題に関して相談できるようになり、働きやすさにつながるとともに、妊娠等に対する正しい知識の習得につながり、自らの希望するタイミングでの妊娠・出産の可能性を高めることができる。このことは、ひいては少子化対策にもつながる。

　4つ目は、休暇の在り方である。労働者一人平均年次有給休暇取得率は、令和5（2023）年時点で62.1％となっているが、業種によって差があり[46]、多くの労働者がいまだに年次有給休暇を十分に取得できていないと感じている[47]。

　また、女性特有の症状のうち、月経時の不調に対して、我が国では「生理休暇」[48]の制度があるが、取得率は極めて低くなっている[49]。「『生理休暇』を申請することは、自らの月経周期を明かすことになるため、言い出しにくい」という声があるほか、女性のみに付与された休暇であるため、男性が多い職場ではなおさら取得しにくい、「生理休暇」は必ずしも有給ではないため、年次有給休暇が優先して使用されているなどの理由があるものと推察される[50]。

44　職場でほかにも同じような悩みを持つ人がいることが分かり、悩みを話せるだけでも安心できるという声もある。直接解決に結びつかなくても、悩みを共有でき、情報交換できる機会があることで心の負担が軽くなることもある（労働者健康安全機構・関東労災病院産婦人科働く女性専門外来 星野寛美氏へのヒアリングより）。

45　更年期障害だと思っていたら、健診の結果、実は貧血だった、婦人科系の病気だった。ということもある。全ての国民が、健康診断やがん検診を受診しやすい環境の整備が必要である（同上 星野寛美氏へのヒアリングより）。

46　厚生労働省「令和5年就労条件総合調査」

47　個別インタビューでは、「仕事を休みたくてもフォロー体制が無く、休んだ分だけ仕事が溜まっていく」、「体調不良の時に仕事を代われる人がいないから、休むことができず、我慢して働いている」、「休暇制度をいくら作っても、実際に休めないのでは意味がない。まずは仕事のやり方の見直しを行い、今ある有給休暇を取りやすくすることが大事」などという声があった。

48　労働基準法（昭和22年法律第49号）（抄）
　　（生理日の就業が著しく困難な女性に対する措置）
　　第六十八条　使用者は、生理日の就業が著しく困難な女性が休暇を請求したときは、その者を生理日に就業させてはならない。

49　女性労働者のうち、平成31（2019）年4月1日から令和2（2020）年3月31日までの間に生理休暇を請求した者の割合は0.9％、女性労働者がいる事業所のうち生理休暇の請求者がいた事業所の割合は、3.3％となっている。なお、令和2（2020）年度時点で生理休暇中の賃金を「有給」とする事業所の割合は29.0％で、そのうち全期間100％支給は65.6％となっている（厚生労働省「令和2年度雇用均等基本調査」）。

50　個別インタビューでは、「グループ内に自分しか女性がいないため、ほかの人が使えない休暇を自分だけが使うということに引け目を感じている」、「生理休暇は自分の月経周期を申告しているようで取りづらい。名前が変われば取得しやすくなるのではと思う」、「『生理休暇』という制度があるのは良いが、月経に限らず月経前症候群（PMS）等も含めた女性特有の不調に関して休みが取れる休暇であると良い」、「女性特有の不調に対する休暇制度があれば、安心して仕事に集中することができる」、「更年期障害休暇があれば良い」という声もあった。月経に限らず、月経、PMS、不妊治療、更年期症状、その他の疾患の通院・検査・簡単な手術等を含め、健康に関することであれば、男女ともに誰もが取得できる休暇であると使い勝手が良くなることも考えられる。なお、企業によっては、既に「生理休暇」以外の名称に変更し、更に用途を拡大した上で運用している例もみられる。

（管理職として働くための条件）

　仕事と健康の両立については前述のとおりであるが、有業者のうち、「現在より上の役職に就きたい」とする者の管理職として働くための条件をみると、男女、年代を問わず「管理職でもきちんと休暇がとれること」を挙げる者の割合が最も高くなっている。

　それ以外の項目についてみると、20～39歳女性では、「在宅勤務・テレワーク等が管理職でも柔軟に活用できること」、「出産・子育てと管理職として働くことへの両立支援～配慮があること」、「フレックスタイムなど始業・終業時間が柔軟であること」、「産休・育休・介護休暇の取得によってキャリアが中断されないような体制・配慮」等を挙げる者の割合が高く、40～69歳女性では「フレックスタイムなど始業・終業時間が柔軟であること」、「管理職でも残業や長時間勤務が極力ないような体制・配慮」等を挙げる者の割合が高くなっている。

　特に20～39歳女性では「出産・子育てと管理職として働くことへの両立支援～配慮があること」、「産休・育休・介護休暇の取得に

よってキャリアが中断されないような体制・配慮」、「家事・育児・介護を配偶者と分担できること」が40～69歳女性及び男性に比べて高くなっている。

　一方、男性は、「管理職の残業や長時間勤務にも給与反映があること」、「管理職でも残業や長時間勤務が極力ないような体制・配慮」、「フレックスタイムなど始業・終業時間が柔軟であること」等を挙げる者の割合が高くなっており、長時間労働への配慮や柔軟な働き方を求める声が多い。

　男女ともに、長時間労働の是正及び柔軟な働き方の推進が望まれるほか、育児・介護等が女性に偏っている現状では、女性の活躍推進、女性の管理職登用のためには、仕事と育児・介護等との両立への一層の支援が必要とされている。

　長時間労働の是正や柔軟な働き方の推進により、男性の家事・育児等への参画が進み、女性の家事・育児等の負担が軽減されれば、より一層の女性の活躍が期待できる（特－68図）。

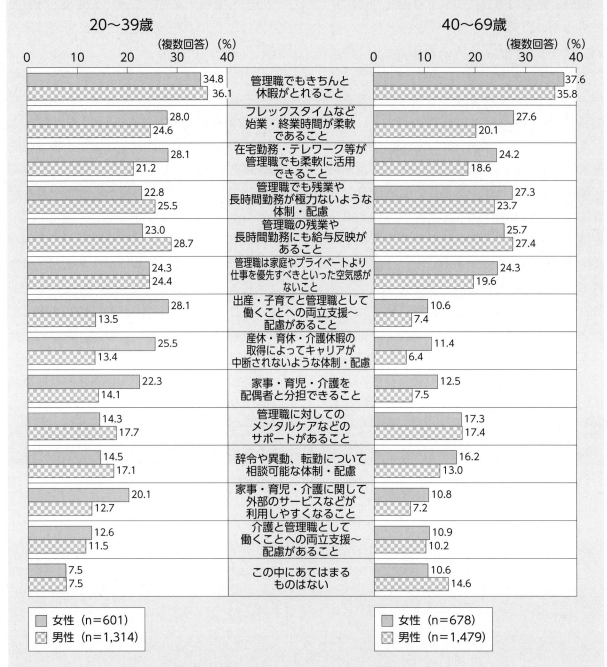

20〜39歳

（複数回答）（%）

40〜69歳

（複数回答）（%）

項目	20〜39歳 女性	20〜39歳 男性	40〜69歳 女性	40〜69歳 男性
管理職でもきちんと休暇がとれること	34.8	36.1	37.6	35.8
フレックスタイムなど始業・終業時間が柔軟であること	28.0	24.6	27.6	20.1
在宅勤務・テレワーク等が管理職でも柔軟に活用できること	28.1	21.2	24.2	18.6
管理職でも残業や長時間勤務が極力ないような体制・配慮	22.8	25.5	27.3	23.7
管理職の残業や長時間勤務にも給与反映があること	23.0	28.7	25.7	27.4
管理職は家庭やプライベートより仕事を優先すべきといった空気感がないこと	24.3	24.4	24.3	19.6
出産・子育てと管理職として働くことへの両立支援〜配慮があること	28.1	13.5	10.6	7.4
産休・育休・介護休暇の取得によってキャリアが中断されないような体制・配慮	25.5	13.4	11.4	6.4
家事・育児・介護を配偶者と分担できること	22.3	14.1	12.5	7.5
管理職に対してのメンタルケアなどのサポートがあること	14.3	17.7	17.3	17.4
辞令や異動、転勤について相談可能な体制・配慮	14.5	17.1	16.2	13.0
家事・育児・介護に関して外部のサービスなどが利用しやすくなること	20.1	12.7	10.8	7.2
介護と管理職として働くことへの両立支援〜配慮があること	12.6	11.5	10.9	10.2
この中にあてはまるものはない	7.5	7.5	10.6	14.6

女性（n=601）
男性（n=1,314）

女性（n=678）
男性（n=1,479）

（備考）　1.「令和5年度　男女の健康意識に関する調査」（令和5年度内閣府委託調査）より作成。
　　　　2.「仕事において、どんなことがあれば、管理職として働きたい・働けそうだと思いますか。仕事上の能力以外の要素についてお選びください。（いくつでも）」と質問。
　　　　3. 現在働いている者のうち、「現在より上の役職に就きたい」又は「どちらかといえば現在より上の役職に就きたい」と回答した者を対象に集計。

（健康に関する新たな動き）

近年、大企業を中心に、健康経営の取組が広がりつつある。第2節で確認したとおり、健康経営の効果は様々なところで表れており、今後、この動きを中小企業にまで広げていく必要がある。

また、個々の職員が抱える健康課題に由来する労働生産性の低下を最小化し、生き生きと働ける職場にしていくためには、フレックスタイム制、時差通勤、テレワーク等を活用した柔軟な働き方の推進とともに、仕事と家事・育児・介護等の両立のために、仕事だけでなく、家事・育児等においても一層のＤＸ（デジタル・トランスフォーメーション）の導入が考えられる[51]。

さらに、女性特有の健康課題をテクノロジーの力で解決するための製品・サービスであるフェムテック等、健康課題の克服というニーズは、新たなビジネスチャンスとなり得るとも期待されている[52]。

女性が健康課題を抱えながらも働きやすい社会は、高齢者や障害がある人、男性にとっても働きやすい社会になることが期待される。

（今後の両立支援）

今後の仕事と家事・育児・介護等の両立支援は、女性や子育て期の男女だけに焦点を当てるのではなく、男性を含む全ての人の働き方を柔軟な働き方など、両立を実現できるような働き方に変えていくことが重要である。

前述のとおり、コロナ下を経て、テレワーク等が浸透するなど、柔軟な働き方に対する理解は進んできている。

しかし、依然として「長時間働くことが評価される」、「長期雇用の中で育成され、評価される」昭和文化に引きずられ、限られた時間で、効率良く成果を出し、柔軟な働き方を

する人が評価される企業文化に切り替わっているとは言い難い。このため、柔軟な働き方をしながら成果を上げる従業員が登用される例を増やしていく必要があろう。

また、柔軟な働き方の代表例とされるテレワークや在宅勤務・フレックスタイム制は、活用や取得が難しい職種もあるが、柔軟な働き方が可能な職種であっても、依然として残る紙文化や、長時間労働・会社にいることを前提とした業務の進め方が、柔軟な働き方を阻む要因となっている。

男女問わず、子供の有無や健康状態を問わず、時間ではなく成果で評価される社会への移行が必要である。

加えて、特に女性が多い医療・福祉等を含むサービス業では、時間と場所を拘束される働き方が多いが、女性が就業を継続していくためには、そのような業種であっても、現行では難しいと思われている業務内容のオンライン化等を進めるなど、変革を促していく必要がある。

さらに、就業継続希望はあったものの、育児・介護、療養等で、やむを得ずキャリアが中断した場合に、元の職場に復帰しやすいような復職支援の仕組みが必要である。職務経験を積んだ人材は企業にとっても重要であり、育児・介護、療養等による離職を防ぐとともに、キャリアを中断した場合の復職支援や、短時間勤務であっても正規雇用労働者であり続けられる仕組み、フルタイムで働けるようになった際には、非正規雇用から正規雇用への切替えが可能になるといった雇用の仕組みを確保していくことが必要である。

他方、柔軟な働き方が浸透する中で、もっと頑張って働きたいと思っている人の意欲を削がないように留意する必要もある。

人生100年時代において、自らが健康であ

51　一例として、家事を補助する家電の開発や、子育て関連では、各種手続、学校への欠席連絡、保育園の連絡帳の電子化等。
52　経済産業省によると、令和7（2025）年時点のフェムテックによる経済効果は、約2兆円／年と推計されている（経済産業省「令和2年度産業経済研究委託事業　働き方、暮らし方の変化のあり方が将来の日本経済に与える効果と課題に関する調査」）。

り、自らの能力を発揮できる環境であることは、生きがいの観点、経済的安定の観点からも非常に重要である。また、企業にとっては、少子高齢化が進展する中で、必要な労働力を確保し、労働生産性をより向上させるために、従業員の健康支援は必要不可欠である。健康経営に関する取組は、既に大企業を中心に行われているが、今後は、中小企業等での取組も拡大させていくことが重要である。

女性も男性も、仕事か家庭か、仕事か健康かなどの二者択一を迫られることなく、睡眠時間や自分のための時間等を削ることなく、持続可能な形で自らの理想とする生き方と仕事を両立することが可能となれば、キャリア継続、キャリアアップのモチベーションとなるだろう。

育児・介護との両立支援の制度は整いつつある今、いかに制度を有効に活用するかが問われている。両立支援は新たなステージを迎えている。

特－69図　両立支援は新たなステージへ

・人生100年時代において、男女ともに自らが**健康であり、自らの能力を発揮できる環境**が重要。
・少子高齢化の進展の中で、労働力の確保・労働生産性の向上のためにも健康支援は必要不可欠。
・これらが、**持続可能な形で自らの理想とする生き方と仕事の両立**を可能にする要素になり得る。

「昭和モデル」
・家庭や健康管理は専業主婦の妻に任せ、夫は仕事にまい進する社会
・男性中心の職場環境
・長時間労働や転勤を当然とする雇用慣行

社会構造・人口構造等の変化
✓ 少子高齢化
✓ 生産年齢人口の減少
✓ 家族の姿の変化、人生の多様化

男女ともに希望する誰もが生き生きと活躍できる社会

人生100年時代
・女性だけでなく、男性を含む全ての人が働き方を変革
・男女ともに子育てや介護をしながら働ける
・仕事と健康を両立できる
・誰もが希望する生き方を選択

社会

全ての人が希望に応じて、家庭でも仕事でも活躍できる社会「令和モデル」の実現には、**「健康」が基盤**

・女性管理職の増加
・従業員のプレゼンティーイズム改善
・生産性の向上
・持続的な経済成長

健康の維持・増進

・女性の経済的自立
・中長期的な就業継続、キャリア形成
・ウェルビーイング向上
・健康寿命の延伸

企業
○男女の特性や年齢に応じた健康支援や健康経営の推進
○フェムテック活用等による働く女性の健康支援
○相談しやすい環境の整備
○柔軟な働き方の整備（テレワーク、フレックス勤務等）
○長時間労働の是正と業務の効率化

個人（従業員）
○健康に関する正しい知識の習得
○男女の特性を踏まえた互いの健康課題への理解
○適切な通院や健診の受診
○心身の健康状態の改善に向けた適切な対処（治療との両立含む）

　女性は年齢によるホルモンバランスの変化とともに、特有の健康課題がある。代表されるものに、月経関連症状、更年期症状がある。中でも、月経に関しては、個人差はあるものの、おおよそ12歳から38年間の付き合いとなり[1]、多くの女性が月に1回、3日から1週間にわたって、月経及び関連症状に悩まされている。この悩みの根源は、月経によって引き起こされる子宮収縮に伴う痛み・貧血、経血漏れへの対処、経血に伴う不快感など実に様々である。月経は、女性にのみ起こる生理現象であり、その不調の程度も人によって異なる。我が国では社会的・文化的背景から、月経につらい症状が伴っても、自身で我慢し対処すべきことである、他人や異性に知られることは恥ずかしいことである、と女性自身も捉えがちである。女性が、月経のような健康課題と付き合いながらも、社会で更に活躍し続けるために、何が必要だろうか。

　本題に入る前に、女性特有の健康課題の社会的なインパクトについて確認してみる。経済産業省によると、女性特有の健康課題による労働損失等の経済損失は、社会全体で年間約3.4兆円と試算されている[2]。我が国においては、令和5（2023）年時点で、就業者数の45.2%が女性[3]であり、多くの女性の共通の悩みは、いまや社会全体の課題といえるだろう。

　また、社会は、有償労働だけでなく、無償労働によっても支えられている。女性特有の健康課題によって、仕事のみならず、家事・育児・介護や地域活動等、社会活動全般にも影響があると思われる。

　近年、女性の健康課題における解消策の1つとして、「フェムテック」と「フェムケア」が注目されている。

　「フェムテック」とは、「**Fem**ale（女性）」＋「**Tech**nology（技術）」の造語で、生理や更年期など女性特有の悩みを先進的な技術で解決することを指す。

　例えば、月経周期管理アプリでは、月経周期の把握により、自ら快適に過ごすための準備や対処が可能になる。オンラインによる健康相談や婦人科受診では、受診までの時間が節約できるほか、受診への心理的ハードルも下がるなど、女性の健康課題解消の一歩となる。

　一方、「フェムケア」は、特定のテクノロジーによらず、様々な方法で女性特有の健康課題をケアする製品・サービスの総称である。

　フェムケア製品が発揮する効果の具体例の1つとして、デリケートゾーンに直接挟んで使用する経血漏れ防止に特化した製品を紹介する。月経は、一般的に月経開始後の2日目が最も経血量が多いとされており、女性は対策として、月経専用のサニタリーショーツの利用、経血量の多い日用の大型ナプキンの装着やこまめな交換などを実施しているが、経血量の多さやナプキンのずれにより、経血が漏れて衣類等を汚してしまうことが少なくない。それが、このフェムケア製品を活用すると、デリケートゾーンに密着するため、アクティブなスポーツをしても、自転車に乗って強くペダルを漕いでも、経血が漏れにくい。また、ナプキンと

特集

仕事と健康の両立〜全ての人が希望に応じて活躍できる社会の実現に向けて〜

93

の併用により、吸収力がアップする。身体を動かす職種であったり、職場で長時間の会議があったり、自らのタイミングで職場のトイレに行きにくい環境や職種の女性の悩みを解決する一助となり得る。この悩みからの脱却、フェムケア製品による安心感の醸成により、働く女性のパフォーマンスが維持・向上できる可能性は高い。

フェムテック・フェムケアの活用は女性自身によるセルフケアだけではない。自社の従業員の生産性向上のため、企業が積極的に導入する動きもある。例えば、女性従業員専用の予防医療サービスを導入している企業がある。女性特有の健康課題について、アプリを通じた情報提供、ウェブ問診によるセルフケア、チャット相談を通じて医療機関受診までをサポートしてくれるというものである。女性活躍を推進する上では、女性の悩みを解消し、能力を最大限に生かすための支援体制構築や環境整備は重要であろう。職場の中で全てを解決させることは難しいが、最新のテクノロジーの活用により、「職場が女性特有の健康課題について相談できる機会を提供する」ことは可能である。

政府としても働く女性への支援を加速させている。経済産業省では、令和3（2021）年度から、フェムテックを活用した働く女性の就業継続支援事業（補助事業）を実施している。先進的な取組を実施している企業や自治体の中には、妊活・不妊治療の相談サポートサービスやストレス状態を可視化できるアプリ、匿名で参加できるオンライン婦人科相談サービス等を試行することで女性の健康課題と仕事の両立に向けた支援の裾野が広がりつつある。

（表1）フェムテック・フェムケア製品の一例

月経	吸水ショーツ、月経カップ、布ナプキン
	月経痛緩和アイテム
	月経周期管理アプリ
	オンライン診療（ピル処方）
不妊・妊活	排卵日予測検査薬
	妊娠検査薬
	妊孕力・卵巣年齢検査キット
出産・産後	陣痛トラッカー、電動搾乳機
	骨盤底筋トレーニング製品
更年期	ホットフラッシュ対策製品
	尿漏れ対策製品
	骨盤底筋活性化製品
全般	オンライン健康相談
	オンライン診療（産婦人科など）

（備考）経済産業省等各種資料を参考に作成。

人生において、就職・結婚・出産・子育て・介護等のライフステージは様々である。キャリア形成という観点では、異動・昇進、転職、雇用形態の変化等があり、個別的でより複雑な状況が生じている。加えて女性は、特有の健康課題がキャリア形成の障壁となる可能性がある。上述したとおり、「フェムテック」及び「フェムケア」は、女性活躍において、課題解消の一助となり得る。

内閣府の調査によると、若い年代では月経への困りごとに対して、上の年代と比較してフェムテック・フェムケア製品を活用していることが分かった（図2）。管理職と更年期症状とがリンクする40代及び50代においては、更年期に関連する製品の充実及び活用が期待される。

今後、女性特有の健康課題に関する調査研究が進むことで、男女ともに女性の健康課題に対する知識・理解が深まり、更に社会的にも認知され、解決に向けた輪が広がっていくだろう。かつては、あらゆる世代の女性が女性特有の健康課題に向き合い、自身で乗り越えてきた。時代が遷移した今、男女がお互いの声に耳を傾け、尊重しあう姿勢が求められている。男性も女性も健やかに活躍できる、真にインクルーシブ（包摂的）な社会の実現が望まれる。

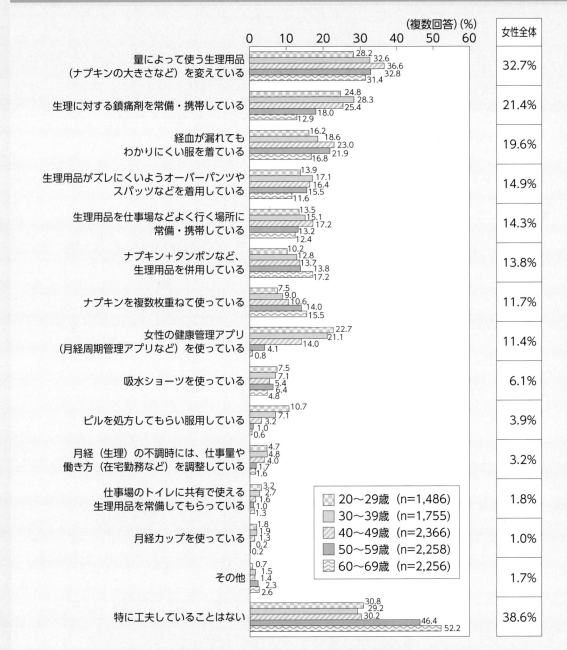

（図２）月経での困りごとに関する工夫（年齢階級別・女性）

（備考）1.「令和5年度　男女の健康意識に関する調査」（令和5年度内閣府委託調査）より作成。
　　　　2.「月経（生理）での困りごとについて、日頃工夫していることはありますか。（いくつでも）」と質問。
　　　　　閉経した方は、閉経する前のこと（月経（生理）があった時の事）全体を思い出して回答してもらった。

参考1 「令和5年度　男女の健康意識に関する調査」 （内閣府男女共同参画局委託調査）

(1) 調査目的

　　企業が従業員の健康に投資し、従業員の心身の健康状態が改善すれば、従業員の傷病による欠勤や、健康上の課題によって業務パフォーマンスが出せない状況が減り、このことが企業の生産性の向上のみならず、組織の活性化による従業員の満足度向上にもつながると言われている。

　　就業世代の活力向上は、その後の健康寿命の延伸、すなわち人生100年時代において健康で自分らしく生活できる期間の延伸、公的医療・介護費用の削減にもつながる。

　　また、女性の社会での活躍に目を向けると、女性はキャリア形成において重要な時期である30代から40代において、妊娠・出産などを含め、身体の大きな変化を迎えるほか、仕事で責任を負う立場になる40代後半から50代後半にかけて、更年期を迎える。これらは、女性が社会で活躍しようと考える上で避けては通れない課題であり、企業による健康経営、女性の健康課題の理解促進に関する取組は、女性活躍を後押しする取組でもあると考えられる。

　　こうした問題意識の下、健康に関する意識や職業生活において抱える健康課題に関する困難や悩みについて、男女、年代別に把握することで、働くことを希望する誰もが、生き生きと働き続けるために必要なことを明らかにし、企業で行われている健康経営を後押しし、今後の我が国経済の発展、男女共同参画推進に向けた材料とする。

(2) 調査方法

　　インターネット・モニターに対するアンケート調査

(3) 調査期間

　　令和5 (2023) 年12月12日 (火) ～ 12月25日 (月)

(4) 調査対象及び回答者数

　・調査対象：国内在住のインターネット・モニター （20歳以上69歳以下）

　・回答者数：20,000人

(5) 調査項目

「あなた自身に関する調査」 というタイトルで、以下の項目を調査した。

　① 自身の健康状態への認識

　② 仕事と健康についての考え方

　③ 月経 （生理） 及び更年期障害についての考え方

参考2 「令和5年度 男女の健康意識に関する個別インタビュー調査」（内閣府男女共同参画局委託調査）

(1) 調査目的

　　働く女性は、キャリア形成において重要な時期である30代から40代で妊娠や出産などを含め身体に大きな変化を迎えるほか、仕事で責任を負う立場になる40代後半から50代後半にかけては更年期を迎える。女性が社会で活躍する上では、仕事と健康をどう両立していくかということは重要な課題であり、企業による健康経営、女性の健康課題の理解促進に関する取組は、女性活躍を後押しする取組でもあると考えられる。しかし、企業における健康支援は、女性に対する配慮が十分でない可能性がある。また、男性にも健康課題はあり、生活習慣病のリスクや、長時間労働による健康への影響などが懸念される。

　　こうした問題意識の下、健康課題について職業生活において抱える困難や悩み、健康に関する意識について、男女別、年代別に把握することで、働くことを希望する誰もが、生き生きと働き続けるために必要なことを明らかにし、企業で行われている健康経営を後押しするとともに、今後の我が国経済の発展、男女共同参画推進に向けた材料とする。

(2) 調査方法

　　オンラインインタビュー（1対1）　1人1時間

(3) 調査日程

　　令和6（2024）年2月

(4) 調査対象者

　　健康課題を抱えている男女11名

(5) 主なヒアリング事項

① 自身の健康状態について（自己認識と客観的把握）

② 働き方と健康について（対処法・予防・発症時）

③ 職場において活用している支援と、求めたい支援

④ 今後のキャリアと健康支援

（管理職のみ）部下のマネジメントにおける悩み

　令和5（2023）年1月から12月の1年間、我が国はG7の議長国を務めた。令和5（2023）年のG7では、ジェンダー主流化[1]の流れをより強固なものとするべく、5月19日（金）～21日（日）に広島県広島市で開催されたG7広島サミットはもとより、各閣僚会合でもジェンダーの視点を取り入れた議論が行われた。この取組の中核として、6月24日（土）、25日（日）に、我が国で初めてG7栃木県・日光男女共同参画・女性活躍担当大臣会合（英語名称：G7 Ministerial Meeting on Gender Equality and Women's Empowerment in Nikko, Tochigi）が開催された。

G7栃木県・日光男女共同参画・女性活躍担当大臣会合の概要

●日程
令和5（2023）年6月24日（土）、25日（日）

●場所
栃木県日光市

●参加者[2]（議長国順）
・日本：小倉　將信　内閣府特命担当大臣（男女共同参画）・女性活躍担当大臣
・イタリア：ユーゲニア ロチェッラ　家族・出生率及び機会均等担当大臣
・カナダ：ジェナ サッズ　女性・ジェンダー平等・青少年大臣政務官
・フランス：イザベル ローム　首相付 女男平等・多様性・機会均等担当大臣
・米国：カトリーナ フォトヴァット　国務省グローバル女性課題室シニア・オフィサー
・英国：ジュリア ロングボトム　駐日英国大使
・ドイツ：リサ パウス　連邦家庭・高齢者・女性・青少年大臣
・EU：エレナ ダッリ　欧州委員（平等担当）
・W7（Women 7）[3]：斎藤　文栄　W7日本共同代表
・ジェンダー平等アドバイザリー評議会（GEAC：The Gender Equality Advisory Council)[4]：白波瀬 佐和子　2023年GEAC議長

●当日のプログラム

日時		プログラム
6月24日（土）	夕方	政府主催レセプション
6月25日（日）	午前	オープニングセッション
		W7及びGEACとの対話
		セッション①（コロナ禍での教訓を生かす）
	午後	セッション②（女性の経済的自立）
		クロージングセッション
		議長記者会見
	夕方	フォトセッション
		地元主催レセプション

●その他
　会合期間中、G7における男女共同参画・女性活躍に関する取組等に関して小倉大臣と各国代表団との意見交換（バイ会談）を実施。英国及びイタリアとのバイ会談については、かつて在日英国大使館、在日イタリア大使館の別荘として使われていた、英国大使館別荘記念公園及びイタリア大使館別荘記念公園において行われた。

1　ジェンダー主流化とは、各国政府が行うあらゆる取組において常にジェンダー平等とジェンダーの視点を確保し施策に反映していくことを指す。
2　本文中も含めて、参加者の肩書は大臣会合当時のものである。
3　Women 7（W7）は、G7の公式なエンゲージメントグループの1つで、G7プロセスの中でジェンダー平等と女性の権利に関する提案を促進するために集まった市民社会組織の集まりである。
4　GEACは、G7の首脳に対してジェンダー平等に関する提言を行う外部諮問機関。平成30（2018）年に、当時のG7議長国であるカナダが発足させ、以降、例年G7議長国が招集し、GEACからは、議長国首脳に対して、ジェンダー平等の実現と女性のエンパワーメントの促進に向けた有益な提言が提出されてきた。

1．写真で振り返るG7栃木県・日光男女共同参画・女性活躍担当大臣会合の様子

フォトセッション①（メイン会場にて）

セッションの様子①

セッションの様子②

共同声明の採択

議長記者会見

フォトセッション②（世界文化遺産の前にて）

バイ会談（英国大使館別荘記念公園）

バイ会談（イタリア大使館別荘記念公園）

2．会合の成果

(1) 会合での議論

　G7栃木県・日光男女共同参画・女性活躍担当大臣会合は、新型コロナウイルス感染症（以下「コロナ」という。）感染拡大から3年が経過し、ようやく世界の感染状況が収束に向かいつつあるタイミングで開催された。コロナ感染拡大下では、もともと社会に存在していた男女共同参画の課題が、女性への不均衡な影響という形で露呈し、特に、女性の置かれてきた社会・経済的な脆弱さが、外的ショックによる危機に直結した。同時に、生活様式の変化は、家族や仕事の在り方への再考を迫り、男女共同参画の課題の顕在化は、社会において男女共同参画への関心が一層高まる契機ともなった。

　ポストコロナにおける男女共同参画・女性活躍の取組は、これらの教訓を生かし、構造的課題に対して正面から取り組むことが必要である。こうした問題意識から、会合のセッション・テーマとして、「コロナ禍での教訓を生かす」及び「女性の経済的自立」の2点を設定した。

　会合では、小倉將信内閣府特命担当大臣（男女共同参画）・女性活躍担当大臣が議長を務め、令和5（2023）年6月に策定した「女性活躍・男女共同参画の重点方針2023（女性版骨太の方針2023）」を始めとした日本の取組を紹介し、また、各国からもそれぞれの経験を共有しながら、W7及びGEACの代表も交えて、分野横断的に議論が行われた。

　セッション①では、「コロナ禍での教訓を生かす」という議題の下、感染拡大時の経験を踏まえて、社会を単にコロナ前の状態に戻すのではなく、そこで顕在化した男女共同参画の課題にどのように取り組み、また、どのようにすれば感染拡大下において生じた新しい流れを更に推し進めていけるかについて議論を行った。

　感染拡大下においては、女性が雇用の調整弁となるなど、経済・雇用分野でのジェンダー不均衡が喫緊の課題として浮き彫りになったことを踏まえ、セッション②では、「女性の経済的自立」に焦点を当てた。過去数十年間で女性の経済分野への参画が進んだと言われてきたものの、その基盤が実は脆弱であったことが明らかになった中、真のジェンダー平等に向け、女性の経済的自立をどのように確立・強化していくことができるかについて議論を行った。

(2) 成果文書の取りまとめ

　これらの議論の成果は、共同声明「G7ジェンダー平等大臣共同声明（日光声明）」（以下「日光声明」という。）[5]としてまとめられた。「日光声明」では、コロナが女性・女児に及ぼした不均衡な悪影響を、包括的に検討・分析した上で、女性の経済的自立や女性に対する暴力等の課題に関して、今後の取組方針を分野横断的に整理している（「日光声明」のポイントについては後述。）。

(3) G7における監視及び説明責任メカニズムの進捗

　英国が議長国であった令和3（2021）年以降、G7全体でのジェンダー主流化へのコミットメントやジェンダー平等の達成に向けた進捗を継続的に監視し、説明責任の枠組みを強化す

5　「日光声明」の全文は、内閣府男女共同参画局ホームページを参照。
　https://www.gender.go.jp/international/int_kaigi/int_g7g8/g7_202306.html

るためのメカニズムを導入することについて議論が進められてきている。こうした議論の結果、令和4（2022）年のドイツ議長下において、幅広い政策領域にわたる主要な指標を網羅するデータ集である「ジェンダー・ギャップに関するG7ダッシュボード」（以下「ダッシュボード」という。）が初めて公表された。

我が国の議長下においても、G7各国及び経済協力開発機構（OECD）と協力し、会合の開催に先立ち、ダッシュボードに新たな指標を追加した上で更新、公表した。ダッシュボードの公表により、ジェンダー平等の進捗状況や課題がデータでも可視化されたことで、会合におけるより深い議論につながった。また、OECDと協力の下、過去のG7のジェンダー平等に関するコミットメントの進捗状況を説明することを目的とした「G7ジェンダー平等に関する実施報告書」（以下「実施報告書」という。）を初めて作成し、令和5（2023）年12月に公表した。

3. 成果文書「G7ジェンダー平等大臣共同声明（日光声明）」のポイント[6]

(1) 冒頭

ジェンダー平等は人権の基本であり、平和で豊かで持続可能な世界のために必要な基盤である。しかし、令和5（2023）年現在、完全なジェンダー平等を実現した国はない。さらに、戦争や紛争、気候変動や生物多様性の喪失、民主主義制度の弱体化、世界的な不平等の拡大、コロナの長期的な健康・経済・社会面での影響などにより、ジェンダー平等の実現に向けた課題はより一層困難さを増している。

このような中、議長国の日本は、令和5（2023）年のG7の議題において、ジェンダー平等を高く位置付けた。男女共同参画・女性活躍担当大臣会合は、G7のジェンダー主流化の取組の中核として位置付けられるものであり、会合において、完全なジェンダー平等の実現と全ての女性と女児の更なるエンパワーメントに向けた取組を加速させることを再確認した。

(2) コロナパンデミックからの教訓

コロナの感染拡大は女性の雇用と仕事に大きな影響を与えた。特に、サービス業、ケア・健康などの分野の女性が深刻な影響を受けた。学校や保育施設、介護サービスの運営に支障を来し、通常、無償の育児・介護・家事労働の主な責任を担っている多くの女性が、子供や他の家族の世話をするために、労働市場から退出したり、労働時間を短縮したりすることになった。

また、感染拡大下では、様々な種類や形態のジェンダーに基づく暴力が深刻化すると同時に、女性の経済的安定が脅かされたことや外出制限などの障壁により、被害者が暴力を報告することがより難しくなった。また、オンライン上のジェンダーに基づく暴力やヘイトスピーチは世界的に悪化するだけでなく、女性と女児の良質、安全かつ包括的な教育と健康サービスへのアクセスが制限された。

しかし、コロナはいくつかの分野で進歩をもたらした。例えば、感染拡大下で普及したテレワークは、通勤時間の短縮や男性の無償の育児・介護・家事労働への参画拡大を通して、仕事

---

6 「日光声明」の原文は英文であり、本ポイントは内閣府が便宜上作成したものである。

と生活の調和（以下「ワーク・ライフ・バランス」という。）の実現に寄与する可能性を持っている。また、情報通信技術を利用して遠隔地から医療サービスを提供する「遠隔医療（テレヘルス）」は、アクセスが限られた人々の医療へのアクセスを拡大する可能性を持っている。

コロナの経験から、役員や管理職の男女比率を含め、多様な人材が働く組織は危機に対してより強じんであり、人材の多様性は企業の成長にとって重要な要素であることが明らかになった。同様に、多様な背景を持つ人々の視点を、政策立案プロセス等に取り入れることの重要性を認識した。

様々な課題への対応策としては、性別や年齢、障害などの交差する様々な特性が複合的に絡み合って、ジェンダー平等を阻む課題が深刻化するという「交差性」を十分に踏まえた取組が効果的である。多様なニーズに対応した施策を発展させるために、性別データの収集を強化していく。

コロナによって社会は大きな打撃を受け、皆が多大な犠牲を被った。だからこそ、ポストコロナにおける男女共同参画・女性活躍の取組において、コロナの教訓を生かす必要がある。

(3) ジェンダー平等と女性と女児のエンパワーメントの推進

① 経済的エンパワーメントの推進

感染拡大下では、女性の経済的自立の確保の難しさとともに、女性の経済的安定とジェンダーに基づく暴力の関連性が明らかになった。しかし、女性の経済的自立には多くの構造的障壁が残っている。長年にわたる男女間賃金格差は、構造的要因の複合的な産物であり、是正には包括的な取組が必要である。

指導的役割に就く女性を増やす必要があり、指導的役割の女性のパイプラインを確立するとともに、企業に対し女性参画拡大を奨励する措置を講じるべきである。柔軟な働き方や短時間労働でも指導的役割として働く選択肢の促進も重要である。また、同一労働同一賃金の徹底のためには、給与の公平性と透明性の確保に関する政策が有効な解決策となり得る。

女性が多く、かつ過小評価されている職業を正当に評価し、公平に処遇することに加え、成長分野や報酬の高い分野への女性の労働移動の促進が重要であり、そのためのスキル習得・向上の機会を増やす必要がある。また、デジタル政策や新技術の設計・開発・導入プロセスにおいてジェンダーの視点を取り入れるとともに、デジタル技術の管理や意思決定に女性が参加することを通した、デジタル・ジェンダー格差を是正するための努力が必要である。さらに、女性がSTEM（Science, Technology, Engineering and Mathematics：理工系）分野での職業に就くことを検討できるよう、固定観念や偏見を取り除き、STEM分野における職業への理解を促進していく。

「女性の起業家精神に関するG7原則」を再確認し、女性の起業を支援するために知識、教育、訓練、ネットワーク、資本へのアクセスを改善することが必要である。

また、職場におけるジェンダーに基づく暴力やハラスメントの防止策・対応策を推進する。

② 無報酬の育児・介護・家事労働の認識・削減・再分配とケアワーカーの支援

無償の育児・介護・家事労働の女性への偏りは、女性の社会参画への大きな障害であり、無償の育児・介護・家事労働の認識・削減・再分配は、社会全体で取り組むべき課題である。そのために、良質かつ安価なケアサービスの提供により公的支援を強化するとともに、従業員のワーク・ライフ・バランスを確保するための勤務制度の導入・改善を企業に促す必要が

ある。

　低賃金で厳しい労働条件、かつ女性の割合が大きいケアワーカーへの公平な報酬の確保が必要であり、また、ケアワーカーが社会的対話や団体交渉に代表者として含まれることが必要である。

　テレワークなど、テクノロジーの活用は労働生産性を高め、労働量を軽減する可能性がある一方で、ジェンダー不平等を助長するために使われることも懸念される。テクノロジーの適切な使用と発展に十分な注意を払うとともに、テクノロジーによってジェンダーに基づく暴力が助長されるリスクを最小限に抑えるよう努力する必要がある。

　無償の育児・介護・家事労働の認識・削減・再分配のためには、男性と男児を含めた全ての人の関与が必要である。男性と男児が育児・介護・家事労働に更に参加できるよう、柔軟な労働時間・休暇制度の利用促進に加え、性別役割分担・固定観念・偏見を打破するための施策が必要である。

③　性的・ジェンダーに基づく暴力への対応

　ジェンダーに基づく暴力は、個人の安全・安心を脅かし、尊厳を傷つけ、自由と自己決定権を奪うものであり、いかなる形態の性的・ジェンダーに基づく暴力も容認してはならない。

　あらゆる形態のジェンダーに基づく暴力を無くすため、暴力の予防、被害者の支援・保護及び司法へのアクセスと加害者の責任の確保に焦点を当てた、切れ目がなく、分野横断的なシステムの確立が必要である。

　オンライン上の暴力、ハラスメント、偽情報、女性差別者によるヘイトスピーチが、近年激化しており、被害は重大かつ深刻なものになっている。公的立場を持つ女性と女児や、思春期の世代や若者は、人工知能などの情報通信技術（ICT）やデジタル機器の使用によって助長されるジェンダーに基づく暴力である、「テクノロジーに助長されるジェンダーに基づく暴力」を経験するリスクが高まっている。オンライン上のジェンダーに基づく暴力に対処するための対策を講じる必要がある。

④　性と生殖に関する健康と権利の推進

　安全かつ合法的な中絶及び中絶後のケアに取り組むことを含め、全ての人のための包括的な性と生殖に関する健康と権利の実現に向けた意志を再確認する。また、妊産婦と子供の死亡を減らすこと、有害な慣行を無くすことへの意志を強調する。

⑤　意思決定における女性の代表性を高める

　より公平、包括的かつ強じんな社会を構築するために、社会のあらゆる分野における女性の参加とリーダーシップを高める必要性がある。

　平和、安全保障、防災の達成へ寄与する「女性・平和・安全保障（WPS）」アジェンダ[7]への貢献を改めて表明。引き続き、女性の危機管理、紛争予防及び解決並びに平和構築における参加及びリーダーシップを促進する。

7　国連安保理決議第1325号（女性と平和・安全保障の問題を明確に関連付けた初の安保理決議）及び関連決議。

⑥　社会の意識を変える

　　女性と女児の安全と平等かつ意義ある社会参加の促進のためには、社会規範を変え、差別的な社会慣習を無くすよう努めなければならない。ジェンダー不平等を永続させる有害な固定観念や偏見を無くすためには、全ての人の関与が求められる。全ての男性・男児をジェンダー平等の推進に向けた味方、変革の担い手、共同受益者として関与させる努力を行う。

⑷　Ｇ７のジェンダー平等へのコミットメントを促進する

　　Ｇ７におけるジェンダー平等に関する取組を一層進めるため、男女共同参画・女性活躍担当大臣会合、Ｗ７及びＧＥＡＣ、ジェンダー・ギャップに関するＧ７ダッシュボードや実施報告書が果たす役割を整理した。

　　重点的な対策を開発し、女性と女児の多様なニーズを支援するために必要な性別及びその他の交差する特性によって細分化されたデータ収集を強化することを通じて、ジェンダー平等に関する取組をより一層進めていく。また、関連するステークホルダーや市民社会との協力を更に発展させていく。

⑸　進むべき道

　　Ｇ７男女共同参画・女性活躍担当大臣は、危機的状況下にある女性と女児の権利の後退に強い懸念を表明するとともに、世界中の女性と女児の人権と基本的自由に対するあらゆる侵害を強く非難する。紛争状況における性的暴力の使用を非難し、これを容認しないという意思を表明する。ロシアのウクライナに対する侵略戦争を最も強い言葉で非難し、ロシアのウクライナの領土からの撤退を強く求める。なお、ウクライナの復興においては、ジェンダーに対応した復興計画が必要である。

　　完全なジェンダー平等を達成するために努力するとともに、あらゆる多様性を持つ女性と女児を更にエンパワーし、全ての人の人権と尊厳が完全に尊重され、促進され、保護される社会の実現に向けた努力を継続する。

4．今後に向けて

　　男女共同参画の取組状況は国により様々であるが、我が国において解決に向けて取り組んでいる諸課題は、Ｇ７各国で共通の課題であり、いずれの国もその解決に向け、強い意志を持ち、様々な施策を推進していることが、会合において共有された。

　　我が国の男女共同参画・女性活躍施策は、これまでも、海外における取組も参考にしながら、国際的な協調の下に進められてきた。しかし、男女共同参画に関する国際的な枠組みの下での閣僚レベルの国際会議の開催は、我が国として初めての取組であり、また、ジェンダー平等に関して、国際社会に対する我が国からの発信も、今回ほど強く行われたことはなかった。特に、我が国のリーダーシップにより、ジェンダー平等を取り巻く現状と課題を包括的に踏まえた内容で「日光声明」を取りまとめることができたことは大きな成果であった。

　　なお、栃木県にとっても、政府等が開催する国際会議の開催地となるのは初めてであった。栃木県では、会合開催を契機として、県民のふるさとへの愛着や誇りを更に醸成し、未来を担う子供たちがグローバルな視野で考え行動するために必要な資質・能力を育み、国際社会に貢献できる人材を育成することを目的に、会合に先立ち、男女共同参画・女性活躍推進に対する理解の促

進や機運醸成に向けた様々な取組が行われた。

　開催地の日光市は、日本初の国立公園の一つである日光国立公園やラムサール条約登録湿地である奥日光を始めとする美しい自然を有しているほか、鬼怒川温泉や湯西川温泉などの関東有数の温泉地が多数分布し、世界遺産の「日光の社寺」や「日光杉並木街道」、「足尾銅山坑内施設」など多くの歴史的・文化的遺産を有している国際観光都市である。このような地域特性から、かつてから宿泊・飲食業を中心に女性の進出が盛んであった一方、コロナの影響も深刻であり、女性への影響も大きかった。コロナの影響が大きかった日光市で「コロナ禍の教訓を生かす」というテーマに関連して議論を行い、女性活躍に向けたメッセージを国際社会に対して発信することは、我が国の観光地がコロナから回復していることを国際的に示すという観点からも、大きな意味があったと考えられる。

　これらの取組を一過性のものとすることなく、今後、「日光声明」を最大限に活用しながら、我が国の男女共同参画や女性活躍に関する取組の一層の推進、国際社会に対する我が国の取組の発信に取り組むとともに、国際社会における男女共同参画や女性活躍に関する取組に一層貢献していく必要がある。

サイドイベント①　男女共同参画社会づくりに向けての全国会議

　令和５（2023）年６月24日（土）に、栃木県宇都宮市で、「令和５年度男女共同参画社会づくりに向けての全国会議」が開催された。「男女共同参画社会づくりに向けての全国会議」は、男女共同参画週間の中央行事として、平成５（1993）年以降、東日本大震災のあった平成23（2011）年を除き、毎年開催されているが、東京以外の地で同会議を開催するのは、初めての取組であった。

　会議では、男女共同参画週間キャッチフレーズ表彰及び女性のチャレンジ賞表彰を行い、受賞者に表彰状等を授与したほか、「Ｇ７栃木県・日光こども未来サミット」で発表した宣言文を取りまとめた「Ｇ７栃木県・日光こども未来サミット宣言書2023」を、栃木県の中高生から小倉大臣に手渡し、意見交換を行った。

　また、令和５（2023）年ジェンダー平等アドバイザリー評議会（ＧＥＡＣ）議長の白波瀬佐和子氏が「未来に向けたジェンダー平等：英断と継続」をテーマに記念講演を行った。

「令和５年度男女共同参画社会づくりに向けての全国会議」の概要

●日程
　令和５（2023）年６月24日（土）

●場所
　栃木県宇都宮市

●当日のプログラム
　・主催者挨拶
　　小倉　將信　内閣府特命担当大臣（男女共同参画）、女性活躍担当大臣
　・男女共同参画週間キャッチフレーズ表彰
　・女性のチャレンジ賞表彰
　・こども未来サミット宣言文の手交・意見交換
　・記念講演「未来に向けたジェンダー平等：英断と継続」
　　白波瀬　佐和子　東京大学大学院人文社会系研究科教授、2023年ジェンダー平等アドバイザリー
　　　　　　　　　　評議会（ＧＥＡＣ）議長

サイドイベント②　G７ジェンダー平等担当大臣と市民社会の対話

　令和５（2023）年６月26日（月）に、都内の駐日欧州連合代表部（ヨーロッパ・ハウス）で、「G７ジェンダー平等担当大臣と市民社会の対話」が開催された。G７栃木県・日光男女共同参画・女性活躍担当大臣会合のフォローアップ及び将来のG７プロセスにつなげるため、駐日欧州連合代表部とＷｏｍｅｎ ７ジャパンの共催によって開催された。

　会議には、大臣会合に出席した各国の大臣等が全員参加し、市民社会との対話を行った。日本からは小倉大臣が参加して、議長を務めた大臣会合での議論を紹介するとともに、ケアエコノミーやデジタル技術と女性について発言を行った。

「G７ジェンダー平等担当大臣と市民社会の対話」の概要

●日程
　令和５（2023）年６月26日（月）

●場所
　駐日欧州連合代表部（ヨーロッパ・ハウス）

●当日のプログラム
　・開会挨拶
　・導入セッション（大臣会合振り返り、ＧＥＡＣ、Ｗ７からの発言）
　・G７大臣と市民社会によるテーマ別対話
　　セッション１：ダイバーシティ、暴力の撲滅及び身体の自律性
　　セッション２：経済的正義、デジタル技術と女性
　　セッション３：アカウンタビリティ・メカニズム及び財源、意思決定における女性のリーダーシップ
　　　　　　　　　と参加
　・セッションに対するコメント及びレスポンス
　・未来にむけた展望

開催地（栃木県・日光市）における取組①
G７栃木県・日光男女共同参画・女性活躍担当大臣会合推進協議会の設立

　G７栃木県・日光男女共同参画・女性活躍担当大臣会合の成功に向け、令和４（2022）年11月に「G７栃木県・日光男女共同参画・女性活躍担当大臣会合推進協議会」（以下「推進協議会」という。）が設立された。

　会合前には、各国在京大使館ツアー及び開催機運醸成のための100日前イベントを始めとして、県内で様々なイベントを開催した。

　また、会合期間中には、エクスカーションや地元歓迎レセプションを実施し、会合参加者に、日光市を始めとする栃木県の魅力を発信した。

G７栃木県・日光男女共同参画・女性活躍担当大臣会合推進協議会の概要

栃木県提供

●設立日
　令和４（2022）年11月15日

●会長
　福田　富一　栃木県知事

●副会長
　粉川　昭一　日光市長

●組織体制
　38名

●主な取組
　会議支援、魅力発信、機運醸成等

●事務局
　栃木県総合政策部

（地元歓迎レセプションの様子）

開催地（栃木県・日光市）における取組②　日光市の取組

　開催地である日光市では、大臣会合の開催の前に、シンボルマークとなるモニュメントの設置やフラッグによる市内のドレスアップ、市内小中学校の給食でG７各国の料理を提供するなど、市を挙げた取組を実施した。

　会合期間中は、推進協議会主催のエクスカーションの参加者が県立日光自然博物館に到着すると、市内の小中学生が出迎え、歓迎の意を表した。

　また、同市では、会合を契機に男女共同参画・女性活躍を更に推進するべく、女性のデジタルワーカー育成による新たな産業の創出や、女性が健康で安心して働ける優良な市内企業を拡充する事業など、新たな施策を展開する予定としている。

日光市提供

日光市提供

開催地（栃木県・日光市）における取組③
「G７栃木県・日光こども未来サミット」の開催

　令和５（2023）年５月27日（土）には、開催30日前イベントとして「G７栃木県・日光こども未来サミット」が開催された。当日は、G７各国にゆかりのある県内中高生が集い、男女が共に輝く社会を創るために、今、自分たちができることについて話し合い、「家庭・家族」「仕事・職場」「社会・政治」の場面においての行動について、世界に向けた宣言文としてまとめ、発表した。

　宣言文には、思い込みにとらわれず、広い視野で考え、宣言実現に向け、身近なことから行動するという、次代を担う子供たちの、男女共同参画社会の実現に向けた力強い決意が込められた。

G７栃木県・日光こども未来サミットの概要

栃木県提供

●日程
　令和５（2023）年５月27日（土）

●場所
　栃木県日光市

●主催
　G７栃木県・日光男女共同参画・女性活躍担当大臣会合推進協議会

●参加者
　留学経験者などG７各国にゆかりのある県内中高生12名

G7におけるジェンダー主流化の取組について

国際社会において、ジェンダー平等の観点をあらゆる政策や制度に反映する「ジェンダー主流化」の重要性が共有される中、我が国が議長国を務めた令和5（2023）年のG7広島サミット及び各閣僚会合においても、以下のとおりジェンダーの視点を取り入れた議論が進められた[8]。

- **G7広島サミット（5月19日～21日）**

  我が国から、防災を含む女性・平和・安全保障（WPS）アジェンダの促進、女性の経済的自立等の取組を有機的に連携させることの重要性を強調し、参加国・機関との間で共有した。首脳コミュニケでは、ジェンダー平等についての独立したパラグラフに加え、前文にもジェンダーについての言及が盛り込まれ、文書全体として、様々なジェンダー課題への対処の重要性が網羅的に記載された。また、一体的なアプローチを通じたジェンダー主流化の一層の促進については、好事例等をまとめたファクトシートも併せて発出した。

- **G7札幌気候・エネルギー・環境大臣会合（4月15日～16日）**

  気候・エネルギー・環境大臣コミュニケにおいて、気候変動、生物多様性の損失、汚染という三つの危機への取組とクリーンエネルギーへの移行を加速するプロセスの中心に、ジェンダーの公正を据え、気候・エネルギー・環境問題に関連する行動等における、完全かつ平等で意義ある参加とリーダーシップの重要性を共有した。

- **G7長野県軽井沢外相会合（4月16日～18日）**

  外相コミュニケにおいて、ジェンダーに基づく性的暴力の終焉、女性の完全、平等かつ意義ある参画、気候、デジタル、ケア経済、教育等の幅広い分野におけるジェンダー分野に関する諸課題とその解決に向けた明確なメッセージを発出した。さらに、女性・平和・安全保障アジェンダの実施に係るコミットメントが再確認された。

- **G7倉敷労働雇用大臣会合（4月22日～23日）**

  意思決定プロセスへの女性の参加促進、無意識の偏見や差別の解消、多様で柔軟な働き方を可能とする共働き・共育てモデルの構築等、ジェンダー平等に向けた取組の重要性を確認する等の内容を盛り込んだ大臣宣言を採択した。

- **G7宮崎農業大臣会合（4月22日～23日）**

  強じんで持続可能な農業・食料システムへの変革における女性の役割の重要性について盛り込まれた大臣声明を採択した。会場では、女性農業者が民間企業と協働して多様な取組を行う「農業女子プロジェクト」のブースを出展し、女性農業者が持続可能な農業により生産した農産物等の提供を行い、我が国の女性農業者の活躍を世界に発信した。

- **G7群馬高崎デジタル・技術大臣会合（4月29日～30日）**

  G7デジタル・技術大臣会合のワーキングランチにW7が参加し、ジェンダーの観点を踏まえたデジタル化の取組について各国、招待機関に発信を行った。

- **G7新潟財務大臣・中央銀行総裁会議（5月11日～13日）**

  中長期のマクロ経済政策において、G7経済に共通する構造的課題を乗り越える上での、女性の役割を強調した。また、各国と「多様な価値を追求するための経済政策」について意見交換を実施し、経済政策にて追求すべき重要な価値の一つとして、ジェンダーを含む多様性についても取り上げた。

- **G7仙台科学技術大臣会合（5月12日～14日）**

  G7科学技術大臣は、共同声明において、研究開発（R&D）におけるジェンダー平等を含む多様性、公平性、包摂性及びアクセス可能性の重要性を確認するとともに、固定観念にとらわれない科学や研究活動を歓迎する環境を創出するために、多様性及び包摂性に関する我々の共通価値を促進してきたG7ジェンダー平等アドバイザリー評議会を支援することにコミットした。

- **G7富山・金沢教育大臣会合（5月12日～15日）**

  ジェンダーなどの面で不利な立場にある子供たちも含め、全ての子供たちの可能性を引き出す教育の実現について議論を行い、成果文書である「富山・金沢宣言」においても、その点について盛り込んだ。

- **G7長崎保健大臣会合（5月13日～14日）**

  特に女性や子供といった脆弱な立場の方々の健康を支えることができるよう、ユニバーサル・ヘルス・カバレッジ達成への更なる貢献について、G7としての共通の方向性が示された。

8　G7広島サミット及び各閣僚会合の成果文書は、広島サミットのホームページを参照。
https://www.mofa.go.jp/mofaj/gaiko/summit/hiroshima23/documents/

●G７三重・伊勢志摩交通大臣会合（6月16日～18日）
　　アクセシビリティをテーマの一つに掲げ、女性を始め様々な背景を持つ人々が、公平、平等かつ手頃な価格で交通を利用できるようにすることや、交通分野における女性の活躍推進の重要性等について議論を行った。
●G７司法大臣会合（7月7日）
　　司法外交閣僚フォーラムとして開催したG７司法大臣会合において、ジェンダー平等や法務・司法分野でのジェンダーの視点等を盛り込んだ成果文書である「東京宣言」を採択した。
●G７香川・高松都市大臣会合（7月7日～9日）
　　インクルーシブをテーマの一つに掲げ、議論を行い、成果文書において、女性や子供を始めとする脆弱な立場にある人々等に常に配慮し、インクルーシブを促進する社会空間的アプローチの重要性が強調されるとともに、都市インフラ、施設、アメニティの提供や配置は、女性と女児のニーズや関心を考慮すべきであるとされた。
●G７大阪・堺貿易大臣会合（4月4日（オンライン）、10月28日～29日（対面））
　　4月及び10月のG７貿易大臣会合において、女性を含む適切に代表されていない集団が直面する課題を認識した上での包摂的で持続可能な貿易促進の重要性を議論し、その点も踏まえた貿易大臣声明をそれぞれ採択。今後も議論を継続することを確認した。
●G７茨城水戸内務・安全担当大臣会合（12月8日～10日）
　　G７内務・安全担当大臣会合では、世界の治安状況が厳しさを増す中、ジェンダー平等を含む共通の原則及び価値を指針として、直面する現在の課題に対処するための更なる結束を確認するとともに、オフライン及びオンラインでの児童の性的搾取及び虐待並びにこれらに関する人身取引への対策、ロシアによるウクライナ侵略の文脈における性的暴力を含む戦争犯罪に対する責任の追及等について議論を行った。

Ⅰ　あらゆる分野における女性の参画拡大

第1分野　政策・方針決定過程への女性の参画拡大

第1節　政治分野

1－1図　衆議院議員総選挙における候補者及び当選者に占める女性の割合の推移

○衆議院議員総選挙における候補者及び当選者に占める女性の割合は上昇傾向にあるが、低い水準となっている。

○令和3（2021）年10月執行の総選挙では、候補者に占める女性の割合は17.7％、当選者に占める女性の割合は9.7％。

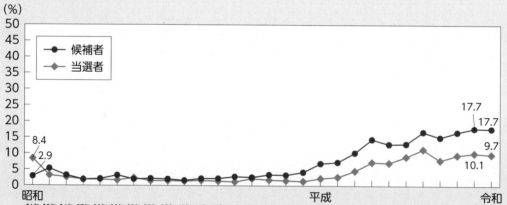

（備考）総務省「衆議院議員総選挙・最高裁判所裁判官国民審査結果調」より作成。

※　第5次男女共同参画基本計画において、候補者に占める女性の割合を2025年までに35％とする目標を設定しているが、これは、政府が政党に働きかける際に念頭に置く努力目標であり、政党の自律的行動を制約するものではなく、また、各政党が自ら達成を目指す目標ではない。

1－2図　参議院議員通常選挙における候補者及び当選者に占める女性の割合の推移

○参議院議員通常選挙における候補者及び当選者に占める女性の割合は上昇傾向にあるが、低い水準となっている。

○令和4（2022）年7月執行の通常選挙では、候補者に占める女性の割合は33.2％、当選者に占める女性の割合は27.4％。

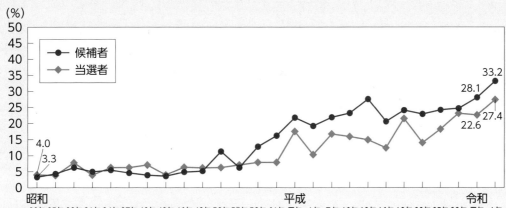

（備考）総務省「参議院議員通常選挙結果調」より作成。

※　第5次男女共同参画基本計画において、候補者に占める女性の割合を2025年までに35％とする目標を設定しているが、これは、政府が政党に働きかける際に念頭に置く努力目標であり、政党の自律的行動を制約するものではなく、また、各政党が自ら達成を目指す目標ではない。

○統一地方選挙における候補者及び当選者に占める女性の割合は、上昇傾向にあるが、低い水準となっている。

○令和5（2023）年の統一地方選挙では、候補者に占める女性の割合は、特別区議会が32.0％と最も高く、町村議会が14.7％と最も低くなっており、全体で19.2％。一方、当選者に占める女性の割合は、特別区議会が36.8％と最も高く、都道府県議会が14.0％と最も低くなっている。

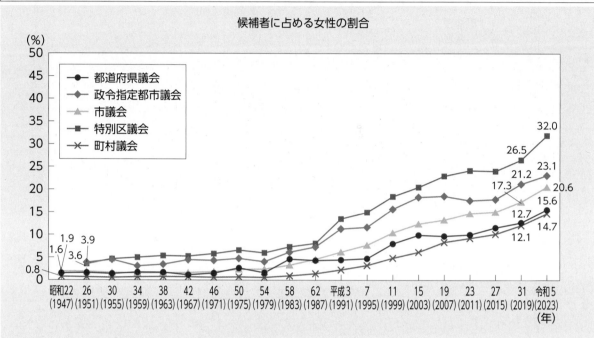

候補者に占める女性の割合

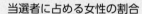

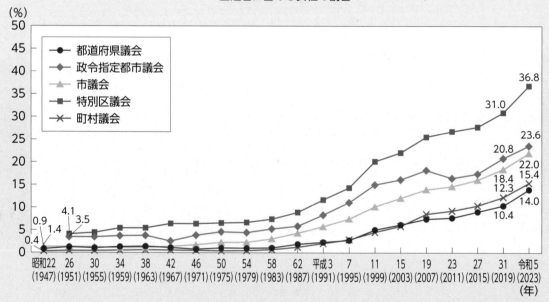

当選者に占める女性の割合

（備考）1．平成31（2019）年までは総務省「地方選挙結果調」、令和5（2023）年は総務省「統一地方選挙結果の概要（速報）」（令和5（2023）年4月25日現在）より作成。
　　　　2．昭和22（1947）年の「市議会」には、五大市議及び東京都特別区議の女性当選人数を含む。
※　第5次男女共同参画基本計画において、統一地方選挙の候補者に占める女性の割合を2025年までに35％とする目標を設定しているが、これは、政府が政党等への要請、「見える化」の推進、実態の調査や好事例の横展開及び環境の整備等に取り組むとともに、政党を始め、国会、地方公共団体、地方六団体等の様々な関係主体と連携することにより、全体として達成することが期待される目標数値であり、各団体の自律的行動を制約するものではなく、また各団体が自ら達成を目指す目標ではない。

1－4図　地方議会における女性議員の割合の推移

○令和5（2023）年12月末現在、女性の割合が最も高いのは、特別区議会で36.2％、次いで、
政令指定都市の市議会22.9％、市議会全体19.1％、都道府県議会14.6％、町村議会13.6％
となっており、都市部で高く郡部で低い傾向にある。

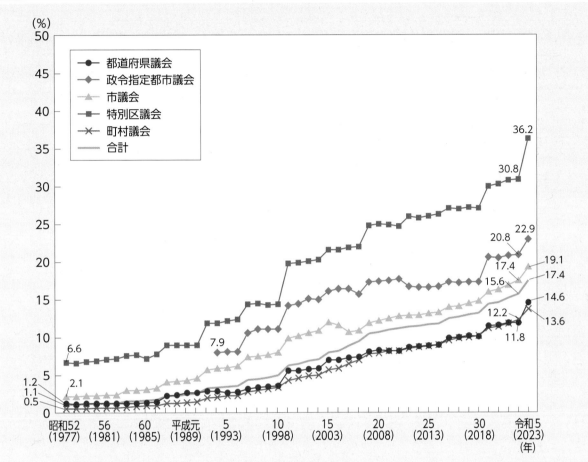

（備考）1．総務省「地方公共団体の議会の議員及び長の所属党派別人員調等」（令和6（2024）年3月末時点で公表されて
いるもの）より作成。
2．各年12月末現在。
3．市議会は政令指定都市議会を含む。合計は都道府県議会及び市区町村議会の合計。

第1分野　政策・方針決定過程への女性の参画拡大

第2節 司法分野

1－5図　司法分野における女性の割合の推移

○裁判官、検察官（検事）及び弁護士に占める女性の割合は、裁判官が24.3%（令和4（2022）年12月現在）、検察官（検事）が27.2%（令和5（2023）年3月31日現在）、弁護士が19.9%（令和5（2023）年9月30日現在）。

○司法試験合格者に占める女性の割合は、平成4（1992）年以降はおおむね2～3割で推移しており、令和5（2023）年は29.4%。

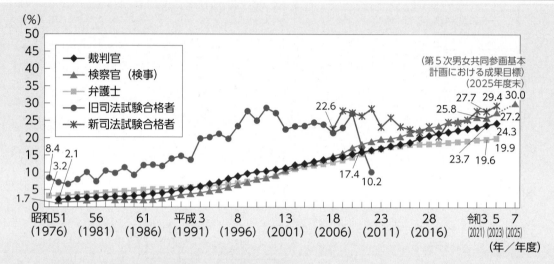

（備考）1．裁判官については最高裁判所資料より作成。
　　　　2．検察官（検事）、司法試験合格者については法務省資料より作成。
　　　　3．弁護士については日本弁護士連合会事務局資料より作成。
　　　　4．裁判官は平成26（2014）年までは各年4月現在、平成27（2015）年以降は前年12月現在、検察官（検事）は各年3月31日現在。弁護士は年により異なるが、令和5（2023）年は9月30日現在。司法試験合格者は各年の値。

1−6図 国家公務員採用試験からの採用者に占める女性の割合の推移

○国家公務員採用試験からの採用者に占める女性の割合は、令和5（2023）年4月1日時点で38.7%、また、国家公務員採用総合職試験からの採用者に占める女性の割合は35.9%と、いずれも令和5年度において第5次男女共同参画基本計画における成果目標（毎年度35%以上）を達成。

○一方、国家公務員採用試験（技術系区分）からの採用者に占める女性の割合は27.2%と、第5次男女共同参画基本計画における成果目標（2025年度までに30%）を達成していない。

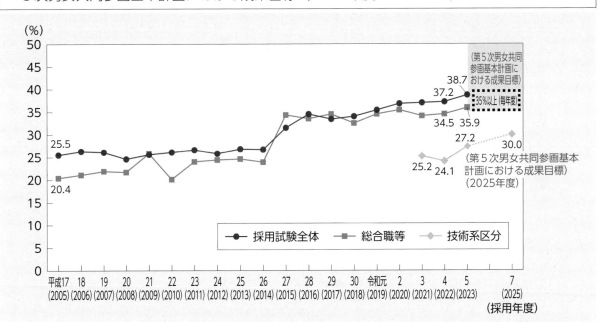

（備考）1. 平成17（2005）年度及び平成18（2006）年度は総務省、平成19（2007）年度から平成24（2012）年度は総務省・人事院「女性国家公務員の採用・登用の拡大状況等のフォローアップの実施結果」、平成25（2013）年度は総務省・人事院、平成26（2014）年度は内閣官房内閣人事局・人事院、平成27（2015）年度以降は内閣官房内閣人事局「女性国家公務員の採用状況のフォローアップ」より作成。

2. 「総合職等」とは、国家公務員採用総合職試験（院卒者試験、大卒程度試験）及び国家公務員採用I種試験並びに防衛省職員採用I種試験をいう。

3. 「技術系区分」の詳細
　総合職（院卒者・大卒程度）：デジタル／工学／数理科学・物理・地球科学／化学・生物・薬学／農業科学・水産／農業農村工学／森林・自然環境
　一般職（大卒程度）：デジタル・電気・電子／機械／土木／建築／物理／化学／農学／農業農村工学／林学
　一般職（高卒者）：技術／農業土木／林業

※ デジタル区分の新設等により、令和5年度から総合職（院卒者・大卒程度）については「デジタル」が追加され、一般職（大卒程度）については「電気・電子・情報」が「デジタル・電気・電子」に改められた。

○国家公務員の指定職相当及び係長相当職（本省）のうち新たに昇任した職員に占める女性の割合は、令和4（2022）年から低下している。指定職相当以外の各役職段階に占める女性の割合は上昇傾向にあるが、いずれも第5次男女共同参画基本計画における成果目標を達成していない。

○令和5（2023）年7月時点では、係長相当職（本省）29.2％、係長相当職（本省）のうち新たに昇任した職員25.5％、国の地方機関課長・本省課長補佐相当職15.0％、本省課室長相当職7.5％、指定職相当4.7％。

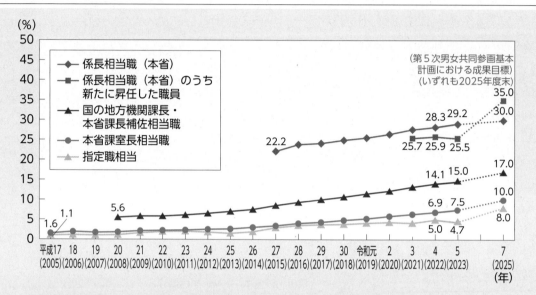

（備考）1．内閣官房内閣人事局「女性国家公務員の登用状況のフォローアップ」より作成。

2．「指定職相当」とは一般職の職員の給与に関する法律（昭和25年法律第95号。以下「一般職給与法」という。）の指定職俸給表の適用を受ける職員及び防衛省の職員の給与等に関する法律（昭和27年法律第266号）に基づき一般職給与法の指定職俸給表に定める額の俸給が支給される防衛省職員を、「本省課室長相当職」とは一般職給与法の行政職俸給表（一）7級から10級相当職の職員を、「国の地方機関課長・本省課長補佐相当職」とは一般職給与法の行政職俸給表（一）5級及び6級相当職の職員を、「係長相当職（本省）」とは一般職給与法の行政職俸給表（一）3級及び4級相当職の本省職員をいう。また、「係長相当職（本省）のうち新たに昇任した職員」とは当該年7月1日時点の本省に在籍する係長相当職の職員のうち、当該年の前年7月2日から当該年7月1日までの間に初めて本省の係長相当職に任用された職員をいう。

3．平成17（2005）年から平成26（2014）年までは各年1月時点。平成27（2015）年から令和5（2023）年までは各年7月時点。ただし、平成27（2015）年について、指定職相当は平成27（2015）年11月時点。

1-8図　地方公務員採用試験からの採用者に占める女性の割合の推移

○令和4（2022）年度の地方公務員採用試験からの採用者に占める女性の割合は、都道府県では、全体で41.6％、うち大学卒業程度で39.2％。政令指定都市では、全体で48.7％、うち大学卒業程度で46.7％。

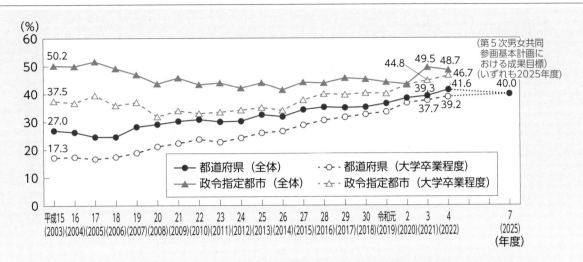

（備考）1．内閣府「地方公共団体における男女共同参画社会の形成又は女性に関する施策の推進状況」より作成。
　　　　2．各年4月1日から翌年3月31日の採用期間のデータとして各地方公共団体から提出のあったものを基に作成したものである。

1-9図　都道府県職員の各役職段階に占める女性の割合の推移

○都道府県職員の各役職段階に占める女性の割合は、令和5（2023）年4月1日現在で、本庁係長相当職22.2％、本庁課長補佐相当職22.6％、本庁課長相当職14.4％、本庁部局長・次長相当職8.6％。

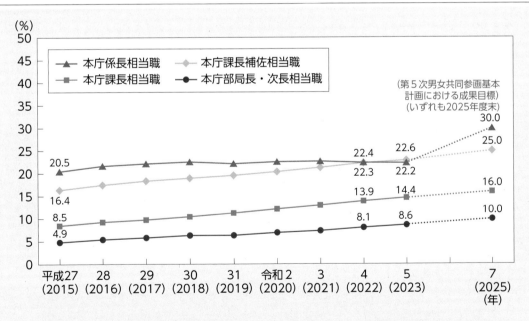

（備考）1．内閣府「地方公共団体における男女共同参画社会の形成又は女性に関する施策の推進状況」より作成。
　　　　2．各年4月1日時点（一部の地方公共団体においては、異なる場合あり。）のデータとして各地方公共団体から提出のあったものを基に作成したものである。

1−10図　市区町村職員の各役職段階に占める女性の割合の推移

○市区町村職員の各役職段階に占める女性の割合は、令和5（2023）年4月1日現在で、本庁係長相当職35.9％、本庁課長補佐相当職30.5％、本庁課長相当職19.5％、本庁部局長・次長相当職11.9％。

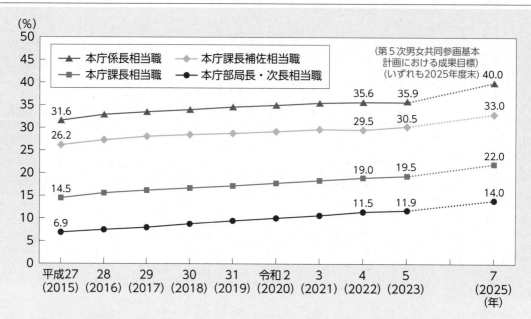

（備考）1．内閣府「地方公共団体における男女共同参画社会の形成又は女性に関する施策の推進状況」より作成。
　　　　2．各年4月1日時点（一部の地方公共団体においては、異なる場合あり。）のデータとして各地方公共団体から提出のあったものを基に作成したものである。

1−11図　国の審議会等委員等に占める女性の割合の推移

○国の審議会等の委員に占める女性の割合は、令和5（2023）年9月30日現在で42.1％であり、第5次男女共同参画基本計画における成果目標（2025年までに40％以上、60％以下）を達成。

○また、専門委員等に占める女性の割合も、調査開始以来最高値の36.6％となったが、第5次男女共同参画基本計画における成果目標（2025年までに40％以上、60％以下）を達成していない。

※専門委員等とは、委員とは別に、専門又は特別の事項を調査審議するため必要があるとき、専門委員、臨時委員又は特別委員の名称で置くことができるもの。

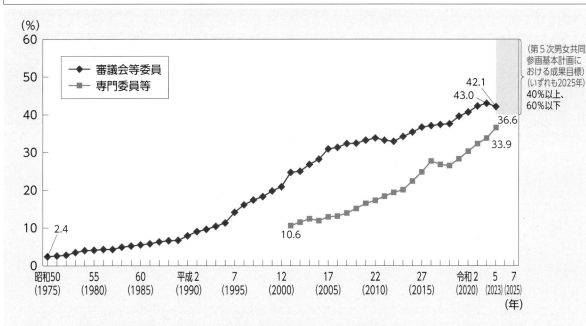

（備考）1．内閣府「国の審議会等における女性委員の参画状況調べ」より作成。

　　　　2．昭和63（1988）年から平成6（1994）年は、各年3月31日時点、平成7（1995）年以降は、各年9月30日時点のデータとして各府省庁から提出のあったものを基に作成したものである。昭和62（1987）年以前は、年により異なる。

　　　　3．調査対象の審議会等には、調査時点で、停止中のもの、委員が選任されていないもの、委員任命過程にあるもの及び地方支分部局に置かれているものは含まれない。

１－12図　地方公共団体の審議会等委員に占める女性の割合の推移

○都道府県の審議会等委員に占める女性の割合は、令和５（2023）年は34.6％となっており、第５次男女共同参画基本計画における成果目標（2025年までに40％以上、60％以下）を達成していない。
○市区町村の審議会等委員に占める女性の割合は、令和５（2023）年は28.5％となっており、第５次男女共同参画基本計画における成果目標（2025年までに40％以上、60％以下）を達成していない。

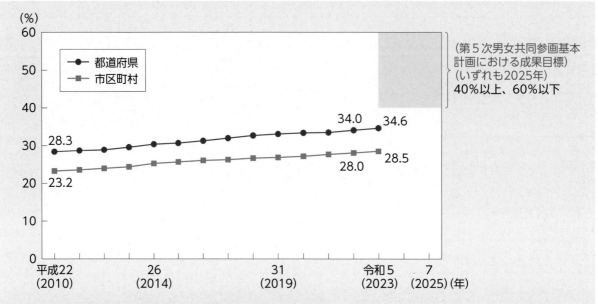

（備考）１．内閣府「女性の政策・方針決定参画状況調べ」より作成。
　　　　２．各年４月１日時点（一部の地方公共団体においては、異なる場合あり。）のデータとして各地方公共団体から提出のあったものを基に作成したものである。
　　　　３．法律又は政令により地方公共団体に置かなければならない審議会等について集計。
　　　　４．調査対象の審議会等には、調査時点で設置されていないもの及び委員の任命を行っていないものは含まれない。

○独立行政法人等の役員に占める女性の割合（非常勤を含む。）は、令和５（2023）年４月１日時点で18.7％となっており、第５次男女共同参画基本計画における成果目標（2025年度末までに20％）を達成していない。

○また、管理職（常勤）に占める女性の割合は16.6％となっており、第５次男女共同参画基本計画における成果目標（2025年度末までに18％）を達成していない。

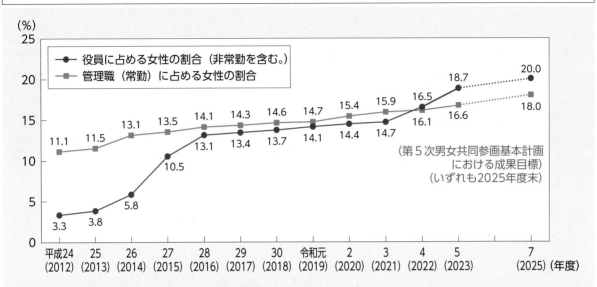

（備考）1．内閣府「独立行政法人等女性参画状況調査」より作成。
　　　　2．各年度４月１日時点のデータとして各独立行政法人等から提出のあったものを基に作成したものである。
　　　　3．「役員」とは、会社法上の役員等（取締役、会計参与、監査役、執行役）、独立行政法人通則法上の役員（法人の長、監事）及び個別法上の役員とし、執行役員は含まない。
　　　　4．「管理職」とは、部長相当職及び課長相当職をいう。

第１分野　政策・方針決定過程への女性の参画拡大

1－14図　民間企業の雇用者の各役職段階に占める女性の割合の推移

○常用労働者100人以上を雇用する企業の労働者のうち役職者に占める女性の割合は、上位の役職ほど女性の割合が低く、令和5（2023）年は、係長級23.5%、課長級13.2%、部長級8.3%。

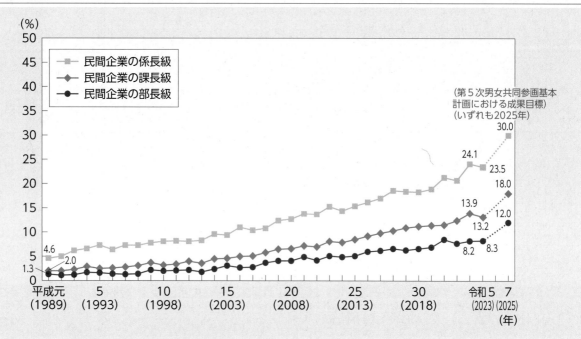

（備考）1. 厚生労働省「賃金構造基本統計調査」より作成。
2. 令和2（2020）年から、調査対象が変更となり、10人以上の常用労働者を雇用する企業を集計しているが、令和元（2019）年以前の企業規模区分（100人以上の常用労働者を雇用する企業）と比較可能となるよう、同様の企業規模区分の数値により算出した。
3. 常用労働者の定義は、平成29（2017）年以前は、「期間を定めずに雇われている労働者」、「1か月を超える期間を定めて雇われている労働者」及び「日々又は1か月以内の期間を定めて雇われている者のうち4月及び5月に雇われた日数がそれぞれ18日以上の労働者」。平成30（2018）年以降は、「期間を定めずに雇われている労働者」及び「1か月以上の期間を定めて雇われている労働者」。
4. 令和2（2020）年から推計方法が変更されている。
5. 「賃金構造基本統計調査」は、統計法に基づき総務大臣が承認した調査計画と異なる取扱いをしていたところ、平成31（2019）年1月30日の総務省統計委員会において、「十分な情報提供があれば、結果数値はおおむね妥当性を確認できる可能性は高い」との指摘がなされており、一定の留保がついていることに留意する必要がある。

1－15図　諸外国の就業者及び管理的職業従事者に占める女性の割合

○就業者に占める女性の割合は、日本は令和5（2023）年は45.2％であり、諸外国と比較して大きな差はない。

○一方、管理的職業従事者に占める女性の割合は、諸外国ではおおむね30％以上となっているが、日本は令和5（2023）年は14.6％となっており、諸外国と比べて低い水準となっている。

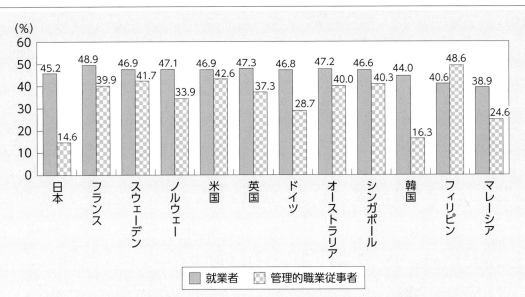

（備考）1．日本については総務省「労働力調査（基本集計）」、日本以外の国はILO "ILOSTAT" より作成。
　　　　2．日本、米国及び韓国は令和5（2023）年、オーストラリアは令和2（2020）年、英国は令和元（2019）年、その他の国は令和4（2022）年の値。
　　　　3．総務省「労働力調査」では、「管理的職業従事者」とは、就業者のうち、会社役員、企業の課長相当職以上、管理的公務員等。また、「管理的職業従事者」の定義は国によって異なる。

1－16図　上場企業の役員に占める女性の割合の推移

○上場企業の役員に占める女性の割合は過去10年間で徐々に上昇しており、令和5（2023）年7月現在で、全上場企業の役員に占める女性の割合は10.6％、東証プライム市場上場企業の役員に占める女性の割合は13.4％。

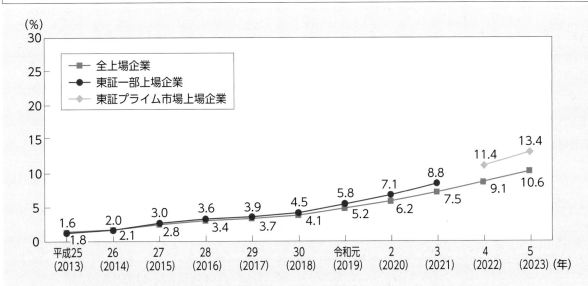

（備考）1．東洋経済新報社「役員四季報」に基づき内閣府において作成。
　　　　2．調査時点は原則として各年7月31日現在。
　　　　3．「役員」は、取締役、監査役及び執行役。

○東証一部上場企業又は東証プライム市場上場企業において、女性役員がいない企業は減少してきているものの、令和5（2023）年7月現在で、東証プライム市場上場企業の約1割の企業に女性役員が一人もいない。

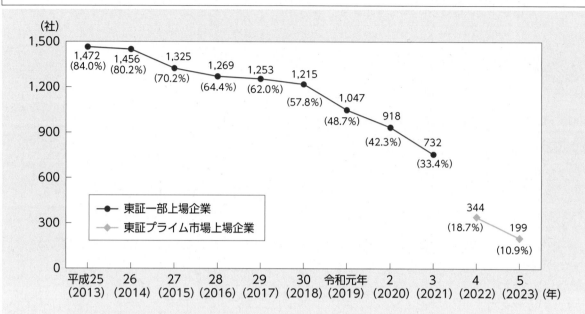

（備考）1．東洋経済新報社「役員四季報」及び日本取引所グループホームページに基づき内閣府において作成。
　　　　2．調査時点は原則として各年7月31日現在。
　　　　3．役員は、取締役、監査役及び執行役。
　　　　4．令和3（2021）年以前のカッコ内の数値は各年における東証一部上場企業全体に占める割合。令和4（2022）年以降のカッコ内の数値は東証プライム市場上場企業全体に占める割合。

○起業家に占める女性の割合は、平成29（2017）年は27.7％。

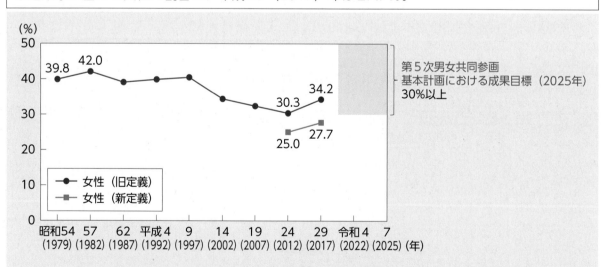

（備考）1．総務省「就業構造基本調査」（中小企業庁特別集計結果）より作成。
　　　　2．旧定義に基づく起業家とは、過去1年間に職を変えた又は新たに職についた者のうち、現在は「自営業主（内職者を除く）」となっている者。新定義に基づく起業家とは、過去1年間に職を変えた又は新たに職についた者で、現在は会社等の役員又は自営業主となっている者のうち、自分で事業を起こした者。
　　※　第5次男女共同参画基本計画においては、新定義に基づく起業者に占める女性の割合を成果目標として設定。

第2分野 雇用等における男女共同参画の推進と仕事と生活の調和

第1節 就業

2－1図 女性就業率の推移

○就業率は、近年男女ともに上昇傾向。令和5（2023）年は、15〜64歳の女性は73.3%、25〜44歳の女性は80.8%、15〜64歳の男性は84.3%。

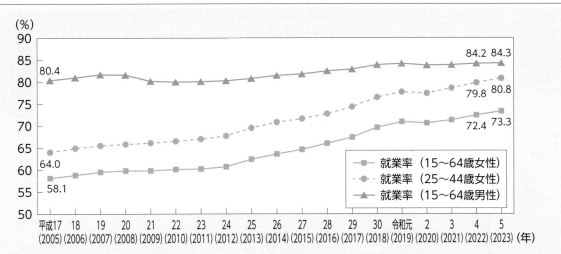

（備考）1．総務省「労働力調査（基本集計）」より作成。なお、労働力調査では令和4（2022）年1月分結果から算出の基礎となるベンチマーク人口を令和2（2020）年国勢調査結果を基準とする推計人口に切り替えた。当グラフでは、令和3（2021）年以前の数値について新基準切替え以前の既公表値を使用している。
　　　　2．平成23（2011）年の就業率は、総務省が補完的に推計した値。

2－2図 女性の年齢階級別正規雇用比率（令和5（2023）年）

○女性の年齢階級別正規雇用比率は25〜29歳の59.1%をピークに低下（L字カーブ）。

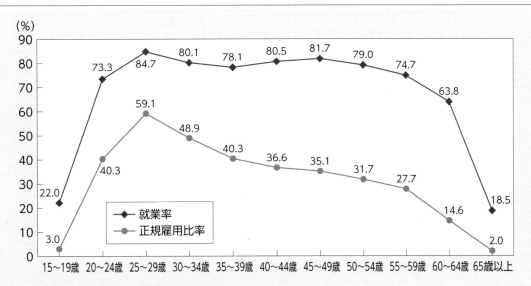

（備考）1．総務省「労働力調査（基本集計）」より作成。
　　　　2．就業率は、「就業者」／「15歳以上人口」×100。
　　　　3．正規雇用比率は、「正規の職員・従業員」／「15歳以上人口」×100。

○男女間賃金格差を国際比較すると、男性のフルタイム労働者の賃金の中央値を100とした
場合の女性のフルタイム労働者の賃金の中央値は、ＯＥＣＤ諸国の平均値が88.4であるが、
我が国は78.7であり、我が国の男女間賃金格差は国際的にみて大きい状況にあることが分
かる。

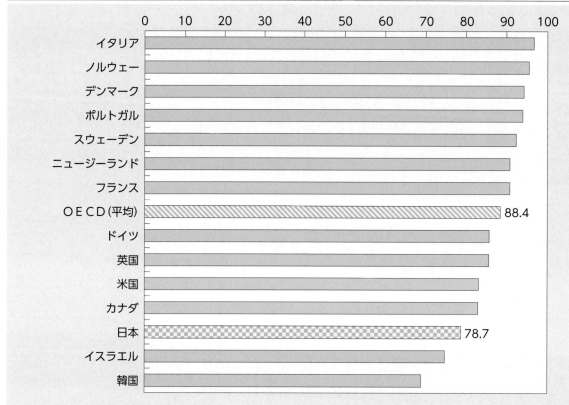

（備考）1．ＯＥＣＤ "OECD. Stat" より作成。
　　　　2．ここでの男女間賃金格差とは、フルタイム労働者について男性賃金の中央値を100とした場合の女性賃金の中央値
　　　　　　の水準を割合表示した数値。
　　　　3．イスラエルは令和3（2021）年、それ以外の国は令和4（2022）年の数字。

2－4図　男女間所定内給与格差の推移

○一般労働者における男女の所定内給与の格差は、長期的にみると縮小傾向にあるが、依然として大きい。

○令和5（2023）年の男性一般労働者の給与水準を100としたときの女性一般労働者の給与水準は74.8で、前年に比べ0.9ポイント減少。

○また、一般労働者のうち、正社員・正職員の男女の所定内給与額をみると、男性の給与水準を100としたときの女性の給与水準は77.5となり、前年に比べ0.7ポイント減少。

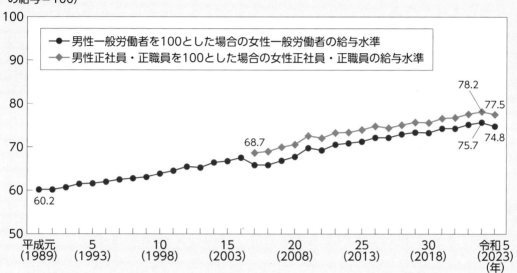

（基準とする男性の給与＝100）

- ● 男性一般労働者を100とした場合の女性一般労働者の給与水準
- ◆ 男性正社員・正職員を100とした場合の女性正社員・正職員の給与水準

平成元（1989）　5（1993）　10（1998）　15（2003）　20（2008）　25（2013）　30（2018）　令和5（2023）（年）

60.2　68.7　78.2　77.5　75.7　74.8

（備考）1．厚生労働省「賃金構造基本統計調査」より作成。
　　　　2．10人以上の常用労働者を雇用する民営事業所における値。
　　　　3．給与水準は各年6月分の所定内給与額から算出。
　　　　4．一般労働者とは、常用労働者のうち短時間労働者以外の者。
　　　　5．正社員・正職員とは、一般労働者のうち、事業所で正社員・正職員とする者。
　　　　6．雇用形態（正社員・正職員、正社員・正職員以外）別の調査は平成17（2005）年以降行っている。
　　　　7．常用労働者の定義は、平成29（2017）年以前は、「期間を定めずに雇われている労働者」、「1か月を超える期間を定めて雇われている労働者」及び「日々又は1か月以内の期間を定めて雇われている者のうち4月及び5月に雇われた日数がそれぞれ18日以上の労働者」。平成30（2018）年以降は、「期間を定めずに雇われている労働者」及び「1か月以上の期間を定めて雇われている労働者」。
　　　　8．令和2（2020）年から推計方法が変更されている。
　　　　9．「賃金構造基本統計調査」は、統計法に基づき総務大臣が承認した調査計画と異なる取扱いをしていたところ、平成31（2019）年1月30日の総務省統計委員会において、「十分な情報提供があれば、結果数値はおおむねの妥当性を確認できる可能性は高い」との指摘がなされており、一定の留保がついていることに留意する必要がある。

○男女の所定内給与の格差を雇用形態別にみると、男性の割合が大きい正社員と女性の割合が大きい非正社員の間の差が大きい。

○また、男女の所定内給与の格差を年齢階級別にみると、同じ雇用形態でも男女間に給与差があり、その差は年齢とともに拡大する傾向がある。

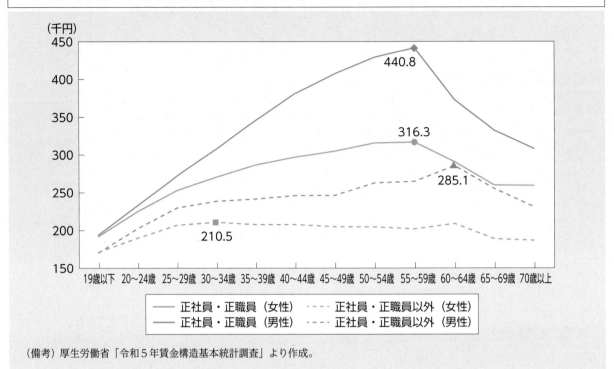

（備考）厚生労働省「令和5年賃金構造基本統計調査」より作成。

2－6図　週間就業時間60時間以上の雇用者の割合の推移

○週間就業時間60時間以上の雇用者の割合は減少傾向。
○男女別にみると、男性は女性より高く、子育て期にある30代男性では9.1％、40代男性では9.8％となっている。

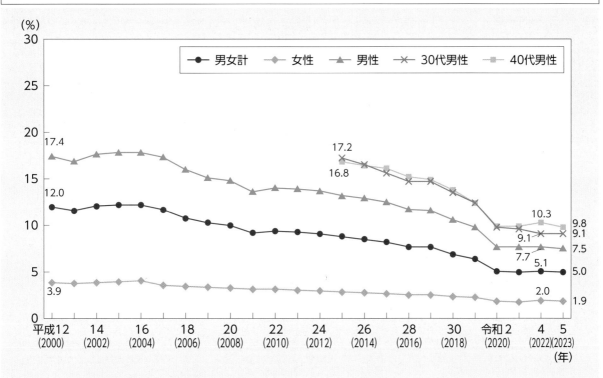

（備考）1．総務省「労働力調査（基本集計）」より作成。
　　　　2．非農林業雇用者数（休業者を除く。）に占める割合。
　　　　3．平成23（2011）年値は、岩手県、宮城県及び福島県を除く全国の結果。

２－７図　年次有給休暇取得率の推移

○年次有給休暇の取得率は近年上昇傾向にあり、令和４（2022）年は62.1％。
○男女別にみると、男性は女性より低く、令和４（2022）年の取得率は、女性67.4％、男性59.3％。

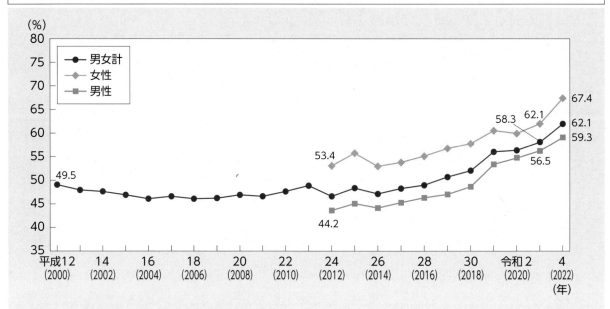

（備考）1．厚生労働省「就労条件総合調査」より作成。
　　　　2．取得率は、「取得日数計」／「付与日数計」×100。
　　　　3．平成19（2007）年及び平成26（2014）年で、調査対象が変更になっているため、時系列比較には注意を要する。
　　　　　　平成18（2006）年まで：本社の常用労働者が30人以上の会社組織の民営企業
　　　　　　平成19（2007）年から平成25（2013）年まで：常用労働者が30人以上の会社組織の民営企業
　　　　　　平成26（2014）年以降：常用労働者が30人以上の民営企業（複合サービス事業、会社組織以外の法人（医療法人、社会福祉法人、各種の協同組合等）を含む。）
　　　　4．平成23（2011）年から平成25（2013）年は、東日本大震災による企業活動への影響等を考慮し、被災地域から抽出された企業を調査対象から除外し、被災地域以外の地域に所在する同一の産業・規模に属する企業を再抽出し代替。
　　　　5．平成26（2014）年は平成26（2014）年４月、平成27（2015）年は平成27（2015）年９月、平成28（2016）年は平成28（2016）年７月にそれぞれ設定されている避難指示区域（帰還困難区域、居住制限区域及び避難指示解除準備区域）を含む市町村に所在する企業を調査対象から除外。

2−8図　子供の出生年別第1子出産前後の妻の就業経歴

○第1子出産前に就業していた女性の就業継続率（第1子出産後）は上昇傾向にあり、平成27
（2015）年から令和元（2019）年に第1子を出産した女性では69.5％。

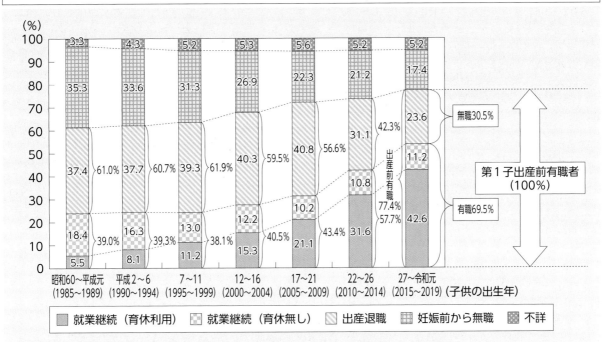

（備考）　1．国立社会保障・人口問題研究所「第16回出生動向基本調査（夫婦調査）」より作成。
　　　　　2．第12〜16回調査を合わせて集計。対象は第15回以前は妻の年齢50歳未満、第16回は妻が50歳未満で結婚し、
　　　　　　妻の調査時年齢55歳未満の初婚どうしの夫婦。第1子が1歳以上15歳未満の夫婦について集計。
　　　　　3．出産前後の就業経歴
　　　　　　就業継続（育休利用）－妊娠判明時就業〜育児休業取得〜子供1歳時就業
　　　　　　就業継続（育休無し）－妊娠判明時就業〜育児休業取得無し〜子供1歳時就業
　　　　　　出産退職　　　　　　－妊娠判明時就業〜子供1歳時無職
　　　　　　妊娠前から無職　　　－妊娠判明時無職
　　　　　4．「妊娠前から無職」には、子供1歳時に就業しているケースを含む。育児休業制度の利用有無が不詳のケースは「育
　　　　　　休無し」に含めている。

2-9図　男性の育児休業取得率の推移

○近年、男性の育児休業取得率は上昇しており、令和4（2022）年度では、民間企業が17.13%、国家公務員が43.9%（一般職72.5%）、地方公務員が31.8%。

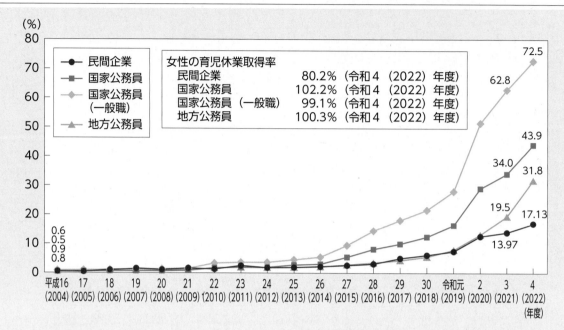

（備考）1. 国家公務員は、平成21（2009）年度までは総務省・人事院「女性国家公務員の採用・登用の拡大状況等のフォローアップの実施結果」、平成22（2010）年度から平成24（2012）年度は「女性国家公務員の登用状況及び国家公務員の育児休業の取得状況のフォローアップ」、平成25（2013）年度は内閣官房内閣人事局・人事院「女性国家公務員の登用状況及び国家公務員の育児休業等の取得状況のフォローアップ」、平成26（2014）年度から令和2（2020）年度は内閣官房内閣人事局「女性国家公務員の登用状況及び国家公務員の育児休業等の取得状況のフォローアップ」、令和3（2021）年度以降は内閣官房内閣人事局「国家公務員の育児休業等の取得状況のフォローアップ及び男性国家公務員の育児に伴う休暇・休業の1か月以上取得促進に係るフォローアップについて」より作成。
2. 国家公務員（一般職）は、人事院「仕事と家庭の両立支援関係制度の利用状況調査」及び人事院「年次報告書」より作成。なお、調査対象は、国家公務員の育児休業等に関する法律（平成3年法律第109号）が適用される一般職の国家公務員で、行政執行法人職員を含み、自衛官など防衛省の特別職国家公務員は含まない。
3. 地方公務員は、総務省「地方公共団体の勤務条件等に関する調査結果」より作成。
4. 民間企業は厚生労働省「雇用均等基本調査（女性雇用管理基本調査）」より作成。
5. 国家公務員の育児休業取得率について、令和2（2020）年度以前は、当該年度中に新たに育児休業が可能となった職員数に対する当該年度中に新たに育児休業をした職員数の割合。令和3（2021）年度以降は、当該年度中に子が生まれた職員（育児休業の対象職員に限る。）の数に対する当該年度中に新たに育児休業をした職員数の割合。
6. 地方公務員の育児休業取得率は、当該年度中に新たに育児休業が可能となった職員数に対する当該年度中に新たに育児休業をした職員数の割合。

地域における男女共同参画の推進

3－1図　市区町村における男女共同参画計画策定の割合の推移

○男女共同参画社会基本法（平成11年法律第78号）第14条では、地方公共団体に対し、男女共同参画計画を策定することを求めている（都道府県は義務、市区町村は努力義務）。
○男女共同参画計画の令和5（2023）年の策定率は、市区町村全体では89.3％、市区では98.8％だが、町村では80.9％にとどまっている。

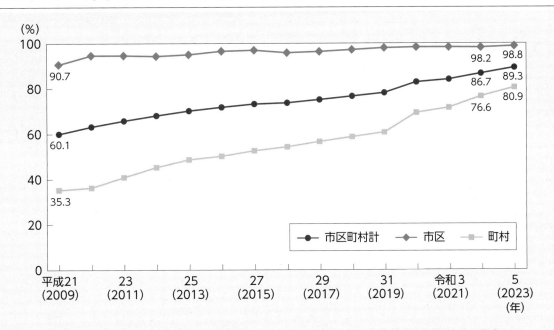

（備考）1．内閣府「地方公共団体における男女共同参画社会の形成又は女性に関する施策の推進状況」より作成。
　　　　2．各年4月1日時点（一部の地方公共団体においては、異なる場合あり。）のデータとして各地方公共団体から提出のあったものを基に作成したものである。
　　　　3．東日本大震災の影響により、平成23（2011）年値には、岩手県の一部（花巻市、陸前高田市、釜石市、大槌町）、宮城県の一部（女川町、南三陸町）、福島県の一部（南相馬市、下郷町、広野町、楢葉町、富岡町、大熊町、双葉町、浪江町、飯舘村）が、平成24（2012）年値には、福島県の一部（川内村、葛尾村）がそれぞれ含まれていない。また、北海道胆振東部地震の影響により、平成30（2018）年値には北海道厚真町が含まれていない。
　　　　4．市区町村には、政令指定都市を含む。

○令和５（2023）年の10～20代女性の転出超過数の割合は1.29％（前年比0.14％ポイント増）、同年代男性の転出超過数の割合は1.11％（同0.14％ポイント増）。
○10～20代女性の転出超過数の割合は、同年代男性の転出超過数の割合より高い状態が続いている。

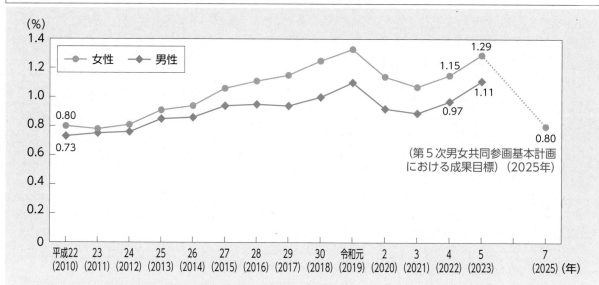

（備考）１．総務省「住民基本台帳人口移動報告」及び「住民基本台帳に基づく人口、人口動態及び世帯数」より作成。
　　　　２．三大都市圏（東京圏、名古屋圏及び関西圏）を除く道県の10～20代の転出超過数の割合を算出。
　　　　３．東京圏は埼玉県、千葉県、東京都及び神奈川県、名古屋圏は岐阜県、愛知県及び三重県、関西圏は京都府、大阪府、兵庫県及び奈良県。

3-3図　自治会長及びPTA会長に占める女性の割合の推移

○令和5（2023）年時点の自治会長に占める女性の割合は7.2%（前年比0.4%ポイント増）。
○令和5（2023）年時点のPTA会長に占める女性の割合は18.2%（前年比0.8%ポイント増）。

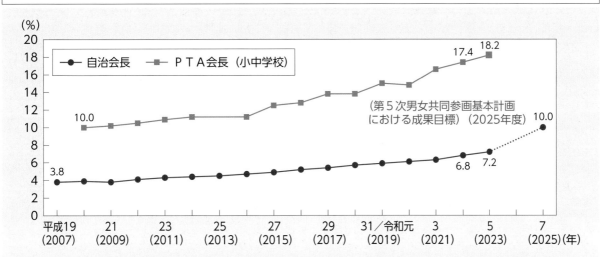

（備考）1．自治会長は、内閣府「地方公共団体における男女共同参画社会の形成又は女性に関する施策の推進状況」、PTA会長（小中学校）は、内閣府「女性の政策・方針決定参画状況調べ」より作成。
　　　　2．自治会長は、各年4月1日時点（一部の地方公共団体においては、異なる場合あり。）のデータとして各地方公共団体から提出のあったものを基に作成したものである。PTA会長（小中学校）は、平成28（2016）年までは各年9月時点、平成29（2017）年、令和2（2020）年から令和4（2022）年は12月時点、平成30（2018）年及び令和元（2019）年は10月時点のデータとして団体から提出のあったものを基に作成したものである。
　　　　3．自治会長については、回答のあった地方公共団体のうち、男女別の人数を把握できた団体のみを集計。
　　　　4．自治会長については、東日本大震災の影響により、平成23（2011）年値には、岩手県の一部（花巻市、陸前高田市、釜石市、大槌町）、宮城県の一部（女川町、南三陸町）、福島県の一部（南相馬市、下郷町、広野町、楢葉町、富岡町、大熊町、双葉町、浪江町、飯舘村）が、平成24（2012）年値には、福島県の一部（川内村、葛尾村、飯舘村）がそれぞれ含まれていない。また、北海道胆振東部地震の影響により、平成30（2018）年値には北海道厚真町が含まれていない。

○令和４（2022）年度の農業委員に占める女性の割合は12.6％（前年比0.2％ポイント増）。
○令和５（2023）年度の農業協同組合役員に占める女性の割合は10.6％（前年比1.0％ポイント増）。
○令和４（2022）年度の土地改良区の理事に占める女性の割合は0.8％（前年比0.2％ポイント増）。
○令和４（2022）年度の漁業協同組合役員に占める女性の割合は0.5％であり、横ばい傾向が続いている。

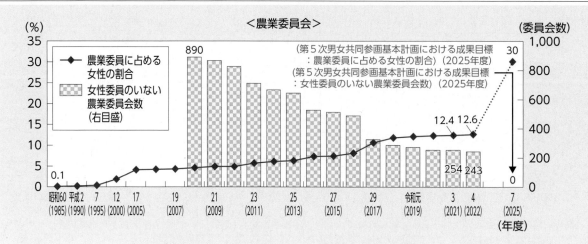

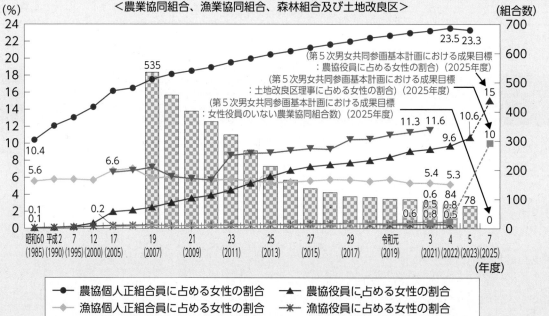

（備考）1. 農林水産省資料より作成。ただし、「女性役員のいない農業協同組合数」、「農協個人正組合員に占める女性の割合」及び「農協役員に占める女性の割合」の令和５（2023）年度値は、全国農業協同組合中央会調べによる。
　　　　2. 農業委員とは、市町村の独立行政委員会である農業委員会の委員であり、市町村長が市町村議会の同意を得て任命する。農業委員会は、農地法（昭和27年法律第229号）に基づく農地の権利移動の許可等の法令に基づく業務のほか、農地等の利用の最適化の推進に係る業務を行っている。
　　　　3. 農業委員会については、各年10月１日現在。ただし、昭和60（1985）年度は８月１日現在、平成27（2015）年度は９月１日現在。
　　　　4. 女性委員のいない農業委員会数は平成20（2008）年度からの調査。
　　　　5. 農業協同組合については、各事業年度末（農業協同組合により４月末～３月末）現在。ただし、令和５（2023）年度値は令和５（2023）年７月末現在。
　　　　6. 漁業協同組合については、各事業年度末（漁業協同組合により４月末～３月末）現在。
　　　　7. 漁業協同組合は、沿海地区出資漁業協同組合の値。
　　　　8. 森林組合については、各事業年度末現在。
　　　　9. 土地改良区は土地改良区連合を含む。
　　　　10. 土地改良区については、各事業年度末現在。

4－1図　大学（学部）及び大学院（修士課程、博士課程）学生に占める女子学生の割合（専攻分野別、令和5（2023）年度）

○女子学生の割合が高い分野は薬学・看護学等と人文科学。
○女子学生の割合が低い分野は工学と理学。

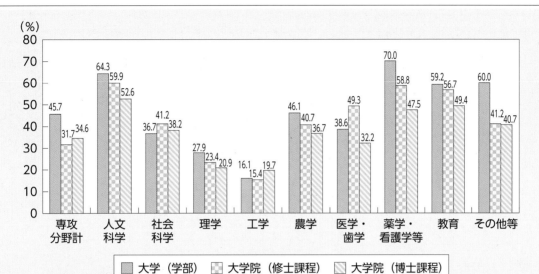

（備考）1．文部科学省「学校基本統計」（令和5（2023）年度）より作成。
　　　　2．その他等は、大学（学部）及び大学院（修士課程）は、「商船」、「家政」、「芸術」及び「その他」の合計。大学院（博士課程）は、商船の学生がいないため、「家政」、「芸術」及び「その他」の合計。
　　　　3．大学（学部）の「薬学・看護学等」の数値は、「薬学」、「看護学」及び「その他」の合計。大学院（修士課程、博士課程）の「薬学・看護学等」の数値は、「薬学」及び「その他」の合計。

4-2図 大学等における専門分野別教員の女性の割合（令和4（2022）年度）

○職位が上がるほど女性教員の割合は低くなっていくが、助手時点では女性割合が高い。
○女性割合が比較的高いのは人文科学、保健及び社会科学。女性割合が著しく低いのは工学及び理学。

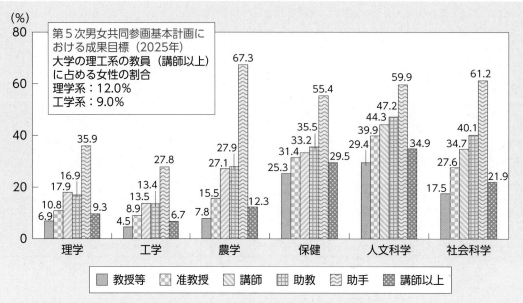

（備考）1．文部科学省「学校教員統計調査」（令和4（2022）年度）の調査票を基に作成。
　　　　2．「大学等」は、大学の学部、大学院の研究科、附置研究所（国立のみ）、学内共同教育研究施設、共同利用・共同研究拠点、附属病院、本部（学長・副学長及び学部等に所属していない教員）。
　　　　3．「教授等」は、「学長」、「副学長」及び「教授」の合計。「講師以上」は「教授等」、「准教授」及び「講師」の合計。

4-3図 大学の研究者の採用に占める女性の割合の推移（学部ごと）

○大学が採用する研究者の女性割合は、多くの分野において年々増加傾向にある。
○工学及び理学における女性割合は依然として低い。
○令和3（2021）年度は、理学における女性割合が令和2（2020）年度に比べ高くなっており、また工学を上回っている。

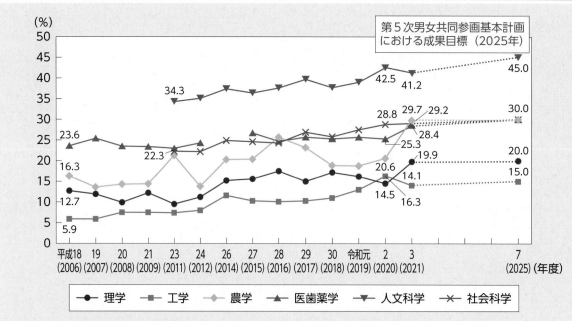

（備考）1．文部科学省調べより作成。
　　　　2．大学が採用した教員（非常勤教員を除く。）のうち、教授、准教授、講師及び助教について集計。

4-4図　女性研究者数及び研究者に占める女性の割合の推移

○女性研究者の数及び割合ともに増加傾向にあるが、男性と比べて依然として低い。

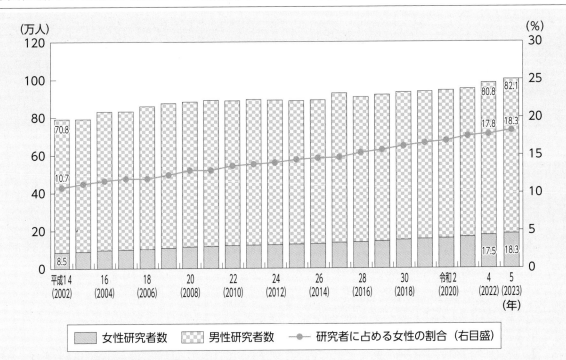

女性研究者数　　男性研究者数　　研究者に占める女性の割合（右目盛）

（備考）1．総務省「科学技術研究調査」（令和5（2023）年）より作成。
　　　　2．各年3月31日現在。
　　　　3．研究者数は、自然科学系の研究者だけでなく、人文・社会科学系等の研究者も含まれている。

Ⅱ　安全・安心な暮らしの実現

第5分野　女性に対するあらゆる暴力の根絶

第1節　配偶者暴力

5－1図　配偶者からの被害経験（令和5（2023）年度）

○結婚したことがある人の25.1％、性別でみると女性の27.5％、男性の22.0％は、配偶者から暴力を受けたことがある。
○そのうち10.7％、性別でみると女性の13.2％、男性の7.2％は何度も被害を受けている。

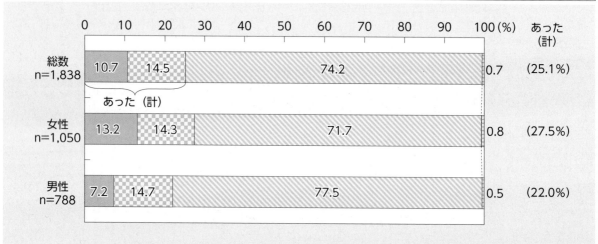

（備考）1. 内閣府「男女間における暴力に関する調査」（令和5（2023）年度）より作成。
　　　　2. 全国18歳以上59歳以下の男女5,000人を対象とした無作為抽出によるアンケート調査の結果による。
　　　　3. 「身体的暴行」、「心理的攻撃」、「経済的圧迫」又は「性的強要」のいずれかの被害経験について調査。それぞれの用語の定義は以下のとおり。
　　　　　「身体的暴行」：なぐったり、けったり、物を投げつけたり、突き飛ばしたり、体をおさえつけたり、首を絞めたりするなどの身体に対する暴行。
　　　　　「心理的攻撃」：人格を否定するような暴言、交友関係や行き先、電話・メールなどを細かく監視・制限したり、長期間無視するなどの精神的な嫌がらせ、あるいは、自分もしくは自分の家族に危害が加えられるのではないかと恐怖を感じるような脅迫。
　　　　　「経済的圧迫」：生活費を渡さない、給料や貯金を勝手に使われる、外で働くことを妨害されるなど。
　　　　　「性的強要」　：嫌がっているのに性的な行為を強要される、見たくないポルノ映像等を見せられる、同意していないのに性的な画像・動画を撮影される、避妊に協力しないなど。
　　　　4. 各回答は小数点第2位を四捨五入しているため、「何度もあった」及び「1、2度あった」の合計値と「あった（計）」の数値が異なる場合がある。

５－２図　ＤＶ相談者の年齢・相談内容（令和４（2022）年度）

○相談者の年齢は、30～40代で全体の半数以上（56.2％）を占める。
○相談の約７割が精神的ＤＶを含んだ内容となっている。

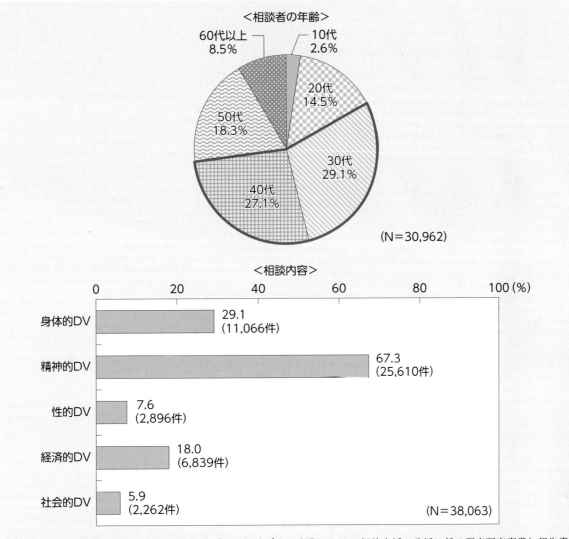

＜相談者の年齢＞

- 60代以上 8.5%
- 10代 2.6%
- 20代 14.5%
- 30代 29.1%
- 40代 27.1%
- 50代 18.3%

（N＝30,962）

＜相談内容＞

相談内容	割合	件数
身体的DV	29.1	（11,066件）
精神的DV	67.3	（25,610件）
性的DV	7.6	（2,896件）
経済的DV	18.0	（6,839件）
社会的DV	5.9	（2,262件）

（N＝38,063）

（備考）上図．内閣府「令和５（2023）年度『ＤＶ相談プラス事業における相談支援の分析に係る調査研究事業』報告書」
より作成。ＤＶ相談プラスでの相談対応件数のうち、年代が不明であるものを除いた件数。
　　　下図．同報告書の相談内容（複数のテーマを含む。）より、配偶者からの暴力のみ抽出し作成。複数回答になるため、
割合は合計しても100％にはならない。

○被害を受けた人の44.2%、性別でみると女性の36.3%、男性の57.2%は、どこ（だれ）にも相談していない。

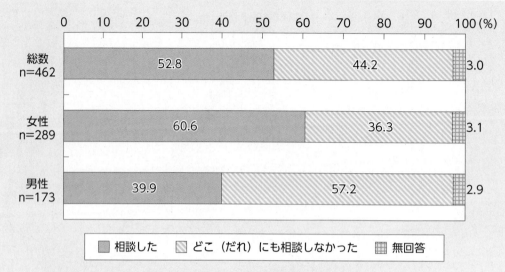

（備考）1．内閣府「男女間における暴力に関する調査」（令和5（2023）年度）より作成。
　　　　2．全国18歳以上59歳以下の男女5,000人を対象とした無作為抽出によるアンケート調査の結果による。
　　　　3．「身体的暴行」、「心理的攻撃」、「経済的圧迫」又は「性的強要」のいずれかの被害経験について誰かに相談した経験を調査。

5-4図　配偶者暴力相談支援センター数の推移

○配偶者暴力相談支援センターの設置数は、年々増加。
○令和6（2024）年3月現在、全国に313か所（うち市町村が設置する施設は140か所）が設置されている。

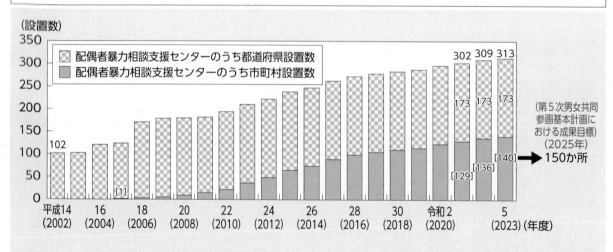

（備考）1．内閣府男女共同参画局調べより作成。
　　　　2．平成19（2007）年7月に、配偶者からの暴力の防止及び被害者の保護等に関する法律（平成13年法律第31号。以下「配偶者暴力防止法」という。）が改正され、平成20（2008）年1月から市町村における配偶者暴力相談支援センターの設置が努力義務となった。
　　　　3．各年度末現在の値。

5−5図 配偶者暴力相談支援センター等への相談件数の推移

○配偶者暴力相談支援センターへの相談件数は、令和2（2020）年度に過去最高となり、高水準で推移。

（備考）1．配偶者暴力相談支援センターの相談件数は、内閣府男女共同参画局において、各都道府県から報告を受けた全国の配偶者暴力相談支援センターにおける相談件数等をとりまとめ、集計。
2．「DV相談プラス」（令和2（2020）年4月に、内閣府が開設した相談窓口）に寄せられた相談件数を集計。

○令和5（2023）年に終局した配偶者暴力等に関する保護命令事件（1,455件）のうち、保護命令が発令された件数は1,165件。

○そのうち「被害者に関する保護命令」のみ発令されたものは27.4％、被害者に関する保護命令と「子への接近禁止命令」のみ発令されたものは35.4％。

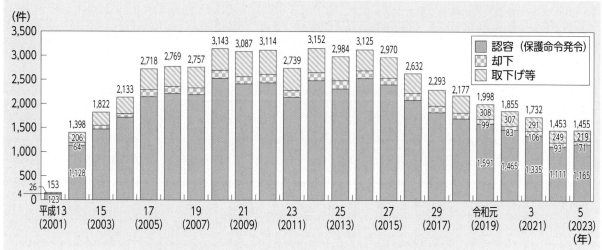

<令和5（2023）年における認容（保護命令発令）件数の内訳>

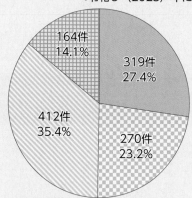

■	「被害者に関する保護命令」のみ発令
□	被害者に関する保護命令と「子への接近禁止命令」及び「親族等への接近禁止命令」が同時に発令
▨	被害者に関する保護命令と「子への接近禁止命令」のみ発令
▦	被害者に関する保護命令と「親族等への接近禁止命令」のみ発令

（上段：件数、下段：％）

（備考）1．最高裁判所資料より作成。
　　　　2．「認容」には、一部認容の事案を含む。「却下」には、一部却下一部取下げの事案を含む。「取下げ等」には、移送、回付等の事案を含む。
　　　　3．配偶者暴力防止法の改正により、平成16（2004）年12月に「子への接近禁止命令」制度が、平成20（2008）年1月に「電話等禁止命令」制度及び「親族等への接近禁止命令」制度がそれぞれ新設された。これらの命令は、被害者への接近禁止命令と同時に又は被害者への接近禁止命令が発令された後に発令される。さらに、平成26（2014）年1月より、生活の本拠を共にする交際相手からの暴力及びその被害者についても、法の適用対象となった。
　　　　4．平成13（2001）年値は、同年10月13日の配偶者暴力防止法施行以降の件数。
　　　　5．令和5（2023）年値は、速報値。

○令和５（2023）年のストーカー事案の相談等件数は19,843件で、前年に比べ増加。
○平成24（2012）年以降、依然として高い水準で推移。

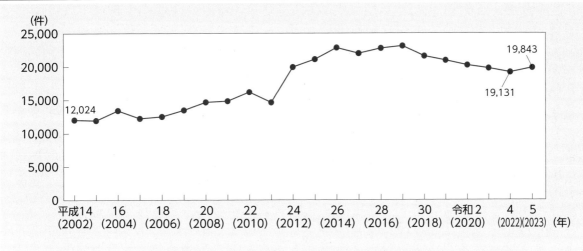

（備考）警察庁「ストーカー事案、配偶者からの暴力事案等、児童虐待事案等への対応状況について」より作成。

第５分野　女性に対するあらゆる暴力の根絶

5−8図 不同意性交等の被害にあった経験等（令和5（2023）年度）

○女性の8.1％、男性の0.7％は不同意性交等の被害にあった経験がある。
○加害者は、交際相手、元交際相手、職場の関係者、配偶者など、大多数は被害者が知っている人となっており、まったく知らない人からの被害は10.0％。
○不同意性交等の被害について、女性の55.4％が、誰にも相談していない。
○被害にあったときの状況について、女性は「驚きや混乱等で体が動かなかった」が最も多く、男性は「相手から、不意をつかれ、突然に襲いかかられた」、「相手との関係性から拒否できなかった」、「相手から、脅された」などの回答があった。

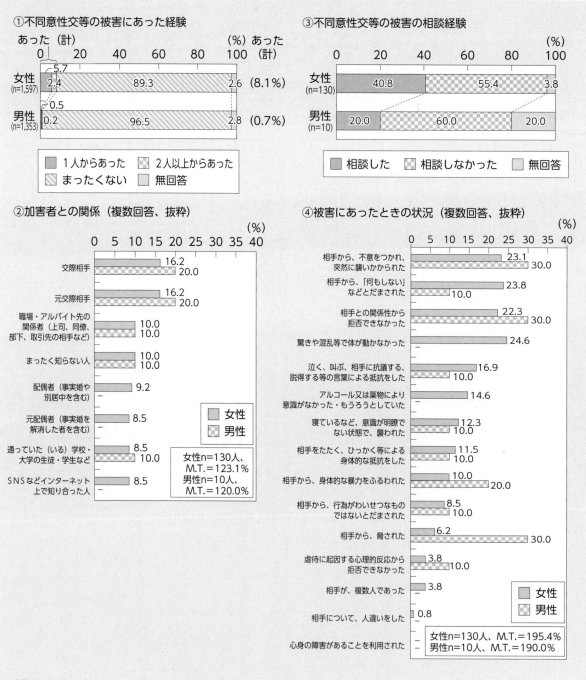

①不同意性交等の被害にあった経験

②加害者との関係（複数回答、抜粋）

③不同意性交等の被害の相談経験

④被害にあったときの状況（複数回答、抜粋）

（備考）内閣府「男女間における暴力に関する調査」（令和5（2023）年度）より作成。

5－9図　性犯罪・性暴力被害者のためのワンストップ支援センターの全国の相談件数の推移

○性犯罪・性暴力被害者のためのワンストップ支援センターへの相談件数は、年々増加。
○令和5（2023）年度上半期の相談件数は、前年度同期に比べ、11.2％増加。

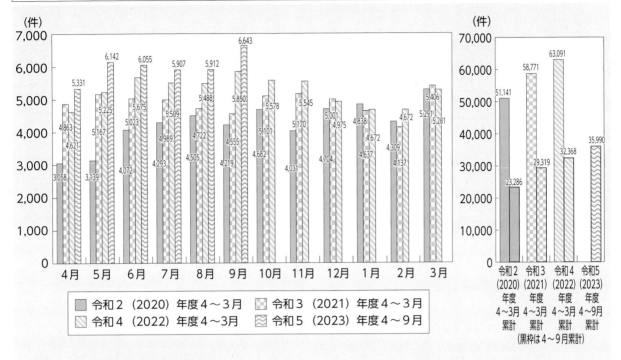

（備考）1．内閣府男女共同参画局調べより作成。
　　　　2．相談件数は、性暴力・配偶者暴力被害者等支援交付金（性犯罪・性暴力被害者支援事業）の事業実績として、都道府県等から報告のあった電話・面接・メール・ＳＮＳ等による相談の合計。
　　　　3．令和2（2020）年度及び令和3（2021）年度の対象となるセンターは49か所、令和4（2022）年度及び令和5（2023）年度は50か所。

○不同意性交等の認知件数は、令和5（2023）年は2,711件で、前年に比べ1,056件（63.8%）
　増加。
○不同意わいせつの認知件数は、令和5（2023）年は6,096件で、前年に比べ1,388件（29.5%）
　増加。

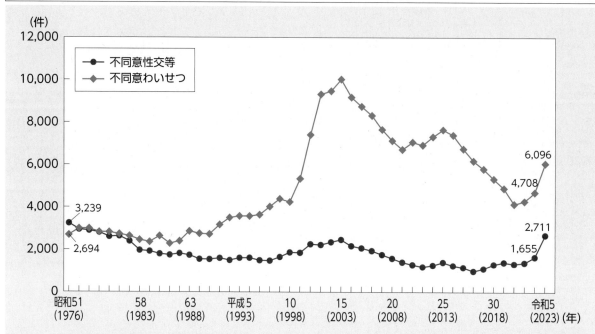

（備考）1．警察庁「犯罪統計」より作成。
　　　　2．刑法の一部改正（平成29（2017）年7月13日施行、令和5（2023）年7月13日施行）により、罪名・構成要件
　　　　　等が改められたことに伴い、期間によって計上する対象が異なる。平成29（2017）年7月12日以前は「強姦」及
　　　　　び平成29（2017）年改正前の「強制わいせつ」、平成29（2017）年7月13日から令和5（2024）年7月12日ま
　　　　　では「強制性交等」及び平成29（2017）年改正後の「強制わいせつ」、令和5（2024）年7月13日以降は「不同
　　　　　意性交等」及び「不同意わいせつ」に係る数値をそれぞれ計上している。

○児童買春事犯の検挙件数は、令和5（2023）年は577件で、前年に比べ53件（8.4%）減少。
○児童ポルノ事犯の検挙件数は、令和5（2023）年は2,789件で、前年に比べ246件（8.1%）
　減少。

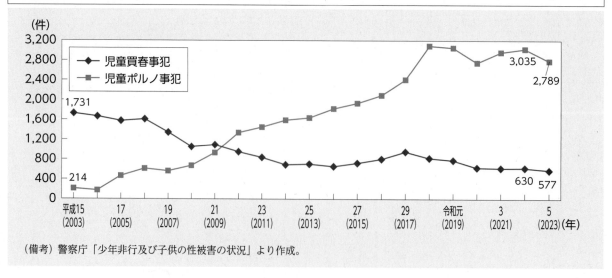

（備考）警察庁「少年非行及び子供の性被害の状況」より作成。

6－1図　高齢者の貧困率（男女別）の国際比較

○国際的にみると、高齢者（66歳以上）の貧困率は、女性の方が男性よりも高い水準にある。

○日本の高齢者の貧困率は、女性が22.8％で男性が16.6％で、いずれもOECD平均を上回る。また、国際的な傾向と同様に女性の方が高い水準にある。

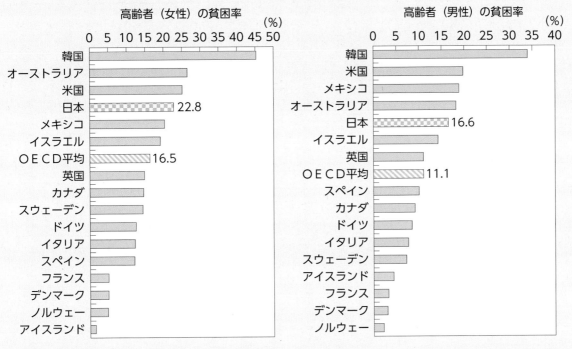

高齢者（女性）の貧困率　(%)

高齢者（男性）の貧困率　(%)

（備考）　1. 日本については厚生労働省「国民生活基礎調査」、日本以外の国は、OECD "Pensions at a Glance 2023" より作成。
　　　　　2. 日本の高齢者は65歳以上である。
　　　　　3. 貧困率の定義は、OECDの作成基準に基づき、等価可処分所得（世帯の可処分所得を世帯人員の平方根で割って調整した所得）の中央値の半分に満たない世帯員の割合。
　　　　　4. 基本的に令和2（2020）年の数値であるが、アイスランドは平成29（2017）年、デンマーク、フランス、ドイツは令和元（2019）年、日本、ノルウェー、スウェーデン、米国は令和3（2021）年。

6-2表　ひとり親世帯の状況

○ひとり親世帯の就業率は8割超と高いが、母子世帯ではそのうち46.5%が非正規であり、平均年間就労収入が236万円と低い。
○離婚相手からの養育費受領率は、母子世帯で28.1%、父子世帯で8.7%にとどまっている。

およそ30年間で、母子世帯は約1.4倍に増加。

	昭和63（1988）年		令和3（2021）年
母子世帯数 [注]	84.9万世帯	→	119.5万世帯 （ひとり親世帯の88.9%）
父子世帯数 [注]	17.3万世帯	→	14.9万世帯 （ひとり親世帯の11.1%）

【注】母子又は父子以外の同居者がいる世帯を含めた全体の母子世帯、父子世帯の数

	母子世帯	父子世帯	一般世帯（参考）
就業率	86.3%	88.1%	女性73.3% 男性84.3%
役員を除く雇用者のうち 正規雇用労働者	53.5%	91.6%	女性49.8% 男性82.7%
役員を除く雇用者のうち 非正規雇用労働者	46.5%	8.4%	女性50.2% 男性17.3%
平均年間就労収入	236万円 正規雇用労働者：344万円 パート・アルバイト等：150万円	496万円 正規雇用労働者：523万円 パート・アルバイト等：192万円	平均給与所得 女性314万円 男性563万円
養育費受領率	28.1%	8.7%	—

（備考）1．母子世帯及び父子世帯はこども家庭庁「全国ひとり親世帯等調査（令和3（2021）年度）」（推計値）より作成。
　　　　　母子世帯及び父子世帯の正規雇用労働者、非正規雇用労働者の構成割合は、「正規の職員・従業員」及び「非正規の職員・従業員」（「派遣社員」及び「パート・アルバイト等」の計）の合計を総数として算出した割合。
　　　　　平均年間就労収入は、母子世帯及び父子世帯の母又は父自身の就労収入。
　　　　2．一般世帯の就業率は総務省「労働力調査（基本集計）（令和5（2023）年）15〜64歳」、平均年間就労収入は国税庁「民間給与実態統計調査（令和4（2022）年）」より作成。
　　　　3．「民間給与実態統計調査」について、令和4（2022）年より、推計方法が変更されている。

6-3表　ひとり親世帯の貧困率の国際比較（子供がいる世帯（大人が1人））

○ひとり親世帯の貧困率を国際比較すると、数値のあるOECD加盟36か国中32位。

順位	国名	貧困率		順位	国名	貧困率
1	デンマーク	9.7		20	オーストリア	31.0
2	フィンランド	16.3		21	トルコ	31.2
3	アイスランド	18.9		22	イタリア	33.4
4	ノルウェー	23.4		23	スロバキア	33.6
5	ハンガリー	23.5		24	イスラエル	33.9
6	ポーランド	23.8		25	メキシコ	34.2
7	フランス	24.1		26	ルクセンブルク	40.2
8	スロベニア	24.5		27	スペイン	40.3
9	ラトビア	24.8		28	オーストラリア	41.0
10	スウェーデン	25.3		29	リトアニア	41.3
11	ギリシャ	26.8		30	チリ	42.6
12	ドイツ	27.2		31	カナダ	44.1
13	ポルトガル	27.5		32	日本	44.5
13	アイルランド	27.5		33	米国	45.7
15	英国	28.1		34	ニュージーランド	46.1
16	チェコ	28.4		35	コスタリカ	47.4
17	エストニア	29.1		36	韓国	47.7
18	オランダ	29.5			OECD平均	31.9
18	ベルギー	29.5				

（備考）1．日本については厚生労働省「国民生活基礎調査」、日本以外の国は、OECD、Family database "Child poverty" より作成。

2．「貧困率」は、OECDの作成基準に基づき、等価可処分所得（世帯の可処分所得を世帯人員の平方根で割って調整した所得）の中央値の半分に満たない世帯員の割合を算出したものを用いて算出（相対的貧困率）。

3．基本的に平成30（2018）年の数値であるが、ニュージーランドは平成26（2014）年、オランダは平成28（2016）年、チリ、デンマーク、ハンガリー、アイスランド及び米国は平成29（2017）年、カナダ、ラトビア、スウェーデン及び英国は令和元（2019）年、コスタリカは令和2（2020）年、日本は令和3（2021年）、コロンビア及びスイスは数値なし。

7－1図　子宮頸がん検診及び乳がん検診受診率の推移

○子宮頸がんや乳がんは５年相対生存率が高く、早期発見が重要である。
○我が国における女性のがん検診の受診率は徐々に上昇しているものの、令和４（2022）年の子宮頸がん検診受診率は43.6％、同じく乳がん検診受診率は47.4％と令和元（2019）年と同水準にとどまり、第５次男女共同参画基本計画における成果目標（2022年度までに50％）を達成していない。

子宮頸がん検診受診率
（過去２年間の受診有無）

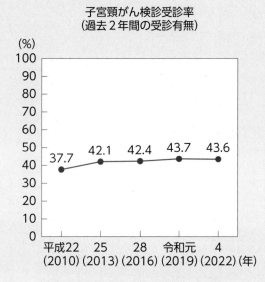

乳がん検診受診率
（過去２年間の受診有無）

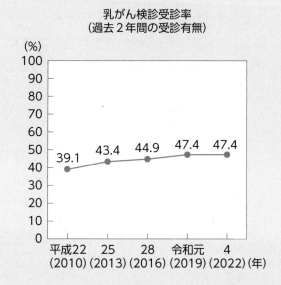

（備考）1．厚生労働省「国民生活基礎調査」より作成。
　　　　2．がん検診の受診率については、「第３期がん対策推進基本計画」（平成30（2018）年３月９日閣議決定）に基づき、算定年齢を子宮頸がん検診は20～69歳、乳がん検診は40～69歳とした。
　　　　3．平成28（2016）年の数値は、熊本県を除いたものである。
　　　　4．入院者は含まない。

7－2図　年齢階級別人工妊娠中絶件数及び実施率の推移

○人工妊娠中絶件数及び人工妊娠中絶実施率（15歳以上50歳未満女子人口千対）は、緩やかな減少傾向。

○令和4（2022）年度の人工妊娠中絶件数は122,725件、人工妊娠中絶実施率（年齢計）は5.1。年齢階級別では20歳未満が9,569件・3.6、20代が56,697件・9.2、30代が44,234件・6.6であり、半数以上が10代及び20代となっている。

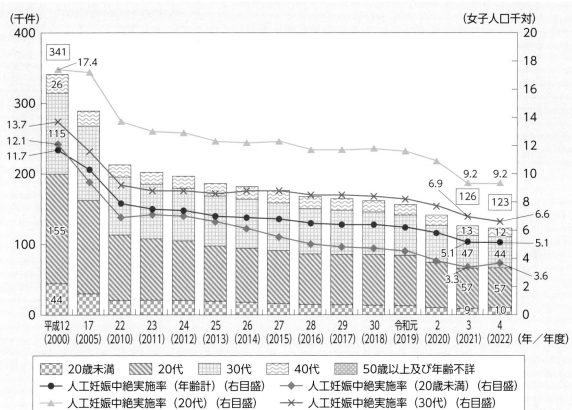

（備考）1．人工妊娠中絶件数及び人工妊娠中絶実施率（年齢計及び20歳未満）は、平成12（2000）年までは厚生省「母体保護統計報告」、平成17（2005）年度以降は厚生労働省「衛生行政報告例」より作成。平成12（2000）年までは暦年の値、平成17（2005）年度以降は年度値。

　　　　2．人工妊娠中絶実施率（20代及び30代）の算出に用いた女子人口は、平成22（2010）年度まで、平成27（2015）年度及び令和2（2020）年度は総務省「国勢調査」、平成23（2011）年度から平成26（2014）年度まで、平成28（2016）年度から令和元（2019）年度まで及び令和3（2021）年度以降は総務省「人口推計」による。いずれも各年10月1日現在の値。

　　　　3．人工妊娠中絶実施率は、「当該年齢階級の人工妊娠中絶件数」／「当該年齢階級の女子人口」×1,000。ただし、人工妊娠中絶実施率（20歳未満）は、「人工妊娠中絶件数（20歳未満）」／「女子人口（15～19歳）」×1,000、人工妊娠中絶実施率（年齢計）は、「人工妊娠中絶件数（15歳未満を含め50歳以上を除く。）」／「女子人口（15～49歳）」×1,000。

　　　　4．平成22（2010）年度値は、福島県の相双保健福祉事務所管轄内の市町村を除く（人工妊娠中絶実施率（20代及び30代）の算出に用いた女子人口は、総務省「国勢調査」の結果を用いて内閣府が独自に算出。）。

○25歳から44歳までの就業医師に占める女性の割合は、着実に上昇しているが、第5次男女
共同参画基本計画における成果目標（20年代の可能な限り早期に33.6％）を達成していない。

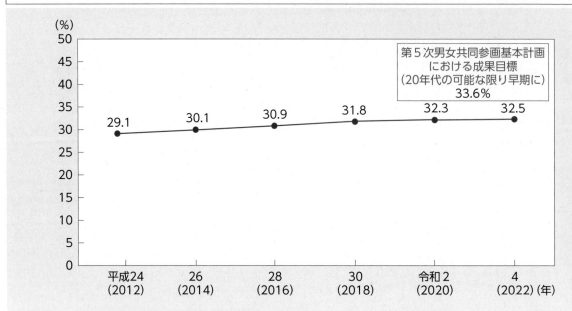

（備考）1. 厚生労働省「医師・歯科医師・薬剤師統計」より作成。
　　　　2. 各年12月31日現在。

第**8**分野 防災・復興、環境問題における男女共同参画の推進

○令和5（2023）年の地方防災会議の委員に占める女性の割合は、都道府県防災会議では21.8％（前年度比2.6％ポイント増）、市区町村防災会議では10.8％（同0.5％ポイント増）。

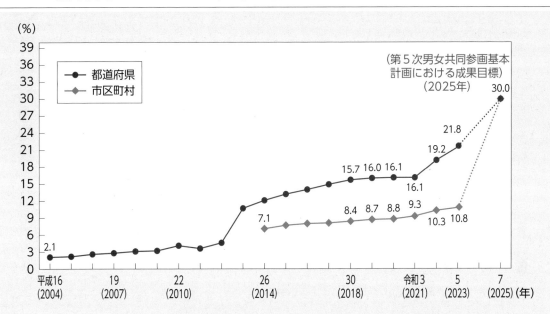

(備考) 1. 内閣府「地方公共団体における男女共同参画社会の形成又は女性に関する施策の推進状況」より作成。
2. 各年4月1日時点（一部の地方公共団体においては、異なる場合あり。）のデータとして各地方公共団体から提出のあったものを基に作成したものである。
3. 東日本大震災の影響により、平成23（2011）年値には、岩手県の一部（花巻市、陸前高田市、釜石市、大槌町）、宮城県の一部（女川町、南三陸町）、福島県の一部（南相馬市、下郷町、広野町、楢葉町、富岡町、大熊町、双葉町、浪江町、飯舘村）が、平成24（2012）年値には、福島県の一部（川内村、葛尾村、飯舘村）がそれぞれ含まれていない。また、北海道胆振東部地震の影響により、平成30（2018）年値には北海道厚真町が含まれていない。
4. 「市区」に政令指定都市及び特別区を含む。

○令和5（2023）年4月1日現在、消防吏員に占める女性の割合は3.5％（前年度比0.1％ポイント増）。
○女性のいない消防本部数は94（前年度は121）。

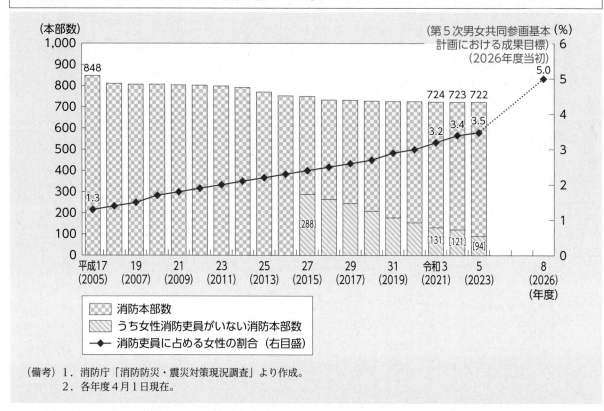

（備考）1．消防庁「消防防災・震災対策現況調査」より作成。
　　　　2．各年度4月1日現在。

○令和5（2023）年4月1日現在、消防団員に占める女性の割合は3.7％（前年度比0.2％ポイント増）。
○女性団員がいない消防団数は472（前年度は515）。

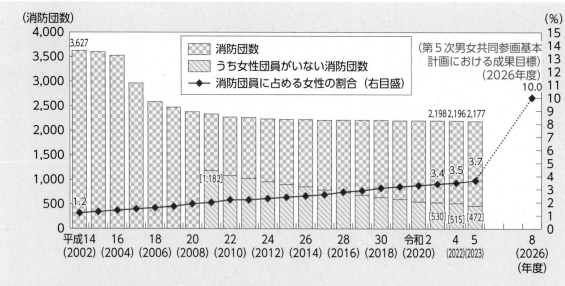

（備考）1．消防庁「消防防災・震災対策現況調査」及び消防庁資料より作成。
　　　　2．原則として各年度4月1日現在。
　　　　3．東日本大震災の影響により、平成23（2011）年の岩手県、宮城県及び福島県、平成24（2012）年の宮城県牡鹿郡女川町の値は、平成22（2010）年4月1日の数値で集計。

Ⅲ 男女共同参画社会の実現に向けた基盤の整備

第9分野　男女共同参画の視点に立った各種制度等の整備

9－1図　保育の申込者数及び待機児童数の状況

○令和5（2023）年4月1日時点の待機児童数は2,680人で、前年に比べ264人減少。
○待機児童数は直近のピーク時である平成29（2017）年の26,081人から6年間で23,401人減少し、約10分の1になった。

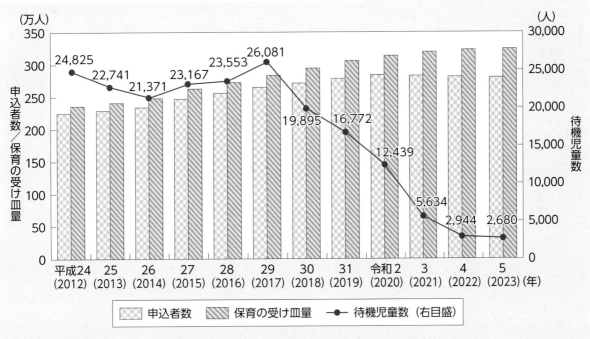

（備考）こども家庭庁「保育所等関連状況取りまとめ」及び「新子育て安心プラン」より作成。

９－２図　放課後児童クラブの登録児童数の状況

○令和５（2023）年５月１日時点の放課後児童クラブを利用できなかった児童数（待機児童数）は16,276人で、前年に比べ1,096人増加。
○登録児童数は1,457,384人（対前年65,226人増）となり、過去最高値を更新。

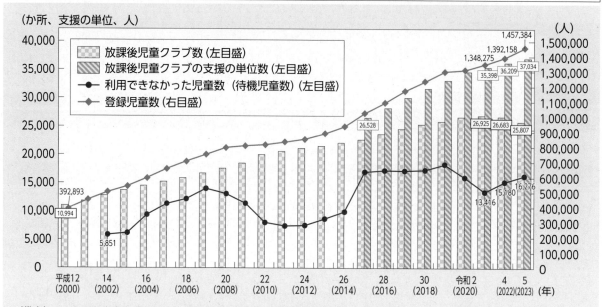

（備考）１．こども家庭庁「令和５年（2023年）放課後児童健全育成事業（放課後児童クラブ）の実施状況」より作成。
　　　　２．各年５月１日現在。令和２（2020）年のみ７月１日現在。
　　　　３．「支援の単位」とは、児童の集団の規模を示す基準であり、児童の放課後児童クラブでの活動は、この「支援の単位」を基本として行うこととなっている。

第10分野 教育・メディア等を通じた男女双方の意識改革、理解の促進

10－1図　本務教員総数に占める女性の割合（教育段階別、令和5（2023）年度）

○教員に占める女性の割合は、教育段階が上がるほど、また役職が上がるほど低くなる。

○初等中等教育機関の教頭以上に占める女性の割合について、副校長・教頭及び校長の成果目標を達成しているものの、中学校及び高等学校の校長に占める女性割合は1割程度、副校長・教頭に占める女性割合は2割未満。

○大学・大学院の教授等に占める女性割合は2割未満。

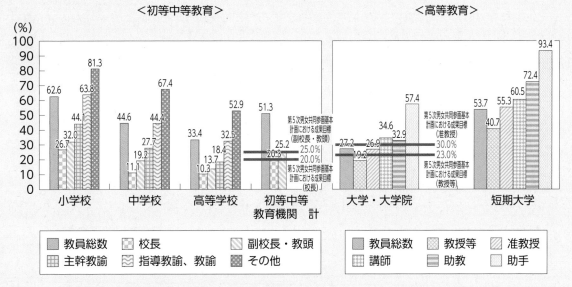

（備考）1．文部科学省「学校基本統計」（令和5（2023）年度）より作成。
　　　　2．高等学校は、全日制及び定時制の値（通信制は除く。）。
　　　　3．初等中等教育の「その他」は「助教諭」、「養護教諭」、「養護助教諭」、「栄養教諭」及び「講師」の合計。
　　　　4．高等教育の「教授等」は「学長」、「副学長」及び「教授」の合計。
　　　　5．「初等中等教育機関」は、小学校、中学校、中等教育学校、義務教育学校、高等学校（通信制を含む。）、特別支援学校の合計。

第11分野 男女共同参画に関する国際的な協調及び貢献

11−1表　GDI（ジェンダー開発指数）の国際比較

○GDIは、国連開発計画（UNDP）が作成。1が完全平等であり、1からのプラスマイナス双方の乖離幅で男女差を計測する。日本は182か国中92位。

GDI　令和5（2023）年
（ジェンダー開発指数）

順位	国名	GDI値
1	ブラジル	1.000
2	スロベニア	0.999
2	レソト	0.999
4	スロバキア	1.002
4	ベネズエラ	1.002
4	ポルトガル	0.998
4	カザフスタン	0.998
4	コロンビア	0.998
4	ボツワナ	0.998
12	米国	1.005
12	コスタリカ	0.995
19	ルクセンブルク	0.993
26	ポーランド	1.009
26	アイルランド	0.991
26	イスラエル	0.991
31	フィンランド	0.989
31	ハンガリー	0.989
34	カナダ	0.988
34	スペイン	0.988
34	チェコ	0.988
41	ノルウェー	0.986
41	フランス	0.986
48	スウェーデン	0.983
53	デンマーク	0.981
58	メキシコ	0.979
61	エストニア	1.022
61	ラトビア	1.022
61	オーストラリア	0.978
67	英国	0.976
71	アイスランド	0.975
71	ベルギー	0.975
77	チリ	0.973
81	オーストリア	0.972
81	リトアニア	1.028
85	スイス	0.971
87	ニュージーランド	0.970
90	イタリア	0.969
90	ギリシャ	0.969
92	日本	0.968
96	ドイツ	0.966
103	オランダ	0.960
111	韓国	0.948
116	トルコ	0.941

（参考）HDI　令和5（2023）年
（人間開発指数）

順位	国名	HDI値
1	スイス	0.967
2	ノルウェー	0.966
3	アイスランド	0.959
4	香港	0.956
5	デンマーク	0.952
5	スウェーデン	0.952
7	ドイツ	0.950
7	アイルランド	0.950
10	オーストラリア	0.946
10	オランダ	0.946
12	ベルギー	0.942
12	フィンランド	0.942
15	英国	0.940
16	ニュージーランド	0.939
18	カナダ	0.935
19	韓国	0.929
20	ルクセンブルク	0.927
20	米国	0.927
22	オーストリア	0.926
22	スロベニア	0.926
24	日本	0.920
25	イスラエル	0.915
27	スペイン	0.911
28	フランス	0.910
30	イタリア	0.906
31	エストニア	0.899
32	チェコ	0.895
33	ギリシャ	0.893
36	ポーランド	0.881
37	ラトビア	0.879
37	リトアニア	0.879
42	ポルトガル	0.874
44	チリ	0.860
45	スロバキア	0.855
45	トルコ	0.855
47	ハンガリー	0.851
64	コスタリカ	0.806
77	メキシコ	0.781
91	コロンビア	0.758

GDI ジェンダー開発指数
(Gender Development Index)

　国連開発計画（UNDP）による指数で、「長寿で健康な生活」、「知識」及び「人間らしい所得水準」という人間開発の3つの側面を男女別に算出して、男女間における開発度合いの差を測定する。具体的には以下の指標からHDI（人間開発指数）を男女別に算出し、女性HDI／男性HDIにより算出している。
【長寿で健康な生活】
　出生時の平均寿命
【知識】
　平均就学年数及び予想就学年数
【人間らしい所得水準】
　一人当たり国民総所得（GNI）

（備考）1．国連開発計画（UNDP）「人間開発報告書2023/24」より作成。
　　　　2．測定可能な数は、GDIは182の国と地域、HDIは193の国と地域。そのうち、上位5位及びOECD加盟国（38か国）を抽出。

11－2表　GGI（ジェンダー・ギャップ指数）及びGII（ジェンダー不平等指数）の国際比較

○GGIは、スイスの非営利団体「世界経済フォーラム」が公表。0が完全不平等、1が完全平等を示しており、日本は146か国中125位。

○GIIは、国連開発計画（UNDP）が作成。0が完全平等、1が完全不平等を示しており、日本は193か国中22位。

① GGI　令和5（2023）年
（ジェンダー・ギャップ指数）

順位	国名	GGI値
1	アイスランド	0.912
2	ノルウェー	0.879
3	フィンランド	0.863
4	ニュージーランド	0.856
5	スウェーデン	0.815
6	ドイツ	0.815
9	リトアニア	0.800
10	ベルギー	0.796
11	アイルランド	0.795
13	ラトビア	0.794
14	コスタリカ	0.793
15	英国	0.792
18	スペイン	0.791
21	スイス	0.783
22	エストニア	0.782
23	デンマーク	0.780
26	オーストラリア	0.778
27	チリ	0.777
28	オランダ	0.777
29	スロベニア	0.773
30	カナダ	0.770
32	ポルトガル	0.765
33	メキシコ	0.765
40	フランス	0.756
42	コロンビア	0.751
43	米国	0.748
44	ルクセンブルク	0.747
47	オーストリア	0.740
60	ポーランド	0.722
63	スロバキア	0.720
79	イタリア	0.705
83	イスラエル	0.701
93	ギリシャ	0.693
99	ハンガリー	0.689
101	チェコ	0.685
105	韓国	0.680
125	日本	0.647
129	トルコ	0.638

② GII　令和5（2023）年
（ジェンダー不平等指数）

順位	国名	GII値
1	デンマーク	0.009
2	ノルウェー	0.012
3	スイス	0.018
4	スウェーデン	0.023
5	オランダ	0.025
6	フィンランド	0.032
9	アイスランド	0.039
10	ルクセンブルク	0.043
11	ベルギー	0.044
12	オーストリア	0.048
13	スロベニア	0.049
14	イタリア	0.057
15	スペイン	0.059
16	韓国	0.062
17	オーストラリア	0.063
18	カナダ	0.069
19	ドイツ	0.071
20	アイルランド	0.072
21	ポルトガル	0.076
22	日本	0.078
23	ニュージーランド	0.082
24	フランス	0.084
26	イスラエル	0.092
27	エストニア	0.093
28	英国	0.094
30	リトアニア	0.098
31	ポーランド	0.105
32	チェコ	0.113
37	ギリシャ	0.120
39	ラトビア	0.142
44	米国	0.180
46	スロバキア	0.184
49	チリ	0.190
56	ハンガリー	0.230
58	コスタリカ	0.232
63	トルコ	0.259
84	メキシコ	0.352
95	コロンビア	0.392

GGI　ジェンダー・ギャップ指数
（Gender Gap Index）

以下の4分野からなり、男性に対する女性の割合を示す。
【経済分野】
・労働参加率の男女比
・同一労働における賃金の男女格差
・推定勤労所得の男女比
・管理的職業従事者の男女比
・専門・技術者の男女比
【教育分野】
・識字率の男女比
・初等、中等、高等教育の就学率の男女比
【健康分野】
・出生児性比
・健康寿命の男女比
【政治分野】
・国会議員（下院）の男女比
・閣僚の男女比
・最近50年における行政府の長の在任年数の男女比

GII　ジェンダー不平等指数
（Gender Inequality Index）

国家の人間開発の達成が男女の不平等によってどの程度妨げられているかを明らかにするもの。次の3側面5指標から構成されている。
【リプロダクティブ・ヘルス（性と生殖に関する健康）】
・妊産婦死亡率
・思春期出生率（15～19歳の女性1,000人当たりの出生数）
【エンパワーメント】
・国会議員女性割合
・中等教育以上の教育を受けた人の割合（男女別）
【労働市場】
・労働参加率（男女別）

（備考）1．GGIは世界経済フォーラム「Global Gender Gap Report 2023」、GIIは国連開発計画（UNDP）「人間開発報告書2023/24」より作成。
　　　　2．測定可能な数は、GGIは146か国、GIIは193の国と地域。そのうち、上位5位及びOECD加盟国（38か国）を抽出。

第11分野　男女共同参画に関する国際的な協調及び貢献

○日本は、「教育」と「健康」の値はほぼ1（完全平等）に近いが、「政治」と「経済」の値が低くなっている。

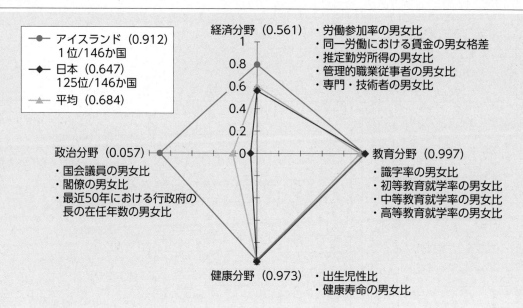

（備考）1．世界経済フォーラム「Global Gender Gap Report 2023」より作成。
　　　　2．分野別の順位（146か国中）：経済（123位）、教育（47位）、健康（59位）、政治（138位）

2　男女共同参画社会の形成の促進に関する施策

第1部

令和5年度に講じた男女共同参画社会の形成の促進に関する施策

Ⅰ　あらゆる分野における女性の参画拡大

第1分野　政策・方針決定過程への女性の参画拡大

第1節　政治分野

政治分野における男女共同参画の推進に関する法律（平成30年法律第28号。以下「政治分野における男女共同参画推進法」という。）の趣旨に沿って、政治分野における男女共同参画の推進は、政党等が自主的に取り組むほか、衆議院、参議院及び地方公共団体の議会並びに内閣府、総務省その他の関係行政機関等が適切な役割分担の下でそれぞれ積極的に取り組んでいる。

ア　政党、国会事務局等における取組の促進

① 各政党における人材育成や両立支援、ハラスメント防止に関する取組状況等を調査し、調査結果を公表した。【内閣府】

② 令和5（2023）年9月から10月にかけて、小倉將信内閣府特命担当大臣（男女共同参画）及び加藤鮎子内閣府特命担当大臣（男女共同参画）から各政党に対し、数値目標の設定や積極的改善措置（ポジティブ・アクション）等の自主的な取組等を実施するよう要請を行った。【内閣府】

イ　地方議会・地方公共団体における取組の促進

① 地方議会において女性を含めたより幅広い層が議員として参画しやすい環境整備について、第33次地方制度調査会の答申（令和4（2022）年12月）を踏まえ、地方議会の位置付け等の明確化や地方議会に係る手続のオンライン化を盛り込んだ地方自治法の一部を改正する法律（令和5年法律第19号）が成立した。また、答申等を踏まえ、会議規則における育児・介護等の取扱いの明確化に関する助言、地方議会の委員会へのオンライン出席に係る留意事項等に関する助言、委員会のオンライン開催の状況等の調査等を行った。また、「地方議会活性化シンポジウム2023」において、地方議会への多様な人材の参画に資する観点から、各議会等での取組事例の共有や意見交換を行った。このほか、候補者となり得る女性の人材育成のため、各地方議会における「女性模擬議会」等の自主的な取組について情報提供を行っている。【総務省】

② 会議規則における出産・育児・介護等に伴う欠席規定の整備状況やハラスメント防止に関する取組の実施状況等、地方公共団体・地方議会における両立支援状況を始めとする施策の推進状況を調査し、「見える化」の推進を行っている。【内閣府】

③ 政治分野における男女共同参画を推進するとともに、女性の政治参画の拡大は、議員のなり手不足の解消にも資するとの観点から、内閣府主催、総務省及び三議長会[1]共催により、「政治分野への女性の参画拡大に向けたシンポジウム」を令和5（2023）年3月に開催し、同年4月にアーカイブ動画を公表した。【内閣府】

④ 政治分野における男女共同参画推進法の趣旨を踏まえ、近年地方議会において女性議員の比率が上昇している事例について、その要因や具体的な取組等の調査を行った。【内閣府】

1　全国都道府県議会議長会、全国市議会議長会及び全国町村議会議長会。

ウ　政治分野における女性の参画状況の情報収集・提供の推進

① 政治分野における女性の参画状況等を調査し、「見える化」を推進している。「女性の政治参画マップ」、「都道府県別全国女性の参画マップ」及び「市区町村女性参画状況見える化マップ」を作成し、ホームページで公表した。【内閣府】
② 地方公共団体の議会の議員及び長の男女別人数並びに国政選挙における立候補届出時の男女別人数の調査結果を提供するとともに、地方公共団体に対する当該調査等への協力の依頼を行った。【総務省】

エ　人材の育成に資する取組

① 各種研修・講演やホームページにおいて、政治分野における男女共同参画の推進状況に関する情報について広く発信している。【内閣府】

第2節　司法分野

ア　検察官

① 女性検察官の積極的な登用を進めるとともに、法曹志望者に対する説明会等において、ロールモデルとなる女性検察官の活躍を積極的に情報発信するなど、女性検察官の登用拡大に向けた取組を進めた。【法務省】
② 子育て中の検察官の継続就業のため、育児休業中の検察官に対して職務に関する情報提供を行い、育児休業中に実施された研修につき、復帰後に研修の機会を付与するほか、保育所確保のための早期内示、勤務先周辺の保育所等に関する情報提供を行うなど、仕事と家庭の両立支援に関する取組を進めている。【法務省】
③ 「女性の政策・方針決定参画状況調べ」の中で、検察官、裁判官、弁護士など司法分野における女性の参画状況を公表した。【内閣府】

イ　法曹養成課程

① 法科大学院の公的支援の枠組や、法曹養成課程における女性法曹輩出のための取組例を各法科大学院に共有することなどを通じて各法科大学院における女性法曹輩出のための取組を促進している。【文部科学省】

第3節　行政分野

ア　国の政策・方針決定過程への女性の参画拡大

（ア）国家公務員に関する取組

① 国の各府省等は、女性の職業生活における活躍の推進に関する法律（平成27年法律第64号。以下「女性活躍推進法」という。）に基づき策定した行動計画の仕組みを活用して、取組を積極的に推進している。その際、働き方改革や女性の採用・登用の拡大等について定めた「国家公務員の女性活躍とワークライフバランス推進のための取組指針」（平成26年10月17日女性職員活躍・ワークライフバランス推進協議会決定）に基づき各府省等が策定した取組計画の内容と整合性を図っている。また、各府省等において、数値目標を設定した項目の進捗状況及び取組の実施状況を経年で公表している。各府省等は、令和5（2023）年度から施行された女性の職業生活における活躍の推進に関する法律に基づく特定事業主行動計画の策定等に係る内閣府令の一部を改正する内閣府令（令和4年内閣府令第66号。以下「改正府令」という。）及び事業主行動計画策定指針の一部を改正する件（令和4年内閣官房、内閣府、総務省、厚生労働省告示第2号。以下「改正指針」という。）に基づき、「職員の給与の男女の差異」の情報公表を行った。【内閣官房、内閣府、全省庁】
② 各府省等、衆議院事務局、衆議院法制局、参議院事務局、参議院法制局、国立国会図書館、最高裁判所等の取組について、「女性活躍推進法『見える化』サイト」で比較できる形での「見える化」を行っている。また、各機関が令和5（2023）年度中に公表した「職員の給与の男女の差異」の令和4（2022）年度実績について適切に情報公表が行われるよう公表方法について周知するとともに、各機関における公表内容を取りまとめ、一覧性・検索性を確保したサイトの整備を通じて、「見

える化」を図った。【内閣府】

③　女性の国家公務員志望者の拡大に資するため、内閣官房内閣人事局においては、各府省等や大学等と連携し、「女子学生霞が関体験プログラム」を1回開催した。このほか、性別に関わりなく技術系を含めた様々な切り口で公務への関心を高めてもらうことを目的として、内閣官房内閣人事局においては「大学ガイダンス」を15回、「少人数座談会」を35回、「国家公務員の出身高等学校への派遣」を11回、人事院では、各府省等と連携し、様々なテーマについて各府省の職員が体験談等を紹介する「WEB国家公務員テーマ別クロストーク」を10回、職場の見学及び当該職場の職員との意見交換を行う「国家公務員仕事OPEN」を3回開催した。また、X（旧Twitter）、Instagram、YouTube等のSNSやホームページを積極的に活用し、海外経験を含めた多様なキャリアパス、働き方改革の取組やワーク・ライフ・バランスの実践例、職業生活への多様な支援等について具体的で分かりやすい情報発信を行うなど、女性の国家公務員志望者の拡大に向けた広報活動を行っている。【内閣官房、全府省庁、（人事院）[2]】

④　女性職員の登用拡大に向けて、職域の固定化を解消するなど積極的な職域の拡大、研修や多様な職務機会の付与による積極的・計画的な育成や相談体制の整備を進めている。また、出産・育児期等の前後又は育児期等で時間制約があるような場合でも、本人の意向を尊重し、働く場所や時間の柔軟化を活用するなどして重要なポストを経験させ、登用につなげるなどの柔軟な人事管理を進めている。【内閣官房、全府省庁、（人事院）】

⑤　キャリアパスにおける転勤の必要性について再検討を行い、育児、介護等がキャリアパスの支障にならないよう職員に対する十分な配慮を行うよう取り組んでいる。【内閣官房、全府省庁】

⑥　業務効率化・デジタル化、勤務時間管理の徹底、マネジメント改革等の働き方改革を進めている。また、令和5（2023）年4月から柔軟化されたフレックスタイム制の利用促進を行っている。

　人事院では、令和5（2023）年8月7日に行った公務員人事管理報告において、学識経験者による研究会で取りまとめられた最終報告を踏まえ、より柔軟な働き方を実装するための制度改革を表明し、それに基づき、フレックスタイム制や勤務間のインターバル確保等に係る人事院規則等の整備を行った。

　内閣官房内閣人事局と人事院は連携して、各府省等共通の指針となるテレワークガイドラインを策定した。【内閣官房、全府省庁、（人事院）】

⑦　特に男性職員の育児に伴う休暇・休業の取得を促すべく、子供が生まれた全ての男性職員が1か月以上を目途に育児休業等を取得できるような環境の実現に向けて、組織の実情を踏まえて必要な取組も加えつつ、管理職による本人の意向に沿った取得計画の作成、取得中の業務運営の確保、幹部職員のリーダーシップ発揮、人事当局の積極的な関与、人事評価への反映等の業務面における環境整備や、男性育休取得者の体験談等を掲載したハンドブックを改訂・配布するなど周知・啓発を行うとともに、男性職員の育児等に係る状況を把握し、育児休業等の取得を呼び掛けている。【内閣官房、全府省庁】

⑧　女性職員の活躍及びワーク・ライフ・バランスに関する管理職の理解促進や行動変容を促すため、管理職向けの研修を実施した。【内閣官房、全府省庁】

⑨　女性職員の活躍及び男女のワーク・ライフ・バランスを進め、限られた時間を効率的にいかすことを重視する管理職を人事評価において適切に評価することを徹底するとともに、多面観察、職員のエンゲージメントや職場環境調査等の結果を踏まえた取組等を通じて管理職のマネジメント能力の向上を図っている。【内閣官房、全府省庁、（人事院）】

⑩　内閣官房内閣人事局では、「国家公務員健康増進等基本計画」（平成3年3月20日内閣総理大臣決定）において、各府省等におけるハラスメントに関する研修の受講必修化等の研修の強化、職員への啓発の推進やハラスメントに関する相談体制の整備について明記しているほか、各府省等が実施する研修の受講者以外を対象とした、セクシュ

アルハラスメントに関する内容を含んだハラスメント防止に関するeラーニング講習を実施した。

人事院では、一般職国家公務員について、人事院規則10-10（セクシュアル・ハラスメントの防止等）、人事院規則10-15（妊娠、出産、育児又は介護に関するハラスメントの防止等）、人事院規則10-16（パワー・ハラスメントの防止等）等に基づき、ハラスメントの防止等の対策を講じている。「国家公務員ハラスメント防止週間」（毎年12月4日から同月10日まで）を定め、職員の意識啓発等を図る講演会を開催したほか、ハラスメント防止等についての認識を深め、各府省における施策の充実を図るため、各府省担当者会議を開催した。また、ハラスメント相談員を対象としたセミナーを実施した。そして、これまで実施してきた「幹部・管理職員ハラスメント防止研修」について、組織マネジメントの観点も反映したより実効性のあるものとなるよう研修内容を見直して令和5（2023）年度から実施した。【内閣官房、全府省庁、（人事院）】

⑪　各府省が実施する子宮頸がん検診・乳がん検診について、女性職員が受診しやすい環境整備を行っている。

内閣官房内閣人事局においては、引き続き、「国家公務員健康週間」（毎年10月1日から同月7日まで）において、婦人科検診の重要性を含めた女性の健康に関する講演会を開催することにより、国家公務員の意識啓発を図っている。

人事院においては、同週間において、女性職員に対する意識啓発や受診しやすい環境整備を行うよう各府省庁へ周知することにより取組を推進している。【内閣官房、全府省庁、（人事院）】

⑫　治安、矯正、安全保障等の分野で働く国家公務員の女性の採用、育成及び登用並びに生活環境・両立環境の整備を進めている。【警察庁、法務省、国土交通省、防衛省】

（イ）　国の審議会等委員等の女性の参画拡大

①　「国の審議会等における女性委員の参画状況調べ」を実施し、各審議会等の女性委員の人数・比率について調査・公表するとともに、委員等に占める女性の割合が40％未満の全ての審議会等について、その要因と目標達成に向けた今後の方策

について所管府省に回答を求め、その内容を公表している。【内閣府、関係省庁】

②　審議会等委員の選任に際しては、各府省において、性別のバランスに配慮するとともに、団体推薦による審議会等委員について、各団体等に対して、団体からの委員の推薦に当たって格段の協力を要請している。【関係府省】

（ウ）　独立行政法人、特殊法人及び認可法人における女性の参画拡大

①　「独立行政法人等女性参画状況調査」を実施し、独立行政法人、特殊法人及び認可法人における役員や管理職に占める女性の割合等について調査し、公表している。【内閣府、厚生労働省、関係省庁】

イ　地方公共団体の政策・方針決定過程への女性の参画拡大

（ア）　地方公務員に関する取組

①　女性活躍推進法に基づく特定事業主行動計画や女性の活躍状況に関する情報の公表について、数値目標を設定した項目の進捗状況及び取組の実施状況が経年で公表されることを徹底するとともに、各団体の取組について、「女性活躍推進法『見える化』サイト」で、比較できる形での「見える化」を行っている。また、令和5（2023）年度から施行された改正府令及び改正指針に基づき、各団体において「職員の給与の男女の差異」の令和4（2022）年度実績について適切に情報公表が行われるよう公表方法について周知するとともに、各団体の公表内容を取りまとめ、一覧性・検索性を確保したサイトの整備を通じて、「見える化」を図った。【内閣府、総務省】

②　テレワークの推進等による職場の働き方改革や、適切な勤務時間の把握等による時間外勤務の上限規制の実効的な運用や、フレックスタイム制や早出遅出勤務の導入等を通じた時間外勤務の縮減、休暇の取得促進について、各団体に対し必要な助言を行っている。【総務省】

③　男性職員の育児等に係る状況を把握し、育児に伴う休暇・休業等の取得を呼び掛けるとともに、周囲のサポート体制や代替要員の確保を図り、気兼ねなく育児休業等を取得できる職場環境の整備を促進するため、国家公務員における取組や取得

率が着実に上昇している団体の取組事例を各団体に対し周知し、更なる取組を促進している。【総務省】

④　女性職員の登用拡大に向けて、キャリア形成支援研修の実施、女性職員が少ない職種・部門への積極的な配置、相談体制の整備、女性人材の外部からの採用・登用及び管理職の意識改革などの取組について、先進事例や取組のポイントをまとめたガイドブックを作成し、地方公共団体に周知を行った。また、各地方公共団体の実情に即した主体的かつ積極的な取組を促進するため、刊行物において、地方公共団体における先進事例を収集・周知しているほか、地方公共団体における仕事と妊娠・出産・育児等の両立支援に取り組む団体における取組事例を収集して冊子を作成し、地方公共団体に周知を行った。【総務省】

⑤　「地方公共団体における男女共同参画社会の形成又は女性に関する施策の推進状況」の中で、地方公共団体における職員の通称又は旧姓使用に関する規定等の整備状況を調査し、公表した。また、職員が旧姓を使用しやすい職場環境づくりを促進している。【内閣府、総務省】

⑥　地方公共団体が実施する子宮頸がん検診・乳がん検診について、女性職員が受診しやすい環境整備を促進している。【総務省】

⑦　非常勤職員を含めた全ての女性職員が、その個性と能力を十分に発揮できるよう、育児休業や介護休暇等の普及・啓発の実施や、ハラスメント等の各種相談体制の整備等を促進している。あわせて、男性に比べて女性の割合が高い非常勤職員について、会計年度任用職員制度の趣旨を踏まえ、勤務の内容に応じた処遇の確保を推進している。【総務省】

⑧　消防庁では、消防吏員の女性比率について、令和8（2026）年度当初までに5％に増加させることを全国の消防本部との共通目標として掲げており、消防本部等に対し数値目標の設定による計画的な増員の確保、女性消防吏員の職域の拡大等、ソフト・ハード両面での環境整備に取り組むよう引き続き要請するとともに、消防署等における職場環境の整備が図られるよう、女性専用施設等（浴室・仮眠室等）の職場環境の整備に要する経費を支援した。また、消防吏員を目指す女性の増加を図るため、女子学生等を対象とした職業体験イベントの開催やPR広報を実施するとともに、女性消防吏員活躍推進アドバイザーの派遣、女性消防吏員活躍推進支援事業などの取組を通じた先進的な事例の全国展開に加え、女性消防吏員が0名の消防本部の解消及び数値目標の達成に重点を置いた、外部講師による幹部職員向け研修会を実施するなど、女性消防吏員の更なる活躍に向けた取組を推進した。

警察では、令和8（2026）年度当初までに地方警察官に占める女性の割合を全国平均で12％程度とすることを目標として、各都道府県警察においてそれぞれが策定している計画等を踏まえて女性警察官の採用の拡大に向けた取組を推進しており、令和5（2023）年4月1日現在で、その割合は11.4％となっている。また、女性警察官の幹部への登用も進んでおり、都道府県警察で採用され警部以上の階級にある女性警察官は、令和5（2023）年4月1日現在803人で、警察署長や警察本部の課長等にも登用されている。そのほか、男女共同参画に関する施策について、都道府県警察の幹部職員への教育を実施するなどの取組を推進した。【警察庁、総務省】

（イ）地方公共団体の審議会等委員への女性の参画拡大

①　各都道府県・政令指定都市が設定している審議会等委員への女性の参画に関する数値目標や、これを達成するための様々な取組、女性比率の現状、女性が1人も登用されていない審議会等の状況等を調査し取りまとめて提供し、審議会等委員への女性の参画を促進している。【内閣府、関係省庁】

第4節　経済分野

ア　企業における女性の参画拡大

①　女性の活躍状況の把握・分析、その結果を踏まえた目標設定、目標達成に向けた取組を内容とする一般事業主行動計画の策定、女性の活躍状況に関する情報公表等、女性活躍推進に向けて一般事業主が行う積極的改善措置（ポジティブ・アクショ

ン)等の取組を促進している。また、令和4（2022）年7月の女性活躍推進法に関する制度改正による常用労働者数301人以上の一般事業主に対する男女の賃金の差異の公表義務化を契機として、男女の賃金の差異の要因分析・雇用管理改善の促進について、あらゆる機会を通じて周知し、円滑な施行及び実効性の確保を図るとともに、企業向けの相談会・説明会の開催やコンサルティングの実施等により、女性活躍推進のための取組を行う1,200社以上の企業を個別支援した。【厚生労働省】

② メンター制度の導入やロールモデルの育成、地域ネットワーク構築に関するマニュアル及び事例集を作成し、企業に活用してもらうことで、女性労働者のキャリア形成支援を実施している。また、個々の女性労働者の活躍推進を阻む要因になり得る無意識の思い込み（アンコンシャス・バイアス）を解消するためのセミナー動画を作成し、企業等での活用を促進している。【厚生労働省】

③ 社会全体で、女性活躍の前提となるワーク・ライフ・バランス等の実現に向けた取組を進めるため、女性活躍推進法第24条及び「女性の活躍推進に向けた公共調達及び補助金の活用に関する取組指針」（平成28年3月22日すべての女性が輝く社会づくり本部決定。以下「公共調達等取組指針」という。）に基づき、国、独立行政法人等が、総合評価落札方式又は企画競争方式による調達を行う際は、女性活躍推進法、次世代育成支援対策推進法（平成15年法律第120号。以下「次世代法」という。）及び青少年の雇用の促進等に関する法律（昭和45年法律第98号。以下「若者雇用促進法」という。）に基づく認定を取得した企業等を加点評価する取組を実施している。

「女性の活躍推進に向けた公共調達及び補助金の活用に関する実施要領」（平成28年3月22日内閣府特命担当大臣（男女共同参画）決定。以下「公共調達等実施要領」という。）に基づき、上記の加点評価の取組について実効的な運用を図る観点から、国の機関における取組状況や、認定取得企業等の入札参加及び受注の状況等を調査・公表し、取組状況の「見える化」を行っている。また、加点評価の取組が努力義務となっている地方公共団体においても、国に準じた取組が進むよう働きかけを行っている。【内閣府、厚生労働省】

④ 企業における女性活躍に関する情報も投資判断に資するものと考えられることから、有価証券報告書における女性活躍に関する情報開示の好事例を収集し、周知した。【金融庁】

⑤ 有価証券報告書に掲載された女性役員に係る情報の集計及び開示の取組や女性役員の登用を進める要因の調査等を通じ、女性の活躍に積極的に取り組む企業が評価され、企業における女性役員登用・育成の課題の克服につながるよう努めている。【内閣府】

⑥ 令和4（2022）年度に引き続き東証プライム市場上場企業を対象とする「執行役員又はそれに準じる役職者」における女性割合に関する調査を行い、結果を公表した。【内閣府】

⑦ 「女性活躍・男女共同参画の重点方針2023（女性版骨太の方針2023）」（令和5年6月13日すべての女性が輝く社会づくり本部・男女共同参画推進本部決定）に東証プライム市場上場企業を対象とした女性役員比率に係る数値目標の設定（2030年までに、女性役員の比率を30%以上とすることを目指す。）等について取引所の規則に規定を設けるための取組を進めることを盛り込んだ。これを受け、令和5（2023）年10月に東京証券取引所において、上場制度の整備が行われた。【内閣府、金融庁】

⑧ 「第5次男女共同参画基本計画」（令和2年12月25日閣議決定）において中間年フォローアップの際に市場再編後の目標を設定することとされていた、東証一部上場企業役員に占める女性の割合に係る成果目標について、令和7（2025）年までの新しい成果目標（東証プライム市場上場企業役員に占める女性の割合を19%とする等）を閣議決定した。【内閣府】

⑨ 女性の登用拡大と企業における経済的メリット等に関する調査研究を取りまとめ、公表した。【内閣府】

⑩ 女性を始め多様な人材の能力を最大限発揮させる「ダイバーシティ経営」の推進に向け、研修を通じて企業等への普及促進を行ったほか、企業の実践に必要な取組を見える化する「ダイバーシティ経営診断ツール」を使用したワークショップを試行し、特に中小企業のダイバーシティ経営の効果的な実践方法を検討している。【経済産業省】

イ 女性の能力の開発・発揮のための支援

① 長期的な視野から女性リーダーを養成していくため、学校等における女性リーダーの養成プログラムの開講を促している。【文部科学省】

② 役員候補者となり得る女性人材のデータベース「女性リーダー人材バンク」について、令和4（2022）年度に実施した利用者増加に向けたアンケート調査結果等を踏まえ、改善に向けた取組の検討を行っている。【内閣府】

③ 「輝く女性の活躍を加速する男性リーダーの会」では、令和5（2023）年11月に、会の参加者が集まるミーティングを開催した。また、令和6（2024）年1月に滋賀県と宮崎県、2月に岩手県にて地域シンポジウムを開催し、各地方における企業経営者等に対し、会への参加を呼び掛けた。その他、参加者の好事例を掲載した冊子を作成し、女性活躍に関する取組を共有するとともに、会の周知を行った。【内閣府】

④ 女性活躍推進法に基づき、地域における女性の活躍を迅速かつ重点的に推進するため、地域の経済団体、金融機関、教育機関、ＮＰＯなどの多様な主体による連携体制の下、一般事業主行動計画の策定が義務付けられている中小企業が行う同計画策定の支援など、地方公共団体が地域の実情に応じて支援を行う取組を地域女性活躍推進交付金により支援している。【内閣府】

ウ 女性起業家に対する支援等

① 女性の起業を後押しするため、「女性、若者／シニア起業家支援資金」等による資金繰り支援を実施している。【経済産業省】

② 経済産業省では、令和2（2020）年12月に設立した「わたしの起業応援団」を通じ、女性起業家の支援事例や支援手法・関係省庁の施策情報の共有を行うとともに、女性起業家の支援ニーズに応えるべく、「わたしの起業応援団」を構成する支援機関の支援対象・支援手法等を整理し、公開した。また、女性起業家支援に携わる地方公共団体等の担当者に対する研修を実施した。

内閣府では、関係団体と連携して地方公共団体が行う女性起業家育成の取組を、地域女性活躍推進交付金を通じて支援している。【内閣府、経済産業省】

③ 女性も含めた後継者の事業承継を後押しし、中小企業・小規模事業者の事業統合・再編を促すため、予算・税制等を含めた総合的な支援策を推進している。また、その活用事例を展開していく。加えて、地方を含めた後継者の活躍を後押しするピッチイベントを地方5ブロックにおいて開催し、事業承継がビジネスチャンスという気運醸成を図っている。【経済産業省】

第5節 専門・技術職、各種団体等

① 専門・技術職、経済団体、労働組合、職能団体（日本医師会、日本弁護士連合会等）など、様々な分野における女性の政策・方針決定過程への参画状況について「女性の政策・方針決定参画状況調べ」の中で取りまとめ、公表している。【内閣府】

② 各分野における関連施策を着実に実施し、女性の参画拡大を推進している。【関係府省】

第2分野 雇用等における男女共同参画の推進と仕事と生活の調和

第1節 ワーク・ライフ・バランス等の実現

ア ワーク・ライフ・バランスの実現のための長時間労働の削減等

① 法定労働条件の履行確保及び長時間労働是正のための監督指導体制の充実強化を行っている。【厚生労働省】

② 年次有給休暇の取得促進のため、10月の年次有給休暇取得促進期間に加え、連続した休暇を取得しやすい時季（夏季、年末年始及びゴールデンウィーク）にポスター・リーフレットの作成・周知、都道府県や関係団体（223団体）への周知依頼等の集中的な広報の実施により機運の醸成を図っている。【厚生労働省】

③ 勤務間インターバル制度について職種・業種等の特性を踏まえた業種別導入マニュアルや制度導入を支援するための動画を作成して周知するとともに、シンポジウムの開催や専門家によるアウトリーチ型コンサルティングの実施、助成金の支給等により、企業への導入促進を図っている。【厚生労働省】

④ 労働者が健康で充実した生活を実現できるよう、労働時間等の設定の改善に関する特別措置法（平成4年法律第90号）を分かりやすく解説したパンフレット等を働き方・休み方改善ポータルサイトで掲載し、周知することで、労使の自主的な働き方の見直しを促進している。【厚生労働省】

⑤ メンタルヘルスの確保等、職場における健康確保対策を推進している。【厚生労働省】

⑥ コンサルティングの実施等により女性活躍推進法等に基づく目標設定及び目標達成のための企業の取組を支援している。【厚生労働省】

⑦ 生産性を高めながら労働時間の縮減等に取り組む中小企業・小規模事業者や、傘下企業を支援する事業主団体に対する助成を行っている。【厚生労働省】

⑧ 上記を含め「過労死等の防止のための対策に関する大綱」（令和3年7月30日閣議決定）を踏まえた取組を着実に推進している。【厚生労働省】

イ 多様で柔軟な働き方の実現

① 多様で柔軟な働き方の実現に向けた企業の取組を促進している。

・ 令和3（2021）年に改正した育児休業、介護休業等育児又は家族介護を行う労働者の福祉に関する法律（平成3年法律第76号。以下「育児・介護休業法」という。）について、令和4（2022）年度に施行された改正事項に加え、令和5（2023）年4月より常時雇用する労働者が1,000人を超える企業について、育児休業の取得状況の公表が義務付けられていることから、引き続き同法の周知及び履行確保を図っている。【厚生労働省】

・ 中小企業事業主に対して、「育休復帰支援プラン」モデル及び「介護支援プラン」モデルの普及促進を図るとともに、プランの策定を支援している。【厚生労働省】

・ 働き続けながら子育てや介護を行う労働者の雇用の継続を図るための就業環境整備に取り組む事業主に助成金を支給している。【厚生労働省】

・ 時間単位の年次有給休暇制度について、子育て、介護、治療など様々な事情を抱えている者が、柔軟に休暇を取得できるよう、働き方・休み方改善ポータルサイトでの周知リーフレット及び導入事例の掲載等により企業への導入促進を図っている。【厚生労働省】

・ 労働者一人一人がライフステージに応じて多様な働き方を選択できる勤務地・職務・労働時間を限定した「多様な正社員」制度について、制度を導入する上での留意事項や好事例の周知、導入支援を実施するとともに、制度導入状況や運営状況等の実態把握を行った。【厚生労働省】

・　時間を有効に活用でき、場所の制約を受けない勤務形態であるテレワークについて、適正な労務管理下におけるテレワークの導入・定着促進や、中小企業への導入促進に向けて、助成金の活用や専門家による無料相談対応など、各種支援策を推進している。【総務省、厚生労働省、経済産業省、国土交通省】

・　効率的・自律的に働ける制度であるフレックスタイム制の導入時における適切な労務管理の徹底を図っている。【厚生労働省】

・　転勤に関する企業のニーズや動向を捉え、企業の転勤に関する雇用管理のポイントを整理した「転勤に関する雇用管理のヒントと手法」の周知を通じて、労働者の仕事と家庭生活の両立の推進を図っている。【厚生労働省】

・　「多様な正社員」も含め、労働者全般の労働契約関係の明確化について、労働政策審議会における検討結果を踏まえて、労働基準法（昭和22年法律第49号）の労働条件明示事項に就業場所・業務の変更の範囲を追加する、労働基準法施行規則及び労働時間等の設定の改善に関する特別措置法施行規則の一部を改正する省令（令和5年厚生労働省令第39号）について、パンフレット等による周知・啓発を図っている。【厚生労働省】

・　不妊治療と仕事との両立を支援する企業内制度の導入に向けたマニュアルの周知や企業等を対象とした研修会の実施等を行うとともに、くるみんプラス認定等の取得促進や、不妊治療を受けている労働者に休暇制度等を利用させた中小企業事業主に対する助成金の支給により、不妊治療と仕事が両立できる職場環境の整備を推進している。【厚生労働省】

・　中小企業における女性の活躍推進を図るため、育児休業中の代替要員の確保や業務を代替する周囲の労働者への手当支給等の取組を推進しているほか、地域の中小企業・小規模事業者が経営課題の解決に向けた多様な人材の確保・育成・定着を図るため、経営者に対する職場環境整備等のセミナーや、マッチング等の取組を実施している。【厚生労働省、経済産業省】

②　企業の経営者、業界単位の企業ネットワーク、経済団体等と連携し、女性の活躍の必要性に関する経営者や管理職の意識改革、女性の活躍やワー

ク・ライフ・バランスの推進に向けた経営者のコミットメントを促している。【内閣府、関係省庁】

③　地域の実情に応じた少子化対策を推進するための「少子化対策地域評価ツール」の活用や、地域の少子化対策へのデジタル技術の活用の促進のための取組モデルの策定等を通じ、地域コミュニティを巻き込んだ子育ての支え合い、男女ともに子育てと両立できる魅力的な働き方、職・住・育が近接した暮らしやすいまちづくり等の取組を実践し、各地方公共団体における女性活躍に資する具体的な取組を推進した。【内閣官房】

④　仕事と生活の調和（ワーク・ライフ・バランス）の実現に関する調査研究を行い、企業の取組に資する情報の提供を行っている。【内閣府】

⑤　企業・団体の経営者・管理職・担当者や仕事と生活の調和に取り組む全ての人が活用できるよう、仕事と生活の調和に関するメールマガジン「カエル！ジャパン通信」を月1～2回程度配信し、好事例の情報提供を行っている。【内閣府】

ウ　男性の子育てへの参画の促進、介護休業・休暇の取得促進

①　育児等を理由とする男性に対する不利益取扱いや、企業における育児休業等に関するハラスメントを防止するための対策等を推進している。【厚生労働省】

②　企業における男性社員の育児休業等取得促進のための事業主へのインセンティブ付与や、取得状況の情報開示（「見える化」）を推進している。【金融庁、厚生労働省】

③　「男女共同参画週間」（毎年6月23日から同月29日まで）などの啓発活動や表彰の実施を通じて、男性の仕事と育児の両立の促進を図るとともに、男性の家事・育児への参画等に関する社会的な機運の醸成を図った。【内閣府、こども家庭庁、厚生労働省】

④　公共交通機関、都市公園や公共性の高い建築物において、ベビーベッド付男性トイレ等の子育て世帯に優しいトイレの整備等を推進しているほか、子供連れの乗客等への配慮等を求めることにより、男性が子育てに参画しやすくなるための環境整備を行っている。【国土交通省】

⑤　男性が、妊娠・出産の不安と喜びを妻と分かち

合うパートナーとしての意識を高めていけるよう、両親ともに参加しやすい日時設定やオンラインでの開催など、両親学級の充実等により、父親になる男性を妊娠期から側面支援している。【こども家庭庁】

⑥　配偶者の出産直後の子育てを目的とした休暇取得の促進を図るための広報啓発等を実施している。【こども家庭庁】

⑦　介護のために働けなくなることを防止するため、仕事と介護が両立できる職場環境が整備されるよう、育児・介護休業法の履行確保を図るほか、家族を介護する労働者に介護休業制度等が広く周知されるよう積極的な広報に取り組んだ。【厚生労働省】

エ　女性の就業継続に向けた人材育成

①　企業による女性の就業継続に向けた研修の実施等を支援している。【厚生労働省】

②　労働者の主体的な職業能力の開発及び向上を促進し、再就職時の職業能力に基づいた評価にも資するよう、業界共通の職業能力評価の物差しとなる技能検定を始め、企業・労働者双方に活用される職業能力評価制度の整備を推進した。【厚生労働省】

③　ジョブ・カードを活用したキャリア形成支援を行っている。【厚生労働省】

第2節　雇用の分野における男女の均等な機会と待遇の確保及び各種ハラスメントの防止

ア　男女雇用機会均等の更なる推進

①　法違反があった場合には是正指導を行うなど、雇用の分野における男女の均等な機会及び待遇の確保等に関する法律（昭和47年法律第113号。以下「男女雇用機会均等法」という。）の履行確保に取り組み、事業主が報告の求めに応じない場合や、勧告をされたにもかかわらず違反を是正しない場合には、過料、企業名の公表等により同法の実効性を確保している。【厚生労働省】

②　コース等で区分した雇用管理制度を導入している企業に対して、実質的な男女別雇用管理とならないよう、コース別雇用管理についての指針や間接差別の範囲を定めた省令の周知徹底を図っている。【厚生労働省】

③　男女雇用機会均等法等の関係法令や制度について、パンフレットの作成・配布等を通して、労使を始め社会一般を対象として幅広く効果的に周知するとともに、学校等の教育機関においても、男女の平等や相互の協力、男女が共同して社会に参画することの重要性等についての指導を通じて、その制度等の趣旨の普及に努めている。【文部科学省、厚生労働省】

④　男女雇用機会均等に関する労使紛争については、男女雇用機会均等法等に基づく紛争解決の援助制度及び調停を活用し、円滑な紛争解決を図っている。【厚生労働省】

イ　男女間の賃金格差の解消

①　労働基準法第4条や男女雇用機会均等法の履行確保を図っているほか、女性活躍推進法に基づく状況把握・課題分析、これらの結果を踏まえた行動計画の策定及び目標達成に向けた取組等を支援している。【厚生労働省】

②　常用労働者数301人以上の一般事業主に対する男女の賃金の差異の公表義務付けを契機として、男女の賃金の差異の要因分析・雇用管理改善の促進について、あらゆる機会を通じて周知し、円滑な施行及び実効性の確保を図るとともに、企業向けの相談会・説明会の開催やコンサルティングの実施等により、女性活躍推進のための取組を行う1,200社を超える企業を支援した。【厚生労働省】

ウ　職場や就職活動における各種ハラスメントの防止等

①　企業におけるハラスメント防止措置の推進を図るため、説明会の開催やパンフレット等の作成・配布等により、男女雇用機会均等法等の周知・啓発を図るほか、12月を「ハラスメント撲滅月間」と定め、シンポジウムを開催する等集中的な広報・啓発を行っている。【厚生労働省】

②　職場におけるセクシュアルハラスメント、妊娠・出産等に関するハラスメント、育児休業等に関するハラスメント及びパワーハラスメントの防止措置を定めた男女雇用機会均等法、育児・介護休業

法、労働施策の総合的な推進並びに労働者の雇用の安定及び職業生活の充実等に関する法律（昭和41年法律第132号）及びそれらの指針の履行確保に取り組んでいる。【厚生労働省】

③ 就職活動中にハラスメントを受けた学生、カスタマーハラスメント被害者等からのメールやＳＮＳによる相談に対応する事業を実施している。【厚生労働省】

④ 就職活動中の学生に対するセクシュアルハラスメントの防止のため、学生の就職・採用活動開始時期等に関する調査において実態を把握するとともに、男女雇用機会均等法に基づく指針で示した望ましい取組の周知啓発や、都道府県労働局等の総合労働相談コーナーで相談を受け付ける等関係省庁が連携し適切に対応している。

また、大学等の対応事例について学生支援担当者が集まる会議等を通じて周知啓発を行った。【内閣官房、内閣府、文部科学省、厚生労働省、経済産業省】

⑤ 性的指向・性自認（性同一性）に関する侮辱的な言動等を含むハラスメントの防止に取り組むとともに、性的マイノリティに関する企業の取組事例の周知等を通じて、企業や労働者の性的指向・性自認（性同一性）についての理解を促進している。【厚生労働省】

第3節 積極的改善措置（ポジティブ・アクション）の推進等による女性の参画拡大・男女間格差の是正

① 女性の活躍状況の把握・分析、その結果を踏まえた目標設定、目標達成に向けた取組を内容とする事業主行動計画の策定、女性の活躍状況に関する情報公表等、女性活躍推進に向けて一般事業主・特定事業主が行う積極的改善措置（ポジティブ・アクション）等の取組を促進している。また、令和4（2022）年度及び令和5（2023）年度から施行された女性活躍推進法に関する制度改正による一般事業主・特定事業主に対する男女間賃金（給与）差異の公表義務化を契機として、差異の要因分析・課題の把握等の促進について、あらゆる機会を通じて周知し、円滑な施行及び実効性の確保を図るとともに、企業・機関向けの説明会の

開催等により、女性活躍推進のための取組を行う1,200社以上の企業・機関を支援している。【内閣官房、内閣府、総務省、厚生労働省】

② 社会全体で、女性活躍の前提となるワーク・ライフ・バランス等の実現に向けた取組を進めるため、女性活躍推進法第24条及び公共調達等取組指針に基づき、国、独立行政法人等が総合評価落札方式又は企画競争方式による調達を行う際は、女性活躍推進法、次世代法及び若者雇用促進法に基づく認定を取得した企業等を加点評価する取組を実施している。

公共調達等実施要領に基づき、上記の加点評価の取組について実効的な運用を図る観点から、国の機関における取組状況や、認定取得企業等の入札参加及び受注の状況等を調査・公表し、取組状況の「見える化」を行っている。また、加点評価の取組が努力義務となっている地方公共団体においても、国に準じた取組が進むよう働きかけを行っている。（再掲）【内閣府、厚生労働省】

③ 企業における女性活躍に関する情報も投資判断に資するものと考えられることから、有価証券報告書における女性活躍に関する情報開示の好事例を収集し、周知した。（再掲）【金融庁】

④ 有価証券報告書に掲載された女性役員に係る情報の集計及び開示の取組や女性役員の登用に資する要因の調査等を通じ、女性の活躍に積極的に取り組む企業が評価され、企業における女性役員登用・育成の課題の克服につながるよう努めている。（再掲）【内閣府】

⑤ 令和4（2022）年度に引き続き東証プライム市場上場企業を対象とする「執行役員又はそれに準じる役職者」における女性割合に関する調査を行い、結果を公表した。（再掲）【内閣府】

⑥ 「女性活躍・男女共同参画の重点方針2023（女性版骨太の方針2023）」に東証プライム市場上場企業を対象とした女性役員比率に係る数値目標の設定（2030年までに、女性役員の比率を30%以上とすることを目指す。）等について取引所の規則に規定を設けるための取組を進めることを盛り込んだ。これを受け、令和5（2023）年10月に東京証券取引所において、上場制度の整備が行われた。（再掲）【内閣府、金融庁】

⑦ 「第5次男女共同参画基本計画」において中間

年フォローアップの際に市場再編後の目標を設定することとされていた、東証一部上場企業役員に占める女性の割合に係る成果目標について、令和7（2025）年までの新しい成果目標（東証プライム市場上場企業役員に占める女性の割合を19%とする等）を閣議決定した。（再掲）【内閣府】

⑧　女性の登用拡大と企業における経済的メリット等に関する調査研究を取りまとめ、公表した。（再掲）【内閣府】

⑨　メンター制度の導入やロールモデルの育成、地域ネットワーク構築に関するマニュアル及び事例集を作成し、企業に活用してもらうことで、女性労働者のキャリア形成支援を実施している。また、個々の女性労働者の活躍推進を阻む要因になり得る無意識の思い込み（アンコンシャス・バイアス）を解消するためのセミナー動画を作成し、企業等での活用を促進している。（再掲）【厚生労働省】

⑩　学校等における女子学生等を対象とした次代を担う人材育成プログラムの開発・実施を促進している。【文部科学省】

⑪　建設産業、海運業、自動車運送事業等（トラック運転者、バス運転者、タクシー運転者、自動車整備士）の女性の参画が十分でない業種・職種において、ＩＣＴの活用による生産性の向上、多様な人材が働きやすい環境の整備、人材確保に向けた情報発信・普及啓発等を図ることも含め、女性の就業及び定着を促進している。【厚生労働省、国土交通省】

第4節　非正規雇用労働者の待遇改善、正規雇用労働者への転換の支援

ア　非正規雇用労働者の待遇改善や正規雇用労働者への転換に向けた取組の推進

①　令和2（2020）年4月より順次施行された短時間労働者及び有期雇用労働者の雇用管理の改善等に関する法律（平成5年法律第76号）及び労働者派遣事業の適正な運営の確保及び派遣労働者の保護等に関する法律（昭和60年法律第88号。以下「労働者派遣法」という。）の円滑な施行に取り組み、正規雇用労働者と非正規雇用労働者との間の不合理な待遇差の解消を図っている。また、「物価高克服・経済再生実現のための総合経済対策」（令和4年10月28日閣議決定）に基づき、労働基準監督署と都道府県労働局が連携し、同一労働同一賃金の遵守の徹底に向けた取組を開始した。さらに、「デフレ完全脱却のための総合経済対策」（令和5年11月2日閣議決定）に基づき、労働基準監督署による調査結果を踏まえ、基本給・賞与の差の根拠の説明が不十分な企業等について、文書で指導を行い、経営者に対応を求めるなど、同一労働同一賃金の更なる遵守の徹底に向けた取組を行っている。【厚生労働省】

②　最低賃金については、令和5（2023）年度は全国加重平均で43円引上げの1,004円となった。引き続き、事業再構築・生産性向上に取り組む中小企業へのきめ細やかな支援や、労務費の適切な転嫁のための価格交渉に関する指針の周知などの価格転嫁の促進などに取り組みつつ、2030年代半ばまでに全国加重平均が1,500円となることを目指すとした目標について、より早く達成できるよう、引上げに取り組んでいる。【厚生労働省、経済産業省】

③　キャリアアップ助成金の活用促進等により非正規雇用労働者の正規雇用労働者への転換を推進している。【厚生労働省】

④　非正規雇用労働者の能力開発を図り、企業内でのキャリアアップ、企業の枠を超えたキャリアアップを推進している。また、キャリア形成・学び直し支援センター事業等を通じてキャリアコンサルティング機会の充実に取り組んでいる。さらに、公的職業訓練について、全国47都道府県において地域職業能力開発促進協議会を開催している。協議会での協議内容や分析等を踏まえ、職業訓練に地域ニーズを適切に反映させること等により、効果的な人材育成につなげている。【厚生労働省】

⑤　正規雇用労働者と短時間労働者・有期雇用労働者の均衡のとれた賃金決定を促進するため、47都道府県に設置している「働き方改革推進支援センター」において職務分析・職務評価の導入支援・普及促進を行っている。【厚生労働省】

イ　公正な処遇が図られた多様な働き方の普及・推進

① 有期契約労働者について、労働契約法（平成19年法律第128号）に規定されている無期労働契約への転換（無期転換ルール）等の更なる周知徹底を図っている。【厚生労働省】

② 派遣労働者について、労働者派遣法に基づき、派遣先に雇用される通常の労働者との不合理な待遇差の解消を図るとともに、正規雇用労働者化を含むキャリアアップの支援や派遣労働者に対する雇用安定措置等を通じた一層の雇用の安定と保護等を図っている。【厚生労働省】

③ 非正規雇用労働者の産前産後休業、育児休業、産後パパ育休及び介護休業の法制度の内容について、非正規雇用労働者及び事業主に対する周知・徹底を行うとともに、利用環境の改善を図っている。【厚生労働省】

④ 令和6（2024）年10月に予定されている短時間労働者への被用者保険の適用拡大に向けて、準備・周知・広報を行っている。【厚生労働省】

⑤ 非正規雇用労働者の正規雇用労働者への転換等を促進するため、勤務地等が限定された「多様な正社員」制度の導入を支援している。【厚生労働省】

⑥ 国の行政機関で働く非常勤職員の休暇・休業について、人事院では、令和3（2021）年度に措置された不妊治療のための休暇（出生サポート休暇）等を含めた両立支援制度が職員に広く活用されるよう、職員向けのリーフレットや管理職向けの研修教材の提供等により周知啓発や各府省に対する支援・指導に取り組んだ。

総務省では、会計年度任用職員制度について、令和5（2023）年4月1日時点の施行状況に関する調査を実施し、その結果を踏まえ、同年12月に、制度の適切な運用について助言を行うとともに、令和6（2024）年度から、対象となる会計年度任用職員に、勤勉手当を支給できるようになったことから、適切に支給するよう助言した。また、常勤職員の給与が改定された場合における会計年度任用職員の給与については、改定の実施時期を含め、常勤職員の給与の改定に係る取扱いに準じて改定することを基本とし、適切に対処するよう助言した。地方公共団体で働く会計年度任用職員の休暇・休業については、国家公務員と同様に、不妊治療のための休暇の新設や育児休業・介護休暇の取得要件の緩和等について職員に周知が行われ、制度の活用が図られるよう、各地方公共団体の取組を促している。【内閣官房、総務省、（人事院）】

第5節　再就職、起業、雇用によらない働き方等における支援

ア　再就職等に向けた支援

① 職業訓練や職業紹介等を実施し、子育て・介護等との両立や仕事から一定期間離れた者に配慮した多様な再就職等の支援を推進している。公的職業訓練においては、育児等により決まった日時に訓練を受講することが困難な者等を対象としたeラーニングコースについて、令和4（2022）年度実績では200コース設定している。さらに、子育て中の女性が受講しやすい託児サービス付きの訓練コースについては、令和4（2022）年度実績では439人が託児サービスを利用した。【厚生労働省】

② 再就職希望者を含む社会人等の就労、スキルアップ、キャリア転換に必要な実践的な知識・技術・技能を身に付けるためのリカレント教育を推進し、学び直し等の充実を図っている。多様な年代の女性の社会参画を支援するため、関係機関との連携の下、キャリアアップやキャリアチェンジ等に向けた意識の醸成や相談体制の充実を含め、学習プログラムの開発等、女性のチャレンジを総合的に支援するモデルの開発を行った。【文部科学省、厚生労働省、経済産業省】

イ　起業に向けた支援等

① 女性の起業を後押しするため、「女性、若者／シニア起業家支援資金」等による資金繰り支援を実施している。（再掲）【経済産業省】

② 経済産業省では、令和2（2020）年12月に設立した「わたしの起業応援団」を通じ、女性起業家の支援事例や支援手法・関係省庁の施策情報の共有を行うとともに、女性起業家の支援ニーズに応えるべく、「わたしの起業応援団」を構成する

各支援機関の支援対象・支援手法を整理し、公開した。また、女性起業家支援に携わる地方公共団体等の担当者に対する研修を実施した。

内閣府では、関係団体と連携して地方公共団体が行う女性起業家育成の取組を、地域女性活躍推進交付金を通じて支援している。（再掲）【内閣府、経済産業省】

③　女性も含めた後継者の事業承継を後押しし、中小企業・小規模事業者の事業統合・再編を促すため、予算・税制等を含めた総合的な支援策を推進している。また、その活用事例を展開している。加えて、地方を含めた後継者の活躍を後押しするピッチイベントを地方5ブロックにおいて開催し、事業承継がビジネスチャンスという気運醸成を図っている。（再掲）【経済産業省】

ウ　雇用によらない働き方等における就業環境の整備

①　商工業等の自営業も含む小規模事業者の実態の把握及び課題抽出に努めている。【経済産業省】

②　家内労働手帳の普及、工賃支払の確保、最低工賃の決定及び周知、労災保険特別加入の促進等により家内労働者の労働条件の改善を図っている。【厚生労働省】

③　フリーランスについて、多様な働き方の拡大、高齢者雇用の拡大などの観点からも、これを安心して選択できる環境を整えるため、内閣官房、公正取引委員会、中小企業庁、厚生労働省の連名で策定した「フリーランスとして安心して働ける環境を整備するためのガイドライン」について周知・活用を図っている。

個人が事業者として受託した業務に安定的に従事することができる環境を整備するため、特定受託事業者に係る取引の適正化等に関する法律（令和5年法律第25号。以下「フリーランス・事業者間取引適正化等法」という。）が第211回国会（令和5（2023）年）で成立し、同年5月12日に公布された。令和6（2024）年秋頃の円滑な施行に向け、周知・広報に取り組むとともに、関係する政省令等の整備を進めている。

また、フリーランスと発注事業者等とのトラブルについて、ワンストップで相談できる窓口（フリーランス・トラブル110番）において、相談体制の拡充やトラブル解決機能の向上により、引き続き迅速かつ丁寧な相談対応や紛争解決の援助を行っている。

さらに、労働者災害補償保険の特別加入制度について、フリーランス・事業者間取引適正化等法第2条第1項に規定する特定受託事業者が行う事業を新たに特別加入の対象とする省令改正を行い、令和6（2024）年1月に公布した（施行はフリーランス・事業者間取引適正化等法の施行の日を予定。）。【内閣官房、公正取引委員会、厚生労働省、経済産業省】

第3分野　地域における男女共同参画の推進

第1節　地方創生のために重要な女性の活躍推進

ア　地方の企業における女性の参画拡大

①　女性の管理職・役員の育成など女性の参画拡大の推進、様々な課題・困難を抱える女性に寄り添い、意欲と希望に応じて就労までつなげていく支援や相談支援、孤独・孤立で困難や不安を抱える

女性が、社会との絆・つながりを回復することができるよう、ＮＰＯ等の知見を活用した相談支援やその一環として行う生理用品の提供等のきめ細かい支援、望まない孤独・孤立の悩みなどに係る男性相談支援など、地方公共団体が、多様な主体による連携体制の構築の下で地域の実情に応じて行う取組を、地域女性活躍推進交付金により支援している。また、女性デジタル人材・起業家の育成を重点的に行うため、地方公共団体が経済部局

や商工会議所等と連携・協働しつつ実施する真に効果の高い事業に対し、地域女性活躍推進交付金により支援している。なお、地方公共団体が行う男女共同参画社会の実現に向けた取組については地方財政措置が講じられており、各地方公共団体の状況に応じて、自主財源の確保を働きかけている。【内閣府】

② 現在職に就いていない女性・高齢者等の新規就業や、デジタル技術の仕事への活用を目的として、都道府県が官民連携型のプラットフォームを形成し、地域の実情に応じて、「掘り起こし」、「職場環境改善支援」、「マッチング」等の一連の取組を一体的かつ包括的に実施できるよう、デジタル田園都市国家構想交付金を活用して支援するとともに、都道府県担当課長会議を開催し、当該取組の普及促進を行った。【内閣官房、内閣府】

③ 女性や若者等の移住・定着の推進のため、地域を支える企業等への就業と移住や、デジタル技術を活用して地域課題の解決を目的とする起業と移住への支援を行う44道府県1,303市町村の取組等についてデジタル田園都市国家構想交付金を活用して支援している。【内閣官房、内閣府】

④ 女性も含めた後継者の事業承継を後押しし、中小企業・小規模事業者の事業統合・再編を促すため、予算・税制等を含めた総合的な支援策を推進している。また、その活用事例を展開していく。加えて、地方を含めた後継者の活躍を後押しするピッチイベントを地方5ブロックにおいて開催し、事業承継がビジネスチャンスという気運醸成を図っている。（再掲）【経済産業省】

⑤ 「輝く女性の活躍を加速する男性リーダーの会」では、令和5（2023）年11月に、会の参加者が集まるミーティングを開催した。また、令和6（2024）年1月に滋賀県と宮崎県、2月に岩手県にて地域シンポジウムを開催し、各地方における企業経営者等に対し、会への参加を呼び掛けた。その他、参加者の好事例を掲載した冊子を作成し、女性活躍に関する取組を共有するとともに、会の周知を行った。（再掲）【内閣府】

⑥ 女性の活躍状況の把握・分析、その結果を踏まえた目標設定、目標達成に向けた取組を内容とする一般事業主行動計画の策定、女性の活躍状況に関する情報公表等、女性活躍推進に向けて一般事業主が行う積極的改善措置（ポジティブ・アクション）等の取組を促進している。また、令和4（2022）年7月の女性活躍推進法に関する制度改正による常用労働者数301人以上の一般事業主に対する男女の賃金の差異の公表義務化を契機として、男女の賃金の差異の要因分析・雇用管理改善の促進について、あらゆる機会を通じて周知し、円滑な施行及び実効性の確保を図るとともに、企業向けの相談会・説明会の開催やコンサルティングの実施等により、女性活躍の取組を行う1,200社以上の企業を個別支援した。（再掲）【厚生労働省】

⑦ 社会全体で、女性活躍の前提となるワーク・ライフ・バランス等の実現に向けた取組を進めるため、女性活躍推進法第24条及び公共調達等取組指針に基づき、国、独立行政法人等が総合評価落札方式又は企画競争方式による調達を行う際は、女性活躍推進法、次世代法及び若者雇用促進法に基づく認定を取得した企業等を加点評価する取組を実施している。

公共調達等実施要領に基づき、上記の加点評価の取組について実効的な運用を図る観点から、国の機関における取組状況や、認定取得企業等の入札参加及び受注の状況等を調査・公表し、取組状況の「見える化」を行っている。また、加点評価の取組が努力義務となっている地方公共団体においても、国に準じた取組が進むよう働きかけを行っている。（再掲）【内閣府、厚生労働省】

⑧ 役員候補者となり得る女性人材のデータベース「女性リーダー人材バンク」について、令和4（2022）年度に実施した利用者増加に向けたアンケート調査結果等を踏まえ、改善に向けた取組の検討を行っている。（再掲）【内閣府】

⑨ 建設産業、海運業、自動車運送事業等（トラック運転者、バス運転者、タクシー運転者、自動車整備士）の女性の参画が十分でない業種・職種において、ICTの活用による生産性の向上、多様な人材が働きやすい環境の整備、人材確保に向けた情報発信・普及啓発等を図ることも含め、女性の就業及び定着を促進している。（再掲）【厚生労働省、国土交通省】

⑩ 観光人材育成のための指針として観光庁が作成したガイドラインを基に、ガイドラインで明示した知識・技能を効果的に修得するための教育プロ

グラムの開発等を支援した。【観光庁】

⑪ 女性の起業を後押しするため、「女性、若者／シニア起業家支援資金」等による資金繰り支援を実施している。(再掲)【経済産業省】

⑫ 経済産業省では、令和2(2020)年12月に設立した「わたしの起業応援団」を通じ、女性起業家の支援事例や支援手法・関係省庁の施策情報の共有を行うとともに、女性起業家の支援ニーズに応えるべく、「わたしの起業応援団」を構成する支援機関の支援対象・支援手法等を整理し、公開した。また、女性起業家支援に携わる地方公共団体等の担当者に対する研修を実施した。

内閣府では、関係団体と連携して地方公共団体が行う女性起業家育成の取組を、地域女性活躍推進交付金を通じて支援している。(再掲)【内閣府、経済産業省】

イ 地方における多様で柔軟な働き方の実現

① 地域の実情に応じた少子化対策を推進するための「少子化対策地域評価ツール」の活用や、地域の少子化対策へのデジタル技術の活用の促進のための取組モデルの策定等を通じ、地域コミュニティを巻き込んだ子育ての支え合い、男女ともに子育てと両立できる魅力的な働き方、職・住・育が近接した暮らしやすいまちづくり等の取組を実践し、各地方公共団体における女性活躍に資する具体的な取組を推進した。(再掲)【内閣官房】

② 生産性を高めながら労働時間の縮減等に取り組む中小企業・小規模事業者や、傘下企業を支援する事業主団体に対する助成を行っている。(再掲)【厚生労働省】

③ 多様で柔軟な働き方の実現に向けた中小企業の取組を促進している。
  ・ 中小企業事業主に対して、「育休復帰支援プラン」モデル及び「介護支援プラン」モデルの普及促進を図るとともに、プランの策定を支援している。(再掲)【厚生労働省】
  ・ 時間を有効に活用でき、場所の制約を受けない勤務形態であるテレワークについて、適正な労務管理下におけるテレワークの導入・定着促進や、中小企業への導入促進に向けて、助成金の活用や専門家による無料相談対応など、各種

支援策を推進している。(再掲)【総務省、厚生労働省、経済産業省、国土交通省】
  ・ 中小企業における女性の活躍推進を図るため、育児休業中の代替要員の確保や業務を代替する周囲の労働者への手当支給等の取組を推進しているほか、地域の中小企業・小規模事業者が経営課題の解決に向けた多様な人材の確保・育成・定着を図るため、経営者に対する職場環境整備等のセミナーやマッチング等の取組を実施している。(再掲)【厚生労働省、経済産業省】

ウ 地方議会・地方公共団体における取組の促進

① 地方議会において女性を含めたより幅広い層が議員として参画しやすい環境整備について、第33次地方制度調査会の答申(令和4(2022)年12月)を踏まえ、地方議会の位置付け等の明確化や地方議会に係る手続のオンライン化を盛り込んだ地方自治法の一部を改正する法律(令和5年法律第19号)が成立した。また、答申等を踏まえ、会議規則における育児・介護等の取扱いの明確化に関する助言、地方議会の委員会へのオンライン出席に係る留意事項等に関する助言、委員会のオンライン開催の状況等の調査等を行った。また、「地方議会活性化シンポジウム2023」において、地方議会への多様な人材の参画に資する観点から、各議会等での取組事例の共有や意見交換を行った。このほか、候補者となり得る女性の人材育成のため、各地方議会における「女性模擬議会」等の自主的な取組について情報提供を行っている。(再掲)【総務省】

② 会議規則における出産・育児・介護等に伴う欠席規定の整備状況やハラスメント防止に関する取組の実施状況等、地方公共団体・地方議会における両立支援状況を始めとする施策の推進状況を調査し、「見える化」の推進を行っている。(再掲)【内閣府】

③ 女性活躍推進法に基づく特定事業主行動計画や女性の活躍状況に関する情報の公表について、数値目標を設定した項目の進捗状況及び取組の実施状況が経年で公表されることを徹底するとともに、各団体の取組について、「女性活躍推進法『見える化』サイト」で、比較できる形での「見える化」

を行っている。また、令和5（2023）年度から施行された改正府令及び改正指針に基づき、各団体において「職員の給与の男女の差異」の令和4（2022）年度実績について適切に情報公表が行われるよう公表方法について周知するとともに、各団体の公表内容を取りまとめ、一覧性・検索性を確保したサイトの整備を通じて、「見える化」を図った。（再掲）【内閣府、総務省】

④ 各都道府県・政令指定都市が設定している審議会等委員への女性の参画に関する数値目標や、これを達成するための様々な取組、女性比率の現状、女性が1人も登用されていない審議会等の状況等を調査し取りまとめて提供し、審議会等委員への女性の参画を促進している。（再掲）【内閣府、関係省庁】

エ　地域に根強い固定的な性別役割分担意識等の解消

① 性別による無意識の思い込み（アンコンシャス・バイアス）について、気付きの機会を提供し解消の一助とするため、これまでの調査研究やチェックシート・事例集に基づき、普及啓発用動画の制作やワークショップを開催した。【内閣府】

② 誰もが簡単に利用できる、様々な「職業」や「社会生活場面」を想定した性別による固定的役割分担に捉われないフリーイラスト素材を追加作成し、ホームページで提供を行っている。【内閣府】

③ 「男女共同参画週間」（毎年6月23日から同月29日まで）における地方公共団体の具体的な取組の掲載や「男女共同参画社会づくりに向けての全国会議」において、地方公共団体や関係機関・団体と連携し、男女共同参画に関する意識の浸透を図っている。【内閣府】

第2節　農林水産業における男女共同参画の推進

ア　農林水産業における政策・方針決定過程への女性参画の推進

① 地域をリードできる女性農林水産業者を育成し、農業委員や農業協同組合、森林組合、漁業協同組合の役員及び土地改良区等の理事に占める女

性の割合の向上や女性登用ゼロからの脱却に向けた取組などを推進している。また、女性活躍推進法に基づく一般事業主行動計画の策定等が義務となっている事業主については、同法に基づく事業主行動計画の策定等の仕組みを活用し、女性の活躍推進に向けた取組を推進するよう要請している。また、全国約3,500か所の地方公共団体、農林水産団体等に対して、女性の登用促進や具体的な目標の設定等についての働きかけを行ったほか、農業委員会や農業協同組合における目標設定状況等についての調査・公表を行っている。【内閣府、厚生労働省、農林水産省】

② 地域の農業を牽引するリーダーとなり得る女性農業経営者を育成するため、実践型研修を実施している。【農林水産省】

③ 女性が役員の過半を占める農業法人等が事業を実施する場合に貸付限度額を引き上げる特例措置を設けた融資の内容を農林水産省のホームページ及び株式会社日本政策金融公庫のホームページに掲載し幅広く周知することにより、役員等への女性登用を促進している。【農林水産省】

④ 地域レベルの女性グループの形成やその取組を支援するとともに、好事例を展開している。【農林水産省】

⑤ 地域計画（これまでの人・農地プランを基礎として、市町村が、農業者等の協議の結果を踏まえ、農業の将来の在り方や農用地の効率的かつ総合的な利用に関する目標として農業を担う者ごとに農用地等を表示した目標地図などを明確化し、公表したもの。）の策定における女性農業者の参画を推進している。【農林水産省】

⑥ 林業における女性の活躍を促進するため、森林資源を活用した起業や既存事業の拡張の意思がある女性を対象に、地域で事業を創出するための対話型の講座を実施する取組等を支援している。【農林水産省】

⑦ 水産業における女性の参画を推進するとともに、水産業経営の改善を図るため、起業的取組を行う女性グループの取組、女性の経営能力の向上や女性が中心となって取り組む加工品の開発、販売等の実践的な取組を支援し、優良な取組の全国各地への普及を図っている。【農林水産省】

イ　女性が能力を発揮できる環境整備

① 認定農業者制度における農業経営改善計画申請の際に夫婦などによる共同申請や女性の活躍推進に向け補助事業等の活用を通じて、女性の農業経営への参画を推進している。【農林水産省】

② 「農業女子プロジェクト」や「海の宝！水産女子の元気プロジェクト」における企業や教育機関との連携強化、地域活動の推進により、女性農林水産業者が活動しやすい環境を作っている。【農林水産省】

③ 家族経営協定の締結による就業条件の整備を推進している。また、家族経営協定を締結した女性農業者に対する融資の活用を促進するため、対象となる資金の内容をホームページに掲載し幅広く周知している。【農林水産省】

④ 女性の活躍推進に取り組む優良経営体（WAP：Women's Active Participation in Agriculture）や女性農林水産業者の活躍の事例の普及を推進している。【農林水産省】

⑤ 女性グループが行う漁業生産活動に対する融資の活用を推進することにより、女性が行う水産業に関連する経営や起業等を支援している。【農林水産省】

⑥ 女性の就農希望者等に対し、就農相談会、農業法人による会社説明会、就農促進ＰＲ活動、農業者による農業高校への出前授業等を通じて、農業への理解を促進し、円滑な就農を支援している。【農林水産省】

⑦ 女性農業者への農業者年金のＰＲを積極的に実施することにより、令和5（2023）年度に705人の新規加入を得ている。【農林水産省】

⑧ 労働時間の管理、休日・休憩の確保、更衣室や男女別トイレ等の整備、キャリアパスの提示やコミュニケーションの充実など、女性が働きやすい環境づくりを推進している。また、農林水産業で働く女性にとっても扱いやすく、かつ高性能な機械の開発や普及など、スマート農林水産業の推進を行っている。【農林水産省】

⑨ 女性農業者の育児と農作業のサポート活動を支援している。【農林水産省】

⑩ 女性の参画による農山漁村が持つ地域資源を活用した地域の活動計画づくり等を促進し、また、令和5（2023）年度は農山漁村が潜在的に有する地域資源を引き出して地域の活性化や所得向上に取り組む優良事例を29件選定し、全国へ発信している。【農林水産省】

第3節　地域活動における男女共同参画の推進

① ＰＴＡ、自治会・町内会等、地域に根差した組織・団体の長となる女性リーダーを増やすための機運の醸成や女性人材の育成を図っている。

内閣府では、地域に根差した組織・団体における政策・方針決定過程への女性の参画拡大が進むよう、地域における様々な課題について、男女共同参画の視点を取り入れつつ、課題解決のための実践的な活動が行われるよう支援するため、アドバイザーの派遣を行った。【内閣府、総務省、文部科学省、関係省庁】

② 学校・保育所の保護者会（ＰＴＡ等）や自治会・町内会など、学校・園関連の活動や地域活動について、男女ともに多様な住民が参加しやすい活動の在り方を提示するとともに、優良事例の横展開を図っている。

内閣府では、地域における女性活躍への理解促進や意識の醸成を目的として、自治会役員など地域活動に携わっている方を対象とした地方公共団体が実施する事業について、地域女性活躍推進交付金により支援した。【内閣府、総務省、文部科学省、関係省庁】

第4分野 科学技術・学術における男女共同参画の推進[3]

第1節 科学技術・学術分野における女性の参画拡大

ア 科学技術・学術分野における女性の採用・登用の促進及び研究力の向上

① 女性活躍推進法に基づく一般事業主行動計画の策定等が義務となっている事業主（大学を含む。）については、同法に基づく事業主行動計画の策定等の仕組みを活用し、研究職や技術職として研究開発の分野で指導的地位に占める割合を高める等、女性の活躍推進に向けた取組を推進するよう要請している。【内閣府、文部科学省、厚生労働省、関係省庁】

② 男女共同参画会議、総合科学技術・イノベーション会議及び日本学術会議の連携を強化するとともに、「統合イノベーション戦略2023」（令和5年6月9日閣議決定）において、男女共同参画及び女性活躍促進の視点を踏まえた具体的な取組を明記した。【内閣府】

③ 国が関与する科学技術プロジェクト等における積極的改善措置（ポジティブ・アクション）の取組を推進するなど、科学技術・学術に係る政策・方針決定過程への女性の参画を拡大している。【内閣府、文部科学省】

④ 日本学術会議において、第26期（令和5（2023）年10月時点）の女性の会員及び女性の連携会員について第25期（令和2（2020）年10月時点）以上の割合を実現した。学術分野における男女共同参画を推進するため積極的な調査を行うとともに、提言を発出した。【内閣府】

⑤ 研究者・技術者、研究補助者等に係る男女別の実態を把握するとともに統計データを収集・整備し、分野等による差異、経年変化を分析した。【内閣府、総務省、文部科学省、関係省庁】

イ 科学技術・学術分野における女性人材の育成等

① 女性研究者・技術者の採用の拡大や研究現場を主導する女性リーダーの育成に向けて、上位職へのキャリアパスの明確化、メンタリングを含めたキャリア形成支援プログラムの構築、その他女性研究者・技術者の採用及び登用に関する積極的改善措置（ポジティブ・アクション）の取組について、大学、研究機関、学術団体、企業等への普及を図っている。【内閣府、文部科学省、関係省庁】

② 女性研究者・技術者の就業継続や研究力の向上に向けた女性研究者・技術者のネットワーク形成支援、メンター制度の導入、ロールモデル情報の提供、定期的な研修や相談窓口の活用、各種ハラスメントのない職場環境の整備等を促進している。【内閣府、文部科学省、関係省庁】

③ 大学、研究機関、学術団体、企業等の経営層や管理職が多様な人材をいかした経営の重要性を理解し、女性研究者・技術者の活躍推進に積極的に取り組むよう、男女共同参画に関する研修等による意識改革を促進している。【内閣府、文部科学省、関係省庁】

④ 男女双方に対する研究と出産・育児、介護等との両立支援や、女性研究者の研究力向上及びリーダー経験の機会の付与、博士後期課程へ進学する女子学生への支援の充実等を一体的に推進する、ダイバーシティ実現に取り組む大学等を支援している。【文部科学省】

---

3 国立大学や私立大学などの教育研究機関は、第2分野の「雇用等における男女共同参画の推進と仕事と生活の調和」に記載されている施策の対象となる。例えば、労働基準法、育児・介護休業法、次世代法、女性活躍推進法などの法律の適用対象である。

第2節　男女共同参画と性差の視点を踏まえた研究の促進

① 体格や身体の構造と機能の違いなど、性差等を考慮した研究・技術開発の実施が促進されるよう、競争的研究費に関する関係府省申合せを踏まえた取組を推進している。【内閣府、こども家庭庁、文部科学省、厚生労働省、関係省庁】

② 国が関与する公募型の大型研究はもとより競争的研究費について、採択条件に、事業の特性も踏まえつつ、男女共同参画の視点の有無と取組状況を評価するよう、競争的研究費に関する関係府省申合せを踏まえた取組を推進している。【内閣府、文部科学省、関係省庁】

③ 国が関与する競争的研究費において、事業の特性も踏まえつつ、採択条件に、出産・育児・介護等に配慮した取組を評価するよう、競争的研究費に関する関係府省申合せを踏まえた取組を推進している。【内閣府、文部科学省、関係省庁】

④ 研究期間中にライフイベントの発生が予想される優秀な研究者が安心して研究代表者として応募できるように配慮を行うよう、競争的研究費に関する関係府省申合せを踏まえた取組を推進している。【内閣府、文部科学省、関係省庁】

第3節　男女の研究者・技術者が共に働き続けやすい研究環境の整備

ア　研究活動と育児・介護等の両立に対する支援及び環境整備

① 大学、研究機関、企業等において、男女の研究者・技術者が仕事と育児・介護等を両立できるようにするため、長時間労働の解消、短時間勤務やフレックスタイム勤務、テレワークによる多様な働き方の推進、育児・介護等に配慮した雇用形態や両立支援制度の確立、キャリアプランや育児・介護等に関する総合相談窓口の設置など保育・介護サービスや病児・夜間保育の確保等を促進している。【こども家庭庁、文部科学省、厚生労働省】

② 出産・育児等のライフイベントと研究との両立や女性研究者の研究力の向上を通じたリーダーの育成を一体的に推進するダイバーシティ実現に向けた大学等の取組を支援する「ダイバーシティ研究環境実現イニシアティブ事業」を実施している。【文部科学省】

③ 育児・介護等により研究から一時的に離脱せざるを得ない場合において、研究期間の延長や中断後の研究再開を認める等、ライフイベントが発生しても研究を継続できるように配慮を行う等の競争的研究費に関する関係府省申合せを踏まえた取組を推進している。【内閣府、文部科学省、関係省庁】

④ 若手研究者向けの研究費等の採択において、育児・介護等により研究から一時的に離脱した者に対して配慮した応募要件となるよう促す競争的研究費に関する関係府省申合せを踏まえた取組を推進している。【内閣府、文部科学省、関係省庁】

⑤ 独立行政法人日本学術振興会の「特別研究員（RPD）事業」では、博士の学位取得者で優れた研究能力を有する者が、出産・育児による研究中断後、円滑に研究現場に復帰して大学等の研究機関で研究に専念し、研究者としての能力を向上できるよう支援している。【文部科学省】

イ　大学や研究機関におけるアカデミック・ハラスメントの防止

① 大学や研究機関に対して、各種ハラスメントの防止のための取組が進められるよう必要な情報提供等を行うなど、各種ハラスメント防止等の周知徹底を行った。その際、相談・調査体制への第三者的視点の導入や再発防止の徹底等を促した。【文部科学省】

第4節　女子学生・生徒の理工系分野の選択促進及び理工系人材の育成

ア　次代を担う理工系女性人材の育成

① Society 5.0の実現に向けてAIやIoT等のIT分野の教育を強化するべくオンライン・シンポジウム「進路で人生どう変わる？ 理系で広がる私の未来2023」等を実施した。各地方公共団体の実態に応じた高等学校情報科等強化によるデジ

タル人材の供給体制整備を推進している。また、高等学校情報科担当教員の配置状況の確認及び情報科特設ページの随時更新、情報Ⅰ実践研修等を実施した。【内閣府、デジタル庁、文部科学省、経済産業省】

② スーパーサイエンスハイスクールの充実等、高等学校における理数系教育の強化を通じて、女子生徒の科学技術に関する関心を高めた。国立研究開発法人科学技術振興機構では、女子中高生の理系分野への興味・関心を高め、適切な理系進路の選択を可能にするため、大学や民間企業等の女性研究者・技術者を始めとした科学技術分野を背景に持った社会人や理系分野で学ぶ大学生等と女子中高生の交流機会の提供や、実験教室・出前授業の実施等、地域や企業等と連携した取組などを実施する大学等に支援を行う「女子中高生の理系進路選択支援プログラム」を実施した。【文部科学省】

③ ウェブサイト「理工チャレンジ（リコチャレ）～女子中高生・女子学生の理工系分野への選択～」（以下「理工チャレンジホームページ」という。）において、理工系分野における好事例やロールモデルの紹介等を通じ、理工系女性人材の育成について、企業・大学・学術団体等による取組を促進している。【内閣府】

④ 国立大学における、女性研究者等多様な人材による教員組織の構築に向けた取組や女子生徒の理工系学部への進学を促進する取組等を学長のマネジメント実績として評価し、運営費交付金の配分に反映した。また、私立大学等経常費補助金において、女性研究者を始め子育て世代の研究者を支援することとしており、柔軟な勤務体制の構築等、女性研究者への支援を行う私立大学等の取組を支援した。【文部科学省】

⑤ 96団体、162イベント、6,300名以上の生徒等が参加した「夏のリコチャレ」、72団体101名が参加した理工系女子応援ネットワーク会議を通して、関係府省や経済界、学界、民間団体等産学官から成る支援体制等を活用した地域における意識啓発や情報発信等を実施し、地域の未来を担う理工系女性人材の育成や地方定着につながる取組を促進した。また、18地域にSTEM Girls Ambassadorsを派遣するとともに、3地域において、若手理工系人材による出前授業を実施し、各地域の理工系進路選択の契機となる機会を創出した。【内閣府】

⑥ 海洋人材の育成に当たっては、国立大学等が保有する船舶において、女性に配慮した環境整備（居住環境等）を促進した。【文部科学省】

⑦ 大学・高専機能強化支援事業において、女子学生を含む多様な入学生の確保に向けた取組等を要件とし、成長分野への学部再編等に取り組む大学等を選定した。【文部科学省】

⑧ 大学入学者選抜実施要項や教学マネジメント指針（追補）、好事例集の周知により、理工系の女子などを対象にした入学者の多様性を確保する選抜の促進を図った。【文部科学省】

イ　理工系分野に関する女子児童・生徒、保護者及び教員の理解促進

① 大学、研究機関、学術団体、企業等の協力の下、女子児童・生徒、保護者及び教員に対し、理工系選択のメリットに関する意識啓発や、理工系分野の仕事内容、働き方及び理工系出身者のキャリアに関する理解を促す取組を推進した。また、無意識の思い込み（アンコンシャス・バイアス）の払拭に取り組んだ。女子生徒の理工系進路選択を促進するための多様なロールモデルに関する事例集を作成したほか、女子生徒の理工系進路選択を促進するための調査研究等を行っている。【内閣府、文部科学省】

Ⅱ 安全・安心な暮らしの実現

第5分野 女性に対するあらゆる暴力の根絶

第1節 女性に対するあらゆる暴力の予防と根絶のための基盤づくり

① 女性に対する暴力の予防と根絶に向けて、「女性に対する暴力をなくす運動」（11月12日から同月25日の2週間）を全国的な運動として行った。令和5（2023）年度の運動においては、「心を傷つけることも暴力です」を主なメッセージとしたポスターを作成し、全国の各層に協力を呼び掛けるとともに、ポスターやリーフレットの作成・配布、全国各地のランドマーク等におけるパープル・ライトアップの実施、女性に対する暴力根絶のシンボルであるパープルリボンの着用の推進等により、広報活動を実施した。また、被害者自身が被害と認識していない場合があることや、被害を受けていることを言い出しにくい現状があることも踏まえ、女性に対する暴力に関する認識の向上や、悪いのは被害者ではなく加害者であり、暴力を断じて許さないという社会規範の醸成を図った。【内閣府、法務省、関係省庁】

② 様々な状況に置かれた被害者に情報が届くよう、官民が連携した広報啓発を実施するとともに、加害者や被害者を生まないための若年層を対象とする予防啓発の拡充、教育・学習の充実を図っている。また、高齢者における配偶者からの暴力被害も多いことを踏まえ、高齢の被害者にも支援の情報が届きやすいよう広報・啓発を充実させている。【内閣府、文部科学省、厚生労働省、関係省庁】

③ 「多様な困難に直面する女性支援政策パッケージ」（令和元年12月26日多様な困難に直面する女性に対する支援等に関する関係府省連絡会議取りまとめ）に基づき、配偶者等からの暴力を始めとする複合的困難により、社会的に孤立し、生きづらさを抱える女性に対する支援を政府一体となって推進している。

内閣府では、DV相談プラスを実施して、配偶者等からの暴力の被害者の多様なニーズに対応できるよう、毎日24時間の電話相談、SNS・メール相談及び10の外国語での相談の対応を行うとともに、各地域の民間支援団体とも連携し、相談員が必要と判断した場合には、関係機関等への同行支援なども行っている。令和4（2022）年度にDV相談プラスに寄せられた相談件数は、4万7,971件となっている。また、最寄りの配偶者暴力相談支援センター等につながるDV相談ナビを実施している。令和4（2022）年度に全国の配偶者暴力相談支援センターに寄せられた相談件数は12万2,211件となっている。さらに、DV被害者等セーフティネット強化支援事業による交付金（性暴力・配偶者暴力被害者等支援交付金（配偶者暴力被害者等支援調査研究事業））の交付により、官民連携の下で民間シェルター等による先進的な取組を推進する都道府県等への支援を行っている。【内閣府、関係省庁】

④ 関係行政機関等において、相談窓口の所在等を広く周知するとともに、電話相談や窓口相談についてサービス向上を促進するため、電話相談の番号の周知や相談しやすくするための工夫、SNS等を活用した相談の実施、夜間・休日における相談対応の実施等を推進している。

内閣府では、性犯罪・性暴力被害者支援のため、性犯罪・性暴力被害者のためのワンストップ支援センター（以下「ワンストップ支援センター」という。）の全国共通番号「#8891（はやくワンストップ）」の周知を図るとともに、若年層等の性暴力被害者が相談しやすいよう、SNS相談「Cure time（キュアタイム）」を実施している。さらに、

性犯罪・性暴力の夜間の相談や救急対応のため、夜間休日には対応していないワンストップ支援センターの運営時間外に、被害者からの相談を受け付け、ワンストップ支援センターと連携して支援する「性暴力被害者のための夜間休日コールセンター」を運営し、性犯罪・性暴力被害者支援の充実を図っている。令和5（2023）年度上半期にワンストップ支援センターに寄せられた相談件数は、3万5,990件となっている。

また、男性や男児は、社会全体において男性の性被害に関する誤解や思い込みがあることなどから、被害に遭っても被害の深刻さを認識しにくかったり、相談を躊躇したりすることなどが指摘されていることを踏まえ、令和5（2023）年9月から12月の3か月間、「こども・若者の性被害防止のための緊急対策パッケージ」（令和5年7月26日「性犯罪・性暴力対策強化のための関係府省会議」・「こどもの性的搾取等に係る対策に関する関係府省連絡会議」合同会議）に基づき、性犯罪・性暴力の被害に遭った男性や男児、その保護者等のための臨時の相談窓口として、「男性のための性暴力被害ホットライン」及び「男の子と保護者のための性暴力被害ホットライン」を実施した。本事業を通じて得られた知見を活用し、全国のワンストップ支援センター等の関係機関における男性や男児の被害者への対応の向上等に取り組んでいる。

厚生労働省では、若年層を始めとした困難を抱えた女性が支援に円滑につながるよう、都道府県に対し、SNSを活用した相談窓口の開設準備及び運用に関する支援を行っている。【内閣府、警察庁、こども家庭庁、法務省、厚生労働省】

⑤　中長期にわたる被害者の心身の回復を支援するため、トラウマ・ケアの専門家を育成し、身近な場所で適切な相談・カウンセリングが経済的負担なく受けられる体制を構築していくとともに、ニーズに応じた対応が可能な民間団体や自助グループの活動を促進している。

内閣府では、交付金の交付により、官民連携の下で民間シェルター等による先進的な取組を推進する都道府県等への支援を行っている。（再掲）

厚生労働省では、暴力被害者等の心のケア対策として、婦人相談所一時保護所や婦人保護施設（困難な問題を抱える女性への支援に関する法律（令和4年法律第52号。以下「女性支援新法」という。）における女性相談支援センター一時保護所や女性自立支援施設）に心理療法担当職員を配置し、カウンセリング等による心理的回復を図っている。【内閣府、警察庁、厚生労働省】

⑥　内閣府では、性犯罪・性暴力の被害に遭った男性や男児、その保護者等のための臨時の相談窓口として、「男性のための性暴力被害ホットライン」及び「男の子と保護者のための性暴力被害ホットライン」を実施した。本事業を通じて得られた知見を活用し、全国のワンストップ支援センター等の関係機関における男性や男児の被害者への対応の向上等に取り組んでいる。（再掲）

また、男性被害者等に対する必要な配慮が図られるよう、ワンストップ支援センターの相談員等を対象とした研修の実施等により、相談及び支援体制の充実を図っている。【内閣府、関係省庁】

⑦　被害者と直接接することとなる警察官、検察職員、更生保護官署職員、地方出入国在留管理局職員、婦人相談所（女性支援新法における女性相談支援センター）職員、児童相談所職員、民間団体等について、男女共同参画の視点から被害者の置かれた立場を十分に理解し、適切な対応をとることができるよう、より一層の研修機会の拡大等に努めるとともに、関係機関間や職員間の連携を促進している。

内閣府では、性犯罪・性暴力被害者等が安心して相談をし、必要な支援を受けられる環境を整備するために、ワンストップ支援センターの相談員等を対象としたオンライン研修教材を作成し、提供するとともに、研修を実施している。

また、配偶者暴力相談支援センターのセンター長、地方公共団体の担当職員並びに配偶者暴力相談支援センター、児童相談所、民間シェルター等において相談支援業務に携わる官民の相談員等の関係者を対象として、相談対応の質の向上及び被害者やその子に対する支援における官官・官民連携強化のために必要な知識の習得機会を提供するため、オンライン研修教材を作成し提供している。

厚生労働省では、婦人保護事業の担い手となる婦人相談員（女性支援新法における女性相談支援員）の人材確保に努めるとともに、各種研修受講

等を推進することで、専門性の向上を図っている。【内閣府、警察庁、こども家庭庁、法務省、厚生労働省、関係省庁】

⑧　ケーススタディの手法やオンライン研修教材の活用等により、ＳＮＳ等を活用した相談を含む、現場における対応に重点を置いた各職務関係者に対する研修を充実させ、支援に携わる人材育成を図っている。【内閣府、警察庁、法務省、厚生労働省】

⑨　女性に対する暴力に関する認識を深め、被害者の置かれた状況に十分配慮できるよう、検察官に対し、経験年数に応じて実施する研修において、女性被害者に関する理解・配慮に資する講義を実施した。【法務省】

⑩　法曹養成課程において、女性に対する暴力に関する法律及び女性に対する暴力の被害者に対する理解の向上を含め、国民の期待と信頼に応える法曹の育成に努めている。【法務省、文部科学省】

⑪　女性に対する暴力に関する被害者支援の充実を図るため、民間シェルター等と警察や福祉などとの協働が円滑に行われるよう、官民双方向の連携の仕組みを構築するとともに、民間団体の活用による支援の充実に努めている。

　　厚生労働省では、多様な相談対応や自立に向けた支援を展開するＮＰＯ法人等の育成支援を行い、官・民の協働による困難な問題を抱える女性への支援を推進している。【内閣府、警察庁、法務省、厚生労働省、関係省庁】

⑫　被害者に対しては、暴力の形態や被害者の属性等に応じて、相談、保護、生活・就業等の支援、情報提供等をきめ細かく実施している。また、官民・官官・広域連携の促進を通じて、中長期的見守りなど切れ目のない被害者支援を実施している。【内閣府、警察庁、法務省、厚生労働省、関係省庁】

⑬　女性支援新法の成立に伴い、これまでの婦人保護事業を見直し、被害者が実態に即した支援を受けることができるよう、女性支援を実践する「民間団体との協働」といった視点も取り入れた新たな支援の枠組みの構築について、令和6（2024）年4月の法律施行に向けて検討した。【厚生労働省】

⑭　重大事件等の暴力被害に関する必要な検証を行い、重大な被害につながりやすい要因を分析し、今後の対応に活用している。【警察庁、関係府省】

⑮　内閣府では、男女間を取り巻く環境の変化に応じた被害傾向の変化等に対応する施策の検討に必要な基礎資料を得ることを目的に平成11（1999）年度から実施している「男女間における暴力に関する調査」について、令和5（2023）年度調査を実施した。

　　法務省では、女性に対する暴力事案の被害も含め、実際の犯罪発生件数等を把握するため、一定数の調査対象者に対し、犯罪被害の有無や捜査機関への申告の有無、その理由等を尋ねる犯罪被害実態（暗数）調査を実施し、得られた調査結果の分析を行っている。【内閣府、法務省、関係省庁】

⑯　法務省の人権擁護機関では、専用相談電話「女性の人権ホットライン」を設置するなどして、夫・パートナーからの暴力やセクシュアルハラスメント等女性の人権問題に関する相談体制のより一層の充実を図っている。令和5（2023）年における「女性の人権ホットライン」で相談に応じた件数は、15,142件となっている。【法務省】

第2節　性犯罪・性暴力への対策の推進

①　性犯罪・性暴力への対策の推進については、「性犯罪・性暴力対策の更なる強化の方針」（令和5年3月30日性犯罪・性暴力対策強化のための関係府省会議決定）に基づき、令和5（2023）年度から令和7（2025）年度までの3年間を「更なる集中強化期間」として、性犯罪・性暴力の根絶のための取組や被害者支援を強化している。【内閣府、警察庁、こども家庭庁、法務省、文部科学省、厚生労働省、関係省庁】

②　性犯罪に適切に対処するための、刑法及び刑事訴訟法の一部を改正する法律（令和5年法律第66号）並びに性的な姿態を撮影する行為等の処罰及び押収物に記録された性的な姿態の影像に係る電磁的記録の消去等に関する法律（令和5年法律第67号）が第211回国会（令和5（2023）年）において成立した。これらの法律の趣旨及び内容を踏まえ、その適切な運用に努めるとともに、周知・啓発を図るなど、必要な措置を講じている。【法務省、関係府省】

③　監護者による性犯罪・性暴力や障害者に対する性犯罪・性暴力等について、厳正かつ適切な対処に努めるなど、必要な措置を講じた。【こども家庭庁、法務省、文部科学省、厚生労働省、関係府省】

④　内閣府では、男女間を取り巻く環境の変化に応じた被害傾向の変化等に対応する施策の検討に必要な基礎資料を得ることを目的に平成11（1999）年度から実施している「男女間における暴力に関する調査」について、令和5（2023）年度調査を実施した。（再掲）【内閣府、関係省庁】

⑤　各都道府県警察の性犯罪被害相談電話につながる全国共通番号「＃8103（ハートさん）」について国民への更なる周知や性犯罪捜査担当係への女性警察官の配置推進等、性犯罪被害に遭った女性が安心して警察に届出ができる環境づくりのための施策を推進し、性犯罪被害の潜在化防止に努めている。【警察庁】

⑥　性犯罪に関して被害の届出がなされた場合には、被害者の立場に立ち、明白な虚偽又は著しく合理性を欠くものである場合を除いて、即時に受理することを更に徹底している。また、被害届受理時の説明によって、被害者に警察が被害届の受理を拒んでいるとの誤解を生じさせることがないよう、必要な指導を行っている。告訴についても、被害者の立場に立って、迅速・的確に対応している。【警察庁】

⑦　性犯罪等の被害者は、ＰＴＳＤ（心的外傷後ストレス障害）等の精神的な疾患に苦しむケースが少なくない現状を踏まえ、捜査関係者を含む関係者において、被害者の精神面の被害についても的確に把握し、事案に応じた適切な対応を図っている。【警察庁、関係府省】

⑧　「女性活躍・男女共同参画の重点方針2022（女性版骨太の方針2022）」（令和4年6月3日すべての女性が輝く社会づくり本部・男女共同参画推進本部決定）を踏まえて取りまとめた「痴漢撲滅に向けた政策パッケージ」（令和5年3月30日内閣府、警察庁、法務省、文部科学省、国土交通省取りまとめ）に基づき、痴漢は重大な性犯罪であるという認識の下、徹底した取締り等による加害者への厳正な対処、被害申告・相談をしやすい環境の整備、痴漢対策等のための防犯アプリの普及や鉄道事業者等と連携した痴漢防止の広報・啓発

活動等の取組を関係府省が一体となって実施している。【内閣府、警察庁、こども家庭庁、法務省、文部科学省、国土交通省】

⑨　ワンストップ支援センターについて、24時間365日対応化や拠点となる病院における環境整備等の促進、コーディネーターの配置・常勤化などの地域連携体制の確立、専門性を高めるなどの人材の育成や運営体制確保、支援員の適切な処遇など運営の安定化及び質の向上を図っている。

　　また、全国共通番号「＃8891（はやくワンストップ）」を周知するとともに、ワンストップ支援センターの通話料の無料化を継続している。夜間・休日においても相談を受け付けるコールセンターの運営、地域での緊急事案への対応体制の整備等、相談につながりやすい体制整備を図っている。さらに若年層等の性暴力被害者が相談しやすいよう、ＳＮＳ相談「Cure time（キュアタイム）」を実施している。

　　厚生労働省では、若年層を始めとした困難を抱えた女性が支援に円滑につながるよう、都道府県に対し、ＳＮＳを活用した相談窓口の開設準備及び運用に関する支援を行っている。（再掲）【内閣府、厚生労働省、関係省庁】

⑩　ワンストップ支援センターと婦人相談所・婦人相談員（女性支援新法における女性相談支援センター・女性相談支援員）などとの連携を強化し、機動的な被害者支援の展開を図っている。また、被害者の要望に応じた支援をコーディネートできるよう、性犯罪被害者支援に係る関係部局と民間支援団体間の連携を促進している。さらに、障害者や男性等を含め、様々な被害者への適切な対応や支援を行えるよう、研修を実施している。【内閣府、警察庁、厚生労働省、関係省庁】

⑪　被害者からの事情聴取に当たっては、その精神状態等に十分に配慮するとともに、被害者が安心して事情聴取に応じられるよう、女性警察官等の配置や、被害者の心情に配慮した被害者専用の事情聴取室の活用などによる事情聴取等の推進に努めている。被害者の事情聴取の在り方等について、引き続き、精神に障害がある性犯罪被害者に配慮した聴取（代表者聴取）の取組の試行を行うほか、より一層適切なものとなるような取組を検討し、適切に対処している。また、被告人の弁護人は、

被害者に対する尋問に際しては、十分に被害者の人権に対する配慮が求められることにつき、啓発に努めている。【警察庁、こども家庭庁、法務省、国土交通省】

⑫　被害者に対する不適切な対応による更なる被害を防止する観点も含め、支援に従事する関係者に対して、啓発・研修を実施している。また、刑事司法に関係する検察官等に対し、性犯罪に直面した被害者の心理や障害のある性犯罪被害者の特性や対応についての研修を実施した。

　内閣府では、性犯罪被害者等が安心して必要な相談・支援を受けられる環境を整備するために、ワンストップ支援センターの相談員等を対象としたオンライン研修教材を作成し、提供するとともに、研修を実施している。(再掲)【内閣府、法務省、関係省庁】

⑬　医療機関における性犯罪被害者の支援体制及び被害者の受入れに係る啓発・研修を強化し、急性期における被害者に対する治療、緊急避妊等に係る支援を含む、医療機関における支援を充実させるとともに、支援に携わる人材の育成に資するよう、とりわけ女性の産婦人科医を始めとする医療関係者に対する啓発・研修を強化している。【厚生労働省、関係府省】

⑭　性犯罪被害者に対する包括的・中長期的な支援を推進するとともに、警察庁においては、医療費・カウンセリング費用の公費負担制度の効果的な運用を図っている。

　内閣府では、性犯罪・性暴力被害者支援のための交付金により、ワンストップ支援センターを利用する被害者の医療費・カウンセリング費用の助成をしている。また、性犯罪に関する専門的知識・技能を備えた医師、看護師、医療関係者等や民間支援員の活用を促進している。【内閣府、警察庁、法務省、厚生労働省】

⑮　性犯罪・性暴力事件及びその裁判に関する報道において、被害に関する詳細な描写や被害者が特定される情報が深刻な二次被害をもたらすことから、その取扱いの配慮について、メディアへの啓発を行うための必要な検討等を行っている。【内閣府、関係省庁】

⑯　医師や看護師を養成する教育の中で、性犯罪被害等に関する知識の普及に努めている。【文部科学省、厚生労働省】

⑰　被害者の心のケアを行う専門家の育成等相談体制の充実を図っている。【厚生労働省】

⑱　関係府省や都道府県警察において、16歳未満の子供を対象とした暴力的性犯罪受刑者の出所後の所在等の情報を共有し、その所在を確認するなどして、再犯防止を図っている。【警察庁、法務省】

⑲　刑事施設及び保護観察所において性犯罪者に実施している専門的プログラムの着実な実施や、指導者の育成など、性犯罪者に対する再犯防止対策を進めている。【法務省】

⑳　二次被害防止の観点から被害者支援、捜査及び刑事裁判手続における被害者のプライバシー保護を図るとともに、メディア等を通じた的確な情報発信により性犯罪に対する一般社会の理解を増進している。【内閣府、警察庁、法務省、関係省庁】

㉑　「女性に対する暴力をなくす運動」において、「心を傷つけることも暴力です」を主なメッセージとしたポスターを作成し、広報啓発を推進した。(再掲)

　また、4月の「若年層の性暴力被害予防月間」においてSNS等の若年層に届きやすい広報媒体を活用した啓発活動を展開した。【内閣府、関係省庁】

㉒　アダルトビデオ出演被害について、性をめぐる個人の尊厳が重んぜられる社会の形成に資するために性行為映像制作物への出演に係る被害の防止を図り及び出演者の救済に資するための出演契約等に関する特則等に関する法律（令和4年法律第78号。以下「AV出演被害防止・救済法」という。）による出演被害の防止及び被害者の救済が適切に図られるよう、内閣府では、同法の趣旨や出演契約の特則等の周知を進めるとともに、相談窓口であるワンストップ支援センターにおける被害者への相談支援の充実、SNSの活用等による広報啓発の継続的な実施等に努めている。

　警察では、アダルトビデオ出演被害に対して、AV出演被害防止・救済法も含め、各種法令の適用を視野に入れた取締りを推進している。【内閣府、警察庁、法務省、関係省庁】

第3節 子供、若年層に対する性的な暴力の根絶に向けた対策の推進

① 子供、若年層に対する性犯罪・性暴力の対策については、「性犯罪・性暴力対策の更なる強化の方針」や「子供の性被害防止プラン2022」（令和4年5月20日犯罪対策閣僚会議決定）に基づいて、各般の対策に取り組んできたが、依然、弱い立場に置かれた子供・若者が、性犯罪・性暴力の被害に遭う事案が後を絶たない状況を踏まえ、令和5（2023）年7月、「こども・若者の性被害防止のための緊急対策パッケージ」（令和5年7月26日「性犯罪・性暴力対策強化のための関係府省会議」・「こどもの性的搾取等に係る対策に関する関係府省連絡会議」合同会議）を取りまとめ、対策の強化を図っている。また、「デフレ完全脱却のための総合経済対策」（令和5年11月2日閣議決定）において、教育・保育業界における先進事例の周知や業界のガイドライン（指針）の作成支援など、同パッケージに基づく対策を加速することとし、その実施を進めている。【内閣府、警察庁、こども家庭庁、総務省、法務省、外務省、文部科学省、厚生労働省、経済産業省、観光庁】

② 文部科学省では、内閣府と共同で作成した「生命（いのち）の安全教育」の教材等を活用したモデル事業を36校（園）で実施した。また、教員向け研修動画や児童生徒向け動画教材の活用等の周知、指導モデルを基にした実践事例集の作成・公表、全国フォーラムの開催等、全国の教育現場において「生命（いのち）の安全教育」に取り組むことができる環境を整備している。【文部科学省、関係府省】

③ 学校、児童福祉施設等の子供と直接接する業務を行う施設において、子供が相談しやすい環境を整備し、性的虐待の兆候を把握して児童相談所等と的確に連携するための研修・広報啓発を実施している。あわせて、二次被害の防止及び円滑な専門機関への相談のために、最初に性的虐待の被害を打ち明けられる可能性がある保護者、保育士、教師など子供に関わる大人に対して、初動対応に関する啓発を推進している。【こども家庭庁、法務省、文部科学省】

④ 児童虐待を受けたと思われる児童を発見した者の児童相談所等への通告義務を周知徹底するとともに、児童相談所、警察等においては、性的虐待の認知・把握に努め、被害児童の保護、被害児童に配慮した聴取（代表者聴取）、加害者の検挙と適切な処罰等に向けた必要な施策を実施している。【警察庁、こども家庭庁、法務省、文部科学省】

⑤ 若年女性を対象に、婦人相談所（女性支援新法における女性相談支援センター）等の公的機関と民間支援団体とが密接に連携し、夜間の見回り・声かけ、インターネット上での相談などのアウトリーチ支援や居場所の確保、相談対応、自立支援等の支援を行っている。【厚生労働省】

⑥ 児童相談所やワンストップ支援センター等において、性的な暴力被害を受けた子供に対する被害直後及びその後の継続的な専門的ケアや支援が実施されるよう取組を進めている。あわせて、専門的知識を備えた人材の育成を推進している。

内閣府では、性的な暴力被害を受けた子供に対する被害直後及びその後の継続的な専門的ケアや支援が実施されるよう、ワンストップ支援センターの相談員等を対象としたオンライン研修教材を提供した。【内閣府、警察庁、こども家庭庁、法務省、文部科学省】

⑦ 内閣府では、被害児童の負担を軽減しつつ、適正な診断・治療等ができるよう、医療関係者等を対象としたオンライン研修教材を提供するとともに、研修を実施した。【内閣府、こども家庭庁】

⑧ 被害児童の学習や通学など社会生活が妨げられないよう、学校で教職員が相談に乗ったり、関係機関と連携したりするなどの適切な措置を講じている。【文部科学省】

⑨ 通学路や公園等における防犯・安全対策を強化し、性犯罪の前兆となり得るつきまとい等の行為に対する捜査・警告を的確に実施している。【警察庁】

⑩ 文部科学省では、教育職員等による児童生徒性暴力等の防止等に関する法律（令和3年法律第57号）に基づき、児童生徒性暴力等を行ったことにより教員免許状が失効又は取上げとなった「特定免許状失効者等」に関する情報を記録したデータベースを構築し、国公私の別や常勤・非常勤等の任用形態等によらず、教育職員等を任命又は雇用

しようとするときは、必ず当該データベースを活用する義務があること等について周知を行っている。

　こども家庭庁では、児童生徒等に対してわいせつ行為を行った保育士について、児童福祉法等の一部を改正する法律（令和4年法律第66号）の適切な運用がなされるよう、法改正の趣旨や基本的な指針等について、各都道府県等への周知を行った。【こども家庭庁、文部科学省】

⑪　令和6（2024）年3月、第213回通常国会に「学校設置者等及び民間教育保育等事業者による児童対象性暴力等の防止等のための措置に関する法律案」を提出した。【こども家庭庁、法務省、文部科学省、経済産業省、関係府省】

⑫　「子供の性被害防止プラン2022[4]」に基づき、政府全体で児童買春・児童ポルノ等の対策を推進している。【内閣府、警察庁、こども家庭庁、総務省、法務省、外務省、文部科学省、厚生労働省、経済産業省、観光庁】

⑬　アダルトビデオ出演被害を含め、若年層の性暴力被害に関し、実態把握や取締り等の強化、教育・啓発の強化、相談体制の充実、保護・自立支援の取組強化等の施策を総合的に推進している。【内閣府、警察庁、関係省庁】

⑭　4月の「若年層の性暴力被害予防月間」においてSNS等の若年層に届きやすい広報媒体を活用した啓発活動を展開した。（再掲）【内閣府、関係省庁】

⑮　子供に対する性的な暴力根絶に向けて教育・学習、積極的な広報啓発を実施している。特に、コミュニティサイトやSNS等を通じた性犯罪・性暴力の当事者にならないための教育・学習、啓発活動、子供及びその保護者のメディア・リテラシーの向上等の充実を図っている。

　こども家庭庁では、青少年が安全に安心してインターネットを利用できる環境の整備等に関する法律（平成20年法律第79号）及び「青少年が安全に安心してインターネットを利用できるようにするための施策に関する基本的な計画（第5次）」（令和3年6月7日子ども・若者育成支援推進本部決定。以下「第5次青少年インターネット環境整備

基本計画」という。）に基づき、子供がインターネットを上手に、安全に使うスキルを習得するため、青少年の保護者向けのリーフレットを作成し、都道府県等の関係機関に配布するとともに、こども家庭庁ホームページに掲載するなど、子供及びその保護者のメディア・リテラシーの向上に努めた。

　また、7月の「青少年の非行・被害防止全国強調月間」において、「インターネット利用におけるこどもの犯罪被害等の防止」を最重点課題に掲げ、関係省庁、地方公共団体、関係団体等の協力を得て、青少年の非行・被害防止のための国民運動を展開した。

　警察庁と文部科学省の共同により、具体的な犯罪被害事例や犯罪手口を盛り込んだリーフレット「守りたい　大切な自分　大切な誰か」を作成し、両省庁のウェブサイトにおいて公開した。また、教育委員会等と連携して児童生徒や保護者へ周知するとともに、各都道府県警察に対し各種広報啓発活動における活用を依頼した。

　総務省は、関係省庁と連携の下、性や暴力に関するインターネット上の有害な情報から青少年を保護し、青少年が安全に安心してインターネットを利用できるようにするため、フィルタリングの普及促進やインターネットの適切な利用等に関する啓発活動等を行っている。具体的には、子供たちのインターネットの安全な利用に係る普及啓発を目的に、児童・生徒、保護者・教職員等に対する学校等の現場での出前講座（e-ネットキャラバン）や保護者及び教職員向けの上位講座（e-ネットキャラバンPlus）を、情報通信分野等の企業・団体や文部科学省と協力して全国で開催した（令和5（2023）年度は全国2,166か所で開催）。

　また、専門家からのヒアリングを通じて、インターネットに係る実際に起きた最新のトラブル事例を踏まえ、その予防法等をまとめた「インターネットトラブル事例集」を平成21（2009）年度より毎年内容を更新して公表し、普及を図っている。

　文部科学省では、ネットモラルキャラバン隊を全国3か所で開催し、保護者等を対象に情報モラ

4　「子供の性被害防止プラン（児童の性的搾取等に係る対策の基本計画）2022」（令和4年5月20日犯罪対策閣僚会議決定）

ルやネットとの関わり方、家庭でのルール作り等の啓発を行った。【内閣府、警察庁、こども家庭庁、総務省、文部科学省、経済産業省】

⑯　法務省の人権擁護機関では、ＳＮＳ（ＬＩＮＥ）を活用した人権相談を推進している。【法務省】

第4節　配偶者等からの暴力の防止及び被害者の保護等の推進

①　保護命令制度の拡充・保護命令違反の厳罰化、基本方針・都道府県基本計画の記載事項の拡充、協議会の法定化等の措置を講ずることを内容とする、配偶者からの暴力の防止及び被害者の保護等に関する法律の一部を改正する法律（令和5年法律第30号。以下「配偶者暴力防止法改正法」という。）が第211回国会（令和5（2023）年）において成立した。令和6（2024）年4月の配偶者暴力防止法改正法の円滑な施行を図るため、下位法令や配偶者からの暴力の防止及び被害者の保護等のための施策に関する基本的な方針（令和5年内閣府・国家公安委員会・法務省・厚生労働省告示第1号。以下「基本方針」という。）の整備、配偶者暴力防止法改正法の概要やQ＆A、保護命令制度の改正ポイントに関するパンフレットの作成や周知、配偶者暴力相談支援センター等の地方公共団体関係職員等に対する説明会の実施等の取組を行った。【内閣府、警察庁、法務省、厚生労働省】

②　配偶者暴力相談支援センターのセンター長、地方公共団体の担当職員並びに配偶者暴力相談支援センター、児童相談所、民間シェルター等において相談支援業務に携わる官民の相談員等の関係者を対象として、相談対応の質の向上及び被害者やその子に対する支援における官官・官民連携強化のために必要な知識の習得機会を提供するため、オンライン研修教材を作成し提供している。（再掲）【内閣府】

③　ＤＶと児童虐待が密接に関連するものであることを踏まえ、ＤＶ対応と児童虐待対応との連携強化に向けた取組を推進している。【内閣府、警察庁、こども家庭庁、法務省、厚生労働省、関係省庁】

④　内閣府では、交付金の交付により、官民連携の下で民間シェルター等による先進的な取組を推進する都道府県等への支援を行っている。（再掲）【内閣府、法務省、厚生労働省、関係省庁】

⑤　被害者等のための民間シェルター等が行う先進的な取組の推進や調査研究の実施など、被害者支援の充実を図るとともに、一時保護解除後の被害者等に対する民間シェルター等を通じた自立支援、定着支援等の取組を行っている。【内閣府、厚生労働省】

⑥　被害者の保護に当たっては、被害者は、配偶者からの暴力で心身ともに傷ついていることに留意し、不適切な対応により被害者に更なる被害（二次被害）が生じることのないよう配慮することを徹底している。【内閣府、警察庁、法務省、厚生労働省】

⑦　被害者等の保護、捜査、裁判等に職務上関係のある者は、被害者等の安全の確保及び秘密の保持に十分な配慮をしている。また、加害者が個人情報に係る閲覧や証明書の制度を不当に利用し被害者等の住所を探索することを防止するなど、被害者情報の保護の徹底を図っている。【内閣府、警察庁、総務省、法務省、文部科学省、厚生労働省、国土交通省】

⑧　ＤＶ相談プラスを実施して、配偶者等からの暴力の被害者の多様なニーズに対応できるよう、毎日24時間の電話相談、ＳＮＳ・メール相談及び10の外国語での相談の対応を行うとともに、各地域の民間支援団体とも連携し、相談員が必要と判断した場合には、関係機関等への同行支援なども行っている。（再掲）【内閣府、厚生労働省】

⑨　二次被害を防止し、適切な被害者支援を行うため、現場のニーズに即した研修の実施や相談員の適切な処遇など、支援に従事する関係者の質の向上・維持に向けた継続的取組を促進している。【内閣府、厚生労働省】

⑩　被害者の安全確保及び加害者への厳正な対処を徹底するとともに、被害者の支援と被害の防止に関する広報啓発を推進した。

　　内閣府では、ホームページ、メールマガジン、ＳＮＳ等を通じて、配偶者からの暴力の被害者支援に役立つ情報の提供を行っている。【内閣府、警察庁、法務省、厚生労働省】

⑪　配偶者からの暴力の防止及び被害者の保護等に

関する法律（平成13年法律第31号）に基づき、保護命令制度の適切な運用のための施策の実施に努めている。また、保護命令制度の拡充・保護命令違反の厳罰化、基本方針・都道府県基本計画の記載事項の拡充、協議会の法定化等の措置を講ずることを内容とする配偶者暴力防止法改正法が第211回国会（令和5（2023）年）において成立した。令和6（2024）年4月の配偶者暴力防止法改正法の円滑な施行を図るため、下位法令や基本方針の整備、配偶者暴力防止法改正法の概要やQ＆A、保護命令制度の改正ポイントに関するパンフレットの作成や周知、配偶者暴力相談支援センター等の地方公共団体関係職員等に対する説明会の実施等の取組を行った。（再掲）【内閣府、警察庁、法務省、厚生労働省】

⑫　婦人相談所（女性支援新法における女性相談支援センター）において、被害者の安全の確保や心身の健康回復を十分に行うとともに、民間シェルター等の積極的活用等による適切かつ効果的な一時保護を実施している。また、婦人相談所一時保護所や婦人保護施設（女性支援新法における女性相談支援センター一時保護所や女性自立支援施設）において、被害者に対する心理的ケアや自立に向けた支援、同伴児童への学習支援を推進している。【厚生労働省】

⑬　被害者は身体的に傷害を受けたり、ＰＴＳＤ（心的外傷後ストレス障害）等の疾患を抱えたりすることが多いことから、事案に応じて、医師、相談・保護に関わる職員が連携して、医学的又は心理的な援助を行っている。また、職務関係者に対する研修の充実等により、被害者に対する適切な支援を行うための人材育成を促進している。【内閣府、厚生労働省、関係省庁】

⑭　被害者は複合的な困難を抱えたり生活困窮に陥ったりすることがあるため、配偶者暴力相談支援センター等において、関係機関や民間シェルター等とも連携しつつ、被害者への中長期的な支援として、就業の促進、住宅の確保、医療保険・国民年金の手続、同居する子供の就学、住民基本台帳の閲覧等の制限等に関する制度の利用等の情報提供及び助言を行っている。また、事案に応じて当該関係機関や民間シェルター等と連携して対応に当たるなど、被害者の自立を支援するため

の施策等について一層促進している。その際、先進的な取組について共有を図っている。【内閣府、厚生労働省、関係省庁】

⑮　被害者の住居の安定の確保のため、地域の実情を踏まえた事業主体の判断による公営住宅への優先入居や目的外使用の実施を促進している。【国土交通省】

⑯　配偶者からの暴力の被害者を含め、生活困窮者に対して、生活困窮者自立支援制度の相談窓口（自立相談支援機関）において、住まい、家計、就労などの面から包括的な自立支援を行っている。【内閣府、厚生労働省】

⑰　被害者支援の一環として、加害者に働きかけることで加害者に自らの暴力の責任を自覚させる加害者プログラムについて、令和2（2020）年度から令和4（2022）年度に実施した試行実施の成果等を踏まえ、「配偶者暴力加害者プログラム実施のための留意事項」（令和5（2023）年5月）を整理し、地方公共団体に配布した。これを活用した取組の全国的な展開に向けて、被害者支援を行う地方公共団体や民間団体の関係者等に対し、その内容の普及を行っている。【内閣府、関係省庁】

⑱　配偶者等からの暴力がその子供にも悪影響を及ぼすことに鑑み、子供に対する精神的ケア、学習支援等の支援を充実させるとともに、配偶者暴力相談支援センター等の配偶者からの暴力への対応機関と児童相談所等の児童虐待への対応機関との連携協力を推進している。【内閣府、こども家庭庁、関係省庁】

⑲　交際相手からの暴力の実態の把握に努め、各種窓口において相談が受けられる体制の拡充・周知徹底を行うとともに、被害者の適切な保護に努めている。

　　内閣府では、配偶者暴力相談支援センターにおける相談件数等について調査を実施し、交際相手からの相談状況の把握を行っている。【内閣府、警察庁、文部科学省、厚生労働省、関係省庁】

⑳　非同棲交際相手からの暴力（いわゆるデートＤＶ）について、教育・学習及び若年層に対する予防啓発の充実を図っている。【内閣府、文部科学省】

第5節 ストーカー事案への対策の推進

① ストーカー行為は事態が急展開して重大事案に発展するおそれが大きいものであることを考慮し、被害者の安全確保及び加害者への厳正な対処を徹底するとともに、効果的な被害者支援及び被害の防止に関する広報啓発を推進している。【内閣府、警察庁、法務省、文部科学省、厚生労働省、関係省庁】

② 内閣府では、相談支援業務に携わる官民の相談員等の関係者を対象としてオンライン研修教材の提供等を実施している。（再掲）【内閣府、法務省、厚生労働省】

③ 内閣府では、交付金の交付により、官民連携の下で民間シェルター等による先進的な取組を推進する都道府県等への支援を行っている。（再掲）【内閣府、総務省、法務省、厚生労働省、国土交通省】

④ 被害者等の保護、捜査、裁判等に職務上関係のある者は、被害者等の安全の確保及び秘密の保持に十分な配慮をしている。また、加害者が個人情報に係る閲覧や証明書の制度を不当に利用し被害者等の住所を探索することを防止するなど、被害者情報の保護の徹底を図っている。（再掲）【内閣府、警察庁、総務省、法務省、文部科学省、厚生労働省、国土交通省】

⑤ ストーカーの被害者にも加害者にもならないため、とりわけ若年層に対する予防啓発・教育を推進するとともに、インターネットの適切な利用やインターネットの危険性に関する教育・啓発を推進している。また、こうした教育指導を適切に実施し、研修等により教育関係者等の理解を促進するために、教員等を対象に情報モラル教育指導者養成セミナーを4回実施した。

　総務省は、関係省庁と連携の下、青少年が安全に安心してインターネットを利用できるようにするため、インターネットの適切な利用等に関する啓発活動等を行っている。具体的には、児童・生徒、保護者・教職員等に対する学校等の現場での出前講座（e‐ネットキャラバン）や保護者及び教職員向けの上位講座（e‐ネットキャラバンＰｌｕｓ）を、情報通信分野等の企業・団体や文部科学省と協力して全国で開催した（令和5（2023）年度は全国2,166か所で開催）。（再掲）

　また、専門家からのヒアリングを通じて、インターネットに係る実際に起きた最新のトラブル事例を踏まえ、その予防法等をまとめた「インターネットトラブル事例集」を平成21（2009）年度より毎年内容を更新して公表し、普及を図っている。（再掲）【内閣府、総務省、文部科学省、関係省庁】

⑥ ストーカー事案に係る相談・支援窓口や事案対処の方法について、広報啓発を推進している。【内閣府、警察庁、法務省、文部科学省、厚生労働省、関係省庁】

⑦ 加害者に対する迅速・的確な対応を徹底するとともに、関係機関が適切に連携を図りながら、様々な段階での加害者に対する更生のための働きかけ、受刑者等に対するストーカー行為につながる問題性を考慮したプログラムの実施・充実、ストーカー行為者に対する精神医学的・心理学的アプローチ等、加害者更生に係る取組を推進している。【内閣府、警察庁、法務省、関係省庁】

⑧ 被害者の心身の健康を回復させるための方法等に関する調査研究を実施している。【内閣府、警察庁、厚生労働省、関係省庁】

第6節 セクシュアルハラスメント防止対策の推進

① 職場におけるセクシュアルハラスメントは個人としての尊厳や人格を不当に傷つける、決してあってはならない行為である。男女雇用機会均等法及びこれに基づく指針について、事業主が講ずべき措置の内容だけでなく、就職活動中の学生等への対応も含めた望ましい取組の内容を含めて周知を行うとともに、非正規雇用労働者を含む労働者からの相談に対応する体制の整備等により、雇用の場におけるセクシュアルハラスメントの防止対策を推進している。また、労働者がセクシュアルハラスメントが原因で精神障害を発病した場合は、労災補償の対象になる場合があることの周知徹底を図っている。【厚生労働省】

② 内閣官房内閣人事局では、「国家公務員健康増進等基本計画」（平成3年3月20日内閣総理大臣決定）において、各府省等におけるハラスメント

に関する研修の受講必修化等の研修の強化、職員への啓発の推進やハラスメントに関する相談体制の整備について明記しているほか、各府省等が実施する研修の受講者以外を対象とした、セクシュアルハラスメントに関する内容を含んだハラスメント防止に関するeラーニング講習を実施した。

人事院では、一般職国家公務員について、人事院規則10-10（セクシュアル・ハラスメントの防止等）等に基づき、ハラスメントの防止等の対策を講じている。「国家公務員ハラスメント防止週間」（毎年12月4日から同月10日まで）を定め、職員の意識啓発等を図る講演会を開催したほか、ハラスメント防止等についての認識を深め、各府省における施策の充実を図るため、各府省担当者会議を開催した。また、ハラスメント相談員を対象としたセミナーを実施した。さらに、これまで実施してきた「幹部・管理職員ハラスメント防止研修」について、組織マネジメントの観点も反映したより実効性のあるものとなるよう研修内容を見直し令和5（2023）年度から実施した。【内閣官房、全府省庁、（人事院）】

③　国公私立学校等に対して、セクシュアルハラスメントの防止のための取組が進められるよう必要な情報提供等を行うなど、セクシュアルハラスメントの防止等の周知徹底を行った。また、各大学におけるセクシュアルハラスメントを含む性暴力等の防止に向けた取組の実施状況を調査し、各大学における取組の見直しや充実を促した。【文部科学省】

④　セクシュアルハラスメント被害の未然防止のための児童生徒、教職員等に対する啓発の実施を促進している。【文部科学省】

⑤　研究・医療・社会福祉施設やスポーツ分野等におけるセクシュアルハラスメントの実態を把握するとともに、予防のための取組や被害者の精神的ケアのための体制整備を促進している。また、セクシュアルハラスメントの行為者に対し厳正に対処するとともに、行為に至った要因を踏まえた対応を行うなど再発防止対策の在り方を検討している。【こども家庭庁、文部科学省、厚生労働省、関係府省】

⑥　性的指向・性自認（性同一性）に関する侮辱的な言動等を含むハラスメントの防止に取り組むと

ともに、性的マイノリティに関する企業の取組事例の周知等を通じて、企業や労働者の性的指向・性自認（性同一性）についての理解を促進している。（再掲）【厚生労働省】

第7節　人身取引対策の推進

①　出入国在留管理庁の各種手続等において認知した人身取引（性的サービスや労働の強要等）被害者等に関する情報や、警察における風俗営業等に対する立入調査、取締り等あらゆる警察活動を通じて、人身取引被害の発生状況の把握・分析に努めるとともに、こうした関係行政機関の取組や、各国の在京大使館、NGO関係者、弁護士等からの情報提供を通じて得られた情報を、関係行政機関において共有し、外国人女性及び外国人労働者の稼働状況や人身取引被害の発生状況、国内外のブローカー組織の現状等の把握・分析に努めている。【内閣官房、警察庁、法務省、関係府省】

②　内閣府においては、多言語で作成した人身取引の被害申告等を呼び掛けるポスター、リーフレット等を配布したり、上陸審査場、外国人向け食材販売店、外国人被害者の主な送出し国の駐日大使館、在外日本大使館等の人身取引被害者の目につきやすい場所に掲示等したりすることにより、被害を受けていることを自覚していない、又は被害を訴えることができずにいる潜在的な被害者に対し、多言語に応じた被害の申告先や相談窓口の周知を図っている。【内閣官房、内閣府、警察庁、こども家庭庁、法務省、外務省、厚生労働省】

③　人身取引対策関連法令執行タスクフォースによる関係行政機関の連携強化、同タスクフォースにおいて作成した「人身取引取締りマニュアル」の活用等を通じて、関係機関の職員が認識を共有し、緊密な連携の下、人身取引事犯並びに売春事犯及び風俗関係事犯等の人身取引関連事犯の取締り及び厳正な対処の徹底を図っている。【内閣官房、警察庁、法務省、厚生労働省、国土交通省】

④　女性に対する暴力の予防と根絶に向けて、「女性に対する暴力をなくす運動」を全国的な運動として行った。令和5（2023）年度の運動においては、「心を傷つけることも暴力です」を主なメッセー

ジとしたポスターを作成し、全国の各層に協力を呼び掛けるとともに、ポスターやリーフレットの作成・配布、全国各地のランドマーク等におけるパープル・ライトアップの実施、女性に対する暴力根絶のシンボルであるパープルリボンの着用の推進等により、広報活動を実施した。（再掲）【内閣府、関係省庁】

第8節 インターネット上の女性に対する暴力等への対応

① インターネットの安全・安心な利用のために、関係機関・団体等と連携して、広報啓発を行うとともに、ＩＣＴリテラシーやメディア・リテラシーの向上のための取組を推進している。

こども家庭庁では、「第5次青少年インターネット環境整備基本計画」に基づき、青少年がインターネットの利用に起因する犯罪やトラブルに巻き込まれることを防止し、スマートフォンやＳＮＳ等を安全・安心に利用できるよう、関係省庁、地方公共団体、関係団体等と連携、協力して、青少年が初めて自分のスマートフォン等を手にする時期でもある卒業・進学・進級の時期に特に重点を置いた啓発活動「春のあんしんネット・新学期一斉行動」を実施した。また、地域が自立的・継続的に青少年のインターネット利用環境づくりを実施できるようにするための連携体制を構築することを目的とした「青少年のインターネット利用環境づくりフォーラム」を鳥取県、奈良県において開催した。

総務省は、関係省庁と連携の下、性や暴力に関するインターネット上の有害な情報から青少年を保護し、青少年が安全に安心してインターネットを利用できるようにするため、フィルタリングの普及促進やインターネットの適切な利用等に関する啓発活動等を行っている。具体的には、児童・生徒、保護者・教職員等に対する学校等の現場での出前講座（ｅ-ネットキャラバン）や保護者及び教職員向けの上位講座（ｅ-ネットキャラバンＰｌｕｓ）を、情報通信分野等の企業・団体や文部科学省と協力して全国で開催した（令和5（2023）年度は全国2,166か所で開催）。（再掲）

また、インターネットに係る実際に起きた最新のトラブル事例を踏まえ、その予防法等をまとめた「インターネットトラブル事例集」を平成21（2009）年度より毎年内容を更新して公表し、普及を図っている。（再掲）

文部科学省では、ネットモラルキャラバン隊を全国3か所で開催し、保護者等を対象に情報モラルやネットとの関わり方、家庭でのルール作り等の啓発を行った。（再掲）【内閣府、警察庁、こども家庭庁、総務省、法務省、文部科学省、経済産業省】

② リベンジポルノやいわゆるディープフェイクポルノ等に関し、事案に応じて各種法令を適用することにより、違法行為に対して厳正に対処している。また、プロバイダ等の事業者と連携し、公表された私事性的画像記録の流通・閲覧防止を図るほか、とりわけ若年層に対する教育・学習の充実を図るために、教員等を対象に情報モラル教育指導者養成セミナーを4回実施した。

総務省は、関係省庁と連携の下、青少年が安全に安心してインターネットを利用できるようにするため、インターネットの適切な利用等に関する啓発活動等を行っている。具体的には、子供たちのインターネットの安全な利用に係る普及啓発を目的に、児童・生徒、保護者・教職員等に対する学校等の現場での出前講座（ｅ-ネットキャラバン）を、情報通信分野等の企業・団体や文部科学省と協力して全国で開催した（令和5（2023）年度は全国2,166か所で開催）。

また、インターネットに係る実際に起きた最新のトラブル事例を踏まえ、その予防法等をまとめた「インターネットトラブル事例集」を平成21（2009）年度より毎年内容を更新して公表し、普及を図っている。（再掲）これらの施策の中で、自画撮りに関する予防策等を啓発した。【警察庁、総務省、法務省、文部科学省】

③ インターネット上の児童ポルノ画像や人を著しく羞恥させ、又は不安を覚えさせるような方法で、衣服等で覆われている内側の人の身体又は下着を盗撮した画像等の流通防止対策を推進している。また、削除されなかった児童ポルノ画像についてインターネット・サービス・プロバイダによるブロッキング等の自主的な取組を引き続き支援し、児童ポルノ画像の閲覧防止対策を推進している。【警察庁、総務省、経済産業省】

① 売買春に係る要保護女子に対しては、様々な支援を必要とする女性であるという観点から、関係機関における連携を促進し、総合的な支援の充実を図るとともに、売買春の被害に遭うおそれのある若年層の女性を早期に発見し、福祉等の支援につなぐことができるアウトリーチ機能を持った民間団体と協力し、福祉による生活支援や宿所の提供、自立支援など、売春を未然に防ぐための施策を推進している。【警察庁、厚生労働省】

② 関係法令を厳正かつ適切に運用し、売春の相手方に対する対策や周旋行為の取締りを一層強化している。【警察庁、法務省、厚生労働省】

③ 売買春の防止に向けた広報啓発及び教育・学習の充実を図っている。4月の「若年層の性暴力被害予防月間」において、SNS等を活用した啓発活動を実施した。（再掲）【内閣府、法務省、文部科学省、厚生労働省】

第6分野 男女共同参画の視点に立った貧困等生活上の困難に対する支援と多様性を尊重する環境の整備

第1節 貧困等生活上の困難に直面する女性等への支援

ア 就業・生活の安定を通じた自立に向けた取組

① 男女の均等な機会及び待遇の確保の徹底、男女間の賃金格差の解消、女性の就業継続や再就職の支援、職場における各種ハラスメントの防止並びに政府の支援情報を一元的に提供する「女性応援ポータルサイト」の運営により、ワーク・ライフ・バランスの推進等に向けた取組を行っている。【内閣府、厚生労働省】

② 男性に比べ女性の方が雇用者に占める非正規雇用労働者の割合が高いことが女性が貧困に陥りやすい背景の一つとなっていることから、公正な待遇が図られた多様な働き方の普及、正規雇用労働者と非正規雇用労働者との間の不合理な待遇差の解消等を推進している。【厚生労働省】

③ 令和6（2024）年10月に予定されている短時間労働者への被用者保険の適用拡大に向けて、準備・周知・広報を行っている。（再掲）【厚生労働省】

④ DV被害者等セーフティネット強化支援事業による交付金の交付により、官民連携の下で民間シェルター等による先進的な取組を推進する都道府県等への支援を行っている。（再掲）【内閣府、法務省、厚生労働省、国土交通省、関係省庁】

⑤ 生活困窮者の抱える課題は、経済的困窮を始めとして、就労、病気、住まいの不安定、家庭の課題、家計管理の課題、債務問題など多岐にわたり、かつこうした課題を複数抱えている場合もある。こうした生活困窮者のそれぞれの状況に応じて包括的な支援を行い、その自立を促進するため、生活困窮者自立支援法（平成25年法律第105号）に基づく相談支援、就労支援、居住支援、家計改善支援等を行った。【厚生労働省】

⑥ 女性支援新法の成立を踏まえ、婦人相談所や婦人保護施設（女性支援新法における女性相談支援センターや女性自立支援施設）の機能強化など各都道府県での支援体制の計画的な整備、常勤化や市町村への配置の促進などを含む婦人相談員（女性支援新法における女性相談支援員）の人材の確保・養成・処遇改善の推進、広域的な民間団体相互の連携基盤の構築の検討を含めた民間団体との協働の促進など、女性支援新法の令和6（2024）年4月の円滑な施行に向けた環境整備を図った。【厚生労働省】

イ　ひとり親家庭等の親子が安心して生活できる環境づくり

① ひとり親家庭の実情に応じ、マザーズハローワーク、母子家庭等就業・自立支援センター等において、ひとり親を含む子育て女性等に対するきめ細かな就職支援を実施している。また、ひとり親家庭の親等の就労支援に資する職業訓練や各種雇用関係助成金の活用を推進している。さらに、就職に有利になる資格の取得や主体的な能力開発の取組を促進し、生活の安定を図るため、ひとり親家庭の親に対する給付金等により、ひとり親家庭の生活の安定に資する就業に向けた資格取得を促進している。加えて、企業に対して、ひとり親の優先的な雇用について協力を要請し、助成金を通じて企業の取組を支援するとともに、マザーズハローワーク等において、協力企業に関する情報を提供している。【こども家庭庁、厚生労働省】

② ひとり親家庭等が安心して子育てをしながら生活できる環境を整備するため、以下の取組を含めた総合的な支援を展開している。【内閣府、こども家庭庁、厚生労働省、国土交通省】

- ひとり親世帯や住宅困窮度の高い子育て世帯に対し、公営住宅への優先入居や、民間賃貸住宅を活用したセーフティネット登録住宅の推進、登録住宅の改修、入居者負担の軽減、居住支援等への支援を通じ、住まいの確保を支援している。

- ひとり親家庭や低所得子育て世帯等の子供に対する、放課後児童クラブ等の終了後に生活習慣の習得・学習支援、食事の提供等を行うことが可能な居場所づくりを支援している。

- 児童扶養手当の支給、母子父子寡婦福祉資金貸付金の貸付けにより経済的な支援を実施するとともに、支給要件の周知等を図った。

- デジタル化社会到来の中で、女性が経済的に自立できるよう、女性デジタル人材の育成など、多様な主体による連携体制の構築の下で地域の実情に応じて地方公共団体が行う取組を、地域女性活躍推進交付金により支援している。

③ ひとり親家庭を対象とした様々な支援情報を提供している。また、ひとり親家庭の相談窓口において、ひとり親家庭が抱える様々な課題や個別のニーズに対応するため、適切な支援メニューをワンストップで提供する体制を整備している。さらに、令和5（2023）年度より同行支援や継続的な見守り支援等の同行型支援を行うための体制を整備している。【こども家庭庁】

④ 「女性活躍・男女共同参画の重点方針2022（女性版骨太の方針2022）」において、養育費の受領率に関する達成目標（希望する全てのひとり親世帯が養育費を受領できるようにすることが重要であるという認識の下、まずは2031年に、全体の受領率（養育費の取決めの有無にかかわらない受領率）を40％とし、養育費の取決めをしている場合の受領率を70％とすることを目指す。）を策定・公表した。そして、この目標とこれを達成するために取り組むべき施策が「女性活躍・男女共同参画の重点方針2023（女性版骨太の方針2023）」に明記された。【内閣府、こども家庭庁、法務省】

⑤ 養育費の取決め等の促進や安全・安心な親子交流の実施のため、パンフレット等による効果的な周知・啓発を行っている。養育費等相談支援センターや地方公共団体における養育費の相談支援について、多様な方法での提供や、身近な地域での伴走型の支援、専門的な相談を更に充実・強化するとともに、離婚前後親支援モデル事業を通じて拡充し、弁護士等による支援を含めた離婚前からの親支援の充実や、関係部署の連携強化を含めた地方公共団体の先駆的な取組への支援を実施している。また、離婚後の子の養育の在り方について、離婚に関連する法的知識や離婚が親子に及ぼす心理的な影響などの有用な情報を、離婚を考えている父母に分かりやすく提供する離婚後養育講座について、複数の地方公共団体と協力し実証的な調査研究を行った。第三者から債務者の財産に関する情報を取得する手続を新設するなどした民事執行法（昭和54年法律第4号）の改正法による全ての手続が、令和3（2021）年5月から利用可能となったため、引き続き関係機関等への周知をしている。また、資力の乏しい者でもこれらの手続を円滑に利用できるようにするため、無料法律相談や弁護士費用等の立替えを行う日本司法支援センター（法テラス）の民事法律扶助について、関係機関等への周知に努めてい

る。父母が離婚した後の子の養育の在り方については、子供の最善の利益を図る観点から、令和6（2024）年2月に法制審議会総会において、養育費制度の見直しを含む要綱が取りまとめられ、法務大臣に答申された。これを受けて、同年3月に民法等の一部を改正する法律案を第213回国会（令和6（2024）年）に提出した。【こども家庭庁、法務省】

⑥　家庭の経済状況等によって子供の進学機会や学力・意欲の差が生じないように、以下の取組を推進している。【こども家庭庁、文部科学省、厚生労働省】

・　生活困窮者自立支援制度の子どもの学習・生活支援事業において、生活保護世帯を含む生活困窮世帯の子供とその保護者を対象に、学習支援や生活習慣・育成環境の改善に関する助言、進学や就労といった進路選択に関する情報提供・助言、関係機関との連絡調整など、世帯全体へのきめ細かで包括的な支援

・　学校におけるスクールカウンセラー、スクールソーシャルワーカー等の配置の充実を図るとともに、地域全体で子供の成長を支える地域学校協働活動を推進

・　高校中退を防止するため高等学校における指導・相談体制の充実を図るとともに、高校中退者等を対象とした学習相談及び学習支援を実施する地方公共団体等の取組の支援等

・　教育費に係る経済的負担の軽減
　文部科学省では、誰もが家庭の経済状況に左右されることなく、希望する質の高い教育を受けることができるよう、教育費の負担軽減に向けた取組を行っている。
　例えば、初等中等教育段階における取組としては、経済的理由により就学が困難と認められる学齢児童生徒の保護者に対して、各市町村において行われる学用品費の支給等の就学援助事業のうち一部に対する補助を行い、予算単価の増額など制度の充実を図っている。
　後期中等教育段階における取組として、授業料を支援する「高等学校等就学支援金」を支給しており、令和5（2023）年度においては、令和2（2020）年度に私立高校等に通う年収約590万円未満世帯の生徒等を対象に支給額を大幅に引き上げた措置を、引き続き着実に実施するとともに、家計急変世帯への支援の仕組みを創設する制度改正を行った。
　また、低所得世帯（生活保護受給世帯・住民税非課税世帯）を対象に授業料以外の教育費を支援する「高校生等奨学給付金」については、給付額の増額を行った。
　さらに、高等教育段階における取組として、低所得世帯に対して、授業料等の減免措置と給付型奨学金の支給を併せて行う「高等教育の修学支援新制度」を実施している。

⑦　子供の貧困対策が国を挙げて推進されるよう、官公民の連携・協働プロジェクトである「こどもの未来応援国民運動」を進めている。令和5（2023）年度においては、国や地方公共団体の支援策や各地の支援団体の活動情報等をこどもの未来応援国民運動ホームページ等により発信するとともに、「こどもの未来応援基金」によるNPO等支援団体への活動資金の支援、民間企業と支援を必要とするNPO等支援団体のマッチング等の更なる展開を図った。基金については、令和5（2023）年度には約1億9,300万円の寄付が寄せられ、公募・審査を経て令和6（2024）年度支援団体の選定が行われた。また、「地域子供の未来応援交付金」により、食事の提供や子供の居場所づくりなどの子供の貧困対策を行う196の地方公共団体への支援を行った。【こども家庭庁】

ウ　子供・若者の自立に向けた力を高める取組

①　社会人・職業人として自立できる人材を育成するため、キャリア教育・職業教育を体系的に充実させている。進路や就職に関する指導も含め、男女ともに経済的に自立していくことの重要性について伝えるとともに、自らの学びのプロセスを記述し振り返ることができる教材「キャリア・パスポート」の効果的な活用等を通じて、長期的な視点に立って人生を展望し、働くことを位置付け、準備できるような教育を推進している。【文部科学省】

②　若者が充実した職業人生を歩んでいけるよう、就業等の実態を男女別等きめ細かく把握し、新規学校卒業者への支援、中途退学者や未就職卒業者

への対応、正社員就職を希望する、安定した就労の経験が少ない若者への支援等を行っている。【文部科学省、厚生労働省】

③　ニート、ひきこもり等、困難を有する子供・若者が、社会生活を円滑に営むことができるよう、子ども・若者総合相談センター、地域若者サポートステーション、ひきこもり地域支援センター等において、多様な主体間の連携により、複数の支援を組み合わせて行うなど、地域の実情に合った切れ目のない支援を行っている。【こども家庭庁、文部科学省、厚生労働省、関係府省】

④　ヤングケアラーへの支援を強化するため、地方公共団体で行う実態調査や関係機関・団体等職員への研修、コーディネーターの配置やピアサポート等地方公共団体の取組について必要な経費を支援するほか、令和4（2022）年度から令和6（2024）年度までの3年間をヤングケアラー認知度向上の「集中取組期間」として集中的な広報・啓発活動などを行っている。【こども家庭庁】

第2節　高齢者、障害者、外国人等が安心して暮らせる環境の整備

ア　高齢者が安心して暮らせる環境の整備

①　高齢期の女性の貧困について、現役期から備えておく観点から、被用者保険の適用拡大等を行っており、既に高齢の方には年金生活者支援給付金制度、医療保険・介護保険における保険料負担軽減措置などを行っている。また、高齢期に達する以前の女性が老後の生活の備えを十分にできるよう、非正規雇用労働者の処遇改善を進めるなど、あらゆる分野で着実に推進している。【内閣府、厚生労働省、関係省庁】

②　年齢に関わりなく働ける社会の実現に向けて、65歳までの高年齢者雇用確保措置・70歳までの高年齢者就業確保措置の着実・円滑な実施のため、継続雇用延長・定年引上げ等に係る助成金の支給等による事業主への支援等を実施しているほか、生涯現役支援窓口における65歳以上の者の再就職支援、シルバー人材センターにおける就業機会

の確保や、地域ニーズを踏まえた働く場の創出・継続をしていくことが可能なモデルづくり及び他の地域への展開等を通じた多様な雇用・就業機会の提供等を通じ、高齢男女の就業を促進するとともに、能力開発のための支援を行っている。【厚生労働省】

③　「健康寿命延伸プラン」（令和元年5月29日2040年を展望した社会保障・働き方改革本部取りまとめ）に基づき、次世代を含めた全ての人の健やかな生活習慣形成、疾病予防・重症化予防、介護予防・フレイル予防、認知症予防等を中心に取組を推進し、令和22（2040）年までに健康寿命を男女ともに3年以上延伸し（平成28（2016）年比）、75歳以上とすることを目指している。【厚生労働省、経済産業省】

④　医療・介護保険制度については、効率化・重点化に取り組みながら質の高いサービスの充実を図っている。【厚生労働省、関係府省】

⑤　認知症や一人暮らしの高齢者が、社会から孤立することなく、住み慣れた地域の中で、自分らしく暮らし続けられるよう、「認知症施策推進大綱」（令和元年6月18日認知症施策推進関係閣僚会議取りまとめ）に基づく取組を進めるとともに、住民等を中心とした地域の支え合いの仕組みづくりを促進している。令和6（2024）年1月に施行された共生社会の実現を推進するための認知症基本法（令和5年法律第65号）に基づき、認知症の人が尊厳を保持しつつ希望を持って暮らすことができるよう、認知症施策を総合的かつ計画的に推進することとしている。【厚生労働省、関係府省】

⑥　高齢者が他の世代と共に社会の重要な一員として、生きがいを持って活躍できるよう、高齢者の多様な学習機会の提供及び社会参加の取組を促進している。【文部科学省、厚生労働省、関係府省】

⑦　安定した住生活の確保、建築物、道路、公園、公共交通機関等のバリアフリー化や無電柱化等、高齢者を取り巻く環境の整備等を推進している。【内閣府、警察庁、国土交通省、関係省庁】

⑧　企業等による、高齢者のニーズや、事故防止や安全対策等の社会課題に合致した機器やサービス、その効果的な活用方法の開発等を支援している。

総務省は、高齢者等が情報通信の利便を享受できる情報バリアフリー環境の整備を図るため、高齢者等向けの通信・放送サービスに関する技術の充実に向けた、新たなICT機器・サービスの研究開発を行う者に対する助成（1件）を行った。【総務省、厚生労働省、経済産業省、関係府省】

⑨　高齢者虐待の防止、高齢者の養護者に対する支援等に関する法律（平成17年法律第124号）等を踏まえ、都道府県や市町村に対する支援等を通じ、虐待の未然防止、早期発見・迅速かつ適切な対応及び再発防止が図られるよう取組を推進している。【厚生労働省、関係府省】

⑩　消費者安全法（平成21年法律第50号）（「消費者安全確保地域協議会（見守りネットワーク）」の設置等）を踏まえ、悪質商法を始めとする高齢者の消費者被害の防止を図っている。さらに、独立行政法人国民生活センターでは、高齢者やその周りの人々に悪質商法の手口やワンポイントアドバイス等についてメールマガジンや同センターホームページで伝える「見守り新鮮情報」を発行するとともに、高齢者の悪質商法被害や商品等に係る事故に関する注意情報、相談機関の情報等を、報道機関への情報提供等の多様な手段を用いて周知を図っている。【消費者庁、関係府省】

⑪　上記のほか、「高齢社会対策大綱」（平成30年2月16日閣議決定）に基づき必要な取組を推進している。【内閣府、関係省庁】

イ　障害者が安心して暮らせる環境の整備

①　障害を理由とする差別の解消の推進に関する法律（平成25年法律第65号）等を踏まえ、全ての国民が、障害の有無によって分け隔てられることなく、相互に人格と個性を尊重し合いながら共生する社会の実現に向けた取組を推進している。また、新たに策定した「障害者基本計画（第5次）」（令和5年3月14日閣議決定）に基づく施策を令和5（2023）年4月より総合的かつ計画的に進めている。【内閣府、関係省庁】

②　障害者虐待の防止、障害者の養護者に対する支援等に関する法律（平成23年法律第79号）等を踏まえ障害者虐待防止の取組を進めている。【厚生労働省、関係府省】

③　消費者安全法（「消費者安全確保地域協議会（見守りネットワーク）」の設置等）を踏まえ、悪質商法を始めとする障害者の消費者被害の防止を図っている。さらに、独立行政法人国民生活センターでは、障害のある人やその周りの人々に悪質商法の手口等の情報提供を行っている。また、最新の消費生活情報をコンパクトにまとめた「くらしの豆知識」の発行に当たっては、カラーユニバーサルデザイン認証を取得したほか、デイジー版（デジタル録音図書）を作成し、全国の消費生活センター、消費者団体、全国の点字図書館等に配布するとともに、国立国会図書館視覚障害者等用データ送信サービスにも登録している。【消費者庁、関係府省】

④　障害者が安心して生活できる住宅の確保、建築物、道路、公園、公共交通機関等のバリアフリー化や無電柱化を推進しているとともに、障害者に配慮したまちづくりを推進している。【内閣府、警察庁、国土交通省、関係省庁】

⑤　障害者が個人としての尊厳にふさわしい生活を営むことができるよう、障害者の日常生活及び社会生活を総合的に支援するための法律（平成17年法律第123号）に基づき、自立生活援助、就労定着支援などの障害福祉サービス等の充実を図り、障害者の地域における生活を総合的に支援している。【厚生労働省】

⑥　令和4（2022）年12月に改正された障害者の雇用の促進等に関する法律（昭和35年法律第123号）の円滑な施行に向けた取組を行うとともに、同法、改正された「障害者雇用対策基本方針」（令和5年厚生労働省告示第126号）等を踏まえた就労支援を行っている。【厚生労働省】

⑦　上記のほか、障害のある女性は、それぞれの障害の種別ごとの特性、状態により様々な支援が必要であることに加えて、女性であることにより、更に複合的に困難な状況に置かれている場合があることに留意し、「障害者基本計画（第5次）」に基づき、防災・防犯等の推進、自立した生活の支援・意思決定支援の推進、保健・医療の推進等の分野における施策を総合的に推進している。また、障害者の権利に関する条約第31条等の趣旨を踏まえ、障害者の実態調査等を通じて、障害者の状況等に関する情報・データの収集・分析を

行うとともに、障害者の性別等の観点に留意しつつ、その充実を図っている。【内閣府、外務省、関係省庁】

ウ 外国人が安心して暮らせる環境の整備

① 外国人女性が、言語の違い、文化・価値観の違い、地域における孤立等の困難に加えて、女性であることにより更に複合的に困難な状況に置かれている場合があることに留意し、以下の取組を含めた共生施策を総合的に推進している。【こども家庭庁、総務省、法務省、文部科学省、厚生労働省、国土交通省、関係府省】

- 日本で生活する外国人への教育、住宅、就労支援、各種の手続・法令・制度等についての多言語での情報提供や、よりきめ細かな対応を可能とする相談体制の整備、外国人の子供への支援等を進めている。

- 外国人が抱える様々な課題を的確に把握するために、専門家の意見等を踏まえつつ、在留外国人に対する基礎調査を実施するとともに、地方公共団体や外国人支援団体等幅広い関係者から意見を聴取している。また、外国人との共生についての日本人の意識等を把握するため、日本人を対象とした外国人との共生に関する意識調査を実施した。これらの取組によって得られた結果について、共生施策の企画・立案に当たって活用することにより、日本人と外国人が安心して安全に暮らせる環境整備を進めている。

- 外国人居住の実情を踏まえつつ、行政情報や相談窓口の周知など、外国人が行政情報を適切に把握できるような環境整備を進めている。また、国の行政機関における相談窓口と地方公共団体等が運営する相談窓口が協力し、更なる連携を強化している。

- 外国人受入環境整備交付金等により、地方公共団体による多言語での情報提供及び相談を行う一元的な相談窓口の整備・拡充の取組を支援している。また、地方公共団体に対する通訳支援について、利用状況等を踏まえ、引き続き効果的な実施方法等通訳支援の在り方について検討している。

② 配偶者等からの暴力の被害者である在留外国人

女性への支援について、人身取引及び配偶者からの暴力に関する専門的知識を持った母国語通訳者の養成等を含め、適切に支援している。【厚生労働省】

③ 「人身取引対策行動計画2022」（令和4年12月20日犯罪対策閣僚会議決定）に基づき、政府一体となってより強力に、総合的かつ包括的な人身取引対策に取り組んでいる。【内閣官房、関係府省】

④ 法務省の人権擁護機関では、日本語を自由に話すことが困難な外国人等からの人権相談に対応するため、全国の法務局に「外国人のための人権相談所」を設け、約80の言語による相談に応じるなどしている。

また、「外国語人権相談ダイヤル」及び「外国語インターネット人権相談受付窓口」を設けており、電話・インターネットでも10言語による人権相談を受け付けている。【法務省】

エ 女性であることで更に複合的に困難な状況に置かれている人々への対応

① 性的指向・性自認（性同一性）に関すること、障害があること、外国人やルーツが外国であること、アイヌの人々であること、同和問題（部落差別）に関すること等に加え、女性であることで更に複合的に困難な状況に置かれている場合等について、可能なものについては実態の把握に努め、人権教育・啓発活動の促進や、人権侵害の疑いのある事案を認知した場合の調査救済活動の取組を進めている。

また、法務局の人権相談窓口を相談者が幅広く安心して利用できるよう、研修等を通じた相談員の専門性の向上、相談窓口の周知・広報を行うなど、人権相談体制の充実を図っている。

さらに、学校における性的指向・性自認（性同一性）に係る児童生徒等への適切な対応を促すため、相談体制の充実や関係機関との連携を含む支援体制を整備するとともに、性的指向・性自認（性同一性）についての記載を盛り込んだ生徒指導提要等の周知を進めている。

その他、男女共同参画の視点に立って必要な取組を進めている。【内閣官房、法務省、文部科学省、

厚生労働省、関係府省】

② 法務省の人権擁護機関では、専用相談電話「女性の人権ホットライン」を設置するなどして相談

体制のより一層の充実を図っている。（再掲）【法務省】

第1節　生涯にわたる男女の健康の包括的な支援

ア　包括的な健康支援のための体制の構築

① 女性の身体的・精神的な健康及び女性医療に関する調査・研究を進めるとともに、女性医療に関する普及啓発、医療体制整備、女性の健康を脅かす社会的問題の解決を含めた包括的な健康支援施策を推進している。【こども家庭庁、厚生労働省】

② 年代に応じて女性の健康に関する教育及び啓発を行った。また、女性の健康の増進に関する情報の収集及び提供を行う体制を整備するために必要な措置を講じ、女性が健康に関する各種の相談、助言又は指導を受けることができる体制を整備している。【こども家庭庁、文部科学省、厚生労働省】

③ 女性の心身の特性に応じた保健医療サービスを専門的・総合的に提供する体制の整備（例：女性の専門外来、総合診療を行う医療体制の整備）、福祉等との連携（例：心身を害した女性を治療する医療施設と配偶者暴力相談支援センターや民間シェルター、婦人保護施設（女性支援新法における女性自立支援施設）等との連携）等を推進している。【内閣府、厚生労働省】

④ 女性の心身に多大な影響を及ぼす暴力や貧困等の社会的要因と、女性の疾患や生活習慣との因果関係について調査を行うとともに、月経関連疾患や更年期障害に対処するための医療者の関与の効果を検証するなど、女性の生涯にわたる健康維持に向けた保健医療の在り方等に関する調査研究を推進している。その成果の普及啓発に当たっては、行動科学の専門家の知見も活用し、必要な層に必

要な情報を効果的に届ける方法を検討している。

あわせて、子宮頸がん検診・乳がん検診の更なる受診率向上に向けた取組として、対象者一人一人への個別受診勧奨・再勧奨の推進やクーポン券の配布等を行っており、令和4（2022）年度時点で個別受診勧奨は約8割、再勧奨は約4～5割の市町村で実施されている。さらに、受診率向上効果が実証された受診勧奨策を取りまとめた「受診率向上施策ハンドブック（第3版）」を活用した研修事業を都道府県及び市町村を対象として実施した。

また、がんを始めとする疾患についても、治療と仕事を両立できる環境整備の取組を推進している。【こども家庭庁、厚生労働省】

⑤ 予期せぬ妊娠の可能性が生じた女性が、緊急避妊薬に関する専門の研修を受けた薬剤師の十分な説明の上で対面で服用すること等を条件に、処方箋なしに緊急避妊薬を適切に利用できるよう、薬の安全性を確保しつつ、当事者の目線に加え、幅広く健康支援の視野に立って検討している。なお、緊急避妊薬を必要とする女性には、性犯罪・性暴力、配偶者等からの暴力が背景にある場合もあることから、令和5（2023）年度において試行的に実施した「緊急避妊薬の販売を行うモデル的調査研究」では、薬局とワンストップ支援センターや近隣の医療機関等との連携体制を構築した上で、必要な場合には、薬局から同センター等を紹介するなどの対応を行った。また、義務教育段階も含め、年齢に応じた性に関する教育を推進した。さらに、性や妊娠に関し、助産師等の相談支援体制を強化している。【内閣府、こども家庭庁、文部科学省、厚生労働省】

⑥ 女性の健康の包括的支援に必要な保健、医療、福祉、教育等に係る人材の確保、養成及び資質の

向上を図るとともに、医学・看護学教育における女性医療の視点の導入を促進している。【文部科学省、厚生労働省】

⑦　令和元（2019）年12月に施行された成育過程にある者及びその保護者並びに妊産婦に対し必要な成育医療等を切れ目なく提供するための施策の総合的な推進に関する法律（平成30年法律第104号）に基づき、妊娠期から子育て期に至るまでの切れ目のない支援の在り方の検討などを推進している。【こども家庭庁】

⑧　不適切養育などの成育歴や、生きづらさや社会的孤立などの背景を理由とした、覚醒剤・大麻等の使用者も認められるほか、向精神薬等を悪用した性被害も発生していることから、末端使用者への再使用防止対策、社会復帰支援施策等及び向精神薬等の監視・取締りを推進している。【警察庁、法務省、厚生労働省】

⑨　精神障害の労災認定件数が増加しているなどの状況を踏まえ、男女問わず、非正規雇用労働者を含む全労働者に対して、職場のメンタルヘルス対策等を通じた労働者の健康確保のための対策を講じている。ストレスチェック実施や産業医の選任が義務付けられていない中小事業所で働く労働者の健康確保についても、引き続き、支援施策等を推進する等、対策を講じている。【厚生労働省】

⑩　月経、妊娠・出産、更年期等ライフイベントに起因する望まない離職等を防ぐため、フェムテック企業や医療機関、地方公共団体等が連携して、働く女性に対しフェムテックを活用したサポートサービスを提供する実証事業を実施し、働く女性の就労継続を支援している。さらに、導入を目指す企業等への働きかけや、ユーザーの認知度を高める取組を行うことで、一層のフェムテックの利活用の促進を図っている。【経済産業省】

⑪　経済的な理由等で生理用品を購入できない女性がいるという「生理の貧困」は、女性の健康や尊厳に関わる重要な課題である。このため、地域女性活躍推進交付金により、地方公共団体が、女性に寄り添った相談支援の一環として行う生理用品の提供を支援している。さらに、「生理の貧困」に係る取組の横展開に資するよう、また、生理用品を必要とする女性が必要な情報に基づきアクセスできるよう、各地方公共団体における取組を調査

し、内閣府ホームページなどで情報提供を行った。【内閣府、厚生労働省】

イ　妊娠・出産に対する支援

①　市町村による妊婦等に対する早期の妊娠届出の勧奨や妊婦健診等の保健サービスの推進、出産育児一時金及び産前産後休業期間中の出産手当金、社会保険料免除などにより、妊娠・出産期の健康管理の充実及び経済的負担の軽減を図った。令和5（2023）年4月より、平均的な標準費用を全て賄えるようにする観点から、出産育児一時金を50万円に増額した。【こども家庭庁、厚生労働省】

②　不妊治療の保険適用について、引き続き適切に運用している。また、現時点で保険適用の対象となっていない治療についても、先進医療の仕組み等も活用しながら、必要に応じて保険適用を目指す。【こども家庭庁、厚生労働省】

③　令和4（2022）年度より保険適用された不妊治療や不育症治療に関する情報提供や相談体制を強化するため、性と健康の相談センター機能の拡充を図っている。【こども家庭庁】

④　不妊治療について職場での理解を深め、男女が共に不妊治療と仕事を両立できる職場環境の整備を進めている。【厚生労働省】

⑤　令和4（2022）年1月から国家公務員に導入した不妊治療のための「出生サポート休暇」について、休暇を取得したい職員が取得できるよう、不妊治療と仕事の両立支援をテーマとしたシンポジウムの動画による周知啓発を行うなど、引き続き不妊治療と両立しやすい職場環境の整備を図っている。【（人事院）】

⑥　小児・ＡＹＡ世代（Adolescent and Young Adult：思春期・若年成人）のがん患者等が将来子供を出産することができる可能性を温存するための妊孕性温存療法、温存後生殖補助医療等に対する経済的支援を含む研究促進事業を引き続き推進している。【厚生労働省】

⑦　性と健康の相談センターなどにおいて、予期せぬ妊娠に関する悩みに対し、専門相談員を配置するなどして相談体制を強化し、市町村や医療機関への同行支援や、学校や地域の関係機関とも連携している。特に、出産前後に配慮を要する場合や、暴力、貧困、孤立、障害等の困難を抱える場合に

おいては、より手厚い支援を行えるようにしている。【こども家庭庁、厚生労働省】

⑧ 母性健康管理指導事項連絡カードの活用を促進し、妊娠中及び出産後の女性労働者に対する適切な母性健康管理の推進を図っている。また、男女雇用機会均等法の履行確保により、妊娠・出産等に関するハラスメントの防止対策を推進している。【厚生労働省】

⑨ 産後うつの早期発見など出産後の母子に対する適切な心身のケアを行うことができるよう、「子育て世代包括支援センター」等の関係機関と連携しつつ、地域の実情に応じ、産後ケア事業の全国展開や産前・産後サポートの実施を通じて、妊産婦等を支える地域の包括支援体制を構築している。シングルマザーを始め、出産・育児において、家族・親族の支援を得られにくい女性に対しても、手厚い支援を行えるようにしている。【こども家庭庁】

⑩ 産後うつのリスクも踏まえ、いわゆるワンオペ育児による負担の軽減のため、男性の育児参画を促している。公共交通機関、都市公園や公共性の高い建築物において、ベビーベッド付男性トイレ等の整備等を推進しているほか、子供連れの乗客等への配慮等を求めることにより、男性が子育てに参画しやすくなるための環境整備を行っている。【こども家庭庁、厚生労働省、国土交通省】

⑪ 妊婦や子育てに温かい社会づくりに向けて、ベビーカーマークの普及促進を図っている。【国土交通省】

⑫ 若手産婦人科医の女性割合の増加などに鑑み、医師の働き方改革による、産科医師の労働環境の改善をしつつ、安全で質が高い周産期医療体制の構築のための産科医療機関の集約化・重点化を推進している。【厚生労働省】

⑬ 令和3（2021）年5月に取りまとめられた「ＮＩＰＴ等の出生前検査に関する専門委員会報告書」に従って、ＮＩＰＴの認証制度等が適切に運用されるよう支援を行っている。【こども家庭庁】

⑭ 遺伝性疾患や薬が胎児へ与える影響などの最新情報に基づき、妊娠を希望している人や妊婦に対する相談体制を整備している。【こども家庭庁、

厚生労働省】

⑮ 地方公共団体の創意工夫により、妊娠期から出産・子育てまで一貫して身近で相談に応じ、様々なニーズに即した必要な支援につなぐ伴走型の相談支援を充実させ、経済的支援を一体として実施している。【こども家庭庁】

ウ　年代ごとにおける取組の推進

（ア）学童・思春期

① 学校・行政・地域・家庭が連携し、若年層に対して、以下の事項について、医学的・科学的な知識を基に、個人が自分の将来を考え、多様な希望を実現することができるよう、包括的な教育・普及啓発を実施するとともに、相談体制を整備している。【こども家庭庁、文部科学省、厚生労働省】

・ 女性の学童・思春期における心身の変化や健康教育に関する事項（例えば、月経関連症状及びその対応、子宮内膜症・子宮頸がん等の早期発見と治療による健康の保持、ワクチンによる病気の予防に関する事項）

・ 医学的に妊娠・出産に適した年齢、計画的な妊娠、葉酸の摂取、男女の不妊、性感染症の予防など、妊娠の計画の有無にかかわらず、早い段階から妊娠・出産の知識を持ち、自分の身体への健康意識を高めること（プレコンセプションケア）に関する事項

・ 睡眠、栄養、運動、低体重（やせ過ぎ）・肥満、喫煙など、女性の生涯を見通した健康な身体づくりに関する事項

② 10代の性感染症罹患率、人工妊娠中絶の実施率、出産数等の動向を踏まえつつ、性感染症の予防方法や避妊方法等を含めた性に関する教育を推進している。

また、予期せぬ妊娠や性感染症の予防や必要な保健・医療サービスが適切に受けられるよう、養護教諭と学校医との連携を図る等、相談指導の充実を図っている。【こども家庭庁、文部科学省、厚生労働省】

（イ）成人期

① 約8割の女性が就業している[5]ことから、企業に

5　令和5（2023）年における25～44歳の女性人口に占める就業者の割合80.8%（総務省「労働力調査（基本集計）」）。

おける健診の受診促進や妊娠・出産を含む女性の健康に関する相談体制の構築等を通じて、女性がセルフケアを行いつつ、仕事に向かう体力・気力を維持できる体制を整備している。また、職場の理解も重要なことから、職場等における女性の健康に関する研修や啓発活動の取組を進める。その際、科学的に正しい情報を行動科学等の専門的知見も活用して効果的に伝えている。

国が率先して取り組む一環として、内閣府等において新規採用職員や管理職を主な対象に、女性の健康に関するヘルスリテラシー向上に係る研修を実施した。【内閣府、厚生労働省、経済産業省】

② 子宮頸がん検診・乳がん検診の受診率の向上に向けた取組として、対象者一人一人への個別受診勧奨・再勧奨の推進やクーポン券の配布等を行っており、令和4（2022）年度時点で個別受診勧奨は約8割、再勧奨は約4～5割の市町村で実施されている。さらに、受診率向上効果が実証された受診勧奨策を取りまとめた「受診率向上施策ハンドブック（第3版）」を活用した研修事業を都道府県及び市町村を対象として実施した。（再掲）【厚生労働省】

③ 国家公務員及び地方公務員については、各府省及び地方公共団体が実施する子宮頸がん検診・乳がん検診に関し、女性職員が受診しやすい環境整備を行っている。

内閣官房内閣人事局においては、引き続き、「国家公務員健康週間」において、婦人科検診の重要性を含めた女性の健康に関する講演会を開催することにより、国家公務員の意識啓発を図っている。

人事院においては、同週間において、女性職員に対する意識啓発や受診しやすい環境整備を行うよう各府省へ周知することにより取組を推進している。（再掲）【内閣官房、総務省、全府省庁、（人事院）】

④ HIV／エイズ、梅毒を始めとする性感染症については、次世代の健康にも影響を及ぼすものであり、その予防から治療までの総合的な対策を推進している。例えば、正しい知識の普及啓発として、ポスター・リーフレット等の作成やSNS等を活用した広報活動を行った。【厚生労働省】

⑤ 個人が自分の将来を考え、健康を守りながら妊娠・出産を実現することができるよう、以下の事項について、行政・企業・地域が連携し、普及啓発や相談体制の整備を行った。【内閣府、こども家庭庁、文部科学省、厚生労働省、経済産業省】

・ 医学的に妊娠・出産に適した年齢、計画的な妊娠及びその間隔、子宮内膜症・子宮頸がん等の早期発見と治療による健康の保持、男女の不妊など、妊娠の計画の有無にかかわらず、早い段階から妊娠・出産の知識を持ち、自分の身体への健康意識を高めること（プレコンセプションケア）に関する事項

・ 暴力による支配（配偶者等からの暴力、ハラスメントなど）の予防に関する事項

・ 睡眠、栄養、運動、低体重（やせ過ぎ）・肥満、喫煙など、次世代に影響を与える行動に関する事項

⑥ 思春期から若年成人期までのがん罹患及び治療による、将来の妊娠や年代ごとの健康に関する情報の集積や普及啓発を行い、相談体制を整備している。【こども家庭庁、文部科学省、厚生労働省】

⑦ 喫煙、受動喫煙及び飲酒について、その健康影響に関する正確な情報の提供を行っている。また、喫煙・飲酒が胎児や生殖機能に影響を及ぼすことなど十分な情報提供に努めている。【こども家庭庁、厚生労働省】

（ウ）更年期

① 女性特有の疾患に対応した検診として、骨粗しょう症検診、子宮頸がん検診、乳がん検診が実施されており、特にがん検診の受診率及び精密検査の受診率の向上を図っている。

骨粗しょう症検診については、検診の判定に資するマニュアルの改訂に向けて、厚生労働科学研究を通じてエビデンス収集を行った。【厚生労働省】

② 性ホルモンの低下等により、心身に複雑な症状が発生しやすく、また更年期以降に生じやすい疾患の予防が重要で効果的な年代であるため、更年期障害及び更年期を境に発生する健康問題の理解促進やホルモン補充療法等の治療の普及を含め、包括的な支援に向けた取組を推進している。【厚生労働省】

③ 更年期にみられる心身の不調については、個人差があるものの、就業や社会生活等に影響を与え

ることがあり、職場等における更年期の健康に関する研修や啓発活動の取組及び相談体制の構築を促進している。また、更年期症状による体調不良時等に対応する休暇制度を導入している企業の事例を働き方・休み方改善ポータルサイトに掲載することにより、導入促進を図っている。【厚生労働省、経済産業省】

④　この時期は、更年期以降に発生する疾患やフレイル状態（加齢に伴う心身機能や認知機能の低下により支援が必要な状態）を予防するために重要な年代であることから、運動や栄養、睡眠などの生活習慣が老年期の健康に及ぼす影響について、老年期の心身の健康に資する総合的な意識啓発に取り組んでいる。また受診率の低い被扶養者への働きかけなど、特定健康診査・特定保健指導の受診率向上を図り、生活習慣病の予防に取り組んでいる。

　健康日本21（第三次）における身体活動・運動分野の取組を推進するため、令和6（2024）年1月、最新のエビデンス等を基に、身体活動・運動に係る推奨事項や参考情報を取りまとめた「健康づくりのための身体活動・運動ガイド2023」を公表した。【厚生労働省】

（エ）老年期

①　我が国における高齢化の進展及び疾病構造の変化を踏まえ、口腔機能低下、認知機能低下及びロコモティブシンドローム（運動器症候群）等の予防、社会生活を営むために必要な機能の維持及び向上等により、男女ともに健康寿命（健康上の問題で日常生活が制限されることなく生活できる期間）の延伸を実現している。

　スマート・ライフ・プロジェクトを通じて、ロコモティブシンドロームの予防等について周知・啓発を行った。【厚生労働省】

②　フレイル状態になることが多いことから、フレイルの進展予防対策を実施している。【厚生労働省】

第2節　医療分野における女性の参画拡大

①　女性医師の更なる活躍に向けて、医師の働き方改革を推進するとともに、復職支援や勤務体制の柔軟化（短時間勤務や当直等の配慮）、チーム医療の推進、複数主治医制の導入、医療機関における院内保育や病児保育の整備など、女性医師が活躍するための取組を実施・普及している。【こども家庭庁、厚生労働省】

②　大学病院等に勤務する非常勤扱いの医師や大学院生などの勤務形態の違い、出産時期による入所困難などの運用上の問題、救急対応による不規則な勤務などにより、保育が利用できず活躍が阻害されることがないよう、事業所内保育や企業主導型保育等も含めた保育所、病児保育、民間のシッターサービスなど、社会全体として様々な保育を利用しやすい環境を整備した。また、医師・看護師及び介護従事者の働き方やキャリアパスの特殊性を考慮し、放課後児童クラブや送迎サービスなど付随するニーズを把握し、支援を強化している。【こども家庭庁、経済産業省】

③　育児等により一定期間職場を離れた女性の医師や看護師等の復職が円滑に進むよう、最新の医学・診療知識へのキャッチアップ、相談・職業あっせん等を推進している。【厚生労働省】

④　医学部生に対するキャリア教育や多様なロールモデルの提示などの取組を進め、固定的な性別役割分担意識や無意識の思い込み（アンコンシャス・バイアス）がもたらす悪影響の除去に努めるとともに、男女を問わず医師としてキャリアを継続するよう支援している。【文部科学省】

⑤　女性医師が出産や育児又は介護などの制約の有無にかかわらず、その能力を正当に評価される環境を整備するため、固定的な性別役割分担意識や無意識の思い込み（アンコンシャス・バイアス）がもたらす悪影響の除去及びハラスメントの防止、背景にある長時間労働の是正のための医師の働き方改革や主治医制の見直しを推進している。【厚生労働省】

第3節　スポーツ分野における男女共同参画の推進

①　競技団体や部活動等の指導者を目指す女性競技者等を対象に、コーチングのための指導プログラムやガイドブックを活用した、女性特有の身体的特徴やニーズ、ハラスメント防止等の指導上の配

慮事項に関する研修会を3回実施することなどを通じてスポーツ指導者における女性の参画を促進する関係団体の取組を支援している。【文部科学省】

② 令和元（2019）年6月にスポーツ庁が決定した「スポーツ団体ガバナンスコード」で設定された女性理事の目標割合（40％）達成に向けて、各中央競技団体における目標設定及び具体的方策の実施を促し、女性理事の比率向上に向けた取組の支援等を行った結果、各中央競技団体における女性理事の割合は平均29.2％となり、令和4（2022）年度と比較して約4.7％上昇している。【文部科学省】

③ 女性競技者の三主徴（エネルギー不足、運動性無月経、骨粗しょう症）に対応した医療・科学サポート体制の確立に向けて、婦人科医との連携や相談体制を構築した。また、女性競技者や指導者に対する講習会等を開催し、普及・啓発の取組を実施した。【文部科学省】

④ 生涯を通じた健康づくりのため、運動習慣の定着や身体活動量の増加に向けた取組を推進している。

健康日本21（第三次）における身体活動・運動分野の取組を推進するため、令和6（2024）年1月、最新のエビデンス等を基に、身体活動・運動に係る推奨事項や参考情報を取りまとめた「健康づくりのための身体活動・運動ガイド2023」を

公表した。（再掲）【厚生労働省】

⑤ 関係省庁、地方公共団体、スポーツ団体、経済団体、企業等で構成するコンソーシアムを設置し、加盟団体が連携・協働して、身近な地域で健康づくりを図るための環境整備を行う等、女性における運動・スポーツへの参加促進に向けた取組を推進し、スポーツ庁ホームページ等で公表するとともに、女性のスポーツ実施促進に係る環境整備等に関する研究を実施した。【文部科学省】

⑥ スポーツに関する指導ができる人材の養成・活用について、多様な住民のニーズに対応できる多様な指導者の発掘・創出などの各地方公共団体等が実施する取組を推進している。【文部科学省】

⑦ 女性競技者の出産後の復帰を支援するため、スポーツ医・科学を活用したトレーニングサポートを実施したことに加え、競技生活と子育ての両立に向けた環境整備のため、練習や遠征時の育児サポートを実施した。【文部科学省】

⑧ 競技者に対する指導者等からのセクシュアルハラスメントや性犯罪の防止に向け、これらの不法行為等を行わず、かつ競技者の人間的成長を促すことのできるグッドコーチを養成するためのカリキュラム等を活用し、資質の高い指導者の養成を行う関係団体の取組を支援している。【文部科学省】

第8分野 防災・復興、環境問題における男女共同参画の推進

第1節 国の防災・復興行政への男女共同参画の視点の強化

① 令和3（2021）年より、災害応急対策のための会議等に内閣府男女共同参画局長を構成員等として追加している。令和6（2024）年1月1日に設置された令和6年能登半島地震特定災害対策本部においても同局長が本部員に任命された。【内閣府、関係省庁】

② 「国土強靱化年次計画2023」の策定に当たり、

男女共同参画の視点に立った防災・災害対応・復旧復興の推進について記載した。【内閣府】

③ 内閣府では、内閣府調査チーム派遣予定者への説明会（令和5（2023）年4月）等において、災害対応に携わる職員へ男女共同参画の視点からの災害対応の重要性等について説明を行った。また、令和6年能登半島地震への対応に当たり、被災者支援に携わる関係省庁の職員に対し、「災害対応力を強化する女性の視点～男女共同参画の視点からの防災・復興ガイドライン～」及び同ガイドラ

インに掲載されている「避難所チェックシート」を周知し、男女共同参画の視点に立った取組への協力を依頼した。【内閣府、総務省、関係省庁】

第2節　地方公共団体の取組促進

ア　防災・復興に関する政策・方針決定過程への女性の参画拡大

① 内閣府では、令和5（2023）年4月、地方公共団体に対し、内閣府男女共同参画局長と内閣府政策統括官（防災担当）の連名で地方防災会議における女性委員の登用加速を促す通知を発出した。また、令和6（2024）年2月、都道府県知事、市区町村長、防災・危機管理担当部局及び男女共同参画担当部局等の幹部職員並びに地方防災会議委員を対象に、防災会議を含む意思決定過程や防災の現場への女性の参画促進を目的としたオンライン・シンポジウムを開催した。【内閣府、総務省】

② 内閣府では、令和4（2022）年に作成した「女性が力を発揮するこれからの地域防災～ノウハウ・活動事例集～」や令和5（2023）年5月に作成した「防災分野における女性の参画促進～好事例集～」を活用し、女性を積極的に登用している都道府県や市区町村の好事例の展開を行った。【内閣府、総務省】

③ 自治体危機管理・防災責任者研修（第1期令和5（2023）年5～6月、第2期令和5（2023）年10～12月）、「防災スペシャリスト養成」有明の丘研修（第1期令和5（2023）年9～10月、第2期令和6（2024）年1～3月）等の地方公共団体等の職員等を対象とした研修において、災害対策本部への女性職員の配置及び男女共同参画の視点からの災害対応の必要性に関し知識の習得を図った。また、令和6年能登半島地震への対応に当たり、男女共同参画局の職員を石川県に設置した非常災害現地対策本部に派遣し、避難所等における男女共同参画の視点に立った取組について、県や市町、関係省庁等に働きかけを行ったほか、「災害時の男女共同参画センター等の相互支援ネットワーク」を通じて、被災経験のある男女共同参画センター等とも協力し、情報共有を行っ

た。【内閣府】

④ 東日本大震災の被災地における復興の取組に男女共同参画を始めとした多様な視点をいかすため、行政や民間団体における各種施策や参考となる事例等の情報を収集し、「男女共同参画の視点からの復興～参考事例集～」（令和6（2024）年3月末時点で120事例）として公表した。【復興庁】

イ　防災の現場における女性の参画拡大

① 内閣府では、令和3（2021）年から継続的に実施している「災害対応力を強化する女性の視点～男女共同参画の視点からの防災・復興ガイドライン～」に基づく地方公共団体の取組状況調査において、地方公共団体が作成する地域防災計画や避難所運営マニュアル等の作成・修正に当たり、男女共同参画の視点に立った取組の実施の有無や関連項目の記載の有無についても調査し、結果を公表した。また同調査結果を踏まえ、地方公共団体の職員等を対象とした研修等において情報提供や助言等を行った。【内閣府、総務省】

② 地方公共団体の職員等を対象とした研修において、避難所運営等への女性の参画、女性と男性のニーズ等の違いに配慮した取組及び安全・安心の確保に向けた取組の強化について働きかけを行っている。また、令和6年能登半島地震への対応に当たり、避難所等における性暴力・DV防止の啓発に係る取組を行った。【内閣府】

③ 「防災・災害対応における男女共同参画センター等の相互支援ネットワーク」の平常時及び災害時における効果的な運用を促進するために、災害発生時には男女共同参画の視点からの防災・災害対応の取組について随時情報を発信している。また、令和6（2024）年2月に実施した相互支援ネットワークの登録団体向け研修会において、令和6年能登半島地震における男女共同参画の視点からの取組について情報共有を行った。【内閣府】

④ 地方公共団体の職員を含む防災関係者に対し「災害対応力を強化する女性の視点～男女共同参画の視点からの防災・復興ガイドライン～」の内容を踏まえた研修を行っている。また、指導的立場にある者を対象とした研修として、令和6（2024）年2月、都道府県知事、市区町村長、防災・危機管理担当部局及び男女共同参画担当部局等の

幹部職員並びに地方防災会議委員を対象に防災会議を含む意思決定過程や防災の現場への女性の参画促進を目的としたオンライン・シンポジウムを開催した。（再掲）【内閣府、総務省】

⑤　内閣府では、令和5（2023）年10月、地方公共団体で災害対応に関わる部局の職員、地域防災リーダー、学校関係者等を対象とした、「男女共同参画の視点による災害対応研修」を独立行政法人国立女性教育会館（以下「NWEC」という。）と共催し、令和4（2022）年に作成した「女性が力を発揮するこれからの地域防災～ノウハウ・活動事例集～」について紹介し、自主防災組織等において女性の参画を進める好事例の展開を行った。【内閣府、総務省】

⑥　NWECと共催した、「男女共同参画の視点による災害対応研修」（前掲）において、男女共同参画の視点に立った避難所運営訓練が行われ、地域、行政、学校等の関係者との連携の仕方や誰一人取り残さない避難所運営等について、研修参加者の理解を深めた。また、文部科学省が作成する「実践的な防災教育の手引き」（中学校・高等学校編）においては、男女共同参画の視点に立った防災教育の事例について掲載する予定としている。【内閣府、総務省、文部科学省、関係省庁】

⑦　復興庁では、東日本大震災の被災地における復興の取組に男女共同参画を始めとした多様な視点をいかすため、行政や民間団体における各種施策や参考となる事例等の情報を収集し、「男女共同参画の視点からの復興～参考事例集～」（令和6（2024）年3月末時点で120事例）として公表した。（再掲）【内閣府、復興庁】

⑧　消防吏員の女性比率について、令和8（2026）年度当初までに5％に増加させることを全国の消防本部との共通目標として掲げており、消防本部等に対し数値目標の設定による計画的な増員の確保、女性消防吏員の職域の拡大等、ソフト・ハード両面での環境整備に取り組むよう引き続き要請するとともに、消防署等における職場環境の整備が図られるよう、女性専用施設（浴室・仮眠室等）の職場環境の整備に要する経費を支援した。

また、消防吏員を目指す女性の増加を図るため、女子学生等を対象とした職業体験イベントの開催やPR広報を実施するとともに、女性消防吏員活躍推進アドバイザーの派遣、女性消防吏員活躍推進支援事業などの取組を通じた先進的な事例の全国展開に加え、女性消防吏員が0名の消防本部の解消及び数値目標の達成に重点を置いた、外部講師による幹部職員向け研修会を実施するなど、女性消防吏員の更なる活躍に向けた取組を推進した。【総務省】

⑨　消防団への女性の積極的な入団を促進するため、企業・大学と連携した入団促進や女性・若者等が活動しやすい環境づくりなどの消防団の充実強化につながる地方公共団体の取組を支援するとともに、女性消防団員の更なる充実に向けて、全国女性消防団員活性化大会等を開催した。また、消防団の拠点施設等における女性用トイレや更衣室の設置等を促進した。【総務省】

ウ　「災害対応力を強化する女性の視点～男女共同参画の視点からの防災・復興ガイドライン～」の活用徹底

①　内閣府では、地方公共団体の職員等を対象にした研修や実践的学習プログラムの活用等を通じて、継続的に「災害対応力を強化する女性の視点～男女共同参画の視点からの防災・復興ガイドライン～」の周知徹底を図った。また、令和6年能登半島地震への対応に当たり、被災者支援に携わる関係省庁の職員に対し、「災害対応力を強化する女性の視点～男女共同参画の視点からの防災・復興ガイドライン～」及び同ガイドラインに掲載されている「避難所チェックシート」を周知し、男女共同参画の視点に立った取組への協力を依頼した。（再掲）令和6（2024）年2月、都道府県知事、市区町村長、防災・危機管理担当部局及び男女共同参画担当部局等の幹部職員並びに地方防災会議委員を対象とした、防災会議を含む意思決定過程や防災の現場への女性の参画促進を目的としたオンライン・シンポジウムの開催に当たっては、全国知事会及び全国町村会と連携し、同シンポジウムの周知を行った。【内閣府、関係省庁】

②　令和5（2023）年7月及び8月の大雨・台風並びに令和6年能登半島地震発生直後、地方公共団体の男女共同参画担当部局に対し、各地域の男女共同参画センターとも連携しながら、「災害対応力を強化する女性の視点～男女共同参画の視点か

らの防災・復興ガイドライン〜」に基づく取組を行うよう要請した。【内閣府】

③ 令和3（2021）年から継続的に実施している「災害対応力を強化する女性の視点〜男女共同参画の視点からの防災・復興ガイドライン〜」に基づく地方公共団体の取組状況のフォローアップ調査を行った。【内閣府】

④ 令和5（2023）年9月、防災推進国民大会（ぼうさいこくたい）においてワークショップを開催し、参加した防災士や地域の女性防災リーダー等に対し、「災害対応力を強化する女性の視点〜男女共同参画の視点からの防災・復興ガイドライン〜」や内閣府が作成した好事例集等について情報共有を行った。【内閣府】

第3節 国際的な防災協力における男女共同参画

① 第58回国連女性の地位委員会「自然災害におけるジェンダー平等と女性のエンパワーメント」決議（平成26（2014）年）及び第3回国連防災世界会議で策定された「仙台防災枠組2015-2030」（平成27（2015）年）等が求める事項等について、国連防災機関（UNDRR）「ジェンダーアクションプラン（GAP）」の策定に向けて関係省庁と協力・支援している。また、令和5（2023）年10月、国際協力機構（JICA）が主催する課題別研修「ジェンダーと多様性からの災害リスク削減と気候変動」において、日本政府における男女共同参画の視点に立った防災・災害対応の取組について情報提供を行った。【内閣府、外務省】

② 国際的な防災協力に当たっては、男女共同参画の視点を踏まえて援助を行った。【外務省】

第4節 男女共同参画の視点に立った気候変動問題等の環境問題の取組の推進

① 審議会等における女性委員の登用を進め、政策・方針決定過程への女性の参画拡大を図っている。例えば環境省は、中央環境審議会の委員の半数を女性とするなど、審議会等における女性委員の登用を進めている。具体的には、中央環境審議

会では、女性の会長が選出されるとともに、同審議会に置かれ気候変動問題等を所掌とする地球環境部会において構成委員の約半数を女性委員としている。【経済産業省、環境省】

② 環境問題に関する施策の企画立案・実施に当たっては、男女別のデータを把握し、女性と男性に与える影響の違いなどに配慮して取り組んでいる。令和5（2023）年度においては、ナッジ等の行動科学の知見を活用して温室効果ガス排出削減、熱中症対策、防災対策、生物多様性保全等に資する意識変革や行動変容を促す実証実験を実施する際に、対象者の性別等の属性情報の収集を行った。今後、当該情報の解析を通じて、施策の効果の個人差及び普遍性の解明並びに一人一人に合った働きかけの開発等に役立てることとしている。【環境省】

第9分野　男女共同参画の視点に立った各種制度等の整備

第1節　男女共同参画の視点に立った各種制度等の見直し

ア　働く意欲を阻害しない制度等の検討

① 働き方の多様化を踏まえつつ、働きたい女性が就業調整を意識しなくて済む仕組み等を構築する観点から、税制[6]や社会保障制度等について、総合的な取組を進めている。

・ 令和6（2024）年10月に予定されている短時間労働者に対する被用者保険の適用拡大に向けて、準備・周知・広報を行っている。（再掲）また、いわゆる「年収の壁」については、壁を意識せずに働く時間を延ばすことのできる環境づくりを後押しするため、当面の対応として「年収の壁・支援強化パッケージ」を令和5（2023）年10月から実施している。【厚生労働省】

・ 配偶者の収入要件があるいわゆる配偶者手当については、社会保障制度とともに、就業調整の要因となっているとの指摘があることに鑑み、配偶者の働き方に中立的な制度となるよう、労使に対しその在り方の検討を促すため、令和5（2023）年10月に見直しの手順をフローチャートで示す等分かりやすい資料を作成・公表するとともに関係団体等を通じて周知を行ったところであり、引き続き環境整備を図っている。【厚生労働省】

イ　家族に関する法制の整備等

① 現在、身分証明書として使われるパスポート、マイナンバーカード、免許証、住民票、印鑑登録証明書なども旧姓併記が認められており、旧姓の通称使用の運用は拡充されつつあるが、国・地方一体となった行政のデジタル化・各府省庁間のシステムの統一的な運用などにより、婚姻により改姓した人が不便さや不利益を感じることのないよう、引き続き旧姓の通称使用の拡大やその周知を行った。【関係府省庁】

② 令和6（2024）年4月1日から不動産の所有権の登記名義人の氏名に旧姓の併記が可能になったことについて、ホームページ等において周知した。【法務省】

③ 「規制改革実施計画」（令和5年6月16日閣議決定）に基づき、婚姻により改姓した人が不便さや不利益を感じることがないよう、各府省庁及び地方公共団体宛てに、マイナンバーカードに旧姓併記できることの周知、旧姓使用者の本人確認に際しての旧姓併記したマイナンバーカードの活用推進及び旧姓併記したマイナンバーカードの署名用電子証明書の旧姓に係る仕様を踏まえたシステム構築への積極的な対応を依頼する通知文を発出するなどの取組を実施した。【内閣府、デジタル庁、総務省】

④ 各種国家資格等における旧姓使用の現状等に関する調査を実施し、314の国家資格等（総務省平成23（2011）年「資格制度概況調査結果」に基

6　配偶者の所得の大きさに応じて、控除額を段階的に減少させる配偶者特別控除の導入によって、配偶者の給与収入が103万円を超えても世帯の手取り収入が逆転しない仕組みとなっており、税制上、いわゆる「103万円の壁」は解消している。

づき整理）の全て（令和5（2023）年5月31日現在）で旧姓使用ができることをホームページ上に公表した。【内閣府】

⑤　婚姻後も仕事を続ける女性が大半となっていることなどを背景に、婚姻前の氏を引き続き使えないことが婚姻後の生活の支障になっているとの声など国民の間に様々な意見がある。そのような状況も踏まえた上で、家族形態の変化及び生活様式の多様化、国民意識の動向等も考慮し、夫婦の氏に関する具体的な制度の在り方に関し、戸籍制度と一体となった夫婦同氏制度の歴史を踏まえ、また家族の一体感、子供への影響や最善の利益を考える視点も十分に考慮し、国民各層の意見や国会における議論の動向を注視しながら、司法の判断も踏まえ、更なる検討を進めるものとされており、国民や国会議員による議論が活発にされるよう、法務省ホームページ等において、引き続き、積極的に情報提供を行った。【法務省、関係府省】

⑥　夫婦の氏に関する理解を深めるため、ホームページにおいて、婚姻した夫婦が選択した姓（夫の姓・妻の姓）の割合、世論調査の結果等の夫婦の氏に関するデータを掲載し、情報提供を行った。【内閣府】

ウ　男女の多様な選択を可能とする育児・介護の支援基盤の整備

①　子ども・子育て支援新制度の実施による幼児期の学校教育、保育、地域の子供・子育て支援の充実、幼児教育・保育の無償化、「新子育て安心プラン」を踏まえた保育の受け皿整備、「新・放課後子ども総合プラン」に基づく放課後児童クラブの受入児童数の拡大などにより、地域のニーズに応じた子育て支援の一層の充実を図っている。【こども家庭庁、文部科学省、厚生労働省】

・　幼稚園・保育所・認定こども園を通じた共通の給付や小規模保育への給付、地域の事情に応じた認定こども園の普及及び地域子育て支援拠点や放課後児童クラブ等地域のニーズに応じた多様な子育て支援策を着実に実施している。

・　待機児童の解消に向け、保育所等の整備を推進するとともに、それに伴い必要となる保育人材の確保や子育て支援員の活用等を推進している。

・　多様な保育ニーズに対応するため、延長保育、休日保育、夜間保育、病児保育や複数企業間での共同設置を含む事業所内保育等の多様な保育を提供している。

・　就業の有無にかかわらず、一時預かりや幼稚園の預かり保育等により、地域における子育て支援の拠点やネットワークを充実させている。

・　幼児教育・保育の無償化の着実な実施や保育利用に係る支援等により、保護者の経済的負担の軽減等を図っている。

・　放課後等デイサービス等の通所支援や保育所等における障害のある子供の受入れを実施するとともに、マザーズハローワーク等を通じ、きめ細かな就職支援等を行うことにより、そうした子供を育てる保護者を社会的に支援している。

②　子供の事故防止に関連する関係府省の連携を図り、保護者や教育・保育施設等の関係者の事故防止の意識を高めるための啓発活動や、安全に配慮された製品の普及等に関する取組を推進している。令和5（2023）年度は、平成29（2017）年度から定めている「こどもの事故防止週間」を7月17日から同月23日までとし、関係府省が連携して集中的な広報活動を行うなどの取組を実施した。【こども家庭庁、関係府省】

③　子供の安全な通行を確保するため、子供が日常的に集団で移動する経路等の交通安全環境の整備や、地域ぐるみで子供を見守るための対策等を推進している。【警察庁、こども家庭庁、文部科学省、国土交通省】

④　安心して育児・介護ができる環境を確保する観点から、生活サービス機能や居住の誘導によるコンパクトシティの形成や、住宅団地における子育て施設や高齢者・障害者施設の整備、各種施設や公共交通機関等のバリアフリー化、全国の「道の駅」における子育て応援施設の整備等を推進している。【国土交通省】

⑤　医療・介護保険制度については、多様な人材によるチームケアの実践等による効率化・重点化に取り組みながら質の高いサービスの充実を図っている。その際、医療・介護分野における多様な人材の育成・確保や、雇用管理の改善を図っている。【厚生労働省】

⑥　医療・介護の連携の推進や、認知症施策の充実等により、地域の包括的な支援・サービス提供体制（地域包括ケアシステム）の構築に向けた取組を着実に進めるとともに、家族の介護負担の軽減を図っている。【厚生労働省】

⑦　男女ともに子育て・介護をしながら働き続けることができる環境の整備に向けて、育児・介護休業法の履行確保を図っている。

　また、次世代法の周知を行うとともに、仕事と子育ての両立を推進する企業を対象とした認定及び特例認定の取得を促進している。【厚生労働省】

第2節　男女の人権尊重の理念と法律・制度の理解促進及び救済・相談の充実

①　学校や社会において、法令等により保障される人権に関し、正しい知識の普及を図るとともに、国民一人一人の人権意識を高め、人権への理解を深めるため、様々な教育・啓発活動を行っている。【内閣府、法務省、文部科学省、関係省庁】

②　男女共同参画に関連の深い法令・条約等について、分かりやすい広報の工夫等により、その内容の周知に努めている。また、権利が侵害された場合の相談窓口、救済機関等の周知に努めている。【内閣府、法務省、外務省、関係省庁】

③　政府の施策についての苦情の処理及び人権が侵害された場合における被害者の救済について、行政相談制度や法務省の人権擁護機関等を積極的に活用している。その際、相談に当たる職員、行政相談委員、人権擁護委員及び民生委員・児童委員の研修の充実を図るとともに、男女共同参画に関する苦情処理、被害者救済体制等（令和5（2023）年4月1日現在）についての実態把握を行った。

　また、法務省の人権擁護機関においては、男女共同参画社会の実現のために、啓発活動に積極的に取り組むとともに、法務局の人権相談窓口や、「女性の人権ホットライン」において、人権相談、人権侵犯事件の調査救済活動に、関係機関と連携しつつ積極的に対応している。【内閣府、こども家庭庁、総務省、法務省、厚生労働省】

④　法務省の人権擁護機関では、日本語を自由に話すことが困難な外国人等からの人権相談に対応するため、全国の法務局に「外国人のための人権相談所」を設け、約80の言語による相談に応じるなどしている。

　また、「外国語人権相談ダイヤル」及び「外国語インターネット人権相談受付窓口」を設けており、電話・インターネットでも10言語による人権相談を受け付けている。（再掲）【法務省】

⑤　法務省の人権擁護機関では、専用相談電話「女性の人権ホットライン」を設置するなどして、夫・パートナーからの暴力やセクシュアルハラスメント等女性の人権問題に関する相談体制のより一層の充実を図っている。令和5（2023）年における「女性の人権ホットライン」で相談に応じた件数は、15,142件となっている。（再掲）【法務省】

⑥　男女共同参画に関する全国会議や研修への参加を呼び掛けるなどして、行政相談委員の男女共同参画に関する政府の施策についての苦情処理能力の向上等に向けた支援を行った。【総務省】

⑦　男女共同参画に関連の深い法令・条約等について、政府職員、警察職員、消防職員、教員等に対して、研修等の取組を通じて理解の促進を図っている。また、法曹関係者についても、同様の取組が進むよう、情報の提供や講師の紹介等可能な限りの協力を行っている。【全府省庁】

第**10**分野　教育・メディア等を通じた男女双方の意識改革、理解の促進

第1節　男女共同参画を推進し多様な選択を可能にする教育・学習の充実

ア　校長を始めとする教職員への研修の充実

① 校長を始めとする教職員や教育委員会が、男女共同参画を推進する模範となり、児童・生徒の教育・学習や学級経営等において男女平等の観点が充実するよう、各教育委員会や大学等が実施する男女共同参画に関する研修について、研修内容及びオンラインを含めた実施方法の充実を促している。【文部科学省】

② NWECにおいて、初等中等教育機関の教職員、教育委員会など教職員養成・育成に関わる職員を対象に、学校現場や家庭が直面する現代的課題について、男女共同参画の視点から捉え理解を深める研修（オンラインの活用を含む。）を実施している。【文部科学省】

イ　男女平等を推進する教育・学習の充実

① 初等中等教育において、男女共同参画の重要性に関する指導が充実するよう、学習指導要領の趣旨の徹底を図った。男女共同参画推進連携会議において作成した副教材「みんなで目指す！ＳＤＧｓ×ジェンダー平等」について、各学校や各都道府県の男女共同参画センター等での活用を促している。【内閣府、文部科学省】

② 子供に身近な存在である教職員等が固定的な性別役割分担意識や無意識の思い込み（アンコンシャス・バイアス）を持つことがないよう、男女共同参画を推進するための研修や周知啓発等の取組を推進している。【文部科学省】

③ 図書館や公民館等の社会教育施設において、学校や男女共同参画センター、民間団体等と連携し、

情報・資料の提供等を通じて学習機会の充実を図っている。【文部科学省】

④ NWECにおいて、関係省庁、地方公共団体、男女共同参画センターや大学、企業等と連携を図りつつ、男女共同参画を推進する組織のリーダーや担当者を対象にした研修や教育・学習支援、男女共同参画に関する専門的・実践的な調査研究や情報・資料の収集・提供等を行い、男女共同参画社会の形成の促進を図っている。【文部科学省】

⑤ 優れたキャリア教育の取組を行っている企業・団体等を表彰する「キャリア教育アワード」や、教育関係者と地域・社会や産業界等の関係者の連携・協働によるキャリア教育に関するベストプラクティスを表彰する「キャリア教育推進連携表彰」を実施することで、キャリア教育の普及・推進を図っている。

また、社会全体でキャリア教育を推進していこうとする気運を高め、キャリア教育の意義の普及・啓発と推進に資することを目的として、「キャリア教育推進連携シンポジウム」を開催している。【文部科学省、経済産業省、厚生労働省】

ウ　大学、研究機関、独立行政法人等による男女共同参画に資する研究の推進

① NWECにおいて、教育・学習支援、男女共同参画に関する専門的・実践的な調査研究や情報・資料の収集・提供を行っている。【文部科学省】

② 日本学術会議において、ジェンダー研究を含む男女共同参画社会の形成に資する学術研究及び教育制度について、多角的な調査及び審議を推進した。【内閣府】

エ　多様な選択を可能にする教育・能力開発・学習機会の充実

① 初等中等教育段階において、総合的なキャリア教育を推進する際に、男女共同参画の意義、ワー

ク・ライフ・バランスなどの知識や技術の習得が図られるよう、教育委員会を通じて各学校の取組を促している。【文部科学省】

② 保護者や進路指導の担当教員等に対し、女性が高等教育を受けることや理工系分野等女性の参画が進んでいない分野における仕事内容や働き方への理解を促進している。【文部科学省】

③ 大学や高等専門学校等における女子生徒を対象としたシンポジウム、出前講座及びキャリア相談会の開催を促進している。【文部科学省】

④ 多様な年代の女性の社会参画を支援するため、大学や企業、女性教育関係団体等の７団体が連携し、学び直しを通じて女性のキャリアアップやキャリアチェンジ等を総合的に支援する取組を促進している。【文部科学省】

⑤ 大学入学者選抜において性別を理由とした不公正な取扱いが行われることのないよう、「令和６年度大学入学者選抜実施要項」（令和５（2023）年６月高等教育局長通知）により各大学に対し周知徹底を図るとともに、特に医学部医学科入学者選抜に係る入試情報については、ホームページにおいて各大学の男女別の合格率を公表している。【文部科学省】

取組の好事例の横展開を図っている。【文部科学省】

⑤ 教職員の男女が共に仕事と育児・介護等の両立を図ることができるよう、勤務時間管理の徹底や業務の明確化・適正化等の働き方改革、男性の育児休業取得促進やマタニティ・ハラスメント防止等の両立支援に取り組むよう教育委員会等に対して促している。【文部科学省】

⑥ 学校運営に地域の声を反映するために設置することが努力義務となっている学校運営協議会[7]の委員の構成について、女性の登用を推進するよう教育委員会に促している。【文部科学省】

⑦ 独立行政法人教職員支援機構が実施する校長・教頭への昇任を希望する教員が参加する各種研修について、「第５次男女共同参画基本計画」を踏まえ、研修における女性教職員の参加割合の目標を25％に設定するなど、女性教職員の積極的な参加を引き続き促進したところであり、本目標を達成している。【文部科学省】

⑧ ＮＷＥＣにおいて実施してきた女性教員の管理職登用の促進に向けた調査研究の成果を踏まえ、学校教育における意思決定過程への女性の参画等に関する調査研究を更に進めるとともに、その成果を活用した研修等を実施している。【文部科学省】

第2節 学校教育の分野における政策・方針決定過程への女性の参画拡大

① 各教育機関や教育関係団体における意思決定層への女性の登用について、具体的な目標設定を行うよう要請している。その際、学校に関しては校長と教頭のそれぞれについて目標設定を行うよう促している。【内閣府、文部科学省】

② 女性活躍推進法に基づき、特定事業主である教育委員会や一般事業主である学校法人の更なる取組を促している。【内閣府、文部科学省、厚生労働省】

③ 管理職選考について女性が受けやすくなるよう、教育委員会における検討を促している。【文部科学省】

④ 女性管理職の割合が高い地方公共団体における

第3節 国民的広がりを持って地域に浸透する広報活動の展開

① 性別による無意識の思い込み（アンコンシャス・バイアス）について、気付きの機会を提供し解消の一助とするため、これまでの調査研究やチェックシート・事例集に基づき、普及啓発用動画の制作やワークショップを開催した。（再掲）【内閣府】

② 誰もが簡単に利用できる、様々な「職業」や「社会生活場面」を想定した性別による固定的役割分担に捉われないフリーイラスト素材を追加作成し、ホームページで提供を行っている。（再掲）【内閣府】

③ 政府広報を活用し、幅広く丁寧に、男女共同参画に関する国民的関心を高めていくため、Yahoo!

---

7 地方教育行政の組織及び運営に関する法律（昭和31年法律第162号）第47条の５に基づく。

ニュースやSmartNewsでのバナー広告、新聞突出し広告による情報発信を行った。【内閣府、総務省】

④ 「男女共同参画週間」（毎年6月23日から同月29日まで）における地方公共団体の具体的な取組の掲載や「男女共同参画社会づくりに向けての全国会議」において、地方公共団体や関係機関・団体と連携し、男女共同参画に関する意識の浸透を図っている。（再掲）【内閣府】

⑤ 家事・育児等の手間やストレスの軽減に資する様々な活動や商品・サービスの活用に関する広報活動として、特定非営利活動法人キッズデザイン協議会が実施しているキッズデザイン賞において、男女共同参画担当大臣賞及びこども政策担当大臣賞を選定・表彰している。【内閣府、こども家庭庁】

⑥ 全国50か所の行政相談センターの相談窓口に、内閣府男女共同参画局が作成した「女性に対する暴力をなくす運動」のポスターを掲示し、広報に努めた。【総務省】

第4節　メディア分野等と連携した積極的な情報発信

① 男女共同参画を阻害する固定観念の撤廃を目指すために国連女性機関（UN Women）が進める国際的な共同イニシアティブ「Unstereotype Alliance」と連携し、同イニシアティブに参画する民間団体を含め各種会合において意見交換を行った。【内閣府】

② メディア分野等で働く女性がその業界における女性活躍や男女共同参画の取組等について情報交換するため、メディア分野における意見交換会の場を設け、その成果を地方も含めた業界団体等に周知することにより、各業界における自主的な取組を促進した。【内閣府】

第5節　メディア分野等における政策・方針決定過程への女性の参画拡大及びセクシュアルハラスメント対策の強化

① メディア分野等における意見交換会を実施し、その中でメディア分野等における意思決定過程への女性の参画拡大に関する取組の好事例を共有・周知するとともに、メディア分野においても性別による無意識の思い込み（アンコンシャス・バイアス）による性別役割分担の解消に向けた取組を行うことの重要性について意見交換を実施することで、女性登用や意思決定過程への女性の参画拡大の促進となるよう啓発を行った。【内閣府】

② 女性活躍推進法に基づく一般事業主行動計画の策定等が義務となっている一般事業主に対し、企業向けの相談会・説明会やコンサルティング等を実施することにより、1,200社を超える企業の女性の活躍推進のための取組を支援した。また、女性の登用については、経営者層の自主的な取組が重要であることから、具体的な目標を設定して取り組むよう、業界団体を通じて要請している。【内閣府、厚生労働省】

③ メディア・行政間でのセクシュアルハラスメント事案の発生を受け、
・ 政府における取材環境についての意思疎通を図っている。
・ メディア分野の経営者団体等に対して、セクシュアルハラスメント防止や取材に関する政府の取組を周知するとともに、取材現場における女性活躍、メディア分野における政策・方針決定過程への女性の参画拡大などについての要請を行っている。【内閣府、全省庁】

第11分野 男女共同参画に関する国際的な協調及び貢献

第1節 持続可能な開発目標（SDGs）や女子差別撤廃委員会など国連機関等との協調

ア 持続可能な開発目標（SDGs）達成に向けた連携及び推進

① 内閣総理大臣を本部長、内閣官房長官及び外務大臣を副本部長とし、全閣僚を構成員とする持続可能な開発目標（SDGs）推進本部（平成28（2016）年5月設置）において決定されたSDGs実施指針改定版を踏まえ、SDGs達成に向けた取組を広範なステークホルダーと連携して推進・実施している。【外務省、関係府省】

② SDGsにおけるジェンダー平等の実現とジェンダー主流化の達成度を的確に把握している。このため、国連がジェンダーに関連していると公表したグローバル指標のうち32指標について、引き続きこれら指標の更新・公表を行った。また、海外及び国内の研究機関等による評価、グローバル指標の検討・見直し状況、ローカル指標の検討状況等に留意し、進捗評価体制の充実と透明性の向上を図っている。【内閣府、総務省、外務省、関係省庁】

イ 女子差別撤廃条約の積極的遵守等

① 女子差別撤廃条約に基づく女子差別撤廃委員会からの最終見解等に関し、男女共同参画会議は、各府省における対応方針の報告を求め、必要な取組等を政府に対して要請した。【内閣府、外務省、関係省庁】

② 女子差別撤廃条約の選択議定書については、諸課題の整理を含め、早期締結について真剣に検討を進めている。【外務省、関係府省】

③ 国際労働機関（ILO）の活動に関する事項について政労使の代表者間で協議を行うILO懇談会においては、未批准のILO条約について、男女共同参画に関連の深い条約も含めて、定期的に議論を行っている。令和5（2023）年5月のILO懇談会では、雇用及び職業についての差別待遇に関する条約（ILO第111号条約）について意見交換を行った。【内閣府、外務省、厚生労働省、関係省庁】

ウ 北京宣言・行動綱領に沿った取組の推進

① 国連女性の地位委員会等に積極的に参加し、参加各国との連携を図るとともに、我が国の男女共同参画・女性活躍に係る取組等の情報発信、共有により国際的な政策決定、取組方針への貢献に努めた。令和6（2024）年3月11日から22日まで国連本部（ニューヨーク）において、第68回国連女性の地位委員会が開催され、我が国からは、加藤鮎子内閣府特命担当大臣（男女共同参画）が、一般討論において「ジェンダーの視点からの貧困撲滅、機構強化、資金動員によるジェンダー平等達成と女性・女児のエンパワーメントの加速」のテーマに関する我が国の取組についてビデオメッセージ形式でステートメントを述べた。また、日本代表として任命された大崎麻子氏（特定非営利活動法人 Gender Action Platform 理事）が、閣僚級円卓会合において同テーマに関するステートメントを述べた。我が国は、関係府省庁、NGO関係者、ユースを含む民間からの代表を含めた日本代表団を結成し、会合に参加した。【内閣府、外務省、関係省庁】

エ UN Women（国連女性機関）等との連携・協力推進

① UN Womenを始めとする国際機関等の取組に積極的に貢献していくとともに、連携の強化等を図っている。令和5（2023）年度において、日本は、ウクライナ及び周辺国、アフリカ、中東、アジア、中米地域19か国にて紛争、災害等の危

機下における女性・女児の保護、生計支援を中心とする支援を行っている。【内閣府、外務省、関係省庁】

第2節 G7、G20、APEC、OECDにおける各種合意等への対応

① 令和5（2023）年に我が国が議長国を務めたG7を始め、G20、APEC、OECDやその他の女性に関連する国際会議や多国間協議における首脳級・閣僚級のジェンダー平等に係る各種の国際合意や議論を、国内施策に適切に反映して実施するとともに、その進捗を把握し、施策の改善にいかした。合意に至る議論の過程においては、我が国の経験や取組等に基づく情報発信及び共有により、政策決定及び取組方針に貢献した。

（G7）

・ 5月に開催されたG7広島サミットの首脳コミュニケでは、ジェンダー平等についての独立したパラグラフに加え、前文、開発、食料安全保障、労働、教育、デジタル、人権、テロ、地域情勢といった幅広い文脈においてもジェンダー課題への対処の重要性が網羅的に記載された。その中でも、あらゆる人々が性自認、性表現あるいは性的指向に関係なく、暴力や差別を受けることなく生き生きとした人生を享受することができる社会の実現にコミットしたほか、ジェンダー主流化を深化させるため、政治と安全保障、経済と社会の領域を橋渡しする「ネクサス」を作り出すことによる行動の効率と影響の最大化を提唱した点などが特筆される。

さらに、6月には我が国で初めてとなる男女共同参画・女性活躍担当大臣会合を栃木県日光市で開催し、小倉將信内閣府特命担当大臣（男女共同参画）が議長として出席した。会合では、「コロナ禍での教訓を生かす」及び「女性の経済的自立」をテーマに議論を行い、成果文書として「日光声明」を取りまとめ、新型コロナウイルス感染症の感染拡大が女性・女児に与えた不均衡な影響について、その背景にある構造的な課題に立ち返りつつ、包括的に分析・検討を行い、「女性の経済的自立」、「無償のケア・家事労働」、「ジェンダーに

基づく暴力」、「社会の意識を変える」及び「G7のコミットメント推進の枠組み」について、今後の取組方針を分野横断的かつ体系的に整理した。11月に上川外務大臣が議長を務め東京で開催されたG7外相会合においては、WPSアジェンダを含むジェンダー平等といった、より広範なグローバルな課題に対処するため、G7を超えて国際的な連帯を更に築くことにコミットすることが共同声明に盛り込まれた。

このほか、「ジェンダー・ギャップに関するG7ダッシュボード」の改訂や、初となる「ジェンダー平等実施報告書」の経済協力開発機構（OECD）による公表など、ジェンダー分野におけるG7のコミットメントの監視メカニズムも着実に実施された。

（G20）

・ 8月にはG20インド議長国下で、G20では3回目となる女性活躍担当大臣会合が、同国のガンディナガルにて完全対面形式で開催され、我が国からは小倉將信内閣府特命担当大臣（男女共同参画）が参加した。小倉將信内閣府特命担当大臣（男女共同参画）は「女性のリスキリング」のセッションに参加し、女性の経済的自立の実現に向けたリスキリング支援の具体的施策について発信した。さらに9月のニューデリー・サミットで発出されたニューデリー首脳宣言では、女性の経済的及び社会的エンパワーメントの強化や、デジタル面のジェンダー格差の是正、また気候変動等の環境問題における女性の意思決定層の拡大等の重要性について再確認された。

（APEC）

・ 8月に女性と経済フォーラム（閣僚級会合）が開催され、「アジア太平洋地域の一層の統合と女性活躍及び指導的地位へのアクセスの確立」をテーマに、APEC域内での取組が共有された。成果として議長の米国から、「APEC2023女性と経済フォーラム 議長声明」が発出された。我が国からは、小倉將信内閣府特命担当大臣（男女共同参画）が対面で参加し、女性のリーダーシップを拡大するための我が国の取組や育児休暇の取得促進について発信を行った。あわせて、APEC

で初めて中小企業大臣会合との合同会議が開催され、中小企業担当及び女性担当閣僚が出席し、令和5（2023）年のAPECテーマである「全ての人々にとって強靱で持続可能な未来を創造」に基づき、幅広い議論が行われた。同会合に参加した小倉將信内閣府特命担当大臣（男女共同参画）からはデジタル分野における女性の起業支援について発言を行い、里見隆治経済産業大臣政務官からは「女性起業家支援パッケージ」や大阪・関西万博「ウーマンズ・パビリオン」を起点とした女性活躍の発信について説明を行った。

また、女性と経済フォーラムに併せて、日米韓三か国会議が開催され、女性の経済的安全保障を推進する国内外の取組、宇宙分野を含むSTEM分野における女性・女児の活躍推進への取組、家事・介護のインフラ整備の推進等について、三か国間で意見交換が行われた。同会議には小倉將信内閣府特命担当大臣（男女共同参画）が出席し、日米韓三か国は共通の目的に向かって取り組んでおり、経験を持ち寄り、議論を深めることは、アジア・太平洋地域におけるジェンダー平等、女性・女児のエンパワーメントにとって重要であることが確認された。

（OECD）

・ OECDにおいては、令和5（2023）年6月にOECD閣僚理事会が開催され、「強じんな未来の確保：共通の価値とグローバル・パートナーシップ」をテーマに議論が行われた。成果文書として採択された閣僚声明では、OECD各国がジェンダー平等に引き続きコミットすることが明記されるとともに、ジェンダー平等に係るデータ収集プログラムを歓迎する旨が記載された。また、12月には第5回ジェンダー主流化作業部会が対面で開催され、各国から優先課題と取組が共有される中、日本からは男女共同参画の視点からの防災、インターネット上の女性に対する暴力及びジェンダー統計に関する取組について報告した。【内閣府、

外務省、経済産業省、関係省庁】

② 国際会議や多国間協議において合意文書にジェンダー平等と女性・女児のエンパワーメントに関する事項を盛り込むよう取り組むとともに、令和5（2023）年に我が国がG7議長国を務めるに当たっては、G7サミット及び閣僚会合においてジェンダーの視点を取り入れた議論を進めるよう取り組み、各閣僚会合の声明においてジェンダーの視点が反映された。【外務省、関係府省】

第3節 ジェンダー平等と女性・女児のエンパワーメントに関する国際的なリーダーシップの発揮

ア 開発協力大綱に基づく開発協力の推進

① 令和5（2023）年6月改定の「開発協力大綱」（令和5年6月9日閣議決定）及び「女性の活躍推進のための開発戦略」（平成28年5月20日策定）に基づき、ジェンダー主流化及び女性の権利を含む基本的人権の尊重を重要なものとして考え、開発協力を適切に実施している。【外務省、関係府省】

イ 女性の平和等への貢献や紛争下の性的暴力への対応

① 国連安保理決議第1325号等の実施のための、第3次WPSに関する行動計画[8]に沿って、主にUN Womenや紛争下の性的暴力に関する事務総長特別代表（SRSG-SVC）事務所などの国際機関への拠出により中東、アフリカ及びアジア地域のWPS分野に貢献しているほか、モニタリングのための実施状況報告書及び外部有識者から構成される評価委員による評価報告書を作成した。さらに、日本国内では12月に「WPSパネルディスカッション：国際平和と安全保障への女性の参画促進に日本はどう貢献できるか？―G7 GEAC・WAW！フォローアップイベン

---

8 女性と平和・安全保障の問題を明確に関連付けた初の安保理決議である「女性・平和・安全保障に関する国連安保理決議第1325号」（平成12（2000）年10月、国連安全保障理事会にて採択）を踏まえ、平成27（2015）年以降、「女性・平和・安全保障に関する行動計画」を策定・実施。現在の第3次行動計画（令和5（2023）～令和10（2028）年）では、①女性の参画とジェンダー視点に立った平和構築の促進、②性的暴力及びジェンダーに基づく暴力の防止と対応、③防災・災害対応と気候変動への取組、④日本国内におけるWPSの実施、⑤モニタリング・評価・見直しの枠組みの5つの項目からなっており、①～④について、中間評価報告書を3年目に策定予定。

トー」を開催し、実務家やハイレベルの議論を行った。

また、予算編成の考え方を示す「経済財政運営と改革の基本方針2023」（令和5年6月16日閣議決定）においては、初めてWPSを盛り込こんだ。外務省において、ODAを含むあらゆるツールを用いて省内横断的にWPSを推進するため、令和6（2024）年1月に大臣の下にタスクフォースを設置した。

さらに、上川外務大臣は、令和5（2023）年9月の就任以来、国連ハイレベルウィークに際するニューヨーク訪問や東南アジア、中東訪問、G7外相会合など、二国間・多国間を問わず様々な機会を捉えて、WPSの重要性を発信している。9月の国連総会ハイレベルウィーク期間中、上川外務大臣は国際平和研究所（IPI）、アイルランド政府及び笹川平和財団の共催による「女性・平和・リーダーシップ」シンポジウム及びWPSフォーカルポイント・ネットワーク・ハイレベル・サイドイベントに出席し、安保理非常任理事国として、日本はWPSの推進に一層取り組んでいくと述べた。

11月、APEC閣僚会議に際するサンフランシスコ訪問では、「WPS＋I（イノベーション）」と題して、上川外務大臣はWPSを次の次元に引き上げるためのイノベーションをテーマに基調講演を実施し、WPSの推進や女性のエンパワーメントには男性の協力が不可欠であること、また、世界各地で自然災害が多発する中、災害対応や防災・減災の分野にWPSアジェンダを組み込むことは極めて重要であると指摘し、平和と安定が揺らいでいる時代において、経済と平和・安定を不可分のものとして議論すべきとの問題を提起した上で、斬新かつクリエイティブな議論を行った。

12月には、「WPS＋I（イノベーション）」第2弾として、「WPS＋イノベーション〜難民支援・人道支援の現場から〜」と題する意見交換会を主催し、国連高等難民弁務官事務所（UNHCR）、赤十字国際委員会（ICRC）、国際赤十字・赤新月社連盟（IFRC）、国際移住機関（IOM）関係者から、難民支援や人道支援の現場での経験を踏まえつつ、直面する課題や日本に期待する役割などについて聴取した。

また、同月、上川外務大臣は、笹川平和財団主催のWPSに関する日本・インドネシア外相対話「なぜ、女性の視点が必要なのか〜日本・インドネシアの女性外相が語る〜」に出席し、災害対応における女性の視点の重要性について強調しつつ、日本ASEAN友好協力50周年を契機として、インドネシアを始めとするASEAN諸国と共にWPSアジェンダを推進し、ルトノ外相と共にWPSの主流化を国際社会全体に広めていきたいと発言した。

そのほか、令和5（2023）年に、上川外務大臣は、10月にはジョージタウン大学女性・平和・安全保障研究所、笹川平和財団主催「女性、平和、安全保障における男性の参加」シンポジウム、11月にはWomen Political Leaders（WPL）、アイスランド政府及び同国議会が主催する「レイキャビク・グローバル・フォーラム2023」に対してそれぞれビデオメッセージを発出し、WPSアジェンダを更に推進していきたいと述べた。

令和6（2024）年に入り、上川外務大臣は、2月には「WPS＋I in リオ」として、ブラジルで活躍する各界・各層の女性たちとWPSに関する意見交換を実施し、女性の社会進出を含む社会課題へのアプローチにおいてWPSの視点が果たし得る役割について議論した。3月には、「WPS＋I〜国連の現場から〜」として、シマ・バフースUN Women事務局長、メリーテ・ブラッテステッド国連ノルウェー政府常駐代表、中満泉国連事務次長（軍縮担当上級代表）、メレーン・バービア・ジョージタウン大学WPS研究所長を迎え、近年のWPSに関する安全保障理事会等における進展とともに、紛争下における女性の保護と多様な分野への更なる参画の必要性等の問題意識が提起された。また、同月、「WPS＋I」第5弾として、駐日女性大使及び臨時代理大使計19名とWPSやジェンダー政策に関する意見交換を実施し、各国の独自の視点や取組を踏まえ、日本との協力の可能性について議論した。【外務省、関係府省】

② 紛争下の性的暴力防止について、関係国際機関との連携の強化を通じて、加害者の訴追増加による犯罪予防や被害者保護・支援等に一層取り組むとともに、紛争関連の性的暴力生存者のためのグローバル基金への支援等を行った。【外務省、関係府省】

① 国際会議の委員や日本政府代表等に、幅広い年齢層、分野の女性等がより多く参画することにより、国際的な分野における政策・方針決定過程への参画を一層促進し、国際的な貢献に積極的に努めている。特に、海外留学の促進や平和構築・開発分野における研修等の充実により、将来的に国際機関等で働く意欲と能力のある人材の育成や、国際機関への就職支援を強化した。【外務省、文部科学省、関係府省】

② 在外公館における主要なポスト（特命全権大使・総領事）の女性割合について、3.9%（令和4（2022）年）から4.8%（令和5（2023）年）に増加した。【外務省】

Ⅳ　推進体制の整備・強化

第1節　国内の推進体制の充実・強化

① 内閣府に置かれる重要政策会議である男女共同参画会議（男女共同参画社会基本法（平成11年法律第78号）第21条により設置。内閣官房長官を議長とし、関係する国務大臣及び学識経験者によって構成。）が、適時適切に重要な政策に関する提言を行うとともに、国内の推進体制の中で重要な役割を果たすために専門調査会等（計画実行・監視専門調査会及び女性に対する暴力に関する専門調査会等）を活用し、調査審議を行った。【内閣府、関係省庁】

② 男女共同参画推進本部（平成6年7月12日閣議決定により設置。内閣総理大臣及び全ての国務大臣によって構成。）、すべての女性が輝く社会づくり本部（平成26年10月3日閣議決定により設置。内閣総理大臣及び全ての国務大臣によって構成。）については、令和4（2022）年度に引き続き連携を強化し、両本部の合同会議において「女性活躍・男女共同参画の重点方針2023（女性版骨太の方針2023）」を決定した。【内閣官房、内閣府、全省庁】

③ 有識者及び地方6団体・経済界・労働界・教育界・メディア・女性団体等の代表から成る男女共同参画推進連携会議を開催している。同会議が開催した全体会議（令和5（2023）年11月15日）、聞く会（令和5（2023）年7月27日、令和6（2024）年3月7日）において、男女共同参画施策に関する周知及び意見交換を行った。重要課題に関する意見交換や情報共有、市民社会との対話、各団体における中央組織から地方の現場への取組の浸透等を通じて、各界各層の若年層を含めた様々な世代との連携を図った。また、同会議において、業界における女性の活躍促進、若年層に対する性暴力の防止・啓発及び女性の経済的自立に関する活動を行った。【内閣府】

④ 国内の推進体制の運営に当たっては、多様な主体（地方公共団体、NWEC、男女共同参画センター、NPO、NGO、地縁団体、大学、企業、経済団体、労働組合等）との連携を図り、男女共同参画に識見の高い学識経験者や女性団体、若年層など国民の幅広い意見を反映している。【内閣府】

⑤ 国際機関、諸外国との連携・協力の強化に努めている。【内閣府、外務省、関係省庁】

第2節　男女共同参画の視点を取り込んだ政策の企画立案及び実施等の推進

① 内閣府では、「第5次男女共同参画基本計画」の進捗状況を毎年度の予算編成等を通じて検証するため、各府省庁の男女共同参画関係予算を男女共同参画社会の形成を目的とする施策又は効果を及ぼす施策ごとに取りまとめ、公表した。また、男女共同参画会議の下に置かれた2つの専門調査会（計画実行・監視専門調査会及び女性に対する暴力に関する専門調査会）において、令和5（2023）年4月から6月にかけて、「女性活躍・男女共同参画の重点方針2023（女性版骨太の方針2023）」に関する調査審議を行った。さらに、同年10月以降、「第5次男女共同参画基本計画」の

中間年フォローアップや、企業における女性の採用・育成の強化、地域における女性活躍・男女共同参画の推進など「女性活躍・男女共同参画の重点方針2024（女性版骨太の方針2024）」の策定に向けて集中的に議論すべき課題、配偶者暴力防止法改正法の施行に向けた取組などについて、調査審議を行った。同年12月25日、男女共同参画会議において、「女性活躍・男女共同参画の重点方針2024（女性版骨太の方針2024）」の策定に向けて、調査審議を行った。【内閣府、関係省庁】

② 男女共同参画会議、その下に置かれた計画実行・監視専門調査会等の意見を踏まえ、令和5（2023）年6月13日、すべての女性が輝く社会づくり本部（第13回）・男女共同参画推進本部（第23回）合同会議において「女性活躍・男女共同参画の重点方針2023（女性版骨太の方針2023）」を決定し、各府省庁の概算要求に反映させた。【内閣官房、内閣府、全省庁】

③ 男女の置かれている状況を客観的に把握するための統計（ジェンダー統計）の充実の観点から、基幹統計を始めとする各種統計における男女別データの有無等の整備状況を調査する「ジェンダー統計整備状況調査」を実施した。業務統計を含む各種調査の実施に当たり、可能な限り男女別データを把握し、年齢別・都道府県別にも把握・分析できるように努めている。また、男女共同参画に関する重要な統計情報は、国民に分かりやすい形で公開するとともに、統計法（平成19年法律第53号）に基づく二次的利用を推進している。

内閣府では、総務省統計研究研修所において、ジェンダー統計に関する講義を行い、国及び地方公共団体の統計担当者の育成を図った。【全府省庁】

④ 指導的地位に占める女性の割合の上昇に向けて、モニタリングを行っている。【内閣府】

⑤ 新型コロナウイルス感染症の拡大が性別によって雇用や生活等に与えている影響の違いや、政府の新型コロナウイルス感染症関連施策が男女共同参画社会の形成に及ぼす影響について、引き続き、フォローアップを実施している。【内閣府、関係省庁】

⑥ 男女共同参画会議及びその下に置かれた計画実行・監視専門調査会において、女性の視点も踏まえた社会保障制度や税制等について、検討を行った。【内閣府】

⑦ 「女性デジタル人材育成プラン」（令和4年4月26日男女共同参画会議決定）を着実に実行し、就労に直結するデジタルスキルの習得支援及びデジタル分野への就労支援を強力に推進した。【内閣府、関係省庁】

⑧ 男女共同参画社会の形成に関する現状や課題等を把握するため、「男女の健康意識に関する調査」を実施した。【内閣府】

⑨ 国民の意識、男女の家事・育児・介護等の時間の把握や、男女別データの利活用の促進等を含め、男女共同参画社会の形成に関する調査研究を進めている。【内閣府、総務省】

⑩ 国の各府省や関係機関が実施している男女共同参画に関わる情報を集約整理し、ホームページ・月刊総合情報誌「共同参画」・ＳＮＳ等を活用した情報発信・広報活動を積極的に実施している。国民、企業、地方公共団体、民間団体等に分かりやすく提供することで、各主体による情報の活用を促進している。【内閣府】

⑪ 令和4（2022）年12月から開催した「女性活躍と経済成長の好循環実現に向けた検討会」において、令和5（2023）年5月に実効性ある施策を取りまとめ、「女性活躍・男女共同参画の重点方針2023（女性版骨太の方針2023）」に反映した。【内閣府】

⑫ 「第5次男女共同参画基本計画」を一部変更し、企業における女性登用の加速化及びテレワークに係る成果目標の設定を閣議決定した。【内閣府】

第3節 地方公共団体や民間団体等における取組の強化

ア 地方公共団体の取組への支援の充実

① 男女共同参画社会基本法で努力義務となっている市町村男女共同参画計画の策定について、策定状況の「見える化」や地方公共団体への働きかけを行い、計画策定を促している。【内閣府】

② 女性の管理職・役員の育成など女性の参画拡大の推進、様々な課題・困難を抱える女性に寄り添い、意欲と希望に応じて就労までつなげていく支援や相談支援、孤独・孤立で困難や不安を抱える女性が、社会との絆・つながりを回復することが

できるよう、ＮＰＯ等の知見を活用した相談支援やその一環として行う生理用品の提供等のきめ細かい支援、望まない孤独・孤立の悩みなどに係る男性相談支援など、地方公共団体が、多様な主体による連携体制の構築の下で地域の実情に応じて行う取組を、地域女性活躍推進交付金により支援している。また、女性デジタル人材・起業家の育成を重点的に行うため、地方公共団体の経済部局や商工会議所等と連携・協働しつつ実施する真に効果の高い事業に対し、地域女性活躍推進交付金により支援している。なお、地方公共団体が行う男女共同参画社会の実現に向けた取組については地方財政措置が講じられており、自主財源の確保を働きかけている。（再掲）【内閣府】

③　地方公共団体に対し、先進的な取組事例の共有や情報提供、働きかけなどを行っている。【内閣府】

イ　男女共同参画センターの機能の強化・充実

①　男女共同参画センターが、男女共同参画の視点から地域の課題解決を行う拠点・場として、関係機関・団体と協働しつつ、その機能を十分に発揮できるよう、地方公共団体に対して、男女共同参画主管課長等会議等を通じて、それぞれの地域においてこうした機能や強みを十分にいかすよう、男女共同参画センターの果たす役割を明確にし、基本法の理念に即した運営と関係機関との有機的な連携の下、取組を強化・充実するよう促している。【内閣府】

②　男女共同参画センターが広報啓発、講座、相談、情報収集・提供、調査研究等、様々な事業を進めるために必要な国の施策に関する情報提供を行った。また、各種会議の実施や専門家の派遣、関係団体で実施する研修等の機会を通じて男女共同参画センター職員の人材育成を支援している。【内閣府】

③　男女共同参画センターに対し、オンラインによる事業を行えるよう、事業の実施に関する情報提供や専門家の派遣等を通じて支援している。【内閣府】

④　男女共同参画センターが男女共同参画の視点からの地域の防災力の推進拠点となるよう、これまでの災害対応の事例などの共有を行っている。ま

た、災害時に効果的な役割を果たすことができるよう、全国女性会館協議会が運営する相互支援ネットワーク等を活用し、男女共同参画センター間の相互支援（オンラインによる遠隔地からの助言等を含む。）を促している。（再掲）【内閣府】

⑤　「防災・災害対応における男女共同参画センター等の相互支援ネットワーク」の平常時及び災害時における効果的な運用を促進するために、災害発生時には男女共同参画の視点からの防災・災害対応の取組について随時情報を発信している。また、令和6（2024）年2月に実施した相互支援ネットワークの登録団体向け研修会において、令和6年能登半島地震における災害対応の取組について情報共有を行った。（再掲）【内閣府】

⑥　男女共同参画会議の計画実行・監視専門調査会の下、令和5（2023）年11月から、「男女共同参画センターにおける業務及び運営についてのガイドライン作成検討ワーキング・グループ」において、男女共同参画センターの機能強化に向けたガイドラインの作成に係る検討を行っている。【内閣府、文部科学省】

ウ　国立女性教育会館における取組の推進

①　ＮＷＥＣは、我が国唯一の女性教育のナショナルセンターとして、人材の育成・研修の実施や、女性教育に関する調査研究の成果及びＮＷＥＣに集積された情報の提供等を通じ、我が国における男女共同参画のネットワークの中核を担っている。また、これまで果たしてきた役割の重要性と実績を踏まえ、地域における男女共同参画の推進を支援するとともに、地方公共団体、大学、企業等ともより一層の連携を図るなど、機能の更なる充実・深化を促進している。【文部科学省】

②　「独立行政法人国立女性教育会館（ＮＷＥＣ）及び男女共同参画センターの機能強化に関するワーキング・グループ報告書」（令和5（2023）年4月11日）で提言された機能強化策を着実に実施するため、必要な法制度の整備に向けた検討を行った。また、ＮＷＥＣの機能強化及び施設の見直しの方向性について、男女共同参画会議（第71回）（令和5（2023）年12月25日）において報告した。【内閣府、文部科学省】

エ　男女共同参画の実現に向けた気運醸成

① 平成13（2001）年度から男女共同参画社会基本法の目的や基本理念について理解を深めることを目的とした「男女共同参画週間」（毎年6月23日から同月29日まで）を実施している。令和5（2023）年度は、「無くそう思い込み、守ろう個性 みんなでつくる、みんなの未来。」をキャッチフレーズとして、「男女共同参画社会に向けての全国会議」を開催（G7男女共同参画・女性活躍担当大臣会合のサイドイベントとして栃木県で開催）し、あわせて、「男女共同参画週間キャッチフレーズ表彰（内閣府特命担当大臣（男女共同参画）表彰）」を実施した。

　また、「男女共同参画社会づくり功労者内閣総理大臣表彰」（受賞者11名）、「女性のチャレンジ賞（内閣府特命担当大臣（男女共同参画）表彰）」（女性のチャレンジ賞：受賞者3名、受賞団体2件、女性のチャレンジ支援賞：受賞者2名、受賞団体1件、女性のチャレンジ賞特別部門賞：テーマ「国際的なチャレンジ」、受賞者3名）を始めとした各種の表彰を行った。【内閣府】

第2部

令和6年度に講じようとする男女共同参画社会の形成の促進に関する施策

Ⅰ　あらゆる分野における女性の参画拡大

第1分野　政策・方針決定過程への女性の参画拡大

第1節　政治分野

政治分野における男女共同参画の推進に関する法律（平成30年法律第28号）の趣旨に沿って、政治分野における男女共同参画の推進は、政党等が自主的に取り組むほか、衆議院、参議院及び地方公共団体の議会並びに内閣府、総務省その他の関係行政機関等が適切な役割分担の下でそれぞれ積極的に取り組む。

ア　政党、国会事務局等における取組の促進

① 各政党における人材育成や両立支援、ハラスメント防止に関する取組状況等を調査し、公表する。【内閣府】

② 国内外における政治分野の男女共同参画の推進に関する取組の状況について、実態の調査並びに情報の収集、整理、分析及び提供を行う。【内閣府】

イ　地方議会・地方公共団体における取組の促進

① 地方議会において女性を含めたより幅広い層が議員として参画しやすい環境整備に資するよう、議会運営上の工夫や住民参加の取組等におけるデジタル化への対応等も含めた取組を行う。また、候補者となり得る女性の人材育成のため、各地方議会における「女性模擬議会」等の自主的な取組について情報提供を行う。【総務省】

② 会議規則における出産・育児・介護等に伴う欠席規定の整備状況やハラスメント防止に関する取組の実施状況等、地方公共団体・地方議会における両立支援状況を始めとする施策の推進状況を調査し、「見える化」の推進や好事例の展開を行う。【内閣府】

③ 国内外における政治分野の男女共同参画の推進に関する取組の状況について、実態の調査並びに情報の収集、整理、分析及び提供を行う。【内閣府】

ウ　政治分野における女性の参画状況の情報収集・提供の推進

① 政治分野における女性の参画状況等を調査し、「見える化」を推進する。「女性の政治参画マップ」、「都道府県別全国女性の参画マップ」及び「市区町村女性参画状況見える化マップ」を作成し、ホームページで公表する。【内閣府】

② 地方公共団体の議会の議員及び長の男女別人数並びに国政選挙における立候補届出時の男女別人数の調査結果を提供するとともに、地方公共団体に対する当該調査等への協力の依頼を行う。【総務省】

エ　人材の育成に資する取組

① 各種研修や講演等の場において活用可能な男女共同参画の推進状況や女性の政治参画支援に関する情報について、広く発信する。【内閣府】

第2節 司法分野

ア 検察官

① 女性検察官の積極的な登用を進めるとともに、出産・育児休業を経て子育てをしながら勤務する女性検察官や、法務省・他省庁に出向して活躍する女性検察官などのロールモデルとなる女性法曹による教育等を通じ、法曹養成課程における女性法曹輩出のための取組（活躍事例の提供、メンター制度を始めとした女性検察官への支援等）を更に推進する。【法務省】

② 継続就業のため、転勤の際に両立環境の整備に配慮するなど、ワーク・ライフ・バランスの実現等に向けた具体的施策を着実に推進する。【法務省】

③ 「女性の政策・方針決定参画状況調べ」の中で、検察官、裁判官、弁護士など司法分野における女性の参画状況を公表する。【内閣府】

イ 法曹養成課程

① 法科大学院の公的支援の枠組や、法曹養成課程における女性法曹輩出のための取組例を各法科大学院に共有することなどを通じて各法科大学院における女性法曹輩出のための取組を促す。【文部科学省】

第3節 行政分野

ア 国の政策・方針決定過程への女性の参画拡大

（ア）国家公務員に関する取組

① 国の各府省等は、女性の職業生活における活躍の推進に関する法律（平成27年法律第64号。以下「女性活躍推進法」という。）に基づき策定した行動計画の仕組みを活用して、取組を積極的に推進する。その際、働き方改革や女性の採用・登用の拡大等について定めた「国家公務員の女性活躍とワークライフバランス推進のための取組指針」（平成26年10月17日女性職員活躍・ワークライフバランス推進協議会決定）に基づき各府省等が策定した取組計画の内容と整合性を図るものとする。また、各府省等において、数値目標を設定した項目の進捗状況及び取組の実施状況を経年で公表する。また、「職員の男女の給与の差異」の公表に関し、適切な公表方法について改めて周知するとともに、各府省等における公表内容の把握・分析や差異解消に向けた取組を促進する。【内閣官房、内閣府、全省庁】

② 各府省等、衆議院事務局、衆議院法制局、参議院事務局、参議院法制局、国立国会図書館、最高裁判所等の取組について、「女性活躍推進法『見える化』サイト」で比較できる形での「見える化」を行う。また、「職員の男女の給与の差異」の公表内容についても一覧性等を確保したサイトを整備し引き続き「見える化」を行う。【内閣府】

③ 女性の国家公務員志望者の拡大に資するため、各府省等や大学等と連携し、働き方改革の取組やワーク・ライフ・バランスの実践例、職業生活への多様な支援等に関する効果的な情報提供を行うことで、より多くの女子学生等の進路選択を公務志望に結び付けていく。あわせて、「第5次男女共同参画基本計画」（令和2年12月25日閣議決定）における国家公務員採用試験からの女性の採用割合、技術系区分の女性の採用割合に係る目標等の実現に向け、ホームページやSNSなどによる情報発信の強化や、オンライン配信等を積極的に活用した説明会やイベントの開催、国家公務員の業務内容や働き方等が具体的に伝わる動画等の作成、それを活用した広告など、幅広い層に対する戦略的な広報活動を積極的に実施する。また、管理職以上の官職も含めた外部女性人材の採用・登用に取り組む。【内閣官房、全府省庁、(人事院)[1]】

④ 女性職員の登用拡大に向けて、研修や多様な職務機会の付与による積極的・計画的な育成や相談体制の整備、出産・育児期等を迎える前又は出産・育児期等を超えてから将来のキャリア形成に必要とされる重要な職務経験を積ませ、登用につなげるなどの柔軟な人事管理を進める。【内閣官

---

1 （人事院）とは、人事院に対して検討を要請するものである。以下同じ。

房、全府省庁、（人事院）】
⑤　キャリアパスにおける転勤の必要性について再検討を行い、育児、介護等がキャリアパスの支障にならないよう職員に対する十分な配慮を行う。【内閣官房、全府省庁】
⑥　業務効率化・デジタル化、勤務時間管理の徹底、マネジメント改革等の働き方改革を進める。また、内閣官房内閣人事局と人事院は連携して、フレックスタイム制について、制度の運用上のポイントの周知等を行うとともに、令和7（2025）年4月からの同制度の更なる柔軟化に向けて、各府省等の同制度の円滑な活用を支援するほか、テレワークの更なる浸透・定着を進める。また、勤務間のインターバル確保について、令和6（2024）年4月に人事院規則において努力義務が措置されたことも踏まえ、取組を進める。【内閣官房、全府省庁、（人事院）】
⑦　特に男性職員の育児に伴う休暇・休業の取得を促すべく、子供が生まれた全ての男性職員が1か月以上を目途に育児休業等を取得できるような環境の実現に向けて、休暇・休業中の体制の準備や業務分担の見直し等を行うなど、業務面における環境整備を行う。また、男性職員の育児等に係る状況を把握し、育児休業等の取得を呼び掛ける。【内閣官房、全府省庁】
⑧　女性職員の活躍及びワーク・ライフ・バランスに関する管理職の理解促進や行動変容を促すため、管理職向けの研修を進める。【内閣官房、全府省庁】
⑨　女性職員の活躍及び男女のワーク・ライフ・バランスを進め、限られた時間を効率的にいかすことを重視する管理職を人事評価において適切に評価することを徹底するとともに、多面観察、職員のエンゲージメントや職場環境調査等の結果を踏まえた取組等を通じて管理職のマネジメント能力の向上を図る。【内閣官房、全府省庁、（人事院）】
⑩　ハラスメントの防止等のための人事院規則等に基づき、各府省においてハラスメント防止対策が円滑かつ効果的に実施されるよう、ハラスメント防止週間の設定等の職員に対する一層の周知啓発、ハラスメント相談員を対象としたセミナーの開催、研修教材の提供等を行う。【内閣官房、全府省庁、（人事院）】

⑪　各府省が実施する子宮頸がん検診・乳がん検診について、女性職員が受診しやすい環境整備を行う。
　　内閣官房内閣人事局においては、引き続き、「国家公務員健康週間」（毎年10月1日から同月7日まで）において、婦人科検診の重要性を含めた女性の健康に関する講演会を開催することにより、国家公務員の意識啓発を図る。
　　人事院においては、引き続き、女性職員が受診しやすい環境となるよう周知啓発を行うことにより取組を推進する。【内閣官房、全府省庁、（人事院）】
⑫　治安、矯正、安全保障等の分野で働く国家公務員の女性の採用、育成及び登用並びに生活環境・両立環境の整備を進める。【警察庁、法務省、国土交通省、防衛省】

（イ）国の審議会等委員等の女性の参画拡大
①　「国の審議会等における女性委員の参画状況調べ」を実施し、各審議会等の女性委員の人数・比率について調査・公表するとともに、委員等に占める女性の割合が40％未満の全ての審議会等について、その要因と目標達成に向けた今後の方策について所管府省に回答を求め、その内容を公表する。【内閣府、関係省庁】
②　審議会等委員の選任に際しては、引き続き、性別のバランスに配慮するとともに、団体推薦による審議会等委員について、各団体等に対して、団体からの委員の推薦に当たって格段の協力を要請する。【関係府省】

（ウ）独立行政法人、特殊法人及び認可法人における女性の参画拡大
①　「独立行政法人等女性参画状況調査」を実施し、独立行政法人、特殊法人及び認可法人における役員や管理職に占める女性の割合等について調査し、公表する。【内閣府、厚生労働省、関係省庁】

イ　地方公共団体の政策・方針決定過程への女性の参画拡大

（ア）地方公務員に関する取組
①　女性職員の活躍に資する以下の取組について、各地方公共団体の実情に即し、主体的かつ積極的に取組を推進するよう要請する。また、女性活躍

推進法に基づく特定事業主行動計画や女性の活躍状況に関する情報の公表について、数値目標を設定した項目の進捗状況及び取組の実施状況が経年で公表されることを徹底するとともに、各団体の取組について、「女性活躍推進法『見える化』サイト」で比較できる形での「見える化」を行う。また、「職員の男女の給与の差異」の適切な公表に向けた公表方法の周知や、各団体における公表内容について一覧性等を確保したサイトを整備し引き続き「見える化」に取り組むとともに、公表内容の把握・分析や差異解消に向けた取組を促進する。【内閣府、総務省】

② 女性職員の登用拡大に向けて、研修や多様な職務機会の付与等による積極的・計画的な育成や相談体制の整備、出産・育児期等を迎える前又は出産・育児期等を超えてから前後に将来のキャリア形成に必要とされる重要な職務経験を積ませ、登用につなげるなどの柔軟な人事管理を促進する。また、女性人材の外部からの採用・登用を促進する。【総務省】

③ テレワークの推進等による職場の働き方改革や、時間外勤務の上限規制の実効的な運用等を通じた時間外勤務の縮減、年次有給休暇の取得促進など、ワーク・ライフ・バランスの推進に取り組む。【総務省】

④ 管理職の意識変革を促すとともに、女性職員の活躍及び男女のワーク・ライフ・バランスを進め、限られた時間を効率的にいかすことを重視する管理職が人事評価において適切に評価されるよう促進する。【総務省】

⑤ 「男性育休は当たり前」になる社会の実現に向けて、男性職員の育児等に係る状況を把握し、育児に伴う休暇・休業等の取得を積極的に呼び掛けるとともに、周囲のサポート体制や代替要員の確保を図り、全ての男性職員が子育て等に参画できる職場環境の整備を促進する。【総務省】

⑥ 地方公共団体における女性職員の活躍及び働き方改革の好事例を収集・周知することにより、各地方公共団体の実情に即した主体的かつ積極的な取組を促進する。【総務省】

⑦ 地方公共団体における職員の通称又は旧姓使用に関する規定等の整備状況を調査・公表するとともに、職員が旧姓を使用しやすい職場環境づくり

を促進する。【内閣府、総務省】

⑧ 地方公共団体が実施する子宮頸がん検診・乳がん検診について、女性職員が受診しやすい環境整備を促進する。【総務省】

⑨ 非常勤職員を含めた全ての女性職員が、その個性と能力を十分に発揮できるよう、育児休業や介護休暇等の普及・啓発の実施や、ハラスメント等の各種相談体制の整備等を促進する。あわせて、男性に比べて女性の割合が高い非常勤職員について、会計年度任用職員制度の趣旨を踏まえ、勤務の内容に応じた処遇の確保を推進する。【総務省】

⑩ 消防庁では、消防吏員の女性比率について、令和8（2026）年度当初までに5％に増加させることを全国の消防本部との共通目標として掲げており、消防本部等に対し数値目標の設定による計画的な増員・登用を促す。また、消防本部と連携し採用に向けた積極的なPR広報を実施するとともに、女性専用施設等（浴室・仮眠室等）の職場環境の整備に要する経費を支援する。引き続き、女性消防吏員活躍推進アドバイザーの派遣や女性消防吏員活躍推進支援事業などを通じた先進的な取組事例の全国展開、女性消防吏員が0名の消防本部の解消及び数値目標の達成に重点を置いた、外部講師による幹部職員向け研修会を実施するなど、女性消防吏員の活躍を支援する。

警察では、令和8（2026）年度当初までに地方警察官に占める女性の割合を全国平均で12%程度とすることを目標として、各都道府県警察においてそれぞれが策定している計画等を踏まえて女性警察官の採用の拡大に向けた取組を推進していくほか、都道府県警察の幹部職員に対する男女共同参画に関する施策についての教育を実施するなどの取組を推進する。【警察庁、総務省】

（イ）地方公共団体の審議会等委員への女性の参画拡大

① 各都道府県・政令指定都市が設定している審議会等委員への女性の参画に関する数値目標や、これを達成するための様々な取組、女性比率の現状、女性が1人も登用されていない審議会等の状況等を調査し取りまとめて提供し、審議会等委員への女性の参画を促進する。【内閣府、関係省庁】

第4節 経済分野

ア　企業における女性の参画拡大

① 女性の活躍状況の把握・分析、その結果を踏まえた目標設定、目標達成に向けた取組を内容とする一般事業主行動計画の策定、女性の活躍状況に関する情報公表等、女性活躍推進に向けて一般事業主が行う積極的改善措置（ポジティブ・アクション）等の取組を促進する。また、令和4（2022）年7月の女性活躍推進法に関する制度改正による常用労働者数301人以上の一般事業主に対する男女の賃金の差異の公表義務化を契機として、男女の賃金の差異の要因分析・雇用管理改善の促進について、あらゆる機会を通じて周知し、円滑な施行及び実効性の確保を図るとともに、企業向けの説明会の開催やコンサルティングの実施等により、女性活躍推進のための取組を行う企業を個別支援する。【厚生労働省】

② 個々の女性労働者の活躍推進を阻む要因になり得る無意識の思い込み（アンコンシャス・バイアス）を解消するためのセミナー動画を作成し、企業等での活用を促進する。【厚生労働省】

③ 社会全体で、女性活躍の前提となるワーク・ライフ・バランス等の実現に向けた取組を進めるため、女性活躍推進法第24条及び「女性の活躍推進に向けた公共調達及び補助金の活用に関する取組指針」（平成28年3月22日すべての女性が輝く社会づくり本部決定。以下「公共調達等取組指針」という。）に基づき、国、独立行政法人等が総合評価落札方式又は企画競争方式による調達を行う際は、女性活躍推進法、次世代育成支援対策推進法（平成15年法律第120号。以下「次世代法」という。）及び青少年の雇用の促進等に関する法律（昭和45年法律第98号。以下「若者雇用促進法」という。）に基づく認定を取得した企業等を加点評価する取組を実施することにより、これらの企業の受注機会の増大を図る。また、加点評価の取組が努力義務となっている地方公共団体においても、国に準じた取組が進むよう働きかけを行う。【内閣府、厚生労働省】

④ 企業における女性活躍に関する情報も投資判断に資するものと考えられることから、有価証券報告書における女性活躍に関する情報開示の好事例を収集し、周知する。【金融庁】

⑤ 有価証券報告書に掲載された女性役員に係る情報の集計及び開示の取組や女性役員の登用に資する調査等を通じ、女性の活躍に積極的に取り組む企業が評価されることや、企業における女性役員登用・育成の課題の克服につながるよう努める。【内閣府】

⑥ 女性を始め多様な人材の能力を最大限発揮させるダイバーシティ経営について、「ダイバーシティ経営診断ツール」等の活用促進や企業事例の普及等を通じ、企業における取組を促進する。【経済産業省】

イ　女性の能力の開発・発揮のための支援

① 長期的な視野から女性リーダーを養成していくため、学校等における女性リーダーの養成プログラムの開講を促す。【文部科学省】

② 役員候補者となり得る女性人材のデータベース「女性リーダー人材バンク」の利用者増加に向けた取組の検討を行う。【内閣府】

③ 男性の経営者や地方公共団体の長に対し「輝く女性の活躍を加速する男性リーダーの会」への参加を促し、それぞれの組織における女性人材の発掘、能力開発、登用、そのための意識変革・働き方改革などの取組を促進する。特に、地方の企業や中小企業・小規模事業の経営者へ参加の輪を広げていく。【内閣府】

④ 女性活躍推進法に基づき、地域における女性の活躍を迅速かつ重点的に推進するため、地域の経済団体、金融機関、教育機関、ＮＰＯなどの多様な主体による連携体制の下、一般事業主行動計画の策定が義務付けられている中小企業が行う同計画の策定支援など、地方公共団体が地域の実情に応じて支援を行う取組に対し、地域女性活躍推進交付金により引き続き支援する。【内閣府】

ウ　女性起業家に対する支援等

① 女性の起業を後押しするため、「女性、若者／シニア起業家支援資金」等による資金繰り支援を実施する。【経済産業省】

② 経済産業省では、スタートアップの起業家に占める女性の割合は少なく、女性起業家特有の課題も存在することから、女性起業家支援を総合的に推進するため、令和5（2023）年5月に公表した「女性起業家支援パッケージ」に基づき、令和2（2020）年12月に設立した「わたしの起業応援団」を地域ごとに一貫して女性起業家支援が行える体制に拡充し、女性起業家の支援プログラム等を行っていく。

　内閣府では、関係団体と連携して地方公共団体が行う女性起業家育成の取組を、地域女性活躍推進交付金を通じて支援する。【内閣府、経済産業省】

③ 女性も含めた後継者の事業承継を後押しし、中小企業・小規模事業者の事業統合・再編を促すため、予算・税制等を含めた総合的な支援策を推進する。また、その活用事例を展開していく。加えて、地方を含めた後継者の活躍を後押しするピッチイベントを開催し、事業承継がビジネスチャンスという気運醸成を図る。【経済産業省】

第5節 専門・技術職、各種団体等

① 専門・技術職、経済団体、労働組合、職能団体（日本医師会、日本弁護士連合会等）など、様々な分野における女性の政策・方針決定過程への参画状況について「女性の政策・方針決定参画状況調べ」の中で取りまとめ、公表する。【内閣府】

② 各分野における関連施策を着実に実施し、女性の参画拡大を推進する。【関係府省】

第2分野　雇用等における男女共同参画の推進と仕事と生活の調和

第1節 ワーク・ライフ・バランス等の実現

ア　ワーク・ライフ・バランスの実現のための長時間労働の削減等

① 法定労働条件の履行確保及び長時間労働是正のための監督指導体制の充実強化を行う。【厚生労働省】

② 年次有給休暇の取得促進のため、10月の年次有給休暇取得促進期間に加え、連続した休暇を取得しやすい時季（夏季、年末年始及びゴールデンウィーク）にポスター・リーフレットの作成・周知、都道府県や関係団体への周知依頼等の集中的な広報の実施等により機運の醸成を図る。【厚生労働省】

③ 勤務間インターバル制度について職種・業種等の特性を踏まえた業種別導入マニュアルや制度導入を支援するための動画を作成して周知するとともに、シンポジウムの開催や専門家によるアウトリーチ型コンサルティングの実施、産業医や衛生管理者等に対する研修講義における制度の内容・効果の周知、助成金の支給等により企業への導入促進を図る。【厚生労働省】

④ 労働者が健康で充実した生活を実現できるよう、労働時間等の設定の改善に関する特別措置法（平成4年法律第90号）を分かりやすく解説したパンフレット等を働き方・休み方改善ポータルサイトで掲載し、周知することで、労使の自主的な働き方の見直しを促進する。【厚生労働省】

⑤ 「過労死等の防止のための対策に関する大綱」（令和3年7月30日閣議決定、令和6（2024）年見直し予定）を踏まえた取組を着実に推進するとともに、メンタルヘルスの確保等、職場における健康確保対策を推進する。【厚生労働省】

⑥ コンサルティングの実施等により、女性活躍推進法等に基づく目標設定及び目標達成のための企業の取組を支援する。【厚生労働省】

⑦ 生産性を高めながら労働時間の縮減等に取り組む中小企業・小規模事業者や、傘下企業を支援する事業主団体に対する助成を行う。【厚生労働省】

イ 多様で柔軟な働き方の実現

① 多様で柔軟な働き方の実現に向けた企業の取組を促進する。

・ 男女とも育児・家事を担いつつ、希望に応じて仕事やキャリア形成との両立を可能とするため、子の年齢に応じた柔軟な働き方を実現するための措置、子の看護休暇制度の見直し、次世代育成支援に向けた職場環境の整備等に加え、介護離職を防止するための仕事と介護の両立支援制度の周知の強化等を内容とする育児休業、介護休業等育児又は家族介護を行う労働者の福祉に関する法律及び次世代育成支援対策推進法の一部を改正する法律（令和6年法律第42号）が第213回国会（令和6（2024）年）において成立した。これを受け、その改正内容の円滑な施行に向けた周知・広報等に取り組む。【厚生労働省】

・ 中小企業事業主に対して、「育休復帰支援プラン」モデル及び「介護支援プラン」モデルの普及促進を図るとともに、プランの策定を支援する。加えて、労働者の柔軟な働き方に取り組む事業主が活用できる措置導入・運用マニュアルの作成等により、制度の周知・理解促進を図る。【厚生労働省】

・ 働き続けながら子育てや介護を行う労働者の雇用の継続を図るための就業環境整備に取り組む事業主に助成金を支給する。【厚生労働省】

・ 時間単位の年次有給休暇制度について、子育て、介護、治療など様々な事情を抱えている者が、柔軟に休暇を取得できるよう、働き方・休み方改善ポータルサイトでの周知リーフレット及び導入事例の掲載等により企業への導入促進を図る。【厚生労働省】

・ 労働者一人一人がライフステージに応じて多様な働き方を選択できる勤務地・職務・労働時間を限定した「多様な正社員」制度について、制度を導入する上での留意事項及び好事例の周知、導入支援等を実施するとともに、企業が自らの雇用管理上の課題を分析・把握し、ステップを踏んで「多様な正社員」制度等を選択・導入できるよう、「課題分析ツール」を作成する。【厚生労働省】

・ 時間を有効に活用でき、場所の制約を受けない勤務形態であるテレワークについて、適正な労務管理下における普及促進や、中小企業への導入促進に向けて、助成金の活用や専門家による無料相談対応など各種支援策を推進する。【総務省、厚生労働省、経済産業省、国土交通省】

・ 効率的・自律的に働ける制度であるフレックスタイム制の導入時における適切な労務管理の徹底を図る。【厚生労働省】

・ 転勤に関する企業のニーズや動向を捉え、企業の転勤に関する雇用管理のポイントを整理した「転勤に関する雇用管理のヒントと手法」の周知を通じて、労働者の仕事と家庭生活の両立の推進を図る。【厚生労働省】

・ 労働者全般の労働契約関係の明確化について、労働基準法（昭和22年法律第49号）の労働条件明示事項に就業場所・業務の変更の範囲を追加する、労働基準法施行規則及び労働時間等の設定の改善に関する特別措置法施行規則の一部を改正する省令（令和5年厚生労働省令第39号）について、引き続きパンフレット等による周知・啓発を図る。【厚生労働省】

・ 不妊治療と仕事の両立を支援する企業内制度の導入に向けたマニュアルの周知や企業等を対象とした研修会の実施等を行うとともに、くるみんプラス認定等の取得促進や、不妊治療を受けている労働者に休暇制度等を利用させた中小企業事業主に対する助成金の支給により、不妊治療と仕事が両立できる職場環境の整備を行う。【厚生労働省】

・ 中小企業における女性の活躍推進を図るため、育児休業中の代替要員の確保や業務を代替する周囲の労働者への手当支給等の取組を推進するとともに、地域の中核企業を始めとした中小企業・小規模事業者が、自社が抱える経営課題の解決に向け、多様な人材の確保・育成・活用や職場環境改善による人材の定着を図るため、人材戦略の検討・策定・実行のためのセミナー・マッチング等を推進する。【厚生労働省、経済産業省】

② 企業の経営者、業界単位の企業ネットワーク、経済団体等と連携し、女性の活躍の必要性に関する経営者や管理職の意識改革、女性の活躍やワー

ク・ライフ・バランスの推進に向けた経営者のコミットメントを促す。【内閣府、関係省庁】

③　仕事と生活の調和（ワーク・ライフ・バランス）の実現に関する調査研究及び好事例の情報提供を行う。【内閣府】

④　企業・団体の経営者・管理職・担当者や仕事と生活の調和に取り組む全ての人が活用できるよう、仕事と生活の調和に関するメールマガジン「カエル！ジャパン通信」を配信し、好事例の情報提供を行う。【内閣府】

ウ　男性の子育てへの参画の促進、介護休業・休暇の取得促進

①　育児等を理由とする男性に対する不利益取扱いや、企業における育児休業等に関するハラスメントを防止するための対策等を推進する。【厚生労働省】

②　企業における男性社員の育児休業等取得促進のための事業主へのインセンティブ付与や、取得状況の情報開示（「見える化」）を推進する。【金融庁、厚生労働省】

③　啓発活動や表彰、参加型の公式サイトなどを通じて、企業及び個人に対し情報・好事例等を提供し、男性の仕事と育児の両立の促進を図るとともに、男性の家事・育児への参画や育児休業等取得に関する社会的な機運の醸成を図る。【内閣府、こども家庭庁、厚生労働省】

④　公共交通機関、都市公園や公共性の高い建築物において、ベビーベッド付男性トイレ等の子育て世帯に優しいトイレの整備等を推進するほか、子供連れの乗客等への配慮等を求めることにより、男性が子育てに参画しやすくなるための環境整備を行う。【国土交通省】

⑤　男性が、妊娠・出産の不安と喜びを妻と分かち合うパートナーとしての意識を高めていけるよう、両親ともに参加しやすい日時設定やオンラインでの開催など、両親学級の充実等により、父親になる男性を妊娠期から側面支援する。【こども家庭庁】

⑥　介護のために働けなくなることを防止するため、仕事と介護が両立できる職場環境が整備されるよう、育児・介護休業法の履行確保を図るほか、家族を介護する労働者に介護休業制度等が広く周知されるよう取り組む。【厚生労働省】

エ　女性の就業継続に向けた人材育成

①　企業による女性の就業継続に向けた研修の実施等を支援する。【厚生労働省】

②　労働者の主体的な職業能力の開発及び向上を促進し、再就職時の職業能力に基づいた評価にも資するよう、業界共通の職業能力評価の物差しとなる技能検定を始め、企業・労働者双方に活用される職業能力評価制度の整備を推進する。【厚生労働省】

③　ジョブ・カードを活用したキャリア形成支援を行う。【厚生労働省】

第2節　雇用の分野における男女の均等な機会と待遇の確保及び各種ハラスメントの防止

ア　男女雇用機会均等の更なる推進

①　法違反があった場合には是正指導を行うなど、雇用の分野における男女の均等な機会及び待遇の確保等に関する法律（昭和47年法律第113号。以下「男女雇用機会均等法」という。）の履行確保に取り組み、事業主が報告の求めに応じない場合や、勧告をされたにもかかわらず違反を是正しない場合には、過料、企業名の公表等により同法の実効性を確保する。【厚生労働省】

②　コース等で区分した雇用管理制度を導入している企業に対して、実質的な男女別雇用管理とならないようコース別雇用管理についての指針や間接差別の範囲を定めた省令の周知徹底を図る。【厚生労働省】

③　男女雇用機会均等法等の関係法令や、制度について、労使を始め社会一般を対象として幅広く効果的に周知するとともに、学校等の教育機関においても、男女の平等や相互の協力、男女が共同して社会に参画することの重要性等についての指導を通じて、その制度等の趣旨の普及に努める。【文部科学省、厚生労働省】

④　男女雇用機会均等に関する労使紛争については、男女雇用機会均等法等に基づく紛争解決の援助制度及び調停を活用し、円滑な紛争解決を図る。【厚生労働省】

⑤　女性活躍推進法の期限（令和7（2025）年度末）を踏まえて所要の検討を行う。【内閣府、厚生労働省】

イ　男女間の賃金格差の解消

①　労働基準法第4条や男女雇用機会均等法の履行確保を図るほか、男女間の賃金格差の要因の解消に向け、女性活躍推進法に基づく行動計画の策定、情報公表、えるぼし・プラチナえるぼし認定の取得促進等の取組を推進する。【厚生労働省】

②　令和4（2022）年7月の女性活躍推進法に関する制度改正による常用労働者数301人以上の一般事業主に対する男女の賃金の差異の公表義務化を契機として、男女の賃金の差異の要因分析・雇用管理改善の促進について、あらゆる機会を通じて周知し、円滑な施行及び実効性の確保を図るとともに、企業向けのコンサルティングの実施により、女性活躍推進のための取組を行う企業を個別支援する。【厚生労働省】

ウ　職場や就職活動における各種ハラスメントの防止等

①　企業におけるハラスメント防止措置の推進を図るため、パンフレット等の作成・配布等により、改正された男女雇用機会均等法等の周知・啓発を図るほか、12月を「ハラスメント撲滅月間」と定め、集中的な広報・啓発を行う。【厚生労働省】

②　職場におけるセクシュアルハラスメント、妊娠・出産等に関するハラスメント、育児休業等に関するハラスメント及びパワーハラスメントの防止措置を定めた男女雇用機会均等法、育児・介護休業法、労働施策の総合的な推進並びに労働者の雇用の安定及び職業生活の充実等に関する法律（昭和41年法律第132号）及びそれらの指針の履行確保に取り組む。【厚生労働省】

③　就職活動中の学生に対するハラスメント及びカスタマーハラスメント被害者等からのメールやＳＮＳによる相談に対応する事業を実施する。【厚生労働省】

④　就職活動中の学生に対するセクシュアルハラスメントの防止のため、学生の就職・採用活動開始時期等に関する調査において実態を把握するとともに、改正された男女雇用機会均等法に基づく指

針で示した望ましい取組の周知啓発や、都道府県労働局等の総合労働相談コーナーで相談を受け付ける等関係省庁が連携し適切に対応する。

また、大学等の対応事例について学生支援担当者が集まる会議等を通じて周知啓発を行う。【内閣官房、内閣府、文部科学省、厚生労働省、経済産業省】

⑤　性的指向・性自認（性同一性）に関する侮辱的な言動等を含むハラスメントの防止に取り組むとともに、性的マイノリティに関する企業の取組事例の周知や企業が職場において活用可能な周知啓発資料の作成等を通じて、企業や労働者の性的指向・性自認（性同一性）についての理解を促進する。【厚生労働省】

第3節　積極的改善措置（ポジティブ・アクション）の推進等による女性の参画拡大・男女間格差の是正

①　女性の活躍状況の把握・分析、その結果を踏まえた目標設定、目標達成に向けた取組を内容とする事業主行動計画の策定、女性の活躍状況に関する情報公表等、女性活躍推進に向けて一般事業主・特定事業主が行う積極的改善措置（ポジティブ・アクション）等の取組を促進する。令和4（2022）年度及び令和5（2023）年度から施行された女性活躍推進法に関する制度改正による一般事業主・特定事業主に対する男女間賃金（給与）差異の公表義務化を契機として、差異の要因分析・課題の把握等の促進について、あらゆる機会を通じて周知し、円滑な施行及び実効性の確保を図るとともに、企業向けのコンサルティングの実施により、女性活躍推進のための取組を行う企業・機関を支援する。【内閣官房、内閣府、総務省、厚生労働省】

②　個々の女性労働者の活躍推進を阻む要因になり得る無意識の思い込み（アンコンシャス・バイアス）を解消するためのセミナー動画を作成し、企業等での活用を促進する。（再掲）【厚生労働省】

③　社会全体で、女性活躍の前提となるワーク・ライフ・バランス等の実現に向けた取組を進めるため、女性活躍推進法第24条及び公共調達等取組指針に基づき、国、独立行政法人等が総合評価落

札方式又は企画競争方式による調達を行う際は、女性活躍推進法、次世代法及び若者雇用促進法に基づく認定を取得した企業等を加点評価する取組を実施することにより、これらの企業の受注機会の増大を図る。また、加点評価の取組が努力義務となっている地方公共団体においても、国に準じた取組が進むよう働きかけを行う。（再掲）【内閣府、厚生労働省】

④ 企業における女性活躍に関する情報も投資判断に資するものと考えられることから、有価証券報告書における女性活躍に関する情報開示の好事例を収集し、周知する。（再掲）【金融庁】

⑤ 有価証券報告書に掲載された女性役員に係る情報の集計及び開示の取組や女性役員の登用に資する調査等を通じ、女性の活躍に積極的に取り組む企業が評価されることや、企業における女性役員登用・育成の課題の克服につながるよう努める。（再掲）【内閣府】

⑥ 企業による女性の就業継続に向けた研修の実施等を支援する。【厚生労働省】

⑦ ライフプランに応じた上位職へのキャリアパスの明確化、メンタリングやスポンサリングを含むキャリア形成支援プログラムの開発・実施、女性管理職のネットワークの構築等の取組を通じ、企業による女性の役員・管理職の育成に向けた取組を支援する。【厚生労働省】

⑧ 学校等における女子学生等を対象とした次代を担う人材育成プログラムの開発・実施を促進する。【文部科学省】

⑨ 建設産業、海運業、自動車運送事業等（トラック運転者、バス運転者、タクシー運転者、自動車整備士）の女性の参画が十分でない業種・職種において、ICTの活用による生産性の向上、多様な人材が働きやすい環境の整備、人材確保に向けた情報発信・普及啓発等を図ることも含め、女性の就業及び定着を促進する。【厚生労働省、国土交通省】

第4節 非正規雇用労働者の待遇改善、正規雇用労働者への転換の支援

ア 非正規雇用労働者の待遇改善や正規雇用労働者への転換に向けた取組の推進

① 令和2（2020）年4月に施行された短時間労働者及び有期雇用労働者の雇用管理の改善等に関する法律（平成5年法律第76号）及び改正された労働者派遣事業の適正な運営の確保及び派遣労働者の保護等に関する法律（昭和60年法律第88号。以下「労働者派遣法」という。）の円滑な施行に取り組み、正規雇用労働者と非正規雇用労働者との間の不合理な待遇差の解消を図る。引き続き、労働基準監督署と都道府県労働局が連携し、同一労働同一賃金の更なる遵守の徹底に取り組む。【厚生労働省】

② 賃上げしやすい環境整備に向け、令和6（2024）年度税制改正において強化した賃上げ促進税制の活用促進に加え、労務費の適切な転嫁のための価格交渉に関する指針の周知などの価格転嫁の促進や、省力化投資などの生産性向上支援などに取り組みつつ、最低賃金について、2030年代半ばまでに全国加重平均が1,500円となることを目指すとした目標について、より早く達成できるよう、取り組む。【厚生労働省、経済産業省】

③ キャリアアップ助成金の活用促進等により非正規雇用労働者の正規雇用労働者への転換を推進する。【厚生労働省】

④ 非正規雇用労働者の能力開発を図り、企業内でのキャリアアップ、企業の枠を超えたキャリアアップを推進する。また、キャリア形成・リスキリング推進事業等を通じてキャリアコンサルティング機会の充実に取り組む。さらに、公的職業訓練について、地域における産業の動向やニーズを踏まえて訓練の内容を見直し、必要な訓練を実施する。【厚生労働省】

⑤ 正規雇用労働者と短時間労働者・有期雇用労働者の均衡のとれた賃金決定を促進するため、47都道府県に設置している「働き方改革推進支援センター」において職務分析・職務評価の導入支援・

普及促進を行う。【厚生労働省】

イ　公正な処遇が図られた多様な働き方の普及・推進

① 有期契約労働者について、労働契約法（平成19年法律第128号）に規定されている無期労働契約への転換（無期転換ルール）等の更なる周知徹底を図る。【厚生労働省】

② 派遣労働者について、労働者派遣法に基づき、派遣先に雇用される通常の労働者との不合理な待遇差の解消を図るとともに、正規雇用労働者化を含むキャリアアップの支援や派遣労働者に対する雇用安定措置等を通じた一層の雇用の安定と保護等を図る。【厚生労働省】

③ 非正規雇用労働者の産前産後休業、育児休業、産後パパ育休及び介護休業の法制度の内容について、非正規雇用労働者及び事業主に対する周知・徹底を行うとともに、利用環境を改善する。【厚生労働省】

④ 令和6（2024）年10月から中小企業等で働く短時間労働者に対する被用者保険の適用拡大を着実に実施するとともに、被用者にふさわしい保障の実現の観点から、短時間労働者への更なる被用者保険の適用拡大などの検討を進める。【厚生労働省】

⑤ 非正規雇用労働者の正規雇用労働者への転換等を促進するため、勤務地等が限定された「多様な正社員」制度の導入を支援する。【厚生労働省】

⑥ 行政機関で働く非常勤職員[2]について、育児休業や介護休暇等の制度の周知・普及を図るとともに、非常勤職員の制度の趣旨、勤務の内容に応じた処遇が確保されるよう、引き続き配慮や助言を行う。国の行政機関で働く非常勤職員の休暇・休業については、令和3（2021）年度に措置された不妊治療のための休暇（出生サポート休暇）等の新設、育児休業・介護休暇等の取得要件の緩和、令和4（2022）年10月1日から施行された新たな育児休業制度等について、内容の周知を図る。総務省では、会計年度任用職員制度の趣旨を踏まえ、勤務の内容に応じた処遇の確保を促進する。地方公共団体で働く会計年度任用職員の休暇・休業については、国家公務員と同様に、不妊治療のための休暇の新設や育児休業・介護休暇の取得要件の緩和等について職員に周知が行われ、制度の活用が図られるよう、各地方公共団体の取組を促していく。【内閣官房、総務省、（人事院）】

第5節　再就職、起業、雇用によらない働き方等における支援

ア　再就職等に向けた支援

① 職業訓練や職業紹介等を実施し、子育て・介護等との両立や仕事から一定期間離れた者に配慮した多様な再就職等の支援を推進する。公的職業訓練においては、育児等により決まった日時に訓練を受講することが困難な者等を対象としたeラーニングコース、子育て中の女性が受講しやすい託児サービス付きの訓練コース等の設定を実施する。【厚生労働省】

② 再就職希望者を含む社会人等の就労、スキルアップ、キャリア転換に必要な実践的な知識・技術・技能を身に付けるためのリカレント教育を推進し、学び直し等の充実を図る。【文部科学省、厚生労働省、経済産業省】

イ　起業に向けた支援等

① 女性の起業を後押しするため、「女性、若者／シニア起業家支援資金」等による資金繰り支援を実施する。（再掲）【経済産業省】

② 経済産業省では、スタートアップの起業家に占める女性の割合は少なく、女性起業家特有の課題も存在することから、女性起業家支援を総合的に推進するため、令和5（2023）年5月に公表した「女性起業家支援パッケージ」に基づき、令和2（2020）年12月に設立した「わたしの起業応援団」を地域ごとに一貫して支援が行える体制に拡充し、女性起業家の支援プログラム等を行っていく。

内閣府では、関係団体と連携して地方公共団体が行う女性起業家育成の取組を、地域女性活躍推進交付金を通じて支援する。（再掲）【内閣府、経済産業省】

2　国の期間業務職員等や地方の会計年度任用職員をいう。

③　女性も含めた後継者の事業承継を後押しし、中小企業・小規模事業者の事業統合・再編を促すため、予算・税制等を含めた総合的な支援策を引き続き推進する。また、その活用事例を展開していく。加えて、地方を含めた後継者の活躍を後押しするピッチイベントを開催し、事業承継がビジネスチャンスという気運醸成を図る。（再掲）【経済産業省】

ウ　雇用によらない働き方等における就業環境の整備

①　商工業等の自営業も含む小規模事業者の実態の把握及び課題抽出に努める。【経済産業省】
②　女性が家族従業者として果たしている役割に鑑み、事業所得等の適切な申告に向けた取組を進めながら、税制等の各種制度の在り方を検討する。【財務省】
③　家内労働手帳の普及、工賃支払の確保、最低工賃の決定及び周知、労災保険特別加入の促進等により家内労働者の労働条件の改善を図る。【厚生労働省】
④　個人が事業者として受託した業務に安定的に従事することができる環境を整備するため、令和6（2024）年秋頃の特定受託事業者に係る取引の適正化等に関する法律（令和5年法律第25号。以下「フリーランス・事業者間取引適正化等法」という。）の円滑な施行に向け、周知・広報に取り組むとともに、関係する政省令等の整備や執行体制の充実など、必要な準備を進める。内閣官房、公正取引委員会、中小企業庁、厚生労働省の連名で策定した「フリーランスとして安心して働ける環境を整備するためのガイドライン」についても、引き続き周知・活用を図る。

また、フリーランスと発注事業者等とのトラブルについて、ワンストップで相談できる窓口（フリーランス・トラブル110番）において、相談体制の拡充やトラブル解決機能の向上により、引き続き迅速かつ丁寧な相談対応や紛争解決の援助を行う。

さらに、労働者災害補償保険の特別加入制度について、フリーランス・事業者間取引適正化等法第2条第1項に規定する特定受託事業者が行う事業を新たに特別加入の対象とする省令改正を行い、令和6（2024）年1月に公布した。施行はフリーランス・事業者間取引適正化等法の施行の日を予定しており、円滑な施行に向けて所要の措置を講ずる。【内閣官房、公正取引委員会、厚生労働省、経済産業省】

第3分野　地域における男女共同参画の推進

第1節　地方創生のために重要な女性の活躍推進

ア　地方の企業における女性の参画拡大

①　女性の管理職・役員の育成など女性の参画拡大の推進、地方公共団体の経済部局や商工会議所等と連携・協働しつつ実施する女性デジタル人材・起業家の育成、様々な課題・困難を抱える女性に寄り添い、意欲と希望に応じて就労までつなげていく支援や相談支援、孤独・孤立で困難や不安を抱える女性が、社会との絆・つながりを回復することができるよう、NPO等の知見を活用した相談支援やその一環として行う生理用品の提供等の支援など、地方公共団体が、多様な主体による連携体制の構築の下で地域の実情に応じて行う取組を、地域女性活躍推進交付金により支援する。また、地方公共団体が行う男女共同参画社会の実現に向けた取組については地方財政措置が講じられており、各地方公共団体の状況に応じて、自主財源の確保を働きかける。【内閣府】
②　現在職に就いていない女性・高齢者等の新規就業や、デジタル技術の仕事への活用を目的として、都道府県が官民連携型のプラットフォームを形成

し、地域の実情に応じて、「掘り起こし」、「職場環境改善支援」、「マッチング」等の一連の取組を一体的かつ包括的に実施できるよう支援する。【内閣官房、内閣府】

③ 女性や若者等の移住・定着の推進のため、地域を支える企業等への就業と移住や、デジタル技術を活用して地域課題の解決を目的とする起業と移住への支援を行う地方公共団体の取組等についてデジタル田園都市国家構想交付金を活用して支援する。【内閣官房、内閣府】

④ 女性も含めた後継者の事業承継を後押しし、中小企業・小規模事業者の事業統合・再編を促すため、予算・税制等を含めた総合的な支援策を推進する。また、その活用事例を展開していく。加えて、地方を含めた後継者の活躍を後押しするピッチイベントを開催し、事業承継がビジネスチャンスという気運醸成を図る。(再掲)【経済産業省】

⑤ 男性の経営者や地方公共団体の長に対し「輝く女性の活躍を加速する男性リーダーの会」への参加を促し、それぞれの組織における女性人材の発掘、能力開発、登用、そのための意識変革・働き方改革などの取組を促進する。特に、地方の企業や中小企業・小規模事業の経営者へ参加の輪を広げていく。(再掲)【内閣府】

⑥ 女性の活躍状況の把握・分析、その結果を踏まえた目標設定、目標達成に向けた取組を内容とする一般事業主行動計画の策定、女性の活躍状況に関する情報公表等、女性活躍推進に向けて一般事業主が行う積極的改善措置（ポジティブ・アクション）等の取組を促進する。また、令和4（2022）年7月の女性活躍推進法に関する制度改正による常用労働者数301人以上の一般事業主に対する男女の賃金の差異の公表義務化を契機として、男女の賃金の差異の要因分析・雇用管理改善の促進について、あらゆる機会を通じて周知し、円滑な施行及び実効性の確保を図るとともに、企業向けの説明会の開催やコンサルティングの実施により、女性活躍推進のための取組を行う企業を個別支援する。(再掲)【厚生労働省】

⑦ 社会全体で、女性活躍の前提となるワーク・ライフ・バランス等の実現に向けた取組を進めるため、女性活躍推進法第24条及び公共調達等取組指針に基づき、国、独立行政法人等が総合評価落札方式又は企画競争方式による調達を行う際は、女性活躍推進法、次世代法及び若者雇用促進法に基づく認定を取得した企業等を加点評価する取組を実施することにより、これらの企業の受注機会の増大を図る。また、加点評価の取組が努力義務となっている地方公共団体においても、国に準じた取組が進むよう働きかけを行う。(再掲)【内閣府、厚生労働省】

⑧ 役員候補者となり得る女性人材のデータベース「女性リーダー人材バンク」の利用者増加に向けた取組の検討を行う。(再掲)【内閣府】

⑨ 建設産業、海運業、自動車運送事業等（トラック運転者、バス運転者、タクシー運転者、自動車整備士）の女性の参画が十分でない業種・職種において、ＩＣＴの活用による生産性の向上、多様な人材が働きやすい環境の整備、人材確保に向けた情報発信・普及啓発等を図ることも含め、女性の就業及び定着を促進する。(再掲)【厚生労働省、国土交通省】

⑩ 女性の起業を後押しするため、「女性、若者／シニア起業家支援資金」等による資金繰り支援を実施する。(再掲)【経済産業省】

⑪ 経済産業省では、スタートアップの起業家に占める女性の割合は少なく、女性起業家特有の課題も存在することから、女性起業家支援を総合的に推進するため、令和5（2023）年5月に公表した「女性起業家支援パッケージ」に基づき、令和2（2020）年12月に設立した「わたしの起業応援団」を地域ごとに一貫して支援が行える体制に拡充し、女性起業家の支援プログラム等を行っていく。

内閣府では、関係団体と連携して地方公共団体が行う女性起業家育成の取組を、地域女性活躍推進交付金を通じて支援する。(再掲)【内閣府、経済産業省】

イ　地方における多様で柔軟な働き方の実現

① 生産性を高めながら労働時間の縮減等に取り組む中小企業・小規模事業者や、傘下企業を支援する事業主団体に対する助成を行う。（再掲）【厚生労働省】

② 多様で柔軟な働き方の実現に向けた中小企業の取組を促進する。

・ 中小企業事業主に対して、「育休復帰支援プラン」モデル及び「介護支援プラン」モデルの普及促進を図るとともに、プランの策定を支援する。加えて、労働者の柔軟な働き方に取り組む事業主が活用できる措置導入・運用マニュアルの作成等により、制度の周知・理解促進を図る。（再掲）【厚生労働省】

・ 時間を有効に活用でき、場所の制約を受けない勤務形態であるテレワークについて、適正な労務管理下における普及促進や、中小企業への導入促進に向けて、助成金の活用や専門家による無料相談対応など各種支援策を推進する。（再掲）【総務省、厚生労働省、経済産業省、国土交通省】

・ 中小企業における女性の活躍推進を図るため、育児休業中の代替要員の確保や業務を代替する周囲の労働者への手当支給等の取組を推進するとともに、地域の中核企業を始めとした中小企業・小規模事業者が、自社が抱える経営課題の解決に向け、多様な人材の確保・育成・活用や職場環境改善による人材の定着を図るため、人材戦略の検討・策定・実行のためのセミナー・マッチング等を推進する。（再掲）【厚生労働省、経済産業省】

ウ　地方議会・地方公共団体における取組の促進

① 地方議会において女性を含めたより幅広い層が議員として参画しやすい環境整備に資するよう、議会運営上の工夫や住民参加の取組等におけるデジタル化への対応等も含めて取組を行う。また、候補者となり得る女性の人材育成のため、各地方議会における「女性模擬議会」等の自主的な取組について情報提供を行う。（再掲）【総務省】

② 会議規則における出産・育児・介護等に伴う欠席規定の整備状況やハラスメント防止に関する取組の実施状況等、地方公共団体・地方議会における両立支援状況を始めとする施策の推進状況を調査し、「見える化」の推進や好事例の展開を行う。（再掲）【内閣府】

③ 地方公務員の女性職員の活躍について、各地方公共団体の実情に即し、主体的かつ積極的に取組を推進するよう要請する。また、女性活躍推進法に基づく特定事業主行動計画や女性の活躍状況に関する情報の公表について、数値目標を設定した項目の進捗状況及び取組の実施状況が経年で公表されることを徹底するとともに、各団体の取組について、「女性活躍推進法『見える化』サイト」で比較できる形での「見える化」を行う。また、「職員の男女の給与の差異」の適切な公表に向けた公表方法の周知や、各団体における公表内容の「見える化」に取り組むとともに、公表内容の把握・分析や差異解消に向けた取組を促進する。（再掲）【内閣府、総務省】

④ 各都道府県・政令指定都市が設定している審議会等委員への女性の参画に関する数値目標や、これを達成するための様々な取組、女性比率の現状、女性が1人も登用されていない審議会等の状況等を調査し取りまとめて提供し、審議会等委員への女性の参画を促進する。（再掲）【内閣府、関係省庁】

エ　地域に根強い固定的な性別役割分担意識等の解消

① 固定的な性別役割分担意識や性差に関する偏見の解消に資する、また、固定観念や無意識の思い込み（アンコンシャス・バイアス）を生じさせない取組に関する情報収集を行うとともに、啓発手法等を検討し、情報発信を行う。【内閣府】

② 「男女共同参画週間」（毎年6月23日から同月29日まで）や「男女共同参画社会づくりに向けての全国会議」において、地方公共団体や関係機関・団体と連携し、男女共同参画に関する意識の浸透を図る。【内閣府】

第2節 農林水産業における男女共同参画の推進

ア 農林水産業における政策・方針決定過程への女性参画の推進

① 地域をリードできる女性農林水産業者を育成し、農業委員や農業協同組合、森林組合、漁業協同組合の役員及び土地改良区等の理事に占める女性の割合の向上や女性登用ゼロからの脱却に向けた取組などを一層推進する。また、女性活躍推進法に基づき一般事業主行動計画の策定等が義務となっている事業主については、同法に基づく事業主行動計画の策定等の仕組みを活用し、女性の活躍推進に向けた取組を推進するよう要請する。また、地方公共団体、農林水産団体等に対して、女性の登用促進や具体的な目標の設定等についての働きかけを行う。【内閣府、厚生労働省、農林水産省】

② 地域の農業を牽引するリーダーとなり得る女性農業経営者を育成するため、実践型研修を実施する。【農林水産省】

③ 女性が役員の過半を占める農業法人等が事業を実施する場合に貸付限度額を引き上げる特例措置を設けた融資を活用して、役員等への女性登用を促進する。【農林水産省】

④ 地域レベルの女性グループの形成やその取組を支援するとともに、好事例を展開する。また、女性農業者のグループ間ネットワークづくりを推進する。【農林水産省】

⑤ 地域計画(これまでの人・農地プランを基礎として、市町村が、農業者等の協議の結果を踏まえ、農業の将来の在り方や農用地の効率的かつ総合的な利用に関する目標として農業を担う者ごとに農用地等を表示した目標地図などを明確化し、公表したもの。)の策定及び実践における女性農業者の参画を推進する。【農林水産省】

⑥ 林業における女性の活躍を促進するため、森林資源を活用した起業や既存事業の拡張の意思がある女性を対象に、地域で事業を創出するための対話型の講座を実施する取組等を支援する。【農林水産省】

⑦ 水産業における女性の参画を推進するととも

に、水産業経営の改善を図るため、起業的取組を行う女性グループの取組、女性の経営能力の向上や女性が中心となって取り組む加工品の開発、販売等の実践的な取組を支援し、優良な取組の全国各地への普及を図る。【農林水産省】

イ 女性が能力を発揮できる環境整備

① 認定農業者制度における農業経営改善計画申請の際に夫婦などによる共同申請や女性の活躍推進に向け補助事業等の活用を通じて、女性の農業経営への参画を推進する。【農林水産省】

② 「農業女子プロジェクト」や「海の宝!水産女子の元気プロジェクト」における企業や教育機関との連携強化、地域活動の推進により女性農林水産業者が活動しやすい環境を作る。【農林水産省】

③ 家族経営協定の締結による就業条件の整備を推進する。また、家族経営協定を締結した女性農業者に対する融資の活用を促進する。【農林水産省】

④ 女性の活躍推進に取り組む優良経営体(WAP:Women's Active Participation in Agriculture)や女性農林水産業者の活躍の事例の普及を推進する。【農林水産省】

⑤ 女性グループが行う漁業生産活動に対する融資の活用を推進することにより、女性が行う水産業に関連する経営や起業等を支援する。【農林水産省】

⑥ 女性の就農希望者等に対し、就農相談会、農業法人による会社説明会、就農促進PR活動、農業者による農業高校への出前授業等を通じて、農業への理解を促進し、円滑な就農を支援する。【農林水産省】

⑦ 女性農業者の農業者年金への加入を促進する。【農林水産省】

⑧ 労働時間の管理、休日・休憩の確保、更衣室や男女別トイレの整備、キャリアパスの提示やコミュニケーションの充実など、女性が働きやすい環境づくりを推進する。また、農林水産業で働く女性にとっても扱いやすく、かつ高性能な機械の開発や普及など、スマート農林水産業の推進を行う。【農林水産省】

⑨ 女性農業者の育児と農作業のサポート活動を支援する。【農林水産省】

⑩ 女性の参画による農山漁村が持つ地域資源を活用した地域の活動計画づくり等を促進し、また、

農山漁村が潜在的に有する地域資源を引き出して地域の活性化や所得向上に取り組む優良事例を選定し、全国へ発信することを通じて他地域への横展開を図る。【農林水産省】

第3節 地域活動における男女共同参画の推進

① ＰＴＡ、自治会・町内会等、地域に根差した組織・団体の長となる女性リーダーを増やすための機運の醸成や女性人材の育成を図る。【内閣府、総務省、文部科学省、関係省庁】

② 学校・保育所の保護者会（ＰＴＡ等）や自治会・町内会など、学校・園関連の活動や地域活動について、男女ともに多様な住民が参加しやすい活動の在り方を提示するとともに、優良事例の横展開を図る。【内閣府、総務省、文部科学省、関係省庁】

第4分野 科学技術・学術における男女共同参画の推進[3]

第1節 科学技術・学術分野における女性の参画拡大

ア 科学技術・学術分野における女性の採用・登用の促進及び研究力の向上

① 女性活躍推進法に基づく一般事業主行動計画の策定等が義務となっている事業主（大学を含む。）については、同法に基づく事業主行動計画の策定等の仕組みを活用し、研究職や技術職として研究開発の分野で指導的地位に占める割合を高める等、女性の活躍推進に向けた取組を推進するよう要請する。【内閣府、文部科学省、厚生労働省、関係省庁】

② 「第6次科学技術・イノベーション基本計画」（令和3年3月26日閣議決定）における数値目標を踏まえ、科学技術・学術分野における女性の新規採用・登用に関する数値目標の達成に向けて、各主体（大学、研究機関、学術団体、企業等）が自主的に採用・登用に関する目標を設定し、その目標及び推進状況を公表するよう要請する。【内閣府、文部科学省、関係省庁】

③ 男女共同参画会議、総合科学技術・イノベーション会議及び日本学術会議の連携を強化するとともに、「統合イノベーション戦略2024」において、男女共同参画及び女性活躍促進の視点を踏まえた具体的な取組を明記する。【内閣府】

④ 国が関与する科学技術プロジェクト等における積極的改善措置（ポジティブ・アクション）の取組を推進するなど、科学技術・学術に係る政策・方針決定過程への女性の参画を拡大する。【内閣府、文部科学省】

⑤ 日本学術会議において、学術分野における男女共同参画を推進するため積極的な調査等を行う。【内閣府】

⑥ 研究者・技術者、研究補助者等に係る男女別の実態を把握するとともに統計データを収集・整備し、分野等による差異、経年変化を分析し、改善策を見いだす。【内閣府、総務省、文部科学省、関係省庁】

イ 科学技術・学術分野における女性人材の育成等

① 女性研究者・技術者の採用の拡大や研究現場を主導する女性リーダーの育成に向けて、上位職へのキャリアパスの明確化、メンタリングを含めたキャリア形成支援プログラムの構築、その他女性

---

3 国立大学や私立大学などの教育研究機関は、第2分野の「雇用等における男女共同参画の推進と仕事と生活の調和」に記載されている施策の対象となる。例えば、労働基準法、育児・介護休業法、次世代法、女性活躍推進法などの法律の適用対象である。

研究者・技術者の採用及び登用に関する積極的改善措置（ポジティブ・アクション）の取組について、大学、研究機関、学術団体、企業等への普及を図る。【内閣府、文部科学省、関係省庁】

② 女性研究者・技術者の就業継続や研究力の向上に向けた女性研究者・技術者のネットワーク形成支援、メンター制度の導入、ロールモデル情報の提供、定期的な研修や相談窓口の活用、各種ハラスメントのない職場環境の整備等を促進する。【内閣府、文部科学省、関係省庁】

③ 大学、研究機関、学術団体、企業等の経営層や管理職が多様な人材をいかした経営の重要性を理解し、女性研究者・技術者の活躍推進に積極的に取り組むよう、男女共同参画に関する研修等による意識改革を促進する。【内閣府、文部科学省、関係省庁】

④ 男女双方に対する研究と出産・育児、介護等との両立支援や、女性研究者の研究力向上及びリーダー経験の機会の付与、博士後期課程へ進学する女子学生への支援の充実等を一体的に推進する、ダイバーシティ実現に取り組む大学等を支援する。【文部科学省】

第2節 男女共同参画と性差の視点を踏まえた研究の促進

① 体格や身体の構造と機能の違いなど、性差等を考慮した研究・技術開発の実施が促進されるよう、事業の性格等に応じて性差を考慮して実施すべき旨を各事業の公募要領等に記載する等の取組を推進する。【内閣府、こども家庭庁、文部科学省、厚生労働省、関係省庁】

② 国が関与する公募型の大型研究はもとより競争的研究費について、採択条件に、事業の特性も踏まえつつ、男女共同参画の視点の有無と取組状況を評価するよう、競争的研究費に関する関係府省申合せを踏まえた取組を推進する。【内閣府、文部科学省、関係省庁】

③ 国が関与する競争的研究費において、事業の特性も踏まえつつ、採択条件に、出産・育児・介護等に配慮した取組を評価するよう、競争的研究費に関する関係府省申合せを踏まえた取組を推進する。【内閣府、文部科学省、関係省庁】

④ 研究期間中にライフイベントの発生が予想される優秀な女性研究者が安心して研究者代表として応募できるよう、研究中断後の研究再開を認める等の旨を各事業の公募要領等に記載する等の取組を推進する。【内閣府、文部科学省、関係省庁】

第3節 男女の研究者・技術者が共に働き続けやすい研究環境の整備

ア 研究活動と育児・介護等の両立に対する支援及び環境整備

① 大学、研究機関、企業等において、男女の研究者・技術者が仕事と育児・介護等を両立できるようにするため、長時間労働の解消、短時間勤務やフレックスタイム勤務、テレワークによる多様な働き方の推進、育児・介護等に配慮した雇用形態や両立支援制度の確立、キャリアプランや育児・介護等に関する総合相談窓口の設置など保育・介護サービスや病児・夜間保育の確保等を促進する。【こども家庭庁、文部科学省、厚生労働省】

② 男女の研究者向けの柔軟な勤務体制の構築や研究支援員の配置など、女性研究者のみでなく男女が共に育児や介護を担っていくことへの支援を積極的に進める大学等を支援する。【文部科学省】

③ 出産・育児・介護等により研究から一時的に離脱せざるを得ない場合において、研究期間中の研究中断・中断後の研究再開を継続できるよう、研究期間の中断や延長、中断中の代行者や研究支援者の登用等により研究を継続できる旨を各事業の公募要領等に記載する等の取組を推進する。【内閣府、文部科学省、関係省庁】

④ 出産・育児・介護等により研究から一時的に離脱した者に対して不利な取扱いを受けることのないよう、若手研究者向け支援事業の応募要件における年齢制限等において、ライフイベントの期間を考慮する旨を各事業の公募要領等に記載する等の取組を推進する。【内閣府、文部科学省、関係省庁】

⑤ 博士の学位取得者で優れた研究能力を有する者が、出産・育児による研究中断後、円滑に研究現場に復帰するための支援や、1年以上の海外渡航

に係る家族の往復航空賃の支援を実施する。【文部科学省】

イ　大学や研究機関におけるアカデミック・ハラスメントの防止

①　大学や研究機関に対して、各種ハラスメントの防止のための取組が進められるよう必要な情報提供等を行うなど、各種ハラスメント防止等の周知徹底を行う。また、各種ハラスメントの防止のための相談体制の整備を行う際には、第三者的視点を取り入れるなど、真に被害者の救済となるようにするとともに、再発防止のための改善策等が大学運営に反映されるよう促す。また、雇用関係にある者の間だけでなく、学生等関係者も含めた防止対策の徹底を促進する。【文部科学省】

第4節　女子学生・生徒の理工系分野の選択促進及び理工系人材の育成

ア　次代を担う理工系女性人材の育成

①　Society 5.0の実現に向けてAIやIoT等のIT分野の教育を強化するべく、シンポジウム等を実施する。取組が可能になった地方公共団体・学校から、生成AIの適切な活用や高度なプログラミング教育、デジタルものづくりなどを実施し、先進事例を創出する。【内閣府、デジタル庁、文部科学省、経済産業省】

②　文理融合基礎枠の新設等を含むスーパーサイエンスハイスクールの充実や高等学校における理数系教育の強化を通じて、女子生徒の科学技術に関する関心を高める。【文部科学省】

③　好事例やロールモデルの紹介等を通じ、理工系女性人材の育成について、企業・大学・学術団体等による取組を促進する。【内閣府】

④　国立大学における、女性研究者等多様な人材による教員組織の構築に向けた取組や女子生徒の理工系学部への進学を促進する取組等を学長のマネジメント実績として評価し、運営費交付金の配分に反映する。また、私立大学等経常費補助金において、女性研究者を始め子育て世代の研究者を支援することとしており、柔軟な勤務体制の構築等、

女性研究者への支援を行う私立大学等の取組を支援する。【文部科学省】

⑤　理工チャレンジの取組や理工系女子応援ネットワーク会議（関係府省や経済界、学界、民間団体等産学官から成る支援体制）を通して、地域における意識啓発や情報発信等を実施し、地域の未来を担う理工系女性人材の育成や地方定着につながる取組を促進する。また、全国各地にSTEM Girls Ambassadorsを派遣するとともに、複数の地域において、若手理工系人材による出前授業を実施し、各地域の理工系進路選択の契機となる機会を創出する。【内閣府】

⑥　大学と小・中・高等学校が連携して授業開発・授業研究を行う際、男女共同参画の視点にも配慮するよう促す。【内閣府、文部科学省】

⑦　海洋人材の育成に当たっては、国立大学等が保有する船舶において、女性に配慮した環境整備を促進する。【文部科学省】

⑧　大学・高専機能強化支援事業を通じて、女子学生を含む多様な入学生の確保等に取り組む大学・高専の成長分野への学部再編等を支援する。【文部科学省】

⑨　大学入学者選抜実施要項や教学マネジメント指針（追補）、好事例集の周知により、理工系の女子などを対象にした入学者の多様性を確保する選抜の促進を図る。【文部科学省】

イ　理工系分野に関する女子児童・生徒、保護者及び教員の理解促進

①　大学、研究機関、学術団体、企業等の協力の下、女子児童・生徒、保護者及び教員に対し、理工系選択のメリットに関する意識啓発や、理工系分野の仕事内容、働き方及び理工系出身者のキャリアに関する理解を促す取組を推進する。また、無意識の思い込み（アンコンシャス・バイアス）の払拭に取り組むとともに、女子生徒の理工系進路選択を促進するための調査研究を行う。【内閣府、文部科学省】

Ⅱ　安全・安心な暮らしの実現

第5分野　女性に対するあらゆる暴力の根絶

第1節　女性に対するあらゆる暴力の予防と根絶のための基盤づくり

① 女性に対する暴力の予防と根絶に向けて、「女性に対する暴力をなくす運動」を全国的な運動としてその時々の課題を重要テーマとして設定し、効果的な広報啓発を一層推進する。また、被害者自身が被害と認識していない場合があることや、被害を受けていることを言い出しにくい現状があることも踏まえ、女性に対する暴力に関する認識の向上や、悪いのは被害者ではなく加害者であり、暴力を断じて許さないという社会規範の醸成を図る。【内閣府、法務省、関係省庁】

② 様々な状況に置かれた被害者に情報が届くよう、官民が連携した広報啓発を実施するとともに、加害者や被害者を生まないための若年層を対象とする予防啓発の拡充、教育・学習の充実を図る。また、高齢者における配偶者からの暴力被害も多いことを踏まえ、高齢の被害者に支援の情報が届きやすいよう広報・啓発を充実させる。【内閣府、文部科学省、厚生労働省、関係省庁】

③ 内閣府では、DV相談プラスを実施して、配偶者等からの暴力の被害者の多様なニーズに対応できるよう、毎日24時間の電話相談、SNS・メール相談及び外国語での相談の対応を行うとともに、各地域の民間支援団体とも連携し、相談員が必要と判断した場合には、関係機関等への同行支援なども行う。また、最寄りの配偶者暴力相談支援センター等につながるDV相談ナビを実施する。さらに、DV被害者等セーフティネット強化支援事業による交付金（性暴力・配偶者暴力被害者等支援交付金（配偶者暴力被害者等支援調査研究事業））の交付により、官民連携の下で民間シェ

ルター等による先進的な取組を推進する都道府県等への支援を行う。【内閣府、関係省庁】

④ 関係行政機関等において、相談窓口の所在等を広く周知するとともに、電話相談や窓口相談についてサービス向上を促進するため、電話相談の番号の周知や相談しやすくするための工夫、SNS等を活用した相談の実施、夜間・休日における相談対応の実施等の方策を促進する。

内閣府では、性犯罪・性暴力被害者支援のため、性犯罪・性暴力被害者のためのワンストップ支援センター（以下「ワンストップ支援センター」という。）の全国共通番号「#8891（はやくワンストップ）」の周知を図るとともに、若年層等の性暴力被害者が相談しやすいよう、SNS相談「Cure time（キュアタイム）」を実施する。さらに、性犯罪・性暴力の夜間の相談や救急対応のため、夜間休日には対応していないワンストップ支援センターの運営時間外に、被害者からの相談を受け付け、ワンストップ支援センターと連携して支援する「性暴力被害者のための夜間休日コールセンター」を運営し、性犯罪・性暴力被害者支援の充実に努める。【内閣府、警察庁、こども家庭庁、法務省、厚生労働省】

⑤ 中長期にわたる被害者の心身の回復を支援するため、トラウマ・ケアの専門家を育成し、身近な場所で適切な相談・カウンセリングが経済的負担なく受けられる体制を構築していくとともに、ニーズに応じた対応が可能な民間団体や自助グループの活動を促進する。【内閣府、警察庁、厚生労働省】

⑥ 男性被害者等に対する必要な配慮が図られるよう、ワンストップ支援センターの相談員等を対象とした研修の実施等により、相談及び支援体制の充実を図る。【内閣府、関係省庁】

⑦　被害者と直接接することとなる警察官、検察職員、更生保護官署職員、地方出入国在留管理局職員、女性相談支援センター職員、女性相談支援員、児童相談所職員、民間団体等について、男女共同参画の視点から被害者の置かれた立場を十分に理解し、適切な対応をとることができるよう、より一層の研修機会の拡大等に努めるとともに、関係機関間や職員間の連携を促進する。【内閣府、警察庁、こども家庭庁、法務省、厚生労働省、関係省庁】

⑧　ケーススタディの手法やオンライン研修教材の活用等により、ＳＮＳ等を活用した相談を含む、現場における対応に重点を置いた各職務関係者に対する研修を充実させ、支援に携わる人材育成を図る。【内閣府、警察庁、こども家庭庁、法務省、厚生労働省】

⑨　女性に対する暴力に関する認識を深め、被害者の置かれた状況に十分配慮できるよう、刑事司法関係者に対する研修等の充実を図る。【法務省】

⑩　法曹養成課程において、女性に対する暴力に関する法律及び女性に対する暴力の被害者に対する理解の向上を含め、国民の期待と信頼に応える法曹の育成に努める。【法務省、文部科学省】

⑪　女性に対する暴力に関する被害者支援の充実を図るため、民間シェルター等と警察や福祉などとの協働が円滑に行われるよう、官民双方向の連携の仕組みを構築するとともに、民間団体の活用による支援の充実に努める。【内閣府、警察庁、法務省、厚生労働省、関係省庁】

⑫　被害者に対しては、暴力の形態や被害者の属性等に応じて、相談、保護、生活・就業等の支援、情報提供等をきめ細かく実施する。また、官民・官官・広域連携の促進を通じて、中長期的見守りなど切れ目のない被害者支援を実施する。【内閣府、警察庁、法務省、厚生労働省、関係省庁】

⑬　困難な問題を抱える女性への支援に関する法律（令和4年法律第52号）に基づき、包括的な支援体制の構築を進める。【厚生労働省】

⑭　重大事件等の暴力被害に関する必要な検証を行い、重大な被害につながりやすい要因を分析し、今後の対応に活用する。【警察庁、関係府省】

⑮　内閣府では、平成11（1999）年度から実施している「男女間の暴力に関する調査」について、令和5（2023）年度調査を実施したところであり、その結果を関係省庁に共有し、今後の対応に活用する。

法務省では、令和5（2023）年度に実施した犯罪被害実態（暗数）調査の調査結果を分析し、分析結果を公表する。【内閣府、法務省、関係省庁】

⑯　法務省の人権擁護機関では、専用相談電話「女性の人権ホットライン」を設置するなどして、夫・パートナーからの暴力やセクシュアルハラスメント等女性の人権問題に関する相談体制のより一層の充実を図る。【法務省】

第2節　性犯罪・性暴力への対策の推進

①　「性犯罪・性暴力対策の更なる強化の方針」（令和5年3月30日性犯罪・性暴力対策強化のための関係府省会議決定）に基づき、令和5（2023）年度から令和7（2025）年度までの3年間を「更なる集中強化期間」として、性犯罪・性暴力の根絶のための取組や被害者支援を強化する。【内閣府、警察庁、こども家庭庁、法務省、文部科学省、厚生労働省、関係省庁】

②　第211回国会（令和5（2023）年）において成立した、刑法及び刑事訴訟法の一部を改正する法律（令和5年法律第66号）並びに性的な姿態を撮影する行為等の処罰及び押収物に記録された性的な姿態の影像に係る電磁的記録の消去等に関する法律（令和5年法律第67号）の趣旨及び内容を踏まえ、その適切な運用に努めるなど、必要な措置を講ずる。【法務省、関係府省】

③　監護者による性犯罪・性暴力や障害者に対する性犯罪・性暴力等について、厳正かつ適切な対処に努めるなど、必要な措置を講ずる。【こども家庭庁、法務省、文部科学省、厚生労働省、関係府省】

④　内閣府では、平成11（1999）年度から実施している「男女間の暴力に関する調査」について、令和5（2023）年度調査を実施したところであり、その結果を関係省庁に共有し、今後の対応に活用する。（再掲）【内閣府、関係省庁】

⑤　各都道府県警察の性犯罪被害相談電話につながる全国共通番号「＃8103（ハートさん）」につい

て国民への更なる周知や性犯罪捜査担当係への女性警察官の配置推進等、性犯罪被害に遭った女性が安心して警察に届出ができる環境づくりのための施策を推進し、性犯罪被害の潜在化防止に努める。【警察庁】

⑥　性犯罪に関して被害の届出がなされた場合には、被害者の立場に立ち、明白な虚偽又は著しく合理性を欠くものである場合を除いて、即時に受理することを更に徹底する。また、被害届受理時の説明によって、被害者に警察が被害届の受理を拒んでいるとの誤解を生じさせることがないよう、必要な指導を行う。告訴についても、被害者の立場に立って、迅速・的確に対応する。【警察庁】

⑦　性犯罪等の被害者は、ＰＴＳＤ（心的外傷後ストレス障害）等の精神的な疾患に苦しむケースが少なくない現状を踏まえ、捜査関係者を含む関係者において、被害者の精神面の被害についても的確に把握し、事案に応じた適切な対応を図る。【警察庁、関係府省】

⑧　令和５（2023）年３月30日に関係府省庁連名で取りまとめられた「痴漢撲滅に向けた政策パッケージ（令和５年３月30日内閣府、警察庁、法務省、文部科学省、国土交通省取りまとめ）」に基づき、痴漢は重大な性犯罪であるという認識の下、徹底した取締り等による加害者への厳正な対処、被害申告・相談をしやすい環境の整備、痴漢対策等のための防犯アプリの普及や鉄道事業者等と連携した痴漢防止の広報・啓発活動等の取組を関係府省が一体となって実施する。【内閣府、警察庁、こども家庭庁、法務省、文部科学省、国土交通省】

⑨　ワンストップ支援センターについて、24時間365日対応化や拠点となる病院の環境整備等の促進、コーディネーターの配置・常勤化などの地域連携体制の確立、専門性を高めるなどの人材の育成や運営体制確保、支援員の適切な処遇など運営の安定化及び質の向上を図る。

　　また、全国共通番号「＃8891（はやくワンストップ）」を周知するとともに、ワンストップ支援センターの通話料の無料化を継続する。夜間・休日においても相談を受け付けるコールセンターの運営、地域での緊急事案への対応体制の整備等、相談につながりやすい体制整備を図る。さら

に、若年層等の性暴力被害者が相談しやすいよう、ＳＮＳ相談「Cure time（キュアタイム）」を実施する。【内閣府、厚生労働省、関係省庁】

⑩　ワンストップ支援センターと女性相談支援センター・女性相談支援員などとの連携を強化し、機動的な被害者支援を展開する。また、被害者の要望に応じた支援をコーディネートできるよう、性犯罪被害者支援に係る関係部局と民間支援団体間の連携を促進する。さらに、障害者や男性等を含め、様々な被害者への適切な対応や支援を行えるよう、支援実態の調査や研修を実施する。【内閣府、警察庁、厚生労働省、関係省庁】

⑪　被害者からの事情聴取に当たっては、その精神状態等に十分に配慮するとともに、被害者が安心して事情聴取に応じられるよう、引き続き女性警察官等の配置や、被害者の心情に配慮した被害者専用の事情聴取室の活用などによる事情聴取等の推進に努める。被害者の事情聴取の在り方等について、引き続き、精神に障害がある性犯罪被害者に配慮した聴取（代表者聴取）の取組の試行を行うほか、より一層適切なものとなるような取組を検討し、適切に対処する。また、被告人の弁護人は、被害者に対する尋問に際しては、十分に被害者の人権に対する配慮が求められることにつき、啓発に努める。【警察庁、こども家庭庁、法務省、国土交通省】

⑫　被害者に対する不適切な対応による更なる被害を防止する観点も含め、支援に従事する関係者に対して、啓発・研修を実施する。また、刑事司法に関係する検察官等に対し、性犯罪に直面した被害者の心理や障害のある性犯罪被害者の特性や対応についての研修を実施する。

　　内閣府では、性犯罪被害者等が安心して必要な相談・支援を受けられる環境を整備するために、ワンストップ支援センターの相談員等を対象としたオンライン研修教材を提供するとともに、研修を実施する。【内閣府、法務省、関係省庁】

⑬　医療機関における性犯罪被害者の支援体制及び被害者の受入れに係る啓発・研修を強化し、急性期における被害者に対する治療、緊急避妊等に係る支援を含む、医療機関における支援を充実させるとともに、支援に携わる人材の育成に資するよう、とりわけ女性の産婦人科医を始めとする医療

関係者に対する啓発・研修を強化する。【厚生労働省、関係府省】

⑭ 性犯罪被害者に対する包括的・中長期的な支援を推進するとともに、警察庁においては、医療費・カウンセリング費用の公費負担制度の効果的な運用を図る。

内閣府では、性犯罪・性暴力被害者支援のための交付金により、ワンストップ支援センターを利用する被害者の医療費・カウンセリング費用の助成を行う。また、性犯罪に関する専門的知識・技能を備えた医師、看護師、医療関係者等や民間支援員の活用を促進する。【内閣府、警察庁、法務省、厚生労働省】

⑮ 性犯罪・性暴力事件及びその裁判に関する報道において、被害に関する詳細な描写や被害者が特定される情報が深刻な二次被害をもたらすことから、その取扱いの配慮について、メディアへの啓発を行うための必要な検討を行う。【内閣府、関係省庁】

⑯ 医師や看護師を養成する教育の中で、性犯罪被害等に関する知識の普及に努める。【文部科学省、厚生労働省】

⑰ 被害者の心のケアを行う専門家の育成等相談体制の充実を図る。【厚生労働省】

⑱ 関係府省や都道府県警察において、16歳未満の子供を対象とした暴力的性犯罪受刑者の出所後の所在等の情報を共有し、その所在を確認するとともに、性犯罪者に対する多角的な調査研究を進めるなど、効果的な再犯防止対策を進める。【警察庁、法務省】

⑲ 刑事施設及び保護観察所において性犯罪者に実施している専門的プログラムの着実な実施や、指導者の育成など、性犯罪者に対する再犯防止対策を進める。【法務省】

⑳ 二次被害防止の観点から被害者支援、捜査及び刑事裁判手続における被害者のプライバシー保護を図るとともに、メディア等を通じた的確な情報発信により性犯罪に対する一般社会の理解を増進する。【内閣府、警察庁、法務省、関係省庁】

㉑ 性犯罪・性暴力の実態把握に努めるとともに、これを含め、性暴力等を許さない気運の更なる醸成に向けた予防啓発の拡充に努める。【内閣府、関係省庁】

㉒ アダルトビデオ出演被害について、性をめぐる個人の尊厳が重んぜられる社会の形成に資するために性行為映像制作物への出演に係る被害の防止を図り及び出演者の救済に資するための出演契約等に関する特則等に関する法律（令和4年法律第78号。以下「AV出演被害防止・救済法」という。）による出演被害の防止及び被害者の救済が適切に図られるよう、相談窓口であるワンストップ支援センターにおける被害者への相談支援の充実、SNSの活用等による広報啓発の継続的な実施、厳正な取締りの推進等に努める。【内閣府、警察庁、法務省、関係省庁】

第3節 子供、若年層に対する性的な暴力の根絶に向けた対策の推進

① 「こども・若者の性被害防止のための緊急対策パッケージ」（令和5年7月26日「性犯罪・性暴力対策強化のための関係府省会議」・「こどもの性的搾取に係る対策に関する関係府省連絡会議」合同会議）に基づき、子供・若者の性犯罪・性暴力被害への対策の強化を図る。【内閣府、警察庁、こども家庭庁、総務省、法務省、外務省、文部科学省、厚生労働省、経済産業省、観光庁】

② 学校、児童福祉施設等の子供と直接接する業務を行う施設において、子供が相談しやすい環境を整備し、性的虐待の兆候を把握して児童相談所等と的確に連携するための研修・広報啓発を実施する。あわせて、二次被害の防止及び円滑な専門機関への相談のために、最初に性的虐待の被害を打ち明けられる可能性がある保護者、保育士、教師など子供に関わる大人に対して、初動対応に関する啓発を推進する。【こども家庭庁、法務省、文部科学省】

③ 児童虐待を受けたと思われる児童を発見した者の児童相談所等への通告義務を周知徹底するとともに、児童相談所、警察等においては、性的虐待の認知・把握に努め、被害児童の保護、被害児童に配慮した聴取（代表者聴取）、加害者の検挙と適切な処罰等に向けた必要な施策を実施する。【警察庁、こども家庭庁、法務省、文部科学省】

④ 若年女性を対象に、女性相談支援センター等の

公的機関と民間支援団体とが密接に連携し、夜間の見回り・声かけ、インターネット上での相談などのアウトリーチ支援や居場所の確保、相談対応、自立支援等の支援を行う。【厚生労働省】

⑤　児童相談所やワンストップ支援センター等において、性的な暴力被害を受けた子供に対する被害直後及びその後の継続的な専門的ケアや支援が実施されるよう取組を進める。あわせて、専門的知識を備えた人材の育成を推進する。【内閣府、警察庁、こども家庭庁、法務省、文部科学省】

⑥　被害児童の負担を軽減しつつ、適正な診断・治療等ができるよう、学術団体を含め、産婦人科医、小児科医等に対する研修を促進する。【内閣府、こども家庭庁】

⑦　被害児童の学習や通学など社会生活が妨げられないよう、学校で教職員が相談に乗ったり、関係機関と連携したりするなどの、適切な措置を講ずる。【文部科学省】

⑧　通学路や公園等における防犯・安全対策を強化し、性犯罪の前兆となり得るつきまとい等の行為に対する捜査・警告を的確に実施する。【警察庁】

⑨　文部科学省では、令和4（2022）年4月1日より施行された教育職員等による児童生徒性暴力等の防止等に関する法律（令和3年法律第57号）や、同法に基づく基本的な指針を踏まえ、令和5（2023）年4月1日より稼動している特定免許状失効者等に関するデータベースの活用徹底や、教育職員等に対する研修・啓発の充実などの予防的取組の推進、事案早期発見のための定期的な調査の実施や相談体制の整備、児童生徒性暴力等に及んだ教員について原則として懲戒免職とするなどの厳正な対処など、教育職員等による児童生徒性暴力等の根絶に向け、同法の適切かつ確実な運用を図る。

こども家庭庁では、児童生徒等へのわいせつ行為等を行ったことにより保育士登録を取り消された者の情報が記録されたデータベースを令和6（2024）年4月1日より運用開始し、保育士を任命・雇用する者による活用を推進する。【こども家庭庁、文部科学省】

⑩　子供の性被害防止対策については、関係府省庁が連携して総合的な対策を推進する。【こども家庭庁、法務省、文部科学省、経済産業省、関係府省】

⑪　「子供の性被害防止プラン2022[4]」に基づき、政府全体で児童買春・児童ポルノ等の対策を推進する。【内閣府、警察庁、こども家庭庁、総務省、法務省、文部科学省、厚生労働省、経済産業省、観光庁】

⑫　アダルトビデオ出演被害を含め、若年層の性暴力被害に関し、実態把握や取締り等の強化、教育・啓発の強化、相談体制の充実、保護・自立支援の取組強化等の施策を総合的に推進する。【内閣府、関係省庁】

⑬　毎年4月の「若年層の性暴力被害予防月間」に、ＳＮＳ等の若年層に届きやすい広報媒体を活用した啓発活動を効果的に展開する。【内閣府、関係省庁】

⑭　子供に対する性的な暴力根絶に向けて教育・学習、積極的な広報啓発を実施する。特に、コミュニティサイトやＳＮＳ等を通じた性犯罪・性暴力の当事者にならないための教育・学習、啓発活動、子供及びその保護者のメディア・リテラシーの向上等の充実を図る。

こども家庭庁では、青少年が安全に安心してインターネットを利用できる環境の整備等に関する法律（平成20年法律第79号）及び「青少年が安全に安心してインターネットを利用できるようにするための施策に関する基本的な計画（第5次）」（令和3年6月7日子ども・若者育成支援推進本部決定。令和6（2024）年に改定予定。以下「第5次青少年インターネット環境整備基本計画」という。）に基づき、子供がインターネットを上手に、安全に使うスキルを習得するため、青少年の保護者向けのリーフレットを作成し、都道府県等の関係機関に配布するとともに、こども家庭庁ホームページに掲載するなど、子供及びその保護者のメディア・リテラシーの向上に努める。

また、7月の「青少年の非行・被害防止全国強調月間」において、関係省庁、地方公共団体、関係団体等の協力を得て、青少年の非行・被害防止のための国民運動を展開していく。【内閣府、警察庁、こども家庭庁、総務省、文部科学省、経済

4　「子供の性被害防止プラン（児童の性的搾取等に係る対策の基本計画）2022」（令和4年5月20日犯罪対策閣僚会議決定）

産業省】

⑮ 法務省の人権擁護機関では、子供・若者が利用しやすい媒体を活用した相談体制を整備するため、ＬＩＮＥからの人権相談（ＬＩＮＥじんけん相談）に加えて、ＧＩＧＡスクール端末から人権相談が可能となる仕組みを構築する。【法務省】

第4節 配偶者等からの暴力の防止及び被害者の保護等の推進

① 令和6（2024）年4月より、重篤な精神的被害を受けた場合にも接近禁止命令等の対象を拡大することを始めとする保護命令制度の拡充や、保護命令違反の厳罰化、被害の発生から生活再建に至るまで切れ目ない支援を行うための多機関連携を強化する仕組みとしての法定協議会などを盛り込んだ、配偶者からの暴力の防止及び被害者の保護等に関する法律（平成13年法律第31号。以下「配偶者暴力防止法」という。）の一部を改正する法律（令和5年法律第30号。以下「配偶者暴力防止法改正法」という。）が施行された。配偶者暴力防止法改正法の円滑な運用を図るための取組を着実に実施する。【内閣府、警察庁、法務省】

② 配偶者暴力相談支援センターのセンター長、地方公共団体の担当職員並びに配偶者暴力相談支援センター、児童相談所、民間シェルター等において相談支援業務に携わる官民の相談員等の関係者を対象として、相談対応の質の向上及び被害者やその子に対する支援における官官・官民連携強化のために必要な知識の習得機会を提供するため、オンライン研修教材を作成し提供する。【内閣府】

③ ＤＶと児童虐待が密接に関連するものであることを踏まえ、ＤＶ対応と児童虐待対応との連携強化に向けた取組を推進する。【内閣府、警察庁、こども家庭庁、法務省、厚生労働省、関係省庁】

④ 交付金の交付により、官民連携の下で民間シェルター等による先進的な取組を推進する都道府県等への支援を行う。（再掲）【内閣府、法務省、厚生労働省、関係省庁】

⑤ 被害者等のための民間シェルター等が行う先進的な取組の推進や調査研究の実施など、被害者支援の充実を図るとともに、一時保護解除後の被害者等に対する民間シェルター等を通じた自立支援、定着支援等の取組を行う。【内閣府、厚生労働省】

⑥ 被害者の保護に当たっては、被害者は、配偶者からの暴力で心身ともに傷ついていることに留意し、不適切な対応により被害者に更なる被害（二次被害）が生じることのないよう配慮することを徹底する。【内閣府、警察庁、法務省、厚生労働省】

⑦ 被害者等の保護、捜査、裁判等に職務上関係のある者は、被害者等の安全の確保及び秘密の保持に十分な配慮をする。また、加害者が個人情報に係る閲覧や証明書の制度を不当に利用し被害者等の住所を探索することを防止するなど、被害者情報の保護の徹底を図る。【内閣府、警察庁、総務省、法務省、文部科学省、厚生労働省、国土交通省】

⑧ ＤＶ相談プラスを実施して、配偶者等からの暴力の被害者の多様なニーズに対応できるよう、毎日24時間の電話相談、ＳＮＳ・メール相談及び外国語での相談の対応を行うとともに、各地域の民間支援団体とも連携し、相談員が必要と判断した場合には、関係機関等への同行支援なども行う。（再掲）【内閣府、厚生労働省】

⑨ 二次被害を防止し、適切な被害者支援を行うため、現場のニーズに即した研修の実施や相談員の適切な処遇など、支援に従事する関係者の質の向上・維持に向けた継続的取組を促進する。【内閣府、厚生労働省】

⑩ 被害者の安全確保及び加害者への厳正な対処を徹底するとともに、被害者の支援と被害の防止に関する広報啓発を推進する。

内閣府では、ホームページ、ＳＮＳ等を通じて、配偶者からの暴力の被害者支援に役立つ情報の提供を行う。【内閣府、警察庁、法務省、厚生労働省】

⑪ 令和6（2024）年4月より、重篤な精神的被害を受けた場合にも接近禁止命令等の対象を拡大することを始めとする保護命令制度の拡充や、保護命令違反の厳罰化、被害の発生から生活再建に至るまで切れ目ない支援を行うための多機関連携を強化する仕組みとしての法定協議会などを盛り込んだ、配偶者暴力防止法改正法が施行された。令和6（2024）年4月から配偶者暴力防止法改正法の円滑な施行を図るため、所要の措置を講ずる。

（再掲）【内閣府、警察庁、法務省、厚生労働省】

⑫　女性相談支援センターにおいて、被害者の安全の確保や心身の健康回復を十分に行うとともに、民間シェルター等の積極的活用等による適切かつ効果的な一時保護を実施する。また、女性相談支援センター一時保護所や女性自立支援施設において、被害者に対する心理的ケアや自立に向けた支援、同伴児童への学習支援を推進する。【厚生労働省】

⑬　被害者は身体的に傷害を受けたり、ＰＴＳＤ（心的外傷後ストレス障害）等の疾患を抱えたりすることが多いことから、事案に応じて、医師、相談・保護に関わる職員が連携して、医学的又は心理的な援助を行う。また、職務関係者に対する研修の充実等により、被害者に対する適切な支援を行うための人材育成を促進する。【内閣府、厚生労働省、関係省庁】

⑭　被害者は複合的な困難を抱えたり生活困窮に陥ったりすることがあるため、配偶者暴力相談支援センター等において、関係機関や民間シェルター等とも連携しつつ、被害者への中長期的な支援として、就業の促進、住宅の確保、医療保険・国民年金の手続、同居する子供の就学、住民基本台帳の閲覧等の制限等に関する制度の利用等の情報提供及び助言を行う。また、事案に応じて当該関係機関や民間シェルター等と連携して対応に当たるなど、被害者の自立を支援するための施策等について一層促進する。その際、先進的な取組について共有を図る。【内閣府、厚生労働省、関係省庁】

⑮　被害者の住居の安定の確保のため、地域の実情を踏まえた事業主体の判断による公営住宅への優先入居や目的外使用の実施を促進する。【国土交通省】

⑯　配偶者からの暴力の被害者を含め、生活困窮者に対して、生活困窮者自立支援制度の相談窓口（自立相談支援機関）において、住まい、家計、就労などの面から包括的な自立支援を行う。【内閣府、厚生労働省】

⑰　被害者支援の一環として、加害者に働きかけることで加害者に自らの暴力の責任を自覚させる加害者プログラムについて、令和5（2023）年5月に整理された「配偶者暴力加害者プログラム実施のための留意事項」等を活用したプログラムの実施を推進する。【内閣府、関係省庁】

⑱　配偶者等からの暴力がその子供にも悪影響を及ぼすことに鑑み、子供に対する精神的ケア、学習支援等の支援を充実させるとともに、配偶者暴力相談支援センター等の配偶者からの暴力への対応機関と児童相談所等の児童虐待への対応機関との連携協力を推進する。【内閣府、こども家庭庁、関係省庁】

⑲　交際相手からの暴力の実態の把握に努め、各種窓口において相談が受けられる体制の拡充・周知徹底を行うとともに、被害者の適切な保護に努める。

内閣府では、配偶者暴力相談支援センターにおける相談件数等について調査を実施し、交際相手からの暴力に関する相談状況の把握を行う。【内閣府、警察庁、文部科学省、厚生労働省、関係省庁】

⑳　非同棲交際相手からの暴力（いわゆるデートＤＶ）について、教育・学習及び若年層に対する予防啓発の充実を図る。【内閣府、文部科学省】

第5節　ストーカー事案への対策の推進

①　ストーカー行為は事態が急展開して重大事案に発展するおそれが大きいものであることを考慮し、被害者の安全確保及び加害者への厳正な対処を徹底するとともに、効果的な被害者支援及び被害の防止に関する広報啓発を推進する。【内閣府、警察庁、法務省、文部科学省、厚生労働省、関係省庁】

②　内閣府では、相談支援業務に携わる官民の相談員等の関係者を対象としてオンライン研修教材の提供等を実施する。（再掲）【内閣府、法務省、文部科学省、厚生労働省】

③　緊急時における被害者の適切かつ効果的な一時保護を実施するとともに、避難のための民間施設における滞在支援等を行うなど、被害者等の安全確保のための取組を促進するとともに、自立支援を含む中長期的な支援を推進する。【内閣府、警察庁、総務省、法務省、厚生労働省、国土交通省】

④　被害者等の保護、捜査、裁判等に職務上関係のある者は、被害者等の安全の確保及び秘密の保持

に十分な配慮をする。また、加害者が個人情報に係る閲覧や証明書の制度を不当に利用し被害者等の住所を探索することを防止するなど、被害者情報の保護の徹底を図る。（再掲）【内閣府、警察庁、総務省、法務省、文部科学省、厚生労働省、国土交通省】

⑤ ストーカーの被害者にも加害者にもならないため、とりわけ若年層に対する予防啓発・教育を推進するとともに、インターネットの適切な利用やインターネットの危険性に関する教育・啓発を推進する。また、こうした教育指導を適切に実施するため、研修等により教育関係者等の理解を促進する。【内閣府、総務省、文部科学省、関係省庁】

⑥ ストーカー事案に係る相談・支援窓口や事案対処の方法について、広報啓発を推進する。【内閣府、警察庁、法務省、文部科学省、厚生労働省、関係省庁】

⑦ 加害者に対する迅速・的確な対応を徹底するとともに、関係機関が適切に連携を図りながら、様々な段階での加害者に対する更生のための働きかけ、受刑者等に対するストーカー行為につながる問題性を考慮したプログラムの実施・充実、ストーカー行為者に対する精神医学的・心理学的アプローチ等、加害者更生に係る取組を推進する。【内閣府、警察庁、法務省、関係省庁】

⑧ 被害者の心身の健康を回復させるための方法等に関する調査研究を実施する。【内閣府、警察庁、厚生労働省、関係省庁】

第6節 セクシュアルハラスメント防止対策の推進

① 職場におけるセクシュアルハラスメントは個人としての尊厳や人格を不当に傷つける、決してあってはならない行為である。男女雇用機会均等法及びこれに基づく指針について、事業主が講ずべき措置の内容だけでなく、就職活動中の学生等への対応も含めた望ましい取組の内容を含めて周知を行うとともに、非正規雇用労働者を含む労働者からの相談に対応する体制の整備等により、雇用の場におけるセクシュアルハラスメントの防止対策を推進する。また、労働者がセクシュアルハラスメントが原因で精神障害を発病した場合は、

労災補償の対象になる場合があることの周知徹底を図る。【厚生労働省】

② 国家公務員については、人事院規則10-10（セクシュアル・ハラスメントの防止等）に基づき、幹部職員も含めた研修、周知啓発等の防止対策や、行為職員に対する厳正な対処、外部相談窓口の適切な運用等の救済措置により組織的、効果的に推進する。【内閣官房、全府省庁、（人事院）】

③ 国公私立学校等に対して、セクシュアルハラスメントの防止のための取組が進められるよう必要な情報提供等を行うなど、セクシュアルハラスメントの防止等の周知徹底を行う。【文部科学省】

④ セクシュアルハラスメント被害の未然防止のための児童生徒、教職員等に対する啓発を実施する。【文部科学省】

⑤ 研究・医療・社会福祉施設やスポーツ分野等におけるセクシュアルハラスメントの実態を把握するとともに、予防のための取組や被害者の精神的ケアのための体制整備を促進する。また、セクシュアルハラスメントの行為者に対し厳正に対処するとともに、行為に至った要因を踏まえた対応を行うなど再発防止対策の在り方を検討する。【こども家庭庁、文部科学省、厚生労働省、関係府省】

⑥ 性的指向・性自認（性同一性）に関する侮辱的な言動等を含むハラスメントの防止に取り組むとともに、性的マイノリティに関する企業の取組事例の周知や企業が職場において活用可能な周知啓発資料の作成等を通じて、企業や労働者の性的指向・性自認（性同一性）についての理解を促進する。（再掲）【厚生労働省】

第7節 人身取引対策の推進

① 出入国在留管理庁の各種手続等において認知した人身取引（性的サービスや労働の強要等）被害者等に関する情報や、警察における風俗営業等に対する立入調査や取締り等あらゆる警察活動を通じて、人身取引被害の発生状況の把握・分析に努めるとともに、こうした関係行政機関の取組や、各国の在京大使館、ＮＧＯ関係者、弁護士等からの情報提供を通じて得られた情報を、関係行政機関において共有し、外国人女性及び外国人労働者

の稼働状況や人身取引被害の発生状況、国内外の
ブローカー組織の現状等の把握・分析に努める。
【内閣官房、警察庁、法務省、関係府省】

② 人身取引の被害申告等を呼び掛けるポスター、
リーフレット等を多言語で作成し、上陸審査場、
外国人向け食材販売店、外国人被害者の主な送出
し国の駐日大使館、在外日本大使館等の人身取引
被害者の目につきやすい場所に掲示等することに
より、被害を受けていることを自覚していない、
又は被害を訴えることができずにいる潜在的な被
害者に対し、多言語に応じた被害の申告先や相談
窓口の周知を図る。【内閣官房、内閣府、警察庁、
こども家庭庁、法務省、外務省、厚生労働省】

③ 人身取引対策関連法令執行タスクフォースによ
る関係行政機関の連携強化、同タスクフォースに
おいて作成した「人身取引取締りマニュアル」の
活用等を通じて、関係機関の職員が認識を共有し、
緊密な連携の下、人身取引事犯並びに売春事犯及
び風俗関係事犯等の人身取引関連事犯の取締り及
び厳正な対処の徹底を図る。【内閣官房、警察庁、
法務省、厚生労働省、国土交通省】

④ 毎年11月に実施している「女性に対する暴力
をなくす運動」において、人身取引を含む女性に
対する暴力の根絶を図るため、地方公共団体を始
め広く関係団体と連携して広報啓発を実施するほ
か、関係行政機関が協調して、人身取引に対する
政府の取組等について、ポスター・パンフレット
の作成、ホームページへの掲載等を通じて、国民
に対して情報提供を行い、広く問題意識の共有を
図るとともに協力の確保に努める。【内閣府、関
係省庁】

第8節 インターネット上の女性に対する暴力等への対応

① インターネットの安全・安心な利用のために、
関係機関・団体等と連携して、広報啓発を行うと
ともに、ＩＣＴリテラシーやメディア・リテラシー
の向上のための取組を推進する。

こども家庭庁では、「第5次青少年インターネッ
ト環境整備基本計画」に基づき、青少年がインター
ネットの利用に起因する犯罪やトラブルに巻き込
まれることを防止し、スマートフォンやＳＮＳ等
を安全・安心に利用できるよう、関係省庁、地方
公共団体、関係団体等と連携、協力して、青少年
が初めて自分のスマートフォン等を手にする時期
でもある卒業・進学・進級の時期に特に重点を置
いた啓発活動「春のあんしんネット・新学期一斉
行動」を実施する。また、地域が自立的・継続的
に青少年のインターネット利用環境づくりを実施
できるようにするための連携体制を構築すること
を目的とした「青少年のインターネット利用環境
づくりフォーラム」を各地域において開催する。

文部科学省では、ネットモラルキャラバン隊を
全国各地で開催し、保護者等を対象に情報モラ
ルやネットとの関わり方、家庭でのルール作り等
の啓発を行う。【内閣府、警察庁、こども家庭庁、
総務省、法務省、文部科学省、経済産業省】

② リベンジポルノやいわゆるディープフェイクポ
ルノ等に関し、事案に応じて各種法令を適用する
ことにより、違法行為に対して厳正に対処する。
また、プロバイダ等の事業者と連携し、公表され
た私事性的画像記録の流通・閲覧防止を図るほ
か、とりわけ若年層に対する教育・学習の充実を
図る。【警察庁、総務省、法務省、文部科学省】

③ インターネット上の児童ポルノ画像や人を著し
く羞恥させ、又は不安を覚えさせるような方法で、
衣服等で覆われている内側の人の身体又は下着を
盗撮した画像等の流通防止対策を推進する。また、
削除されなかった児童ポルノ画像についてイン
ターネット・サービス・プロバイダによるブロッ
キング等の自主的な取組を引き続き支援し、児童
ポルノ画像の閲覧防止対策を推進する。【警察庁、
総務省、経済産業省】

第9節 売買春への対策の推進

① 売買春に係る女性に対しては、様々な支援を必
要とすることがあるという観点から関係機関にお
ける連携を促進し、総合的な支援の充実を図ると
ともに、売買春の被害に遭うおそれのある若年層
の女性を早期に発見し、福祉等の支援につなぐこ
とができるアウトリーチ機能を持った民間団体と
協力し、福祉による生活支援や宿所の提供、自立
支援などを推進する。【警察庁、厚生労働省】

② 関係法令を厳正かつ適切に運用し、売春の相手方に対する対策や周旋行為の取締りを一層強化する。【警察庁、法務省】

③ 売買春の防止に向けた広報啓発及び教育・学習の充実を図る。【内閣府、法務省、文部科学省、厚生労働省】

第6分野 男女共同参画の視点に立った貧困等生活上の困難に対する支援と多様性を尊重する環境の整備

第1節 貧困等生活上の困難に直面する女性等への支援

ア 就業・生活の安定を通じた自立に向けた取組

① 男女の均等な機会及び待遇の確保の徹底、男女間の賃金格差の解消、女性の就業継続や再就職の支援、職場における各種ハラスメントの防止並びに政府の支援情報を一元的に提供する「女性応援ポータルサイト」の運営により、ワーク・ライフ・バランスの推進等に向けた取組を行う。【内閣府、厚生労働省】

② 男性に比べ女性の方が雇用者に占める非正規雇用労働者の割合が高いことが女性が貧困に陥りやすい背景の一つとなっていることから、公正な待遇が図られた多様な働き方の普及、正規雇用労働者と非正規雇用労働者との間の不合理な待遇差の解消等を推進する。【厚生労働省】

③ 令和6（2024）年10月から中小企業等で働く短時間労働者に対する被用者保険の適用拡大を着実に実施するとともに、更なる適用拡大の検討を進める。【厚生労働省】

④ DV被害者等セーフティネット強化支援事業による交付金の交付により、官民連携の下で民間シェルター等による先進的な取組を推進する都道府県等への支援を行う。（再掲）【内閣府、法務省、厚生労働省、国土交通省、関係省庁】

⑤ 生活困窮者の抱える課題は、経済的困窮を始めとして、就労、病気、住まいの不安定、家庭の課題、家計管理の課題、債務問題など多岐にわたり、かつこうした課題を複数抱えている場合もある。こうした生活困窮者のそれぞれの状況に応じて包括的な支援を行い、その自立を促進するため、生活困窮者自立支援法（平成25年法律第105号）に基づく相談支援、就労支援、居住支援、家計改善支援等を行う。【厚生労働省】

イ ひとり親家庭等の親子が安心して生活できる環境づくり

① ひとり親家庭の実情に応じ、マザーズハローワーク、母子家庭等就業・自立支援センター等において、ひとり親を含む子育て女性等に対するきめ細かな就職支援を実施する。また、ひとり親家庭の親等の就労支援に資する職業訓練や各種雇用関係助成金の活用を推進する。さらに、就職に有利になる資格の取得や主体的な能力開発の取組を促進し、生活の安定を図るため、ひとり親家庭の親に対する給付金等により、ひとり親家庭の生活の安定に資する就業に向けた資格取得を促進する。加えて、企業に対して、ひとり親の優先的な雇用について協力を要請し、助成金を通じて企業の取組を支援するとともに、マザーズハローワーク等において、協力企業に関する情報を提供する。【こども家庭庁、厚生労働省】

② ひとり親家庭等が安心して子育てをしながら生活できる環境を整備するため、以下の取組を含めた総合的な支援を展開する。【内閣府、こども家庭庁、厚生労働省、国土交通省】

・ ひとり親世帯や住宅困窮度の高い子育て世帯に対し、公営住宅への優先入居や、民間賃貸住宅を活用したセーフティネット登録住宅の推進、登録住宅の改修、入居者負担の軽減、居住支援等への支援を通じ、住まいの確保を支援している。

・ ひとり親家庭の子供に対し、放課後児童クラ

ブ等の終了後に生活習慣の習得・学習支援等を行うことにより生活に困窮する家庭の子供の生活の向上を図る。

- 児童扶養手当の支給、母子父子寡婦福祉資金貸付金の貸付けにより経済的な支援を実施するとともに、引き続き支給要件の周知等を図る。

- デジタル化社会到来の中で、女性が経済的に自立できるよう、女性デジタル人材の育成など、多様な主体による連携体制の構築の下で地域の実情に応じて地方公共団体が行う取組を、地域女性活躍推進交付金により支援する。

③ ひとり親家庭を対象とした様々な支援情報を提供する。また、ひとり親家庭の相談窓口において、ひとり親家庭が抱える様々な課題や個別のニーズに対応するため、適切な支援メニューをワンストップで提供する体制を整備する。【こども家庭庁】

④ 養育費の受領率に関する目標達成に向けて、以下に取り組む。養育費の取決め等を促進するため、動画やパンフレット等による効果的な周知・啓発を行う。養育費等相談支援センターや地方公共団体における養育費の相談支援について、多様な方法での提供や、身近な地域での伴走型の支援、専門的な相談を更に充実・強化するとともに、離婚前後親支援事業を拡充し、弁護士等による支援を含めた離婚前からの親支援の充実や、関係部署の連携強化を含めた地方公共団体の先駆的な取組への支援を実施する。また、養育費の支払確保の手続を利用しやすくするための支援の在り方等についての調査研究や、国民各層の声を幅広く聴くためのシンポジウムの開催等によって、養育費の支払確保に向けた調査・検討を進める。第三者から債務者の財産に関する情報を取得する手続を新設するなどした民事執行法（昭和54年法律第4号）の改正法による全ての手続が、令和3（2021）年5月から利用可能となったため、引き続き関係機関等への周知をしていく。また、資力の乏しい者に対して無料法律相談や弁護士費用等の立替えを行う日本司法支援センター（法テラス）の民事法律扶助制度について、ひとり親が養育費を請求するために利用した場合に償還等免除の要件を緩和するなどのひとり親支援の拡充策を実施するとともに、関係機関等に対する制度の周知に努める。

安全・安心な親子交流のための具体策を検討する。子供の利益を図る観点から、養育費制度も含めて父母が離婚した後の子の養育の在り方を見直すことを内容とする民法等の一部を改正する法律（令和6年法律第33号）が第213回国会（令和6（2024）年）において成立した。法律の円滑な施行に向けて準備を進める。【こども家庭庁、法務省】

⑤ 家庭の経済状況等によって子供の進学機会や学力・意欲の差が生じないように、以下の取組を推進する。【こども家庭庁、文部科学省、厚生労働省】

- 生活困窮者自立支援制度の子どもの学習・生活支援事業において、生活保護世帯を含む生活困窮世帯の子供とその保護者を対象に、学習支援や生活習慣・育成環境の改善に関する助言、進学や就労といった進路選択に関する情報提供・助言、関係機関との連絡調整など、世帯全体へのきめ細かで包括的な支援

- 学校におけるスクールカウンセラー、スクールソーシャルワーカー等の配置の充実を図るとともに、地域全体で子供の成長を支える地域学校協働活動を推進

- 高校中退を防止するため高等学校における指導・相談体制の充実を図るとともに、高校中退者等を対象とした学習相談及び学習支援を実施する地方公共団体等の取組の支援等

- 教育費に係る経済的負担の軽減

⑥ 子供の貧困対策が国を挙げて推進されるよう、官公民の連携・協働プロジェクトである「こどもの未来応援国民運動」を通じて、国や地方公共団体の支援策や各地の支援団体の活動情報等をこどもの未来応援国民運動ホームページ等により発信するとともに、「こどもの未来応援基金」によるNPO等支援団体への活動資金の支援や、民間企業と支援を必要とするNPO等支援団体のマッチング等を展開していく。【こども家庭庁】

ウ　子供・若者の自立に向けた力を高める取組

① 社会人・職業人として自立できる人材を育成するため、キャリア教育・職業教育を体系的に充実する。進路や就職に関する指導も含め、男女ともに経済的に自立していくことの重要性について伝えるとともに、自らの学びのプロセスを記述し振

り返ることができる教材「キャリア・パスポート」の効果的な活用等を通じて、長期的な視点に立って人生を展望し、働くことを位置付け、準備できるような教育を推進する。【文部科学省】

② 若者が充実した職業人生を歩んでいけるよう、就業等の実態を男女別等きめ細かく把握し、新規学校卒業者への支援、中途退学者や未就職卒業者への対応、正社員就職を希望する、安定した就労の経験が少ない若者への支援等を行う。【文部科学省、厚生労働省】

③ ニート、ひきこもり等、困難を有する子供・若者が、社会生活を円滑に営むことができるよう、子ども・若者総合相談センター、地域若者サポートステーション、ひきこもり地域支援センター等において、多様な主体間の連携により、複数の支援を組み合わせて行うなど、地域の実情に合った切れ目のない支援を行う。【こども家庭庁、文部科学省、厚生労働省、関係府省】

④ ヤングケアラーへの支援を強化するため、地方公共団体で行う実態調査や関係機関・団体等職員への研修、コーディネーターの配置やピアサポート等地方公共団体の取組について必要な経費を支援するほか、令和4（2022）年度から令和6（2024）年度までの3年間をヤングケアラー認知度向上の「集中取組期間」として集中的な広報・啓発活動などを行う。【こども家庭庁】

<h2>第2節 高齢者、障害者、外国人等が安心して暮らせる環境の整備</h2>

<h3>ア 高齢者が安心して暮らせる環境の整備</h3>

① 高齢期の女性の貧困について、現役期から備えておく観点から、被用者保険の適用拡大等を行うとともに、高齢の方には年金生活者支援給付金制度、医療保険・介護保険における保険料負担軽減措置などを活用し、対応する。また、高齢期に達する以前の女性が老後の生活の備えを十分にできるよう、非正規雇用労働者の処遇改善を進めるなど、あらゆる分野で着実に推進する。【内閣府、厚生労働省、関係省庁】

② 年齢に関わりなく働ける社会の実現に向けて、65歳までの高年齢者雇用確保措置・70歳までの高年齢者就業確保措置の着実・円滑な実施のため、継続雇用延長・定年引上げ等に係る助成金の支給等による事業主への支援等を実施しているほか、生涯現役支援窓口における65歳以上の者の再就職支援、シルバー人材センターにおける就業機会の確保や、地域ニーズを踏まえた働く場の創出・継続をしていくことが可能なモデルづくり及び他の地域への展開等を通じた多様な雇用・就業機会の提供等を通じ、高齢男女の就業を促進するとともに、能力開発のための支援を行う。【厚生労働省】

③ 「健康寿命延伸プラン」（令和元年5月29日2040年を展望した社会保障・働き方改革本部取りまとめ）に基づき、次世代を含めた全ての人の健やかな生活習慣形成、疾病予防・重症化予防、介護予防・フレイル予防、認知症予防等を中心に取組を推進し、令和22（2040）年までに健康寿命を男女ともに3年以上延伸し（平成28（2016）年比）、75歳以上とすることを目指す。【厚生労働省、経済産業省】

④ 医療・介護保険制度については、効率化・重点化に取り組みながら質の高いサービスの充実を図る。【厚生労働省、関係府省】

⑤ 認知症や一人暮らしの高齢者が、社会から孤立することなく、住み慣れた地域の中で、自分らしく暮らし続けられるよう、「認知症施策推進大綱」（令和元年6月18日認知症施策推進関係閣僚会議取りまとめ）に基づく取組を進めるとともに、住民等を中心とした地域の支え合いの仕組みづくりを促進する。また、令和6（2024）年1月に施行された共生社会の実現を推進するための認知症基本法（令和5年法律第65号）に基づき、認知症の人やその家族等により構成される認知症施策推進関係者会議を開催し、その御意見を十分に踏まえながら、認知症施策推進基本計画の策定を行っていく。【厚生労働省、関係府省】

⑥ 高齢者が他の世代と共に社会の重要な一員として、生きがいを持って活躍できるよう、高齢者の多様な学習機会の提供及び社会参加の取組を促進する。【文部科学省、厚生労働省、関係府省】

⑦ 安定した住生活の確保、建築物、道路、公園、公共交通機関等のバリアフリー化や無電柱化等、

高齢者を取り巻く環境の整備等を推進する。【内閣府、警察庁、国土交通省、関係省庁】

⑧ 企業等による、高齢者のニーズや、事故防止や安全対策等の社会課題に合致した機器やサービス、その効果的な活用方法の開発等を支援する。

総務省は、高齢者等が情報通信の利便を享受できる情報バリアフリー環境の整備を図るため、引き続き、高齢者等向けの通信・放送サービスに関する技術の充実に向けた、新たなＩＣＴ機器・サービスの研究開発を行う者に対する助成を行う。【総務省、厚生労働省、経済産業省、関係府省】

⑨ 高齢者虐待の防止、高齢者の養護者に対する支援等に関する法律（平成17年法律第124号）等を踏まえ、都道府県や市町村に対する支援等を通じ、虐待の未然防止、早期発見・迅速かつ適切な対応及び再発防止が図られるよう取組を推進する。【厚生労働省、関係府省】

⑩ 消費者安全法（平成21年法律第50号）の「消費者安全確保地域協議会（見守りネットワーク）」の設置等の規定を踏まえ、悪質商法などによる高齢者の消費者被害の防止を図る。さらに、独立行政法人国民生活センターでは、高齢者やその周りの人々に悪質商法の手口やワンポイントアドバイス等をメールマガジンや同センターホームページで伝える「見守り新鮮情報」を発行するとともに、高齢者の悪質商法被害や商品等に係る事故に関する注意情報、相談機関の情報等を、報道機関への情報提供等の多様な手段を用いて周知を図る。【消費者庁、関係府省】

⑪ 上記のほか、「高齢社会対策大綱」（平成30年2月16日閣議決定）に基づき必要な取組を推進するとともに、現下の経済社会情勢の変化等を踏まえて、令和6（2024）年夏頃を目途に、新たな高齢社会対策大綱の案の作成を行う。【内閣府、関係省庁】

イ　障害者が安心して暮らせる環境の整備

① 事業者による社会的障壁の除去の実施に係る必要かつ合理的な配慮の提供の義務付け等を内容とする障害を理由とする差別の解消の推進に関する法律の一部を改正する法律（令和3年法律第56号）が令和6（2024）年4月より施行されたこと等を

踏まえ、全ての国民が、障害の有無によって分け隔てられることなく、相互に人格と個性を尊重し合いながら共生する社会の実現に向けた取組を推進する。【内閣府、関係省庁】

② 障害者虐待の防止、障害者の養護者に対する支援等に関する法律（平成23年法律第79号）等を踏まえ障害者虐待防止の取組を進める。【厚生労働省、関係府省】

③ 消費者安全法（「消費者安全確保地域協議会（見守りネットワーク）」の設置等）を踏まえ、悪質商法を始めとする障害者の消費者被害の防止を図る。さらに、独立行政法人国民生活センターでは、障害のある人やその周りの人々に悪質商法の手口等の情報提供を行う。また、最新の消費生活情報をコンパクトにまとめた「くらしの豆知識」の発行に当たっては、カラーユニバーサルデザイン認証を取得するほか、デイジー版（デジタル録音図書）を作成し、全国の消費生活センター、消費者団体、全国の点字図書館等に配布するとともに、国立国会図書館視覚障害者等用データ送信サービスにも登録する。【消費者庁、関係府省】

④ 障害者が安心して生活できる住宅の確保、建築物、道路、公園、公共交通機関等のバリアフリー化や無電柱化を推進するとともに、障害者に配慮したまちづくりを推進する。【内閣府、警察庁、国土交通省、関係省庁】

⑤ 障害者が個人としての尊厳にふさわしい生活を営むことができるよう、障害者の日常生活及び社会生活を総合的に支援するための法律（平成17年法律第123号）に基づき、自立生活援助、就労定着支援などの障害福祉サービス等の充実を図り、障害者の地域における生活を総合的に支援する。【厚生労働省】

⑥ 障害者の雇用の促進等に関する法律（昭和35年法律第123号）や「障害者雇用対策基本方針」（令和元年厚生労働省告示第197号）等を踏まえ、段階的な法定雇用率の引上げを見据えた就労支援を行う。【厚生労働省】

⑦ 上記のほか、障害のある女性は、それぞれの障害の種別ごとの特性、状態により様々な支援が必要であることに加えて、女性であることにより、更に複合的に困難な状況に置かれている場合があることに留意し、「障害者基本計画（第5次）」（令

和5年3月14日閣議決定）に基づき、防災・防犯等の推進、自立した生活の支援・意思決定支援の推進、保健・医療の推進等の分野における施策を総合的に推進する。また、障害者の権利に関する条約第31条等の趣旨を踏まえ、障害者の実態調査等を通じて、障害者の状況等に関する情報・データの収集・分析を行うとともに、障害者の性別等の観点に留意しつつ、その充実を図る。【内閣府、外務省、関係省庁】

ウ　外国人が安心して暮らせる環境の整備

① 外国人女性が、言語の違い、文化・価値観の違い、地域における孤立等の困難に加えて、女性であることにより更に複合的に困難な状況に置かれている場合があることに留意し、以下の取組を含めた共生施策を総合的に推進する。【こども家庭庁、総務省、法務省、文部科学省、厚生労働省、国土交通省、関係府省】

・ 日本で生活する外国人への教育、住宅、就労支援、各種の手続・法令・制度等についての多言語での情報提供や、よりきめ細かな対応を可能とする相談体制の整備、外国人の子供への支援等を進める。

・ 外国人が抱える様々な課題を的確に把握するために、専門家の意見等を踏まえつつ、在留外国人に対する基礎調査を実施するとともに、地方公共団体や外国人支援団体等幅広い関係者から意見を聴取し、共生施策の企画・立案に当たって活用することにより、日本人と外国人が安心して安全に暮らせる環境整備を進める。

・ 外国人居住の実情を踏まえつつ、行政情報や相談窓口の周知など、外国人が行政情報を適切に把握できるような環境整備を進める。また、国の行政機関における相談窓口と地方公共団体等が運営する相談窓口が協力し、更なる連携を強化する。

・ 外国人受入環境整備交付金等により、地方公共団体による多言語での情報提供及び相談を行う一元的な相談窓口の整備・拡充の取組を支援する。また、地方公共団体の行政窓口に対する通訳支援について、利用状況を踏まえ、引き続き、効果的な実施方法等通訳支援の在り方につ

いて検討する。

② 配偶者等からの暴力の被害者である在留外国人女性への支援について、人身取引及び配偶者からの暴力に関する専門的知識を持った母国語通訳者の養成等を含め、適切に支援する。【厚生労働省】

③ 「人身取引対策行動計画2022」（令和4年12月20日犯罪対策閣僚会議決定）に基づき、政府一体となってより強力に、総合的かつ包括的な人身取引対策に取り組んでいく。【内閣官房、関係府省】

④ 法務省の人権擁護機関では、日本語を自由に話すことが困難な外国人等からの人権相談に対応するため、全国の法務局に「外国人のための人権相談所」を設け、約80の言語による相談に応じるなどしている。

また、「外国語人権相談ダイヤル」及び「外国語インターネット人権相談受付窓口」を設けており、電話・インターネットでも10言語による人権相談を受け付けている。【法務省】

エ　女性であることで更に複合的に困難な状況に置かれている人々への対応

① 性的指向・性自認（性同一性）に関すること、障害があること、外国人やルーツが外国であること、アイヌの人々であること、同和問題（部落差別）に関すること等に加え、女性であることで更に複合的に困難な状況に置かれている場合等について、可能なものについては実態の把握に努め、人権教育・啓発活動の促進や、人権侵害の疑いのある事案を認知した場合の調査救済活動の取組を進める。

また、法務局の人権相談窓口を相談者が幅広く安心して利用できるよう、研修等を通じた相談員の専門性の向上、相談窓口の周知・広報を行うなど、人権相談体制を充実させる。

さらに、学校における性的指向・性自認（性同一性）に係る児童生徒等への適切な対応を促すため、相談体制の充実や関係機関との連携を含む支援体制を整備するとともに、性的指向・性自認（性同一性）についての記載を盛り込んだ生徒指導提要等の周知を進める。

その他、男女共同参画の視点に立って必要な取組を進める。【内閣官房、法務省、文部科学省、

厚生労働省、関係府省】

② 法務省の人権擁護機関では、専用相談電話「女性の人権ホットライン」を設置するなどして相談体制のより一層の充実を図る。（再掲）【法務省】

第7分野 生涯を通じた健康支援

第1節 生涯にわたる男女の健康の包括的な支援

ア 包括的な健康支援のための体制の構築

① 女性の身体的・精神的な健康及び女性医療に関する調査・研究を進めるとともに、女性医療に関する普及啓発、医療体制整備、女性の健康を脅かす社会的問題の解決を含めた包括的な健康支援施策を推進する。【こども家庭庁、厚生労働省】

② 年代に応じて女性の健康に関する教育及び啓発を行うとともに、女性の健康の増進に関する情報の収集及び提供を行う体制を整備するために必要な措置を講じ、女性が健康に関する各種の相談、助言又は指導を受けることができる体制を整備する。【こども家庭庁、文部科学省、厚生労働省】

③ 女性の心身の特性に応じた保健医療サービスを専門的・総合的に提供する体制の整備（例：女性の専門外来、総合診療を行う医療体制の整備）、福祉等との連携（例：心身を害した女性を治療する医療施設と配偶者暴力相談支援センターや民間シェルター、女性自立支援施設等との連携）等を推進する。【内閣府、厚生労働省】

④ 女性の心身に多大な影響を及ぼす暴力や貧困等の社会的要因と、女性の疾患や生活習慣との因果関係について調査を行うとともに、月経関連疾患や更年期障害に対処するための医療者の関与の効果を検証するなど、女性の生涯にわたる健康維持に向けた保健医療の在り方等に関する調査研究を推進する。その成果の普及啓発に当たっては、行動科学の専門家の知見も活用し、必要な層に必要な情報を効果的に届ける方法を検討する。

あわせて、子宮頸がん検診・乳がん検診の更なる受診率向上に向けた取組を行う。

また、がんを始めとする疾患についても、引き続き、治療と仕事を両立できる環境整備の取組を推進する。【こども家庭庁、厚生労働省】

⑤ 予期せぬ妊娠の可能性が生じた女性が、緊急避妊薬に関する専門の研修を受けた薬剤師の十分な説明の上で対面で服用すること等を条件に、処方箋なしに緊急避妊薬を適切に利用できるよう、薬の安全性を確保しつつ、当事者の目線に加え、幅広く健康支援の視野に立って検討する。なお、緊急避妊薬を必要とする女性には、性犯罪・性暴力、配偶者等からの暴力が背景にある場合もあることから、令和6（2024）年度も試行的に実施する「緊急避妊薬の販売を行うモデル的調査研究」においては、薬局とワンストップ支援センターや近隣の医療機関等との連携体制を構築した上で、必要な場合には、薬局から同センター等を紹介するなどの対応を引き続き行う。また、義務教育段階も含め、年齢に応じた性に関する教育を推進する。さらに、性や妊娠に関し、助産師等の相談支援体制を強化する。【内閣府、こども家庭庁、文部科学省、厚生労働省】

⑥ 女性の健康の包括的支援に必要な保健、医療、福祉、教育等に係る人材の確保、養成及び資質の向上を図るとともに、医学・看護学教育における女性医療の視点の導入を促進する。【文部科学省、厚生労働省】

⑦ 令和元（2019）年12月に施行された成育過程にある者及びその保護者並びに妊産婦に対し必要な成育医療等を切れ目なく提供するための施策の総合的な推進に関する法律（平成30年法律第104号）に基づき、妊娠期から子育て期に至るまでの切れ目のない支援の在り方の検討などを推進する。【こども家庭庁】

⑧ 不適切養育などの成育歴や、生きづらさや社会

的孤立などの背景を理由とした、覚醒剤・大麻等の使用者も認められるほか、向精神薬等を悪用した性被害も発生していることから、末端使用者への再使用防止対策、社会復帰支援施策等及び向精神薬等の監視・取締りを推進する。【警察庁、法務省、厚生労働省】

⑨ 精神障害の労災認定件数が増加しているなどの状況を踏まえ、男女問わず、非正規雇用労働者を含む全労働者に対して、職場のメンタルヘルス対策等を通じた労働者の健康確保のための対策を講ずる。ストレスチェック実施や産業医の配置が義務付けられていない中小事業所で働く労働者の健康確保についても、引き続き、支援施策等を推進する等、対策を講ずる。【厚生労働省】

⑩ 月経、妊娠・出産、更年期等ライフイベントに起因する望まない離職等を防ぐため、フェムテック企業や医療機関、地方公共団体等が連携して、働く女性に対しフェムテックを活用したサポートサービスを提供する実証事業を実施し、働く女性の就労継続を支援する。さらに、導入を目指す企業等への働きかけや、ユーザーの認知度を高める取組を行うことで、一層のフェムテックの利活用の促進を図っていく。【経済産業省】

⑪ 経済的な理由等で生理用品を購入できない女性がいるという「生理の貧困」は、女性の健康や尊厳に関わる重要な課題である。このため、地域女性活躍推進交付金により、地方公共団体が、女性に寄り添った相談支援の一環として行う生理用品の提供を支援する。さらに、「生理の貧困」に係る取組の横展開に資するよう、また、生理用品を必要とする女性が必要な情報に基づきアクセスできるよう、各地方公共団体における取組を調査する。【内閣府、厚生労働省】

⑫ 国立成育医療研究センターに「女性の健康」に関するナショナルセンターとしての機能を持たせるとともに、全国の研究機関等の支援のため、我が国の女性の健康に関する研究の司令塔機能を構築する。また、「女性の健康」に関わる最新のエビデンスの収集・情報提供ができる仕組みを構築する。【こども家庭庁、厚生労働省】

イ 妊娠・出産に対する支援

① 市町村による妊婦等に対する早期の妊娠届出の

勧奨や妊婦健診等の保健サービスの推進、出産育児一時金及び産前産後休業期間中の出産手当金、社会保険料免除などにより、妊娠・出産期の健康管理の充実及び経済的負担の軽減を図る。【こども家庭庁、厚生労働省】

② 不妊治療の保険適用について、引き続き適切に運用する。また、現時点で保険適用の対象となっていない治療についても、先進医療の仕組み等も活用しながら、必要に応じて保険適用を目指す。【こども家庭庁、厚生労働省】

③ 不妊治療や不育症治療に関する情報提供や相談体制を強化するため、性と健康の相談センター機能の拡充を図る。【こども家庭庁】

④ 不妊治療について職場での理解を深め、男女が共に不妊治療と仕事を両立できる職場環境の整備を進める。令和4（2022）年1月から国家公務員に導入した不妊治療のための「出生サポート休暇」について、休暇を取得したい職員が取得できるよう周知啓発等を行うなど、引き続き不妊治療と両立しやすい職場環境の整備を図る。【厚生労働省、（人事院）】

⑤ 小児・ＡＹＡ世代（Adolescent and Young Adult：思春期・若年成人）のがん患者等が将来子供を出産することができる可能性を温存するための妊孕性温存療法、温存後生殖補助医療等に対する経済的支援を含む研究促進事業を引き続き推進する。【厚生労働省】

⑥ 性と健康の相談センターなどにおいて、予期せぬ妊娠に関する悩みに対し、専門相談員を配置するなどして相談体制を強化し、市町村や医療機関への同行支援や、学校や地域の関係機関とも連携する。特に、出産前後に配慮を要する場合や、暴力、貧困、孤立、障害等の困難を抱える場合においては、より手厚い支援を行えるようにする。【こども家庭庁、厚生労働省】

⑦ 母性健康管理措置について女性労働者等に周知するとともに母性健康管理指導事項連絡カードの活用を促進し、妊娠中及び出産後の女性労働者に対する適切な母性健康管理の推進を図る。また、男女雇用機会均等法の着実な施行により、妊娠・出産等に関するハラスメントの防止対策を推進する。【厚生労働省】

⑧ 産後うつの早期発見など出産後の母子に対する適切な心身のケアを行うことができるよう、「こど

も家庭センター」等の関係機関と連携しつつ、地域の実情に応じ、産後ケア事業の全国展開や産前・産後サポートの実施を通じて、妊産婦等を支える地域の包括支援体制を構築する。シングルマザーを始め、出産・育児において、家族・親族の支援を得られにくい女性に対しても、手厚い支援を行えるようにする。【こども家庭庁】

⑨ 産後うつのリスクも踏まえ、いわゆるワンオペ育児による負担の軽減のため、男性の育児参画を促す。公共交通機関、都市公園や公共性の高い建築物において、ベビーベッド付男性トイレ等の整備等を推進するほか、子供連れの乗客等への配慮等を求めることにより、男性が子育てに参画しやすくなるための環境整備を行う。【こども家庭庁、厚生労働省、国土交通省】

⑩ 妊婦や子育てに温かい社会づくりに向けて、ベビーカーマークの普及促進を図る。【国土交通省】

⑪ 若手産婦人科医の女性割合の増加などに鑑み、医師の働き方改革による、産科医師の労働環境の改善をしつつ、安全で質が高い周産期医療体制の構築のための産科医療機関の集約化・重点化を推進する。【厚生労働省】

⑫ 出生前診断等に関する法制度等の在り方について、多様な国民の意見を踏まえた上で検討が行われる必要があり、その議論に資するよう、必要に応じ実態の把握等を行う。【こども家庭庁】

⑬ 遺伝性疾患や妊娠中の薬が胎児へ与える影響などの最新情報に基づき、基礎疾患を抱える妊産婦や妊娠を希望している人に対する相談体制を整備する。【こども家庭庁、厚生労働省】

ウ 年代ごとにおける取組の推進

（ア）学童・思春期

① 学校・行政・地域・家庭が連携し、若年層に対して、以下の事項について、医学的・科学的な知識を基に、個人が自分の将来を考え、多様な希望を実現することができるよう、包括的な教育・普及啓発を実施するとともに、相談体制を整備する。【こども家庭庁、文部科学省、厚生労働省】
・ 女性の学童・思春期における心身の変化や健康教育に関する事項（例えば、月経関連症状及

びその対応、子宮内膜症・子宮頸がん等の早期発見と治療による健康の保持、ワクチンによる病気の予防に関する事項）
・ 医学的に妊娠・出産に適した年齢、計画的な妊娠、葉酸の摂取、男女の不妊、性感染症の予防など、妊娠の計画の有無にかかわらず、早い段階から妊娠・出産の知識を持ち、自分の身体への健康意識を高めること（プレコンセプションケア）に関する事項
・ 睡眠、栄養、運動、低体重（やせ過ぎ）・肥満、喫煙など、女性の生涯を見通した健康な身体づくりに関する事項

② 10代の性感染症罹患率、人工妊娠中絶の実施率、出産数等の動向を踏まえつつ、性感染症の予防方法や避妊方法等を含めた性に関する教育を推進する。
また、予期せぬ妊娠や性感染症の予防や必要な保健・医療サービスが適切に受けられるよう、養護教諭と学校医との連携を図る等、相談指導の充実を図る。【こども家庭庁、文部科学省、厚生労働省】

（イ）成人期

① 約8割の女性が就業している[5]ことから、企業における健診の受診促進や妊娠・出産を含む女性の健康に関する相談体制の構築等を通じて、女性がセルフケアを行いつつ、仕事に向かう体力・気力を維持できる体制を整備する。また、職場の理解も重要なことから、職場等における女性の健康に関する研修や啓発活動の取組を進める。その際、科学的に正しい情報を行動科学等の専門的知見も活用して効果的に伝える。
国が率先して取り組む一環として、内閣府等において新規採用職員や管理職を主な対象に、女性の健康に関するヘルスリテラシー向上に係る研修を実施する。【内閣府、厚生労働省、経済産業省】

② 子宮頸がん検診・乳がん検診の受診率の向上を図る。【厚生労働省】

③ 国家公務員及び地方公務員については、各府省及び地方公共団体が実施する子宮頸がん検診・乳がん検診に関し、女性職員が受診しやすい環境整備を行う。

---

5 令和5（2023）年における25〜44歳の女性人口に占める就業者の割合80.8%（総務省「労働力調査（基本集計）」）。

内閣官房内閣人事局においては、引き続き、「国家公務員健康週間」において、婦人科検診の重要性を含めた女性の健康に関する講演会を開催することにより国家公務員の意識啓発を図る。

人事院においては、引き続き、女性職員が受診しやすい環境となるよう周知啓発を行うことにより取組を推進する。(再掲)【内閣官房、総務省、全府省庁、(人事院)】

④ HIV／エイズ、梅毒を始めとする性感染症は、次世代の健康にも影響を及ぼすものであり、その予防から治療までの総合的な対策を推進する。【厚生労働省】

⑤ 個人が自分の将来を考え、健康を守りながら妊娠・出産を実現することができるよう、以下の事項について、行政・企業・地域が連携し、普及啓発や相談体制の整備を行う。【内閣府、こども家庭庁、文部科学省、厚生労働省、経済産業省】

・ 医学的に妊娠・出産に適した年齢、計画的な妊娠及びその間隔、子宮内膜症・子宮頸がん等の早期発見と治療による健康の保持、男女の不妊など、妊娠の計画の有無にかかわらず、早い段階から妊娠・出産の知識を持ち、自分の身体への健康意識を高めること(プレコンセプションケア)に関する事項

・ 暴力による支配(配偶者等からの暴力、ハラスメントなど)の予防に関する事項

・ 睡眠、栄養、運動、低体重(やせ過ぎ)・肥満、喫煙など、次世代に影響を与える行動に関する事項

⑥ 思春期から若年成人期までのがん罹患及び治療による、将来の妊娠や年代ごとの健康に関する情報の集積や普及啓発を行い、相談体制を引き続き整備する。【こども家庭庁、文部科学省、厚生労働省】

⑦ 喫煙、受動喫煙及び飲酒について、その健康被害に関する正確な情報の提供を行い、喫煙・飲酒が胎児や生殖機能に影響を及ぼすことなど十分な情報提供に努める。【こども家庭庁、厚生労働省】

(ウ) 更年期

① 女性特有の疾患に対応した検診として、骨粗しょう症検診、子宮頸がん検診、乳がん検診が実施されており、特にがん検診の受診率及び精密検査の受診率の向上を図る。【厚生労働省】

② 性ホルモンの低下等により、心身に複雑な症状が発生しやすく、また更年期以降に生じやすい疾患の予防が重要で効果的な年代であるため、更年期障害及び更年期を境に発生する健康問題の理解促進やホルモン補充療法等の治療の普及を含め、包括的な支援に向けた取組を推進する。【厚生労働省】

③ 更年期にみられる心身の不調については、個人差があるものの、就業や社会生活等に影響を与えることがあり、職場等における更年期の健康に関する研修や啓発活動の取組及び相談体制の構築を促進する。また、更年期症状による体調不良時等に対応する休暇制度を導入している企業の事例を紹介するとともに、その導入状況に関する調査結果を踏まえた周知を行う。【厚生労働省、経済産業省】

④ この時期は、更年期以降に発生する疾患やフレイル状態(加齢に伴う心身機能や認知機能の低下により支援が必要な状態)を予防するために重要な年代であることから、運動や栄養、睡眠などの生活習慣が老年期の健康に及ぼす影響について、老年期の心身の健康に資する総合的な意識啓発に取り組む。また受診率の低い被扶養者への働きかけなど、特定健康診査・特定保健指導の受診率向上を図り、生活習慣病の予防に取り組む。【厚生労働省】

(エ) 老年期

① 我が国における高齢化の進展及び疾病構造の変化を踏まえ、口腔機能低下、認知機能低下及びロコモティブシンドローム(運動器症候群)等の予防、社会生活を営むために必要な機能の維持及び向上等により、男女ともに健康寿命(健康上の問題で日常生活が制限されることなく生活できる期間)の延伸を実現する。【厚生労働省】

② フレイル状態になることが多いことから、フレイルの進展予防対策を実施する。【厚生労働省】

第2節 医療分野における女性の参画拡大

① 女性医師の更なる活躍に向けて、医師の働き方改革を推進するとともに、復職支援や勤務体制の柔軟化(短時間勤務や当直等の配慮)、チーム医療の推進、複数主治医制の導入、医療機関における院内保育や病児保育の整備など、女性医師が活躍するための取組を実施・普及する。【こども家

庭庁、厚生労働省】

② 大学病院等に勤務する非常勤扱いの医師や大学院生などの勤務形態の違い、出産時期による入所困難などの運用上の問題、救急対応による不規則な勤務などにより、保育が利用できず活躍が阻害されることがないよう、事業所内保育や企業主導型保育等も含めた保育所、病児保育、民間のシッターサービスなど、社会全体として様々な保育を利用しやすい環境を整備する。また、医師・看護師及び介護従事者の働き方やキャリアパスの特殊性を考慮し、放課後児童クラブや送迎サービスなど付随するニーズを把握し、支援を強化する。【こども家庭庁、経済産業省】

③ 育児等により一定期間職場を離れた女性の医師や看護師等の復職が円滑に進むよう、最新の医学・診療知識へのキャッチアップ、相談・職業あっせん等を推進する。【厚生労働省】

④ 改正された女性活躍推進法に基づき、一般事業主行動計画の策定等が義務となっている事業主については、同法に基づく事業主行動計画の策定等の仕組みを活用し、医療の分野で指導的地位に占める割合を高める等、女性医師等を始めとする女性の活躍推進に向けた取組を推進するよう要請する。【内閣府、厚生労働省、関係省庁】

⑤ 医学部生に対するキャリア教育や多様なロールモデルの提示などの取組を進め、固定的な性別役割分担意識や無意識の思い込み（アンコンシャス・バイアス）がもたらす悪影響の除去に努めるとともに、男女を問わず医師としてキャリアを継続するよう支援する。【文部科学省】

⑥ 女性医師が出産や育児又は介護などの制約の有無にかかわらず、その能力を正当に評価される環境を整備するため、固定的な性別役割分担意識や無意識の思い込み（アンコンシャス・バイアス）がもたらす悪影響の除去及びハラスメントの防止、背景にある長時間労働の是正のための医師の働き方改革や主治医制の見直し、管理職へのイクボス研修等キャリア向上への取組を推進する。【厚生労働省】

第3節 スポーツ分野における男女共同参画の推進

① 競技団体や部活動等の指導者を目指す女性競技者等を対象に、コーチングのための指導プログラム等を活用した、女性特有の身体的特徴やニーズ、ハラスメント防止等の指導上の配慮事項に関する研修を実施することなどを通じてスポーツ指導者における女性の参画を促進する関係団体の取組を支援する。【文部科学省】

② 令和元（2019）年6月にスポーツ庁が決定した「スポーツ団体ガバナンスコード」で設定された女性理事の目標割合（40％）達成に向けて、各中央競技団体における目標設定及び具体的方策の実施を促し、女性理事の比率向上に向けた取組の支援等を行う。【文部科学省】

③ 女性競技者の三主徴（エネルギー不足、運動性無月経、骨粗しょう症）に対応した医療・科学サポート体制の確立に向けた取組を推進するとともに、女性競技者や指導者に対する啓発を実施する。【文部科学省】

④ 生涯を通じた健康づくりのため、運動習慣の定着や身体活動量の増加に向けた取組を推進する。【厚生労働省】

⑤ 関係省庁、地方公共団体、スポーツ団体、経済団体、企業等で構成するコンソーシアムを設置し、加盟団体が連携・協働して、身近な地域で健康づくりを図るための環境整備を行う等、女性における運動・スポーツへの参加促進に向けた取組を推進し、スポーツ庁ホームページ等で公表する。【文部科学省】

⑥ 地域の実態や住民のニーズに応じたスポーツに関する指導ができる人材の養成・活用について、各地方公共団体等が実施する取組を推進する。【文部科学省】

⑦ 女性競技者の出産後の復帰を支援するとともに、競技生活と子育ての両立に向けた環境を整備する。【文部科学省】

⑧ 女性競技者に対する男性指導者等からのセクシュアルハラスメントや性犯罪の防止に向け、資質の高い指導者の養成を行う関係団体の取組を支援する。【文部科学省】

⑨ 競技者に対する性的意図を持った写真や動画の撮影・流布などによるハラスメントの防止に向けた取組を推進する。【文部科学省】

第8分野 防災・復興、環境問題における男女共同参画の推進

第1節 国の防災・復興行政への男女共同参画の視点の強化

① 令和3（2021）年より、災害応急対策のための会議等に内閣府男女共同参画局長を構成員等として追加している。当該会議等において、男女共同参画の視点からの災害対応について、関係省庁の間で認識を共有し、取組を促進する。【内閣府、関係省庁】

② 災害対応のための各種要領やマニュアル等において、災害時における男女共同参画の視点からの配慮事項等を充実させる。【内閣府】

③ 災害対応に携わる関係省庁の職員を対象に、男女共同参画の視点からの災害対応についての理解促進を図る。【内閣府、総務省、関係省庁】

第2節 地方公共団体の取組促進

ア 防災・復興に関する政策・方針決定過程への女性の参画拡大

① 各都道府県の地方公共団体職員等を対象とした研修等の様々な機会を通じ、都道府県防災会議における女性委員の割合を高めていくことの重要性について知識の醸成を図り、女性の参画拡大に向けた取組を促進するよう要請する。【内閣府、総務省】

② 市町村防災会議について、女性委員のいない会議を早期に解消するとともに、女性委員の割合を増大する取組を促進するため、都道府県と連携し、令和4（2022）年に作成した「女性が力を発揮するこれからの地域防災～ノウハウ・活動事例集～」や令和5（2023）年に作成した「防災分野における女性の参画促進～好事例集～」等の展開を行い、女性を積極的に登用している市町村の好事例の展開などを行う。【内閣府、総務省】

③ 地方公共団体の災害対策本部について、女性職員や男女共同参画担当職員の配置、構成員となる男性職員に対する男女共同参画の視点からの取組に関する理解促進等が図られるよう、平常時からイベントや好事例資料の周知等により、働きかけを行う。また、発災時に、現地に国の職員を派遣することや、被災経験や支援実績のある男女共同参画センター等による協力を含め、支援の強化を進める。【内閣府】

④ 東日本大震災の被災地における復興の取組に男女共同参画を始めとした多様な視点をいかすため、行政や民間団体における各種施策や参考となる事例等の情報を収集し、シンポジウムや研修等を通じてその普及・浸透を図る。【復興庁】

イ 防災の現場における女性の参画拡大

① 地方公共団体が作成する地域防災計画や避難所運営マニュアル等において男女共同参画の視点が位置付けられるよう、これまで内閣府が作成した好事例集や、「災害対応力を強化する女性の視点～男女共同参画の視点からの防災・復興ガイドライン～」に基づく地方公共団体の取組状況調査結果を踏まえ、情報提供や助言等を行う。【内閣府、総務省】

② 避難所運営等に若年層を含めた女性が参画し、女性と男性のニーズ等の違いに配慮した取組や、配偶者等からの暴力や性被害・性暴力の防止等安全・安心の確保が図られるよう、地方公共団体の職員等への研修等を通じて働きかけを行う。【内閣府】

③ 男女共同参画センターが男女共同参画の視点からの地域の防災力の推進拠点となるよう、これまでの災害対応における先進的な取組事例の共有を行う。また、災害時に効果的な役割を果たすことができるよう、全国女性会館協議会が運営する相互支援ネットワーク等を活用し、男女共同参画センター間の相互支援（オンラインによる遠隔地からの助言等を含む。）を促す。【内閣府】

④　防災施策に男女共同参画の視点が反映されるよう、防災関係者に対して、男女共同参画の視点からの防災・復興に係る研修を実施する。特に、防災担当職員や指導的立場にある者を対象とした研修の実施に当たっては、「災害対応力を強化する女性の視点～男女共同参画の視点からの防災・復興ガイドライン～」に基づき、予防、応急、復旧・復興の各段階における男女共同参画の視点からの災害対応に関する講義を盛り込む。【内閣府、総務省】

⑤　地方防災会議委員に対し、男女共同参画の視点からの防災・復興の取組の重要性について、周知を図る。【内閣府】

⑥　令和4（2022）年に作成した「女性が力を発揮するこれからの地域防災～ノウハウ・活動事例集～」、令和5（2023）年に作成した「防災分野における女性の参画促進～好事例集～」等を活用し、自主防災組織等において女性の参画を進める好事例の展開などを行う。【内閣府、総務省】

⑦　防災に関する知識の普及において、子供の発達段階に応じ、災害の各段階において受ける影響やニーズが女性と男性で違うことや地域防災力を高めるためには女性の参画やリーダーシップが重要であることの理解促進を図るため、情報提供や働きかけを行う。【内閣府、総務省、文部科学省、関係省庁】

⑧　被災地における支援者や復興に従事する職員に対して、地方公共団体、男女共同参画センター等と連携・協働し、男女共同参画の視点からの対応についての理解を促進するためのシンポジウム・ワークショップ・研修等を行う。【内閣府、復興庁】

⑨　被災地における生活再建や就労支援を推進し、女性の活躍をより促進するため、各種施策や参考となる事例等の情報を、地方公共団体等と連携・協働し、被災地の女性や女性グループを始め、多様な主体に行き渡るよう工夫して提供する。【内閣府、復興庁】

⑩　消防吏員の女性比率について、令和8（2026）年度当初までに5％に増加させることを全国の消防本部との共通目標として掲げており、消防本部等に対し数値目標の設定による計画的な増員・登用を促す。また、消防本部と連携し採用に向けた積極的なPR広報を実施するとともに、女性専用施設等（浴室・仮眠室等）の職場環境の整備に要する経費を支援する。引き続き、女性消防吏員活躍推進アドバイザーの派遣や女性消防吏員活躍推進支援事業などを通じた先進的な取組事例の全国展開、女性消防吏員が0名の消防本部の解消及び数値目標の達成に重点を置いた、外部講師による幹部職員向け研修会を実施するなど、女性消防吏員の活躍を支援する。【総務省】

⑪　消防団への女性の積極的な入団を促進するため、企業・大学と連携した入団促進や女性・若者等が活動しやすい環境づくりなどの消防団の充実強化につながる地方公共団体の取組を支援するとともに、女性消防団員の交流促進や優良事例の横展開を図るため、全国女性消防団員活性化大会等を開催する。また、女性等が活動しやすい環境づくりや効果的な広報の手法などのノウハウを共有するための入団促進マニュアルを新たに作成するとともに、消防団の拠点施設等における女性用トイレや更衣室の設置等を促進する。【総務省】

ウ　「災害対応力を強化する女性の視点～男女共同参画の視点からの防災・復興ガイドライン～」の活用徹底

①　関係省庁が協力し、全国知事会などの関係団体と連携して、地方公共団体の長や、防災・危機管理部局及び男女共同参画部局の職員に対し、継続的に「災害対応力を強化する女性の視点～男女共同参画の視点からの防災・復興ガイドライン～」の周知徹底や研修の充実を図る。【内閣府、関係省庁】

②　大規模な災害の発生が予測されたとき又は発生した後には、必ず、「災害対応力を強化する女性の視点～男女共同参画の視点からの防災・復興ガイドライン～」を関係地方公共団体に通知し、取組を促す。【内閣府】

③　「災害対応力を強化する女性の視点～男女共同参画の視点からの防災・復興ガイドライン～」に基づく地方公共団体の取組状況のフォローアップ調査を継続的に実施し、調査結果の「見える化」を行う。また、令和5（2023）年の調査結果の公表時には、防災分野における女性の参画状況等について図表を用いて視覚化し、更なる「見える化」を図る。【内閣府】

④　防災士等の民間資格団体や防災教材の作成団体に対し、研修やイベント等を通じ、「災害対応力

を強化する女性の視点～男女共同参画の視点からの防災・復興ガイドライン～」を周知する。【内閣府】

第3節 国際的な防災協力における男女共同参画

① 第58回国連女性の地位委員会「自然災害におけるジェンダー平等と女性のエンパワーメント」決議（平成26（2014）年）及び第3回国連防災世界会議で策定された「仙台防災枠組2015-2030」（平成27（2015）年）等が求める事項等について、国内において実行されるよう取り組むとともに、防災と男女共同参画の分野における我が国の取組を国際会議等の場で積極的に発信する。【内閣府、外務省】

第4節 男女共同参画の視点に立った気候変動問題等の環境問題の取組の推進

① 気候変動問題等の環境問題や環境に影響を与える産業政策・エネルギー政策の政策・方針決定過程への女性の参画拡大を図る。【経済産業省、環境省】

② 環境問題に関する施策の企画立案・実施に当たっては、男女別のデータを把握し、女性と男性に与える影響の違いなどに配慮して、取り組む。令和6（2024）年度においては、過年度に引き続き、ナッジ等の行動科学の知見を活用して温室効果ガス排出削減等に資する意識変革や行動変容を促す実証実験を実施する際に、対象者の性別等の属性情報の収集を行う。今後、当該情報の解析を通じて、施策の効果の個人差及び普遍性の解明並びに一人一人に合った働きかけの開発等に役立てることとしている。【環境省】

Ⅲ 男女共同参画社会の実現に向けた基盤の整備

第9分野 男女共同参画の視点に立った各種制度等の整備

第1節 男女共同参画の視点に立った各種制度等の見直し

ア 働く意欲を阻害しない制度等の検討

① 働き方の多様化を踏まえつつ、働きたい女性が就業調整を意識しなくて済む仕組み等を構築する観点から、税制[6]や社会保障制度等について、総合的な取組を進める。

・ 税制については、平成29（2017）年度税制改正において配偶者控除等の見直しが行われ、平成30（2018）年分の所得税から適用されており、引き続き制度の周知と円滑な運用に努める。なお、平成30（2018）年度税制改正において給与所得控除や公的年金等控除の一部を基礎控除に振り替える見直しが行われているところ、今後も、働き方の多様化や待遇面の格差を巡る状況の変化を注視しつつ、働き方の違いによって不利に扱われることのない、個人の選択に中立的な税制の実現に向け、所得再分配機能が適切に

---

6 配偶者の所得の大きさに応じて、控除額を段階的に減少させる配偶者特別控除の導入によって、配偶者の給与収入が103万円を超えても世帯の手取り収入が逆転しない仕組みとなっており、税制上、いわゆる「103万円の壁」は解消している。

発揮されているかといった観点も踏まえながら、諸控除の更なる見直しを進める。

また、働き方の違い等によって有利・不利が生じないような企業年金・個人年金等に関する税制上の取扱いや、働き方の多様化を踏まえた退職給付に係る税制について、企業年金・個人年金等は企業の退職給付の在り方や個人の生活設計にも密接に関係することなどを踏まえ、その検討を丁寧に行い、関係する税制の包括的な見直しを行う。【総務省、財務省】

・ 社会保障制度については、被用者保険加入によるメリットの理解を十分に広めながら、令和6（2024）年10月から中小企業等で働く短時間労働者に対する被用者保険の適用拡大を着実に実施するとともに、更なる被用者保険の適用拡大の検討を進める。また、「年収の壁」については、社会全体で労働力を確保するとともに、労働者自身も希望どおり働くことのできる環境づくりに向けて、当面の対応として「年収の壁・支援強化パッケージ」の活用の拡大に取り組むとともに、制度の見直しの検討を進める。【厚生労働省】

・ 配偶者の収入要件があるいわゆる配偶者手当については、社会保障制度とともに、就業調整の要因となっているとの指摘があることに鑑み、配偶者の働き方に中立的な制度となるよう、労使に対しその在り方の検討を促すことが重要であり、引き続きそのための環境整備を図る。【厚生労働省】

イ　家族に関する法制の整備等

① 現在、身分証明書として使われるパスポート、マイナンバーカード、免許証、住民票、印鑑登録証明書なども旧姓併記が認められており、旧姓の通称使用の運用は拡充されつつあるが、国・地方一体となった行政のデジタル化・各府省庁間のシステムの統一的な運用などにより、婚姻により改姓した人が不便さや不利益を感じることのないよう、引き続き旧姓の通称使用の拡大やその周知に取り組む。【関係府省庁】

② 不動産の所有権の登記名義人の氏名に旧姓の併記を可能とする不動産登記規則等の一部を改正する省令（令和6年法務省令第7号）を令和6

（2024）年3月1日に公布し、令和6（2024）年4月1日から施行したところであり、引き続きホームページ等で周知する。【法務省】

③ 婚姻後も仕事を続ける女性が大半となっていることなどを背景に、婚姻前の氏を引き続き使えないことが婚姻後の生活の支障になっているとの声など国民の間に様々な意見がある。そのような状況も踏まえた上で、家族形態の変化及び生活様式の多様化、国民意識の動向等も考慮し、夫婦の氏に関する具体的な制度の在り方に関し、戸籍制度と一体となった夫婦同氏制度の歴史を踏まえ、また家族の一体感、子供への影響や最善の利益を考える視点も十分に考慮し、国民各層の意見や国会における議論の動向を注視しながら、司法の判断も踏まえ、更なる検討を進めるものとされており、国民や国会議員による議論が活発にされるよう、法務省ホームページ等において、引き続き、積極的に情報提供を行う。【法務省、関係府省】

④ 夫婦の氏に関する理解を深めるため、ホームページにおいて、婚姻した夫婦が夫の姓・妻の姓のどちらを選択したか等の夫婦の氏に関するデータを掲載し、引き続き情報提供を行う。【内閣府】

ウ　男女の多様な選択を可能とする育児・介護の支援基盤の整備

① 子ども・子育て支援新制度の実施による幼児期の学校教育、保育、地域の子供・子育て支援の充実、幼児教育・保育の無償化、「新子育て安心プラン」を踏まえた保育の受け皿整備、「放課後児童対策パッケージ」に基づく放課後児童クラブの受入児童数の拡大などにより、地域のニーズに応じた子育て支援の一層の充実を図る。【こども家庭庁、文部科学省、厚生労働省】

・ 幼稚園・保育所・認定こども園を通じた共通の給付や小規模保育への給付、地域の事情に応じた認定こども園の普及及び地域子育て支援拠点や放課後児童クラブ等地域のニーズに応じた多様な子育て支援策を着実に実施する。

・ 待機児童の解消に向け、保育所等の整備を推進するとともに、それに伴い必要となる保育人材の確保や子育て支援員の活用等を推進する。

・ 多様な保育ニーズに対応するため、延長保育、休日保育、夜間保育、病児保育や複数企業間で

の共同設置を含む事業所内保育等の多様な保育
の拡大を図る。

- 就業の有無にかかわらず、一時預かりや幼稚
園の預かり保育等により、地域における子育て
支援の拠点やネットワークを充実する。
- 幼児教育・保育の無償化の着実な実施や保育
利用にかかる支援等により、保護者の経済的負
担の軽減等を図る。
- 放課後等デイサービス等の通所支援や保育所
等における障害のある子供の受入れを実施する
とともに、マザーズハローワーク等を通じ、き
め細かな就職支援等を行うことにより、そうし
た子供を育てる保護者を社会的に支援する。

② 子供の事故防止に関連する関係府省の連携を図
り、保護者や教育・保育施設等の関係者の事故防
止の意識を高めるための啓発活動や、安全に配慮
された製品の普及等に関する取組を推進し、男女
が安心して子育てができる環境を整備する。【こ
ども家庭庁、関係府省】

③ 子供の安全な通行を確保するため、子供が日常
的に集団で移動する経路等の交通安全環境の整
備や、地域ぐるみで子供を見守るための対策等を
推進する。【警察庁、こども家庭庁、文部科学省、
国土交通省】

④ 安心して育児・介護ができる環境を確保する観
点から、生活サービス機能や居住の誘導による
コンパクトシティの形成や、住宅団地における子育
て施設や高齢者・障害者施設の整備、各種施設や
公共交通機関等のバリアフリー化、全国の「道の
駅」における子育て応援施設の整備等を推進する。
【国土交通省】

⑤ 医療・介護保険制度については、多様な人材に
よるチームケアの実践等による効率化・重点化に
取り組みながら質の高いサービスの充実を図る。
その際、医療・介護分野における多様な人材の育
成・確保や、雇用管理の改善を図る。【厚生労働省】

⑥ 医療・介護の連携の推進や、認知症施策の充実
等により、地域の包括的な支援・サービス提供体
制（地域包括ケアシステム）の構築に向けた取組
を着実に進めるとともに、家族の介護負担の軽減
を図る。【厚生労働省】

⑦ 男女ともに子育て・介護をしながら働き続ける
ことができる環境の整備に向けて、育児・介護休

業法の履行確保を図る。
また、次世代法の周知を行うとともに、仕事と
子育ての両立を推進する企業を対象とした認定及
び特例認定の取得を促進する。【厚生労働省】

第2節 男女の人権尊重の理念と法律・制度の理解促進及び救済・相談の充実

① 学校や社会において、法令等により保障される
人権に関し、正しい知識の普及を図るとともに、
国民一人一人の人権意識を高め、人権への理解を
深めるため、様々な教育・啓発活動や、人権教育
の在り方等についての調査研究を行う。【内閣府、
法務省、文部科学省、関係省庁】

② 男女共同参画に関連の深い法令・条約等につい
て、分かりやすい広報の工夫等により、その内容
の周知に努める。また、権利が侵害された場合の
相談窓口、救済機関等の周知に努める。【内閣府、
法務省、外務省、関係省庁】

③ 政府の施策についての苦情の処理及び人権が侵
害された場合における被害者の救済について、行
政相談制度や法務省の人権擁護機関等を積極的に
活用する。その際、相談に当たる職員、行政相談
委員、人権擁護委員及び民生委員・児童委員の研
修の充実を図るとともに、男女共同参画に関する
苦情処理等に関する実態把握を行う。

また、法務省の人権擁護機関においては、男女
共同参画社会の実現のために、啓発活動に積極的
に取り組むとともに、法務局の人権相談窓口や、
「女性の人権ホットライン」において、人権相談、
人権侵犯事件の調査救済活動に、関係機関と連携
しつつ積極的に取り組む。【内閣府、こども家庭庁、
総務省、法務省、厚生労働省】

④ 法務省の人権擁護機関では、日本語を自由に話
すことが困難な外国人等からの人権相談に対応す
るため、全国の法務局に「外国人のための人権相
談所」を設け、約80の言語による相談に応じる
などしている。

また、「外国語人権相談ダイヤル」及び「外国
語インターネット人権相談受付窓口」を設けてお
り、電話・インターネットでも10言語による人権
相談を受け付けているところ、相談窓口を引き続

き設置し、更にその内容を充実させるよう努める。（再掲）【法務省】

⑤ 法務省の人権擁護機関では、専用相談電話「女性の人権ホットライン」を設置するなどして、夫・パートナーからの暴力やセクシュアルハラスメント等女性の人権問題に関する相談体制のより一層の充実を図る。（再掲）【法務省】

⑥ 行政相談委員の男女共同参画に関する政府の施策についての苦情処理能力の向上等に向けた支援を行う。【総務省】

⑦ 男女共同参画に関連の深い法令・条約等について、政府職員、警察職員、消防職員、教員等に対して、研修等の取組を通じて理解の促進を図る。また、法曹関係者についても、同様の取組が進むよう、情報の提供や講師の紹介等可能な限りの協力を行う。【全府省庁】

第10分野 教育・メディア等を通じた男女双方の意識改革、理解の促進

第1節 男女共同参画を推進し多様な選択を可能にする教育・学習の充実

ア 校長を始めとする教職員への研修の充実

① 校長を始めとする教職員や教育委員会が、男女共同参画を推進する模範となり、児童・生徒の教育・学習や学級経営等において男女平等の観点が充実するよう、各教育委員会や大学等が実施する男女共同参画に関する研修について、研修内容及びオンラインを含めた実施方法の充実を促す。その際、男女共同参画センターや民間団体が行う研修の活用も検討する。【文部科学省】

② 独立行政法人国立女性教育会館（以下「NWEC」という。）において、初等中等教育機関の教職員、教育委員会など教職員養成・育成に関わる職員を対象に、学校現場や家庭が直面する現代的課題について、男女共同参画の視点から捉え理解を深める研修の充実（オンラインの活用を含む。）を図る。【文部科学省】

イ 男女平等を推進する教育・学習の充実

① 初等中等教育において、男女共同参画の重要性に関する指導が充実するよう、学習指導要領の趣旨の徹底を図る。男女共同参画推進連携会議において作成した副教材「みんなで目指す！ＳＤＧｓ×ジェンダー平等」について、各学校や都道府県・男女共同参画センター等での活用を促す。【内閣府、文部科学省】

② 子供に身近な存在である教職員等が固定的な性別役割分担意識や無意識の思い込み（アンコンシャス・バイアス）を持つことがないよう、男女共同参画を推進するための研修や周知啓発等の取組を行う。【文部科学省】

③ 子供の教育現場等における固定的な性別役割分担意識や無意識の思い込み（アンコンシャス・バイアス）の解消に資する取組を行う。【文部科学省】

④ 図書館や公民館等の社会教育施設において、学校や男女共同参画センター、民間団体等と連携し、情報・資料の提供等を通じて学習機会の充実を図る。【文部科学省】

⑤ ＮＷＥＣにおいて、関係省庁、地方公共団体、男女共同参画センターや大学、企業等と連携を図りつつ、男女共同参画を推進する組織のリーダーや担当者を対象にした研修や教育・学習支援、男女共同参画に関する専門的・実践的な調査研究や情報・資料の収集・提供等を行い、男女共同参画社会の形成の促進を図る。【文部科学省】

⑥ 先進的な教育支援活動を行っている企業・団体を表彰する「キャリア教育アワード」や、教育関係者と地域・社会や産業界等の関係者の連携・協働によるキャリア教育に関するベストプラクティスを表彰する「キャリア教育推進連携表彰」を実

施することで、キャリア教育の普及・推進を図る。
また、社会全体でキャリア教育を推進していこうとする気運を高め、キャリア教育の意義の普及・啓発と推進に資することを目的として、「キャリア教育推進連携シンポジウム」を開催する。【文部科学省、経済産業省、厚生労働省】

ウ　大学、研究機関、独立行政法人等による男女共同参画に資する研究の推進

① 高等教育機関において、男女共同参画社会の形成に資する調査・研究を促進する。また、それらの成果を学校教育や社会教育における教育・学習に幅広く活用する。【文部科学省】

② ＮＷＥＣにおいて、教育・学習支援、男女共同参画に関する専門的・実践的な調査研究や情報・資料の収集・提供を行う。【文部科学省】

③ 日本学術会議において、ジェンダー研究を含む男女共同参画社会の形成に資する学術研究及び教育制度について、多角的な調査及び審議を一層推進する。【内閣府】

エ　多様な選択を可能にする教育・能力開発・学習機会の充実

① 初等中等教育段階において、総合的なキャリア教育を推進する際に、男女共同参画の意義、ワーク・ライフ・バランスなどの知識や技術の習得が図られるよう、教育委員会を通じて各学校の取組を促す。【文部科学省】

② 保護者や進路指導の担当教員等に対し、女性が高等教育を受けることや理工系分野等女性の参画が進んでいない分野における仕事内容や働き方への理解を促進する。【文部科学省】

③ 大学や高等専門学校等における女子生徒を対象としたシンポジウム、出前講座及びキャリア相談会の開催を促進する。【文部科学省】

④ 大学や地方公共団体、男女共同参画センター等と連携し、学び直しを通じて女性のキャリアアップやキャリアチェンジ等を総合的に支援する取組を促進する。【文部科学省】

⑤ 大学入学者選抜において性別を理由とした不公正な取扱いが行われることのないよう、各大学に対し周知徹底を図るとともに、特に医学部医学科入学者選抜に係る入試情報については、引き続き、各大学の男女別の合格率を把握し、公表を行う。【文部科学省】

第2節　学校教育の分野における政策・方針決定過程への女性の参画拡大

① 各教育機関や教育関係団体における意思決定層への女性の登用について、具体的な目標設定を行うよう要請する。その際、学校に関しては校長と教頭のそれぞれについて目標設定を行うよう促す。【内閣府、文部科学省】

② 女性活躍推進法に基づき、特定事業主である教育委員会や一般事業主である学校法人の更なる取組を促す。【内閣府、文部科学省、厚生労働省】

③ 管理職選考について女性が受けやすくなるよう、教育委員会における検討を促す。【文部科学省】

④ 女性管理職の割合が高い地方公共団体における取組の好事例の横展開を図る。【文部科学省】

⑤ 教職員の男女が共に仕事と育児・介護等の両立を図ることができるよう、勤務時間管理の徹底や業務の明確化・適正化等の働き方改革、男性の育児休業取得促進やマタニティ・ハラスメント防止等の両立支援を進める。なお、その際、育児・介護休業法、次世代法その他の労働関係法令は学校法人についても適用されることに留意する。【文部科学省】

⑥ 学校運営に地域の声を反映するために設置することが努力義務となっている学校運営協議会[7]の委員の構成について、女性の登用を推進するよう教育委員会に促す。【文部科学省】

⑦ 独立行政法人教職員支援機構が実施する校長・教頭への昇任を希望する教員が参加する各種研修について、「第5次男女共同参画基本計画」を踏まえ、研修における女性教職員の参加割合の目標を25％に設定するなど、女性教職員の積極的な参加を引き続き促進する。【文部科学省】

⑧ ＮＷＥＣにおいて実施してきた女性教員の管理

7　地方教育行政の組織及び運営に関する法律（昭和31年法律第162号）第47条の5に基づく。

職登用の促進に向けた調査研究の成果を踏まえ、学校教育における意思決定過程への女性の参画等に関する調査研究を更に進めるとともに、その成果を活用した研修等を実施する。【文部科学省】

第3節 国民的広がりを持って地域に浸透する広報活動の展開

① 固定的な性別役割分担意識や性差に関する偏見の解消に資する、また、固定観念や無意識の思い込み（アンコンシャス・バイアス）を生じさせない取組に関する情報収集を行うとともに、啓発手法等を検討し、情報発信を行う。（再掲）【内閣府】

② 政府広報を活用し、幅広く丁寧に、男女共同参画に関する国民的関心を高めていく。【内閣府、総務省】

③ 「男女共同参画週間」（毎年6月23日から同月29日まで）や「男女共同参画社会づくりに向けての全国会議」において、地方公共団体や関係機関・団体と連携し、男女共同参画に関する意識の浸透を図る。（再掲）【内閣府】

④ 家事・育児等の手間やストレスの軽減に資する様々な活動や商品・サービスの活用に関する広報活動などを展開する。【内閣府、こども家庭庁】

⑤ 全国50か所の行政相談センターの相談窓口に、男女共同参画に関するポスター等を掲示する。【総務省】

第4節 メディア分野等と連携した積極的な情報発信

① 男女共同参画を阻害する固定観念の撤廃を目指すために国連女性機関（UN Women）が進める国際的な共同イニシアティブ「Unstereotype Alliance」と連携する。さらに、男女共同参画に資する広告等の事例を発信する。【内閣府】

② メディア分野等で働く女性がその業界における女性活躍や男女共同参画の取組等について情報交換するための場を設け、その成果を地方も含めた業界団体等に周知することにより、各業界における自主的な取組を促進する。【内閣府】

第5節 メディア分野等における政策・方針決定過程への女性の参画拡大及びセクシュアルハラスメント対策の強化

① メディア分野等における意思決定過程への女性の参画拡大に関する取組の好事例を周知する。【内閣府】

② 女性活躍推進法に基づく一般事業主行動計画の策定等が義務となっている事業主に対し、企業向けのコンサルティングを実施することにより、女性活躍推進のための取組を支援する。【内閣府、厚生労働省】

③ メディア・行政間でのセクシュアルハラスメント事案の発生を受け、
・ 政府における取材環境についての意思疎通を図る。
・ メディア分野の経営者団体等に対して、セクシュアルハラスメント防止や取材に関する政府の取組を周知するとともに、取材現場における女性活躍、メディア分野における政策・方針決定過程への女性の参画拡大などについての要請を行う。【内閣府、全省庁】

第11分野 男女共同参画に関する国際的な協調及び貢献

第1節 持続可能な開発目標（SDGs）や女子差別撤廃委員会など国連機関等との協調

ア 持続可能な開発目標（SDGs）達成に向けた連携及び推進

① 全国務大臣を構成員とする持続可能な開発目標（SDGs）推進本部（平成28（2016）年5月設置）において決定されたSDGs実施指針改定版を踏まえ、SDGs達成に向けた取組を広範なステークホルダーと連携して推進・実施する。【外務省、関係府省】

② SDGsにおけるジェンダー平等の実現とジェンダー主流化の達成度を的確に把握する。このため、国連がジェンダーに関連していると公表したSDGグローバル指標について、我が国で測定可能なグローバル指標のデータを、国内外に適切な形で引き続き公表する。また、海外及び国内の研究機関等による評価、グローバル指標の検討・見直し状況、ローカル指標の検討状況等に留意し、進捗評価体制の充実と透明性の向上を図る。【内閣府、総務省、外務省、関係省庁】

イ 女子差別撤廃条約の積極的遵守等

① 女子差別撤廃委員会による第9回政府報告審査に際して、令和3（2021）年9月に提出した政府報告の内容等に基づき、我が国が条約実施のためにとっている措置、我が国の立場等について説明する。審査後に女子差別撤廃委員会から示される予定の最終見解等に関し、各方面へ幅広く周知を行うとともに、男女共同参画会議は、各府省における対応方針の報告を求め、必要な取組等を政府に対して要請する。【内閣府、外務省、関係省庁】

② 女子差別撤廃条約の選択議定書については、諸課題の整理を含め、早期締結について真剣に検討を進める。【外務省、関係府省】

③ 雇用及び職業についての差別待遇に関する条約（ILO第111号条約）、パートタイム労働に関する条約（ILO第175号条約）、母性保護条約（改正）に関する改正条約（ILO第183号条約）、家事労働者の適切な仕事に関する条約（ILO第189号条約）、仕事の世界における暴力及びハラスメントの撤廃に関する条約（ILO第190号条約）、その他男女共同参画に関連の深い未締結の条約について、世界の動向や国内諸制度との関係を考慮しつつ、締結する際に問題となり得る課題を整理するなど具体的な検討を行い、批准を追求するための継続的かつ持続的な努力をする。【内閣府、外務省、厚生労働省、関係省庁】

ウ 北京宣言・行動綱領に沿った取組の推進

① 北京宣言・行動綱領が採択されて30周年を迎えるに当たって、その進捗状況をまとめた「北京＋30」報告書を国連に提出し、国連女性の地位委員会や国連アジア太平洋経済社会委員会（ESCAP）等に積極的に参加し、参加各国との連携を図るとともに、我が国の男女共同参画・女性活躍に係る取組等の情報発信及び共有により、国際的な政策決定及び取組方針への貢献に努める。【内閣府、外務省、関係省庁】

エ UN Women（国連女性機関）等との連携・協力推進

① UN Womenを始めとする国際機関等の取組に積極的に貢献していくとともに、連携の強化等を図る。【内閣府、外務省、関係省庁】

第2節 G7、G20、APEC、OECDにおける各種合意等への対応

① G7、G20、APEC、OECDやその他の女

性に関連する国際会議や多国間協議における首脳級・閣僚級のジェンダー平等に係る各種の国際合意や議論を、国内施策に適切に反映して実施するとともに、その進捗を把握し、施策の改善にいかす。合意に至る議論の過程においては、我が国の経験や取組等に基づく情報発信、共有により、政策決定、取組方針に貢献する。

OECDにおいては、令和6（2024）年5月にOECD閣僚理事会が開催され、日本は議長国を務めた。「変化の流れの共創：持続可能で包摂的な成長に向けた客観的で高い信頼性に裏付けられたグローバルな議論の先導」をテーマとしていることを踏まえ、ジェンダー平等を主流化するための議論に貢献していく。【内閣府、外務省、経済産業省、関係省庁】

② 国際会議や多国間協議において合意文書にジェンダー平等と女性・女児のエンパワーメントに関する事項を盛り込むよう取り組むとともに、我が国が国際会議の議長国となる場合に、全ての大臣会合においてアジェンダとして取り上げるよう取り組む。【外務省、関係府省】

第3節　ジェンダー平等と女性・女児のエンパワーメントに関する国際的なリーダーシップの発揮

ア　開発協力大綱に基づく開発協力の推進

① 「開発協力大綱」（令和5年6月9日閣議決定）及び「女性の活躍推進のための開発戦略」（平成28年5月20日策定）に基づき、ジェンダー主流化及び女性の権利を含む基本的人権の尊重を重要なものとして考え、開発協力を適切に実施する。【外務省、関係府省】

イ　女性の平和等への貢献や紛争下の性的暴力への対応

① 国連安保理決議第1325号等の実施のための第3次女性・平和・安全保障に関する行動計画[8]に沿って、主にUN WomenやSRSG-SVC事務所などの国際機関への拠出により中東、アフリカ、アジア地域のWPS分野に貢献する。また、モニタリングのための実施状況報告書の作成及び外部有識者から構成される評価委員による評価報告書の周知をする。【外務省、関係府省】

② 紛争下の性的暴力防止について、関係国際機関との連携の強化を通じて、加害者の訴追増加による犯罪予防や被害者保護・支援等に一層取り組むとともに、紛争関連の性的暴力生存者のためのグローバル基金への支援等を行う。【外務省、関係府省】

ウ　国際的な分野における政策・方針決定過程への女性の参画拡大

① 国際機関等の専門職、国際会議の委員や日本政府代表等に、幅広い年齢層、分野の女性等がより多く参画することにより、国際的な分野における政策・方針決定過程への参画を一層促進し、国際的な貢献に積極的に努める。特に、海外留学の促進や平和構築・開発分野における研修等の充実により、将来的に国際機関等で働く意欲と能力のある人材の育成や、国際機関への就職支援を強化する。【外務省、文部科学省、関係府省】

② 在外公館における主要なポストの任命に際して、女性の登用を進める。【外務省】

8　女性と平和・安全保障の問題を明確に関連付けた初の安保理決議である「女性・平和・安全保障に関する国連安保理決議第1325号」（平成12（2000）年10月、国連安全保障理事会にて採択）を踏まえ、平成27（2015）年以降、「女性・平和・安全保障に関する行動計画」を策定・実施。現在の第3次行動計画（令和5（2023）～令和10（2028））年では、①女性の参画とジェンダー視点に立った平和構築の促進、②性的暴力及びジェンダーに基づく暴力の防止と対応、③防災・災害対応と気候変動への取組、④日本国内におけるWPSの実施、⑤モニタリング・評価・見直しの枠組みの5つの項目からなっており、①～④について、中間評価報告書を3年目に策定予定。

Ⅳ　推進体制の整備・強化

第1節　国内の推進体制の充実・強化

① 　内閣府に置かれる重要政策会議である男女共同参画会議（男女共同参画社会基本法（平成11年法律第78号）第21条により設置。内閣官房長官を議長とし、関係する国務大臣及び学識経験者によって構成。）が、適時適切に重要な政策に関する提言を行うとともに、国内の推進体制の中で重要な役割を果たすために専門調査会等を活用し、調査審議を行う。【内閣府、関係省庁】

② 　男女共同参画推進本部（平成6年7月12日閣議決定により設置。内閣総理大臣及び全ての国務大臣によって構成。）の下で、男女共同参画社会の形成の促進に関する施策の円滑かつ効果的な推進を図る。本部長の指名により関係行政機関に置かれた男女共同参画担当官（局長級）は、男女共同参画社会の形成に直接・間接に影響を及ぼすあらゆる施策へ男女共同参画の視点を反映させるとともに、相互の機動的な連携を図る。【内閣府、全省庁】

③ 　すべての女性が輝く社会づくり本部（平成26年10月3日閣議決定により設置。内閣総理大臣及び全ての国務大臣によって構成。）の下で、様々な状況に置かれた女性が、自らの希望を実現して輝くことにより、我が国最大の潜在力である「女性の力」が十分に発揮され、我が国社会の活性化につながるよう、施策の一体的な推進を期す。【内閣官房、内閣府、全省庁】

④ 　有識者及び地方6団体・経済界・労働界・教育界・メディア・女性団体等の代表から成る男女共同参画推進連携会議の場を活用し、重要課題に関する意見交換や情報共有、市民社会との対話、各団体における中央組織から地方の現場への取組の浸透等を通じて、各界各層の若年層を含めた様々な世代との連携を図る。また、同会議において男女間賃金格差の是正に向けた取組及び若年層の性別役割意識を解消するための取組を検討する。【内閣府】

⑤ 　国内の推進体制の運営に当たっては、多様な主体（地方公共団体、NWEC、男女共同参画センター、NPO、NGO、地縁団体、大学、企業、経済団体、労働組合等）との連携を図り、男女共同参画に識見の高い学識経験者や女性団体、若年層など国民の幅広い意見を反映する。【内閣府】

⑥ 　国際機関、諸外国との連携・協力の強化に努める。【内閣府、外務省、関係省庁】

第2節　男女共同参画の視点を取り込んだ政策の企画立案及び実施等の推進

① 　男女共同参画会議及びその下に置かれた計画実行・監視専門調査会において、「第5次男女共同参画基本計画」の進捗状況を毎年度の予算編成等を通じて検証するため、各府省庁の男女共同参画関係予算を男女共同参画社会の形成を目的とする施策又は効果を及ぼす施策ごとに取りまとめ、公表する。また、集中的に議論すべき課題等について調査審議を行う。【内閣府、関係省庁】

② 　男女共同参画会議の意見を踏まえ、6月を目途に「女性活躍・男女共同参画の重点方針（女性版骨太の方針）」を決定し、各府省庁の概算要求に反映させる。【内閣官房、内閣府、全省庁】

③ 　男女の置かれている状況を客観的に把握するための統計（ジェンダー統計）の充実の観点から、各種統計の整備状況を調査し、公表する。業務統計を含む各種調査の実施に当たり、可能な限り男女別データを把握し、年齢別・都道府県別にも把握・分析できるように努める。また、男女共同参画に関する重要な統計情報は、国民に分かりやすい形で公開するとともに、統計法（平成19年法律第53号）に基づく二次的利用を推進する。【全府省庁】

④ 　指導的地位に占める女性の割合の上昇に向けて、モニタリングやその活用の在り方に関し検討を行う。【内閣府】

⑤ 　男女共同参画会議及びその下に置かれた計画実行・監視専門調査会において、女性の視点も踏まえた社会保障制度や税制等について、検討し、必

要に応じ、内閣総理大臣及び関係各大臣に対して意見を述べる。【内閣府】

⑥ 「女性デジタル人材育成プラン」（令和4年4月26日男女共同参画会議決定）を集中して推進する期間の最終年として、取組を着実に実行し、就労に直結するデジタルスキルの習得支援及びデジタル分野への就労支援を強力に推進する。【内閣府、関係省庁】

⑦ 政府の施策及び社会制度・慣行が男女に実質的にどのような影響を与えるかなど、男女共同参画社会の形成に関する課題についての調査研究を行う。【内閣府】

⑧ 国民の意識、男女の家事・育児・介護等の時間の把握や、男女別データの利活用の促進等を含め、男女共同参画社会の形成に関する調査研究を進める。【内閣府、総務省】

⑨ 国の各府省や関係機関が実施している男女共同参画に関わる情報を集約整理し、情報発信・広報活動を積極的に実施する。国民、企業、地方公共団体、民間団体等に分かりやすく提供することで、各主体による情報の活用を促進する。【内閣府】

第3節 地方公共団体や民間団体等における取組の強化

ア 地方公共団体の取組への支援の充実

① 男女共同参画社会基本法で努力義務となっている市町村男女共同参画計画の策定は、男女共同参画社会を形成していく上で、極めて重要である。特に、策定が進んでいない町村に焦点を当て、都道府県と連携し、策定状況の「見える化」を含む情報提供や好事例の収集・発信、専門家派遣などにより、男女共同参画についての理解を促進し、全ての市町村において計画が策定されるよう促す。【内閣府】

② 女性の管理職・役員の育成など女性の参画拡大の推進、地方公共団体の経済部局や商工会議所等と連携・協働しつつ実施する女性デジタル人材・起業家の育成、様々な課題・困難を抱える女性に寄り添い、意欲と希望に応じて就労までつなげていく支援や相談支援、孤独・孤立で困難や不安を抱える女性が、社会との絆・つながりを回復する

ことができるよう、ＮＰＯ等の知見を活用した相談支援やその一環として行う生理用品の提供等の支援など、地方公共団体が、多様な主体による連携体制の構築の下で地域の実情に応じて行う取組を、地域女性活躍推進交付金により支援する。また、地方公共団体が行う男女共同参画社会の実現に向けた取組については地方財政措置が講じられており、自主財源の確保を働きかける。（再掲）【内閣府】

③ 地方公共団体に対し、全国知事会などの関係団体とも連携し、先進的な取組事例の共有や情報提供、働きかけなどを行う。【内閣府】

イ 男女共同参画センターの機能の強化・充実

① 男女共同参画センターが、男女共同参画の視点から地域の課題解決を行う拠点・場として、関係機関・団体と協働しつつ、その機能を十分に発揮できるよう、全国女性会館協議会やＮＷＥＣとも連携しながら、各地の男女共同参画センターにおける人材育成、関係機関・団体との連携に関するノウハウや好事例の共有や地域を超えた交流や連携の促進などを行い、男女共同参画センターの機能強化を図る。地方公共団体に対して、それぞれの地域においてこうした機能や強みを十分にいかすよう、男女共同参画センターの果たす役割を明確にし、男女共同参画社会基本法の理念に即した運営と関係機関との有機的な連携の下、取組を強化・充実するよう促す。【内閣府】

② 男女共同参画センターが広報啓発、講座、相談、情報収集・提供、調査研究等、様々な事業を進めるために必要な国の施策に関する情報提供を行うとともに、研修等の機会を通じて男女共同参画センター職員の人材育成を支援する。【内閣府】

③ 男女共同参画センターがオンラインを活用した事業を行えるよう、事業の実施に関する情報提供や専門家の派遣等を通じて支援する。【内閣府】

④ 男女共同参画センターが男女共同参画の視点からの地域の防災力の推進拠点となるよう、これまでの先進的な取組事例の共有を行う。また、災害時に効果的な役割を果たすことができるよう、全国女性会館協議会が運営する相互支援ネットワーク等を活用し、男女共同参画センター間の相互

支援（オンラインによる遠隔地からの助言等を含む。）を促す。（再掲）【内閣府】

⑤　「男女共同参画センターにおける業務及び運営についてのガイドライン作成検討ワーキング・グループ」における検討結果を踏まえ、男女共同参画センターの業務及び体制の整備に関するガイドラインの作成を進める。

　　また、NWECと全国各地の男女共同参画センターとの情報共有・意見交換の基盤の構築に向けた調査研究を行う。【内閣府、文部科学省】

ウ　国立女性教育会館における取組の推進

①　NWECは、我が国唯一の女性教育のナショナルセンターとして、人材の育成・研修の実施や、女性教育に関する調査研究の成果及びNWECに集積された情報の提供等を通じ、今後とも我が国における男女共同参画のネットワークの中核を担っていく。また、これまで果たしてきた役割の重要性と実績を踏まえ、地域における男女共同参画の推進を支援するとともに、地方公共団体、大学、企業等ともより一層の連携を図るなど、機能の更なる充実・深化を促進する。【文部科学省】

②　「独立行政法人国立女性教育会館（NWEC）及び男女共同参画センターの機能強化に関するワーキング・グループ報告書」（令和5（2023）年4月11日）及び男女共同参画会議（第71回）（令和5（2023）年12月25日）において示されたそれぞれの機能強化に関する方針に基づき、所要の措置を講ずる。【内閣府、文部科学省】

エ　男女共同参画の実現に向けた気運醸成

①　「男女共同参画週間」（毎年6月23日から同月29日まで）や「男女共同参画社会に向けての全国会議」などにおける啓発活動や表彰の実施を通じて、男女共同参画への社会的な気運の醸成を図る。【内閣府】

1　男女共同参画社会基本法（平成11年法律第78号）

https://www.gender.go.jp/about_danjo/law/index.html#law_kihon

2　女子に対するあらゆる形態の差別の撤廃に関する条約

https://www.gender.go.jp/international/int_kaigi/int_teppai/index.html

3　令和6年度男女共同参画基本計画関係予算及び令和4年度男女共同参画基本計画関係予算の使用実績

https://www.gender.go.jp/about_danjo/yosan/index.html

4　第5次男女共同参画基本計画における成果目標の動向

https://www.gender.go.jp/about_danjo/seika_shihyo/index.html

男女共同参画白書　（令和6年版）

令和6年6月14日発行

編　　集　　内　　　閣　　　府
　　　　　　男　女　共　同　参　画　局
　　　　　　〒100-8914
　　　　　　東京都千代田区永田町1－6－1
　　　　　　　　　　電話　03（5253）2111

発　　行　　株　式　会　社　サ　ン　ワ
　　　　　　〒102-0072
　　　　　　東京都千代田区飯田橋2－11－8
　　　　　　　　　　電話　03（3265）1816

発　　売　　全　国　官　報　販　売　協　同　組　合
　　　　　　〒100-0013
　　　　　　東京都千代田区霞が関1－4－1
　　　　　　　　　　電話　03（5512）7400

ISBN978-4-9913198-1-5